DUMONT Kunst-Reiseführer

Zur schnellen Orientierung – die wichtigsten Orte und Sehenswürdigkeiten auf einen Blick:

(Auszug aus dem ausführlichen Ortsregister)

Altleiningen (G 5) 112	Kusel (C 6) 226
Annweiler (F 3) 190	Landau (G 3) 173
Bad Bergzabern (F 2) . . . 289	Landeck (Burgruine) (F 2) . . 295
Bad Dürkheim (G/H 5) . . . 98	Landstuhl (D 5) 218
Berwartstein (Burg) (F 2) . . 196	Leinsweiler (G 3) 298
Bockenheim (H 6) 115	Lichtenberg (Burgruine) (C 6) 225
Dahn (E 2) 191	Ludwigshafen (J 5/6) . . . 269
Deidesheim (H 5) 94	Ludwigshöhe (Schloß) (G 3) . 144
Dirmstein (H 6) 118	Maikammer (G 4) 80
Dörrenbach (F 2) 288	Meisenheim am Glan (E 7) . . 234
Donnersberg (F 7) 246	Neuleiningen (G 6) 111
Enkenbach (F 5) 124	Neu-Scharfeneck
Eußerthal (F 3) 185	(Burgruine) (F 3) 185
Frankenstein (Burgruine)	Neustadt a.d. Weinstraße (G 4) 85
(F 5) 122	Offenbach am Glan (D 7) . . 229
Frankenthal (I 6) 259	Otterberg (E 5) 127
Freinsheim (H 5) 121	Pirmasens (D 3) 199
Göllheim (G 6) 256	Remigiusberg (C 6) 224
Grünstadt (G/H 6) 109	Rhodt unter Rietburg (G 3) . 170
Hambacher Schloß (G 4) . . 82	St. Martin (G 4) 142
Haßloch (H 4) 277	Speyer (J 4) 54
Höningen (G 5) 112	Trifels (F 3) 187
Hornbach (C 3) 205	Wachenheim a.d. Weinstraße
Hundheim (D 7) 227	(H 5) 97
Kaiserslautern (E 5) 130	Waldfischbach-Burgalben
Kirchheimbolanden (G 7) . . 247	(D 3/4) 202
Klingenmünster (G 2) . . . 293	Zweibrücken (B/C 3) . . . 208

In der vorderen Umschlagklappe: Übersichtskarte Pfalz

In der hinteren Umschlagklappe: Stadtplan von Speyer

Peter Mayer

Die Pfalz

Streifzüge durch den ›Garten Deutschlands‹
Weinstraße   Pfälzer Wald

Mit Fotos von Karlheinz Schmeckenbecher

DUMONT BUCHVERLAG KÖLN

Umschlagvorderseite: Das Hambacher Schloß oberhalb der Deutschen Weinstraße
Umschlagklappe vorn: Speyer, Kaiserdom, Mittelschiff
Umschlagrückseite: Meisenheim, Schloßkirche, Gewölbe
Frontispiz: Neustadt an der Weinstraße, Stahlstich um 1850

© DUMONT Buchverlag, Köln
9. Auflage 1994
Alle Rechte vorbehalten
Satz, Druck und buchbinderische Verarbeitung: Boss-Druck, Kleve

Printed in Germany   ISBN 3-7701-0902-3

Inhalt

Ein Land blüht auf 9

Fröhlich' Pfalz? Gott erhalt's! 14

Pfälzisch Italien, pfälzisch Sibirien
Hinterpfalz und Vorderpfalz, Waldland und Weinland 16

Vom Reichsapfel zum Zankapfel
Geschichte im Zeitraffer 23

's isch, wie mer's nimmt
Pfälzer in Einzahl und Mehrzahl 34

Burgen, Bilderbibeln und unbiegsame Balken 38

    Dar umbe hat man bürge, daz man die armen würge
    Warum es in der Pfalz so viele Burgen gibt 38

    Al secco und farbig die Bibel erzählt
    Gotische Wandmalereien in Dorfkirchen 44

    Ständer und Andreaskreuze
    Fachwerk als Zimmermannskunst und Attraktion 48

Elf Touren durch das Land am Rhein 52

Ein Juwel, ganz neu gefaßt
Die schönste Stadt der Pfalz heißt wieder Speyer 54

Höhepunkte an der Mittelhaardt 79

    Hinauf Patrioten, zum Schloß, zum Schloß!
    Vom Rhein zum Hambacher Schloß 79

    Baptisterium für den Wein
    Neustadt ist Deutschlands größte Rebengemeinde 85

Sitzen auf gärendem Reichtum
Die Weinpatrizierdörfer der Mittelhaardt 94

Wiege der Salier, Residenz der Leininger
Kloster Limburg und Bad Dürkheim 98

Besuche bei den Leiningern 106

Quadrat mit Rundtürmen, Ruine mit Schwimmbad
Neu- und Altleiningen 106

Fratzen und Friese
Romanische Kirchen um Bockenheim 114

Unbekannte Residenz
Dirmstein, Sommersitz der Wormser Bischöfe 118

Überraschungen tief im Wald 122

Prämonstratenser und Zisterzienser
Enkenbach und Otterberg 122

Kaiser Rotbart, Rote Teufel und die Amis
Menschen in Kaiserslautern 130

Grüne Einsamkeit mit Eichen
Rund um Johanniskreuz 137

Zurück auf die Sonnenterrasse 142

Perlen an der Weinstraße
Von St. Martin nach Süden 142

Wo eine Festung, da wird auch angegriffen
In Landau machten dicke Mauern Geschichte 173

Streifzüge durch den Wasgau 183

Annweilers Berge seh' ich wieder
Kreuz- und Querwege zum Trifels 183

Schöne Landschaft, arme Gegend
Im Dahner Felsenland 191

Exerzieren, trommeln und chargieren
Ein Landgraf spielt Krieg in Pirmasens 199

Entdeckungen hinterm Wald 205

Ein Apostel und kunstsinnige Herzöge
Hornbach und Zweibrücken 205

Deine Seele fliegt hoch
Auf dem Weg zu Franz von Sickingen 214

Eich sein vun Kusel, eich sein nit stolz
Rund um den Remigiusberg 221

Französische Gotik in deutscher Gestalt
Die ehemalige Klosterkirche von Offenbach 227

Kleinod am Glan 234

Doppeltes Netz überm Kapellenboden
Steinmetzkunst in Meisenheim 234

Im Bannkreis des Donnersberges 239

Wo Teufel Schwerstarbeit verrichten
Burgen und Bilderbibeln beiderseits der Alsenz 239

Österreichs Kaiser unterwegs als Graf von Falkenstein
Rokoko aus Austria und Erz aus der Weißen Grube 242

Fumeus und in gantz Europa beschreyt: der Donnersberg
Besuch auf dem höchsten Gipfel der Pfalz 246

Kleine Residenz von großem Reiz
Kirchheimbolanden am Fuß des Donnersberges 247

Steine, wie für die Ewigkeit gefügt
Romanische Kirchen im Halbkreis um Kirchheimbolanden 252

Gegen den Lauf des Rheins 259

Seide und Spielkarten, Puder und Porzellan
Die ›Fabriquen‹ des Kurfürsten in Frankenthal 259

Dr. Schmidt, Dr. Kohl und die BASF
Im Dunstkreis der Chemiestadt Ludwigshafen 266

Wo die Rheinschnook regiert
Von der Großstadt am Rhein ins Schnakenland am Strom 274

Ein letztes Mal in die Reben 286

Zu Landeck auf der Feste saß König Dagobert
Vom Weintor nach Leinsweiler 286

Literatur (Auswahl) 302
Abbildungsnachweis 303

Praktische Reiseinformationen 305

Erläuterung der Fachbegriffe 328

Register 335

Kunstgeschichtliche und andere Fachbegriffe, die im Text erscheinen, werden auf den Seiten 328–334 erläutert.
Vorschläge für Kurzaufenthalte finden Sie auf den Seiten 306–307.

Ein Land blüht auf

Jeder in der Pfalz hat schon einmal von ihnen gehört. Viele reden über sie, doch keiner hat sie je gesehen. Keiner kann beweisen, daß es sie überhaupt gibt. Das Gegenteil behaupten kann aber auch niemand.

Von Elwetritsche ist die Rede. Die sind allgegenwärtig, weil Pfälzer Phantasie es so will. Die Vögel (sind sie denn wirklich gefiedert?) fliegen nicht, sondern gehen lieber zu Fuß. Man kann ihnen alles andichten, vorausgesetzt, man ist imstande, glaubwürdig zu übertreiben.

Elwetritsche sind Wesen, die sich nur in der Pfalz wohl fühlen, deren Verehrung dort volkssportartig betrieben wird, die das Land viel besser repräsentieren als der Löwe, das Pfälzer Wappentier mit den tolpatschigen Pranken und dem großen Maul. Elwetritsche verkörpern die souveräne Leichtfertigkeit der Pfälzer, ihren bisweilen ausschweifenden Sinn, aber auch die geheimniskrämerische Art, die sie manchmal übermannt.

An mangelndem Selbstwertgefühl leiden die Pfälzer jedoch nicht mehr. Vorbei sind die Zeiten, in denen sie im toten Winkel der Republik hockten. Die Pfalz hat sich verändert in den vergangenen 20 Jahren. Meist bedeutet so etwas, daß ›alt‹ weggeworfen und ›neu‹ mit traumwandlerischer Sicherheit aus dem falschen Regal gegriffen wird. Nicht in der Pfalz. Wer sich im Wald- und Rebenland umsieht, stellt das sehr bald fest.

Früher wurde gebetsmühlenhaft von stolzer Geschichte dahergeredet. Dabei verstaubte und vergammelte diese Vergangenheit oder wurde neoprimitiv verschandelt. Beispiele gab es jede Menge: alte Fachwerkhäuser, unter Eternit und schmutzgelben, gehämmerten Fliesen versteckt, Riffelglas im eloxierten Türrahmen.

Heute breitet sich der Stolz aus, das Alte wieder so schön hinkriegen zu wollen, wie es einmal war – damit es attraktiv wird für die neue Zeit. Beispiel: Speyer, mittlerweile 2000 Jahre alt. Von der Kommune am Rhein hieß es in einer 1125 zu Pergament gebrachten Kirchengeschichte, sie sei die Hauptstadt des Reiches, ›metropolis Germaniae‹. Speyer hat mehr als ein halbes hundert Reichstage erlebt. Bis in die Neuzeit war es dann ein Kaff mit Vergangenheit.

Bis weit in die Zeit nach dem Zweiten Weltkrieg sprachen die Pfälzer von ehrfurchtgebietenden Domen, Kaiserherrlichkeit, reichsstädtischem Glanz und unbezwingbaren Burgen. Das alles aber konnte nur heißen: Wir waren wer und sind's nicht mehr. Lange war linksrheinisch Synonym für eine Topographie am Ende der Welt. Das Land rechts des Stromes hatte den langfristigen Pakt mit der Zukunft geschlossen. Nur für einen einzigen Standort, Ludwigshafen, war mitunterzeichnet worden. Jetzt ist der Rhein nicht

EIN LAND BLÜHT AUF

Elwetritsche im gleichnamigen Brunnen in Neustadt

mehr Wasserscheide des Fortschritts. Industrieller Segen kam mit Verspätung auch in die Pfalz. Die Verzögerung bedauert heute kaum noch jemand, weil sich dadurch auch die Altlasten in kleineren Tonnagen ansammelten als etwa in Hamburg oder Dortmund.

Früher war die enge, durch Dörfer gewundene Weinstraße der Corso für jeglichen Berufs-, Schwerlast- und Ferienlustverkehr. Staus gab es dort, wo ein Trecker mit Tempo 20 vom Acker ins Dorf heimrumpelte. So mancher Lkw mit Überlänge hat dem vorkragenden ersten Stock eines Fachwerkhauses den Eckständer weggerissen.

Heute gibt es Autobahnkreuze bei Mutterstadt oder Rheingönheim. Das klingt für Weinstraßenpfälzer noch immer fast wie verkehrspolitische Hochstapelei. Pfalzfans hingegen können jetzt bequem einströmen – und sie kommen in immer größer werdender Zahl. Dennoch entstehen für sie keine vielstöckigen Übernachtungssilos mit Rebenblick und Fütterung am rustikalen Fließband.

Winzerfeste im Dorf oder gar nur in einer Dorfgasse finden das ganze Jahr über statt. Das erweckt den – berechtigten – Eindruck, hier feiern Einheimische mit ein paar Vettern von irgendwoher. Das Wort ›Hausmacherwurst‹ ist selten Etikettenschwindel. Das gleiche gilt für den in allen Kelterhäusern dargebotenen ›Quetschekuche‹ und stand für den Wein sowieso nie in Frage.

Grenzland war die Pfalz geblieben, auch nachdem die Aussöhnung mit dem einstigen ›Erbfeind‹ Frankreich stattgefunden hatte. Die Friedensbereitschaft auf beiden Seiten hatte ein paar ideelle, aber keine materiellen Vorteile gebracht. Mitten in Europa gab es in den 50er, 60er Jahren ein Entwicklungsland, ausersehen für Militärübungen zur Verteidigung eben dieses Kontinents. Da lagerten zu Zeiten des Kalten Krieges tief in den Bergen versteckt Waffen, mit denen die US-Militärs den gesamten Globus hätten auseinandersprengen können. Der amerikanische Gespensterzug mit tonnenweise Giftgas, einst zur Tötung von Millionen Menschen bestimmt, ist im Jahr 1990 abgefahren. Die Pfalz hat wieder ungefährdete Waldeinsamkeit zu bieten und ist nicht länger Hort für aberwitzige Vernichtungskanonen.

Besuchern wurden früher ›minderwertigkeitskomplex‹ Vergleiche mit dem Licht und dem Klima Italiens aufgedrängt (Mandeln blühen, Feigen reifen). Heute freuen sie sich stolz über die selbstausgelöste Begeisterung der Gäste. Früher saß man auf Sonnenterrassen am Haardtrand und faselte rechtfertigend vom gesegneten Flecken Erde. Heute sitzt man auch dort und genießt einfach. Ist Franz Weiss damit endlich bestätigt?

Im Jahre 1840 erschien sein Buch mit dem Titel ›Die malerische und romantische Pfalz‹. Über ein Land also, das so schön in einen Bilderrahmen passe, das viel Empfindsamkeit und Naturschwärmerei freisetze.

Daß die Pfalz ›malerisch‹ und ›romantisch‹ sei, solcherlei Pauschalbehauptungen wurden, seitdem man mit der Postkutsche oder zu Fuß als wohlwollender Neugieriger unterwegs war, immer wieder unbekümmert nachgeplappert. Sie finden sich auch heute noch in den gefalteten Ruhmesblättern für den Fremdenverkehr.

Dem Buch von Franz Weiss war ein sich überschwenglich reimendes Gedicht vorangestellt:

Elwetritsche-Mutter im Neustadter Elwetritsche-Brunnen

»*Da lieget ausgebreitet in stets verjüngter Pracht*
Ein weiter Gottesgarten, vom Himmel reich bedacht.
Was nur das Herz ergözet, was nur den Blick erfreut,
Das findest du hier Alles in Fülle ausgestreut.
Rings um die Berge gürtet der Wälder grüner Kranz,
Und drüber schwebt die Sonne in ihrem hellsten Glanz;
Die lust'gen Rebenhügel, der Aehrenfelder Flur,
Sie zeigen von der Liebe der schaffenden Natur.

EIN LAND BLÜHT AUF

Wo findet sich auf Erden so heimlich trauter Ort?
Wo klingt so süss zum Herzen das biedre deutsche Wort?
Wo woget auf den Fluren der Segen ohne Zahl?
Wo ist zu Nutz und Wonne geschmücket Berg und Thal?
Wo fügt sich alles Schöne zum lieblichsten Verein?
Sag' an des Landes Namen! – Das ist die Pfalz am Rhein!«

Der Ergriffenheit des Reimers über das »biedre deutsche Wort« stand damals eine traurige Bemerkung Carl Julius Webers in den ›Briefen eines in Deutschland reisenden Deutschen‹ gegenüber: »Ich kenne keine Stadt jenseits des Rheins, wo die deutsche Muttersprache so ausgestorben wäre, wie zu Landau – es war freilich nur Elsasser deutsch – aber doch immer deutsch. Die gegenwärtige Generation muß förmlich wieder deutsch lernen, und es ist zu bedauern, dass nicht Preussen in Garnison liegen, sondern 2000 Baiern, folglich ein neues Elsasser-Baierisch-Deutsch hervorgehen wird!«

Auf den Fluren woge »der Segen ohne Zahl«. Doch wie viele Pfälzer waren in den vergangenen Jahrhunderten gezwungen, dieses vermeintlich so segensreiche Land als Aussiedler zu verlassen?

»Die lust'gen Rebenhügel« wurden in jüngster Zeit von flurbereinigenden Baggern und Raupen großflächig zurechtgewalzt und durch Monokulturen ersetzt.

Der »Wälder grüner Kranz« vermeldet, daß jeder zweite Baum mittlerweile sterbenskrank ist.

Die Pfalz am Rhein hatte ihre große Zeit im Mittelalter. Sie ist ein Musterbeispiel dafür, wie Wohlergehen abhängt von zentralisierender Macht. So lange die deutschen Kaiser stark waren (Salier, Staufer) und obendrein dieses Land bevorzugten, besaß es Bedeutung. Mit zunehmender Territorialisierung und Zersplitterung des Reiches geriet es zum Gegenstand von Kataster-Streitigkeiten, später zum Aufmarschfeld der Nachbarn im Westen, der Franzosen. Der nie eroberte Trifels, Reichsbesitz ab etwa 1080, seit 1126 einige Male Tresor des Reiches und also Symbol der Macht der Kaiser, wurde 1330 an einen Territorialherrn verpfändet, wurde Archiv und später Steinbruch.

Landau, die ›größte Festung der Christenheit‹, bauten im 17. Jh. die Franzosen. Franzosen waren es auch, die zu Beginn des 19. Jh. aus einer in über 40 Herrschaften zerkleckerten Pfalz ein Département Mont Tonnerre (Donnersberg) machten und die Kleingartenwirtschaft beendeten. Bayern übernahm diese Einheit als Rheinbayern. 1838 trug sie wieder den Namen Pfalz.

›Träume und Schäume vom Rhein‹ hatte Friedrich Blaul seine im selben Jahr erschienenen Reisebilder überschrieben. Er ›malte‹ ein Land, das ihm vorkomme »wie ein ausgesetztes Kind, aus jeder Schutz gewährenden Verbindung herausgerissen, wie ein vogelfreier Mensch von allen nur als eine willkommene Prise für kurze Zeit betrachtet, die man ausbeuten müsse, so viel man könne, weil man ihres dauernden Besitzes nicht versichert war«. Aber es heißt auch »Fröhlich' Pfalz, Gott erhalt's!«. Behutsamer Aufschwung im 19. Jh. ließ August Becker in seinem 1857 erschienenen Buch ›Die Pfalz und

Blick in die pfälzische Landschaft bei Annweiler

die Pfälzer‹ die Voraussage wagen, »daß die Pfalz in nächster Zeit eines der besuchtesten Länder Deutschlands sein wird«. Daraus scheint erst heute ganz allmählich was zu werden.

Herbstfest bei Rhodt von J. Jakob Ferr um 1860 ▷

Fröhlich' Pfalz? Gott erhalt's!

Pfälzisch Italien, pfälzisch Sibirien
Hinterpfalz und Vorderpfalz, Waldland und Weinland

Das ›Pfälzer Lied‹ von Eduard Jost entstand 1869 auf der Terrasse der Klosterruine Limburg über Bad Dürkheim, jener Gründung Kaiser Konrads II. im frühen 11. Jh. Darin heißt es: »Am deutschen Strom, am grünen Rheine, ziehst du dich hin, o Pfälzerland!«. Aber am grünen (?) Rhein liegt nur etwa ein Drittel der Pfalz. Auch der ›Pfälzische Sängergruß‹ gilt nur der Vorderpfalz, reicht »vom Rheine bis zur stolzen Haardt«.

Das sind 1500 km² Pfalz von insgesamt 5500, der dicht bevölkerte Teil. Einst war das ein 2000 m tiefer Graben, wurde in Jahrmillionen aufgefüllt und zuletzt, während Eiszeit, von schneidenden Fallwinden aus den Hochdruckgebieten der Vereisung vollgeblasen mit fruchtbarem Löß, auf dem die Pfälzer Tabak und Getreide, Hopfen und Kartoffeln, Spargel und Rettiche, Rüben und Krautköpfe, Aprikosen und Erdbeeren pflanzen. Dieses braungrüne Band mit den Schwemmfächern, die von den Flüssen aus dem Wald heraus ausgebreitet wurden, reicht von der französischen Grenze im Süden bis vor Worms im Norden.

Auch erst seit der Eiszeit gibt es hier den **Rhein.** Er pendelte zwischen östlichem und westlichem Grabenrand. Später schnitt er sich einen – wenn auch vielfach gewundenen – Mittelweg in die Ablagerungen im Graben, ließ »girlandenartig das Hochufer zurück, auf dem sich dann in geschichtlicher Zeit die Siedlungen entwickelten, da sie nur dort vor Überschwemmungen sicher waren« (Ludwig Spuhler). Der Rhein räumte aus der Eiszeitterrasse eine 8–10 m tiefe und bis zu 8 km breite Rinne aus, die Rheinniederung, die er jedes Jahr überflutete.

Im 19. Jh. wurde dem Strom dann der unveränderbare Weg aufgezwungen, beim Jahrhundertwerk der *Rheinregulierung,* der Großtat des badischen Obristleutnants und Wasserbauingenieurs Johann Gottfried Tulla. Ein schreckliches Hochwasser, das im Januar 1816 die Gemeinde Wörth heimgesucht hatte, gab den Ausschlag: Am 25. April 1817 beschlossen Baden und Bayern, die »Flußkrümmen nach dem vorgesehenen Rektifikationsplan zu durchstechen« (Emil Balles). 18 Durchstiche waren es von Neuburg im Süden an der Mündung der Lauter in den Rhein bis Friesenheim, dem heutigen Vorort von Ludwigshafen. Der Durchstich bei Altrip südlich der heutigen Chemiestadt war 1865 der letzte. Der ursprüngliche Stromlauf wurde von 135 um beinahe 50 km verkürzt. 240 m sollte der fortan kaum noch gewundene Rhein breit sein, die Ufer wurden durch Reisiggeflechte (Faschinen) und Pflastersteine gesichert. Auch als dem Strom die feste Route geradeaus aufgezwungen war, blieb er Schwerlast-Transporteur für Kies und Sand. Die Kiesel reiben sich aneinander und zerkleinern sich. Faustgroß sind sie, aus den Alpen herangeschafft, noch auf der Höhe von Wörth, wie Hühnereier bei Germersheim, wie Taubeneier bei Ludwigshafen. Die Geschiebe bilden zuweilen wandernde

Altrhein-Landschaft

Bänke. Rund 120 Jahre dauert es jedoch, bis eine Bank von der Lautermündung nach Ludwigshafen geschoben worden ist.

Am Strom entlang schnörkeln sich seit der Regulierung wie Blinddärme die *Altrheinarme*. Sie sind eingebettet in stille Auwälder, in denen Myriaden von winzigen, sirrenden und blutrünstigen Schnaken für Einsamkeit sorgen. KABS lautet das Kürzel für ›Aktionsgemeinschaft zur Bekämpfung der Stechmückenplage‹, in der mehr als 90 Städte und Gemeinden von Mainz bis Rastatt zu beiden Seiten des Rheins Mitglied sind. Altrheinlandschaft, das bedeutet Wasserlilien und Seerosen, Seggen und Binsen, Weide, Pappel und Erle sowie Baldrian, Ehrenpreis, Johanniskraut und wilder Knoblauch.

Gen Westen erstrecken sich weite Ackerfluren, sanfte Mulden, Straßenschlangendörfer. Der Horizont ist eine zart geschwungene Linie. Allmählich wird deutlich: Da baut sich ein Gebirge auf. Mal sind die Berge graublau und leicht wie Pusteblumen, mal sind es blaue Berge. Mal scheinen sie zu brennen, mal sind sie zum Greifen nahe. Wo die ersten Reben gepflanzt sind, nicht auf Weinbergen, sondern auf langen nach Osten gerichteten Geländezungen, nicken noch heute vereinzelt als Überbleibsel der Pfälzer Ölrauschjahre in den 60er Jahren gemächlich wie gigantische Heuschrecken ein paar Förderpumpen.

Dann stößt man, gleichviel ob von Karlsruhe, Speyer oder Ludwigshafen kommend, im rechten Winkel auf die 80 km lange **Weinstraße,** die sich durch die unbestreitbar attraktivste Partie der Pfalz windet. An ihr liegt alle 2, 3 km ein Dorf. Ein paar Hektar Land sind hier schon ein stolzer Besitz, bei Getreideanbau wäre er die Garantie zum Notstand. Es sind Weingärten, die sich aneinanderreihen. Hier hat sich von den beseligenden Wirkungen des Weines ausgehend, die ›fröhliche Pfalz‹ zum Warenzeichen herausgebildet, an 100 Mio. Rebstöcken reifen im Herbst die Trauben (Farbabb. 1, 2).

Die Weinstraße beginnt am *Weintor in Schweigen* an der deutsch-französischen, pfälzisch-elsäßischen Grenze, die heute kaum noch trennend wirkt. Dort steht ein Klotz, einem mittelalterlichen Burgtor vergröbernd nachempfunden und in der Nazizeit entstanden.

In all den kleinen Weingemeinden am Weg standen früher, wenn Herbst, also Weinlese war, Tanklastzüge, wurde aus den Kellern der kleinen Winzer die schon gärende braune Brühe, die einmal Wein werden sollte, abgesaugt, erschien dann als Tröpfchen mit verniedlichendem Namen auf dem Markt und kroch quälend in die Hirne, marterte die Schädel bei reichlichem Genuß des Süßzeugs. Da hat sich viel geändert. Die Winzer haben längst begriffen, daß Wein ein qualitätsvolles Getränk sein muß. Und sie weichen nicht mehr die ausgequetschten Trauben, den Trester, ein, rühren kein Zuckerwasser mehr an die Brühe, um sich so ihren Haustrunk zu machen, der wie Wein schmeckte, wie Wein wirkte und dennoch nicht viel mehr als Gesöff war.

Der Rebmann von Jost Amman, 16. Jh.

Die Rebenhügel vor den Bergen boten sich einst viel schöner dar als heute. Da durchfurchten sie noch Hohlwege, zerteilten singvogelparadiesische Hecken die Flur, ragten Walnußbäume aus ihr hervor, war die Schraffur von Riesling- und Müller-Thurgau-Zeilen noch nicht so monoton wie heute nach der Flurbereinigung.

Doch noch immer säumt den Weinberg zum Gebirge hin ein Kastaniengürtel – Eßkastanien wohlgemerkt, die man im Herbst beim Spaziergang sammelt, in Salzwasser kocht und zum neuen Wein mümmelt mit unendlichem Genuß. Hinter dieser subtropischen Besonderheit beginnt die schier endlose Einsamkeit des **Pfälzer Waldes.**

Wasgau heißt dessen südlicher Teil. Wer dorthin fährt, ist fast mit sich allein. »Das

Krisling und Zauberflötler

Beim Deutschen Weinlesefest in Neustadt (Farbabb. 22) auf halber Strecke der Weinstraße stehen die Menschen acht Tage lang Kopf. Unter den Winzertöchtern aus allen deutschen Weinbaugebieten wird reihum – aber so, daß es eine veritable Wahl mit Überraschungen bleibt – eine zur Weinkönigin gewählt. Die muß dann ein Jahr lang sehr oft ein Dirndl anziehen, sich eine Krone aufsetzen und, an großen und kleinen Gläsern nippend und freundliche Ansprachen haltend, durch die Lande und Auslande ziehen und für den Wein werben.

Faßboden mit Weintrinker

Gekrönt wird eine Königin, getauft wird seit 1929 jedes Jahr der neue Wein. Der 1930er hieß ›Krisling‹ wegen der Wirtschaftskrise, der 1935er schändlich doppelsinnig ›Rassenreiner‹, der 1947er Nachkriegstropfen ›Knochenrappler‹, der 1953er ›Kunrädel‹, nicht nach dem Salierkaiser, sondern nach dem ersten Bundeskanzler Konrad Adenauer. Der 1962er sollte ein ›Mauerbrecher‹ sein, der 1970er hieß ›Haschmich‹ und der 1991er im Mozartjahr ›Zauberflötler‹. In den Weinnamen verfängt sich Geschichte – auch wenn das Feingefühl oft ausgeschaltet war.

ist ein wahrhaftig adelig Land, wo die Urmacht der Natur sich selbst Zwingburgen gebaut hat auf den waldigen Bergen.« Mit solcherlei pathetischem Überschwang zwang einst der Historiker Heinrich von Treitschke zur Ehrfurcht. Eine Zwingburg, 1909 im freien Felsgang erstmals von Landauer Offizieren bezwungen, ist der Asselstein über Annweiler, 100 m lang, 45 m hoch, 8–10 m breit, eine gigantische Sandsteinhürde.

Zahllos sind sie, jene Felsen, Bergnasen, Plateaus, Zerklüftungen am Hang, die zu benennen die Phantasie freies Spiel hatte. Sie heißen *Kurfürst, Dreikönigsfelsen, Napoleon, Hundfelsen, Eisenbahn, Teufelshorn, Käshafen* oder *Krötenstuhl*. Im Stein lösen sich Salze auf und machen ihn mürbe. Dann kann ihn der Wind davonwehen. Auf solchem Fels, der einmal Sand war und in Jahrmillionen zusammengebacken wurde, sind die vielen Burgen des Landes gebaut. Sie verleiten dazu, von stolzer Vergangenheit zu sprechen. Aber die schöne Landschaft ist auch immer eine arme Landschaft gewesen. Auf den sanft gewellten Rodungsflächen zwischen den Märchenbuchbergen gedeihen spärlich Roggen, Hafer und Kartoffeln, aus rotem Sand keimt wenig Grünes auf.

›Vosagus‹ nannten die Römer den Wald, der vom südlichen Elsaß bis zum Hunsrück reichte. Vom ›Wassichin‹, vom Auerochsengebirge, sprachen die Kelten. Vom ›Waskenwalde‹ erzählt, in geographischer Unkenntnis, der Dichter des Nibelungenliedes (der Bearbeiter der Handschrift C hatte dafür den Odenwald eingesetzt). Der Name der Römer blieb im Waldland südlich der Queich hängen, wo Eichenmischwald noch im 18. Jh. dominierte und die Kiefer sich seitdem schnellwüchsig verbreitet hat.

Dem Pfälzer Wald gaben erst 1843 Forstleute seinen Namen. Die grüne Mitte des Landes auf rotem Grund ist einsam, dünn besiedelt und noch heute von wenigen Verkehrswegen durchzogen. Die Rodungsinseln, die Talauen ließen einst nur kärgliche Landwirtschaft zu, die Wäldler waren Köhler, Harz- und Teerbrenner, Flößer, Holzhauer, Holzschuhschnitzer und Bürstenbinder. Erst später passierte es dann, daß kleine Unternehmer eine Schuh- oder Kleiderfabrik ins entlegene Dorf stellten, billige Arbeitskräfte waren ja ausreichend vorhanden.

Durchs Wellbachtal hinauf nach Johanniskreuz, der Wasserscheide zwischen Rhein und Mosel, und hinüber nach Hochspeyer, von Süden nach Norden also fährt man 40 km, ohne eine einzige Siedlung zu passieren. Da stehen Felsen so im Weg, daß man kaum gewiß sein kann, ob die Straße dahinter weitergeht. In der Talwiese neben dem Bach ist zuweilen ein Forellenteich ausgestochen, drängelt sich manchmal eine Schafherde, hebt ein Waldarbeiter die rote Fahne, weil gerade ein gefällter Baumstamm den Steilhang herunterbrettert.

Im nördlichen und westlichen Pfälzer Wald sehen die Berge wie Sargdeckel aus, kastenförmig sind die Täler, manche haben sich zu bescheidenen ›Gewerbegassen‹ entwickelt. War es in grauer Vorzeit gefährlich, durch diesen undurchdringlichen Pfälzer Wald zu gehen, ebenso schaurig war's, übers *Landstuhler Bruch* sich zu wagen, diesen 30 km langen bodenlosen Streifen mit Irrlichtern und sauren Gräsern. Erst zur Mitte des 18. Jh. begann man hier mit der Entwässerung, stach Torf noch bis in die Gegenwart. Jetzt liegt auf trockenem Grund ein riesiges, für amerikanische Soldaten reserviertes Stück

Altschloßfelsen bei Eppenbrunn

Landschaft mit ungewisser Zukunft. Durch die Mulde zieht die Autobahn Mannheim–Saarbrücken. Kiefern, Buchen und Eichen gedeihen hier und an manchen Stellen auch noch der fliegenverschlingende Sonnentau.

Eine »merkwürdige Landschaft« nannte der Heimatschriftsteller August Becker vor mehr als 130 Jahren die *Sickinger Höhe,* »eine kleine Welt für sich, mehrere hundert Fuß höher als das dicht danebenliegende Bruch, ein Höhenplateau, von vielen schluchtenartigen, tiefeingeschnittenen und engen Bachtälern« durchfurcht. Die Äcker liegen oben, zum großen Teil auch die Siedlungen. An den Halden abwärts gedeiht der Wald, und im Tal liegen die Mühlen. Insgesamt 13 liegen im Wallalbtal und seinen Nebentälern. Ein Wanderweg im Zeichen des Schöpfrades führt von Landstuhl nach Thaleischweiler.

Daß hinter den Bergen und hinterm Wald die Welt nicht zu Ende ist, daß dort, von Sängergruß und Pfälzer Lied ausgespart, auch Pfälzer wohnen, konnte man sich selbst in der Vorderpfalz bis in die jüngste Zeit nur schwerlich vorstellen. Die Westpfalz, der Westrich, war einst armer Leute Heimat. Wie dieses Gebiet abzugrenzen ist, weiß niemand so ganz genau. Der Name ›Westrich‹ fand, so schrieb Christian Mehlis 1877, »nirgends feste Stelle und drohte in Vagheit und Verschwommenheit unterzugehen, bis er endlich in der Pfalz ein Plätzchen der Ruhe gefunden«. Das ruhige Plätzchen wird auch pfälzisch Sibirien genannt. In jedem Land gibt es einen Sammelplatz vermeintlicher Öde und Abgeschiedenheit. Ludwig Schandein ist da allerdings anderer Meinung. Seinem Gedicht, das die westpfälzische Landschaft in Sonntagsstimmung versetzt, ist außerdem anzumerken, daß man in jenem Teil der Pfalz auch dann singt, wenn man nur spricht:

>»Wie dufte die Bliemcher, wie bliehe die Bäm!*
> *Wie griene die Wisse, wie sunnig mei Dal,*
> *wie singt's un' wie klingt's do, wie lebt's iweral.*
> *Der Wald ist so frischlacht, so wuhl werd's ehm do,*
> *dort ruft auch der Guckuck, die Kinn' rufe noo*
> *un' Vechelcher peife, die fliehe erum*
> *un' hann als ehr Kleene noch mit sich genumm.«*

Das Leben der Menschen an Lauter und Glan sowie noch weiter im Westen reichte allzeit ans Existenzminimum heran. Wer Arbeit wollte, mußte pendeln, die Saargängerei gab es seit dem 12. Jh.

Nicht nur westlich, sondern auch nördlich des Landstuhler Bruchs geht die Pfalz weiter, liegen das *Nordpfälzer* und *Nordwestpfälzer Bergland* und, wie eine Peilstation für den Kontakt mit den Außerirdischen, der ›sargartige‹ **Donnersberg.**

Als die Erde Blähungen bekam

Wenn es stimmt, daß die erste Hälfte des Wortes Donnersberg keltischen Ursprungs ist und nichts anderes als ›der Berg‹ bedeutet, dann ragt westlich von Kirchheimbolanden ein Berg-Berg auf. Vielleicht hat ihm aber auch der Germanengott Donar seinen Namen geliehen. Über seine Entstehung wissen die Forscher mehr als über seine Taufe, obwohl die Geburt etwa 300 Mio. Jahre zurückliegt. Damals war es vorbei mit tropischem Klima. Es wurde trocken. Und vor allem bekam die Erde ›Blähungen‹ in der heutigen Pfalz. Vulkanisches Magma drückte aus der Tiefe und stemmte die Gesteinsschichten, die schwer darüberlagen, zur Seite.

Zu jener Zeit war der Donnersberg so hoch wie der Feldberg im Schwarzwald, etwa 1500 m. Das geologische Geschehen lief also ab nach dem Motto »Platz da, jetzt komm' ich!« Der Rhyolith des Donnersbergs bildete Rippen und Gesteinsnadeln, aus deren Spalten noch jahrtausendelang Gas und Dampf entwichen. Doch bereits am Tag der Entstehung begann der Verfall. Außerdem brachten tektonische Bewegungen den Donnersberg zum Kippen.

Nach Millionen von Jahren errichteten die Kelten hier einen Ringwall, der 240 ha Fläche umschloß. Hier am Donnersberg hinterließen Menschen, von denen man ganz wenig weiß, kraftstrotzende Spuren.

Für jeden, der Rekorde wissen will: Dieser Fladen in der Landschaft ist das kleinste Gebirge Deutschlands und mit 687 m die höchste Erhebung der Pfalz. Nur von Südosten her erscheint es wie ein bewaldeter Monolith. Die B 40 ist als Tangente an den Rundling gelegt. Seine Kehrseite jedoch ist vielgestaltig, von Tälern durchzogen, von mehreren Gipfeln beherrscht.

Es gibt nicht nur den *Königsstuhl*, sondern auch *Bickberg, Kübelberg, Dorntreiberkopf* oder *Reipoldskircher Berg*. Und es gibt Schnitte im Gebirg wie das Spendeltal, das erste Stück Landschaft, das einst in der Pfalz unter Naturschutz gestellt wurde.

Vom Reichsapfel zum Zankapfel
Geschichte im Zeitraffer

Palatium – comes palatinus – Pfalzgrafschaft bei Rhein – Pfalentz – Kurpfalz – Oberpfalz – untere Pfalz – Rheinpfalz – Département Mont Tonnerre – Bayerischer Rheinkreis – Pfalz. Die keineswegs vollständige Serie der Namen spannt sich über 2000 Jahre Geschichte.

Der römische Kaiser Augustus besaß ein Haus auf dem römischen Palatin. Palatium wird allgemein der Name für fürstliche Wohnungen. Kaiser und Könige bauten sich im Mittelalter Pfalzen und übertrugen Pfalzgrafen wichtige Verwaltungs- und Justizaufgaben. Mit *Konrad von Staufen,* dem 16jährigen Halbbruder Friedrichs I. Barbarossa, wurde 1156 aus einem Pfalzgrafen ein ›*Pfalzgraf bei Rhein*‹. Das war neu: Aus dem Namen für ein hohes Amt im Staat wurde der Herrschertitel eines Territorialfürsten.

Das Land am Rhein trägt also nicht wie Bayern oder Sachsen den Namen seiner Bewohner, nicht den Namen einer herrschaftlichen Burg wie Württemberg, es bekam den Namen eines Amtes, einer Würde: des Pfalzgrafen. So ist die Geschichte der Pfalz (und nicht nur des bißchen Pfalz auf dem linken Rheinufer) zum einen die Geschichte des Pfalzgrafen bei Rhein – und das Jahr 1156 ein gewichtiges Datum.

Ein anderes war das Jahr 925: Damals brachte König *Heinrich I.* endgültig Lothringen an das ostfränkisch-deutsche Reich. Das hatte Folgen: Das mittlere Rheinland, bis dato östliche Randlandschaft des römischen und später des fränkischen Reiches, wurde »Binnenland und Herzstück« eines Reiches, »das seinen Schwerpunkt bis zum 14. Jh. eben hier finden sollte« (Ludwig Petry).

Dafür sorgten indes weniger die Pfalzgrafen als vielmehr Kaiser und Könige selber, Salier und Staufer.

Im Jahr 1024 versammelten sich die Großen aller Herzogtümer und Stämme in Oppenheim am Rhein. Einen neuen König sollten sie küren. Zwei Kandidaten standen zur Wahl. Sie waren Vettern ersten Grades, hießen beide Konrad. Am 4. September fiel

Heinrich I.   Heinrich III.   Heinrich IV.

die Entscheidung: *Konrad* der ältere, 34 Jahre, gewann. Vier Tage danach wurde er in Mainz geweiht.

Dieser Konrad, der drei Jahre später in Rom auch zum Kaiser gekrönt wurde (bei der Zeremonie trug er das schlichte Gewand eines Diakons), war in Worms geboren, war Herzog in Rheinfranken, Graf im Speyergau und sein Stammsitz die Limburg über Bad Dürkheim. Einen ›Mann des Diesseits‹ nennen ihn die Historiker. Er regierte mit harter Hand und liebte derbe Späße. Sein alsbaldiger Entschluß, in Speyer einen Dom zu bauen, hatte keine religiösen Beweggründe, sondern war politische Demonstration imperialer Macht. Einen »machtbewußten Praktiker des Regierens« nennt ihn Karl

Heinrich V.   Friedrich I. Barbarossa   Rudolf I.

Moersch in seinem Buch ›Geschichte der Pfalz‹, der sich jedoch daheim am Rhein am wohlsten fühlte.

Konrad II. starb 1039 an der Gicht, sein Sohn *Heinrich III.* folgte ihm auf dem Thron, ein Mann von priestergleicher Würde, ein Idealist. Nach seinem Tod wurde 1056 dem sechsjährigen Enkel Konrads II., *Heinrich IV.,* die Reichskrone aufs Haupt gedrückt. Gut 20 Jahre später, 1077, brach dieser mitten im Winter von Speyer zur kniefälligen Reise nach Canossa am Nordrand des Apennin auf, wo *Papst Gregor VII.* seiner harrte.

Diese Reise, der Konflikt zwischen einem deutschen Kaiser aus der Pfalz und dem Papst ist von Legenden überwuchert. Rekonstruierbar ist dies: Es gab Streit zwischen den beiden um die Macht auf dieser Erde. Heinrich hatte den Posten des Erzbischofs von Mailand neu besetzt. Gregor war dagegen. »Steige herab, steige herab!« forderte darauf Heinrich von Gregor und meinte dessen päpstlichen Thron. Gregor reagierte prompt, mit einer Waffe, die bislang noch nie im Streit zwischen Kaiser und Papst eingesetzt worden war: Er verhängte über Heinrich den Kirchenbann. Das sollte bedeuten, daß des Kaisers Untertanen von ihrem Treueeid entbunden waren. Da auch Heinrich zahlreiche weltliche Feinde hatte, konnte eine solche provokative Ächtung für ihn gefährlich werden. Wochenlang grübelte er in Speyer darüber nach, wie er seine Krone retten könne. Er mußte, das war die Lösung, dem Papst als Büßer ›entgegenkommen‹. Denn, schreibt Karl Moersch, »einem Sünder, der Buße tut, mußte der Mann vergeben, der in Rom auf dem Stuhle Petri saß«. Das wiederum war heikel für Gregor. Aus kirchenmoralischen Gründen war er gezwungen etwas zu tun, was er gar nicht wollte. Wer nun Sieger war an jenem 28. Janur 1077 in Canossa, darüber währt seit über 900 Jahren der Streit. Der Papst hatte jedenfalls seine Machtposition gestärkt, und Heinrich hatte seine Krone gerettet.

Doch im Jahre 1104 erklärte der eigene Sohn den Kaiser für abgesetzt. Ein Jahr später verzichtete Heinrich IV. tatsächlich auf den Thron, 1106 starb er. Der Sohn *Heinrich V.,* geldgierig, kleinlich, machtbesessen, kämpfte weiter gegen die Kirche – und schloß 1122 in Worms mit der Kurie einen Kompromiß. Es ging um den **Investiturstreit,** um die Frage, wer Bischöfe einsetzen, aber auch wieder absetzen darf. Heinrich verzichtete auf das Recht der Investitur, Paschalis, sein päpstlicher Gegenspieler, gestand zu, daß Bischofswahlen in Anwesenheit des Königs oder seiner Bevollmächtigten stattzufinden haben.

Auf solche Politik des letzten Saliers – Heinrich V. starb 1125 an Krebs – konnten die *Staufer* aus Schwaben aufbauen. Wie aber geschah es, daß Schwaben in der Pfalz zum Zuge kamen? Ganz einfach: Heinrich V. starb kinderlos. Seine Schwester Agnes war mit dem Staufer Friedrich I. verheiratet, und dessen Söhne erbten den salischen Besitz. Die Königswürde ging jedoch nicht direkt, wie Heinrich V. es sich gewünscht hatte, auf die Staufer über. Erst wurde Lothar III. gewählt, ein Sachse. Dann war 1137 ein Staufer dran, Konrad III.

Die Herren aus Schwaben, vor allem *Friedrich I. Barbarossa,* machten den pfälzischen Trifels zur Hauptburg des Reiches, schafften die Herrschaftsinsignien – Krone, Zepter, Schwert – demonstrativ dorthin und bauten Kaiserpfalzen. Mit den gekrönten Häuptern gewannen Hofbeamte aus der Pfalz an ihrer Seite Bedeutung. »Die Lebensläufe der Kanzler, Kämmerer, Schenken, Truchsesse, der leitenden Hofbeamten also, beginnen in zahlreichen Fällen in der Region um den Trifels, im Reichsland rund um die Kaiserpfalz von Kaiserslautern oder im nahen Umkreis des Speyerer Domes«, schreibt Karl Moersch.

Markward von Annweiler war einer von ihnen, Barbarossas Berater und Mann für heikle Missionen unter Heinrich VI. Er befehligte ein in der Südpfalz zusammengestelltes Heer, das 1194 Palermo auf Sizilien eroberte. Und er schaffte den legendären Normannenschatz mit 150 Saumtieren von Palermo auf den Trifels.

Zu des Herrschers besten Pfälzern zählten auch die *Bolanden,* am Donnersberg zu Hause. Vier Generationen standen sie in des jeweiligen Königs Diensten, mischten mit in der Reichspolitik, rodeten und erheirateten sich dabei stolze Ländereien. Als mit dem Tod Friedrichs II. staufische Macht in der Mitte des 13. Jh. zu Ende ging, war es auch mit den Bolanden wie mit vielen anderen Territorialherren von der Staufer Gnaden vorbei.

Friedrich II., in Italien aufgewachsen und erzogen, war zeit seines Lebens Sizilien und Kalabrien wichtiger als Speyer und Kaiserslautern. In des Staufers Reich jenseits der Alpen trotzten ihm regionale Fürsten immer mehr Rechte ab. Demonstratives Datum: Im Wormser Vertrag von 1231 wurde den Fürsten die Gerichtsbarkeit in ihren Territorien zugestanden. Außerdem bekamen sie das Münzrecht und konnten Marktrechte vergeben.

Der hochgebildete Mann, der die Kaiserwürde wahren, sich gegen die politischen Ansprüche der Päpste behaupten wollte und den Staat als »Kunstwerk« verstand, so Georgina Masson in ihrer Friedrich-Biographie, opferte Deutschland herrschsüchtigen Kleingärtnern und erbarmungslosem Partikularismus, gab es dem Chaos und Niedergang preis.

Einer, dem oft vorgeworfen wird, daß er sich nach dem Tod Friedrichs II. und der anschließenden als »kaiserlos« und »schrecklich« bezeichneten Zeit in die Sonne der Staufer vordrängelte, war *Rudolf, der Habsburger,* der 1273 gekrönt wurde. Er wagte noch einmal die Wiederherstellung der alleinigen Königsmacht – und ist daran gescheitert. Der Pfalz jedoch hat seine fast 20jährige Regentschaft Vorteile gebracht. Er gründete Städte (Germersheim und Wolfstein) oder bescherte bereits bestehenden Kommunen die Privilegien freier Reichsstädte (Neustadt, Kaiserslautern, Landau). Auf diese Weise wollte er den Reichsbesitz in der Pfalz stärken. Doch das Herzland des ›Heiligen Römischen‹ rückte allmählich an die Grenze, nachdem Lothringen und Burgund im Westen immer mehr in den Sog des zentralistischen Frankreich gerieten. Die Pfalz lag fortan nicht im Zentrum des Reiches, sondern wurde zum Zankapfel an der Grenze. Als nach Rudolfs Tod 1291 dessen Erben sich immer stärker nach Südosten, nach Österreich orientierten, war es vorbei mit der Reichsherrlichkeit am linken Rheinufer.

In Germersheim hatte Rudolf die letzten Urkunden gesiegelt. In Speyer ist er am 15. Juli gestorben und wurde tags darauf neben Salier- und Stauferherrschern im Dom bestattet. Naturgetreu in Sandstein gemeißelt, erscheint auf der Grabplatte sein Porträt, das Bild eines Mannes mit tiefen Furchen auf der Stirn.

> *»Man horte swert erclingin*
> *Vn sach dye konin striden*
> *Dey zagen dann riden.«*

So heißt es in der Reimchronik des Zilies von Sayn. Beschrieben wird die **Schlacht von Göllheim,** in der Anfang Juli 1298 ein König und ein von einer Minderheit gewählter Gegenkönig gegeneinander kämpften. Es waren *Adolf von Nassau* und *Albrecht von Österreich,* der Sohn Rudolfs von Habsburg. Die Kurfürsten hatten sich Albrechts Wahl zum

König widersetzt, sie wollten keine Erbansprüche aufkommen lassen. Königsmacher war der *Kölner Erzbischof.* Zu erpresserischen Bedingungen verschaffte er dem hausmachtlosen Adolf die Mehrheit der Wahlfürsten. Je schwächer der König, so die Rechnung, desto stärker konnten sich diese behaupten. Als aber Adolf eigene Politik, nämlich Reichspolitik machen wollte, richtete sich der Fürstenzorn gegen ihn. Adolf wehrte sich und rüstete zum Kampf. Und bevor die Heere bei Göllheim aufeinanderprallten, inszenierte ein anderer Erzbischof, der Mainzer, ein Tribunal gegen den König. Adolf wurde des Kirchenfrevels, des Eidbruchs, der Unruhestiftung, der Unterdrückung der Fürsten und der Kirche geziehen, für »untauglich und unnütz« erklärt und abgesetzt. Bei der blutigen Machtprobe auf dem Hasenbühl bei Göllheim ist Adolf gefallen, geschlagen von Albrecht, ein »gepaurischer man an der persone«, der hatte »neur ain auge und gar einen unwirdischen anplick.« Im Jahre 1309 wurden die Widersacher Adolf und Albrecht gemeinsam in der Kaisergruft des Speyerer Doms beigesetzt.

Bereits 1214 hatte Friedrich II. die Pfalzgrafschaft an Herzog Ludwig I. von Bayern übertragen. 600 Jahre lang blieb das Land beiderseits des Rheins dem *Hause Wittelsbach* verbunden, wurde der liebe Gott aufgefordert, Bayern und die Pfalz zu erhalten.

Die Pfalzgrafenwürde war längst nicht mehr eine von König oder Kaiser verliehene Auszeichnung. Der Pfalzgraf war Herr seines Territoriums, der Pfalzgraf bei Rhein Herr über die Pfalentz, wie es 1329 im Vertrag von Pavia heißt, der eine ältere pfälzische von einer jüngeren bayerischen Hauptlinie des Hauses Wittelsbach trennte. Die ältere setzte sich zusammen aus der ›unteren‹ Pfalz beiderseits des Rheins und der Oberpfalz zwischen Regensburg und dem Fichtelgebirge.

Ruprecht I., bis zu seinem Tod 1390 insgesamt 61 Jahre Pfalzgraf, Gründer der Heidelberger Universität, kaisertreu und auf diese Weise auf seine Vorteile bedacht, wurde 1356 im ›**Goldene Bulle**‹ geheißenen Kontrakt mit hohen Privilegien ausgezeichnet: Er wurde Reichsapfelträger, in herrscherloser Zeit gleichsam Treuhänder des Reiches sowie oberster Gerichtsherr in den Territorien, in denen das fränkische Recht galt. Und vor allem besaß er die Kurwürde.

Die Geschichte dieser Kurpfalz (Residenz: Heidelberg, später Mannheim) ist eine Abfolge von Teilung und Zugewinn, Erbstreit und Versöhnung. Nur ein Beispiel: 1410 starb Ruprecht III. Die Pfalz wurde – wider Goldene Bulle und die darin verfügte Unteilbarkeit des Stammlandes – geviertteilt in die eigentliche Kurpfalz, die Oberpfalz, Zweibrücken-Simmern und Mosbach. Als 1448 die Oberpfälzer Linie erlosch, erbten Mosbach und Zweibrücken; als die Mosbacher 1449 erlosch, war wieder das Kurhaus dran.

Rings um die Kurpfalz sowie mitten drin lagen Parzellen anderer Territorien, lagen Reichsstädte, lag Kirchenbesitz. Erst Napoleon überpinselte eine vielfarbige linksrheinische Pfalzkarte mit einer Farbe. Doch die Zeiten Napoleons sind in diesem Überblick noch nicht aufgerufen. Bis dahin mußten noch dreieinhalb Jahrhunderte verstreichen.

In jedem Säkulum wurde die Pfalz von Katastrophen unvorstellbaren Ausmaßes heimgesucht. Im 14. Jh. war es die *Pest.* Der schwarze Tod raffte in den Jahren '48, '49 und '50 die Menschen zu Tausenden dahin. Fünf Generationen dauerte es, ehe das Land wieder seine einstige Bevölkerungsdichte erreicht hatte.

Im 15. Jh. zankten sich gnadenlos zwei pfälzische Vettern, der *Schwarze Ludwig*, Pfalzgraf aus der Westpfalz, und der *Böse Fritz*, Kurfürst in Heidelberg. Es ging um ein paar größere Latifundien. Da beide darauf versessen waren, mußte der Rechtsanspruch auf dem Schlachtfeld geklärt werden – mit brutalen Folgen für die Pfalz und die Pfälzer. Mordend, brandschatzend und plündernd zogen gedungene Soldatenhorden der beiden Vettern landauf und landab, und die Greueltaten des einen provozierten Racheakte des anderen.

Aus jener Zeit innerpfälzischer Totschlägerei um 1460 stammen viele zur Festung ausgebaute Kirchhöfe (Dörrenbach, Kleinbockenheim, Gleisweiler, Rheinzabern, Oberotterbach). Dort verschanzten sich die Menschen vor den anrückenden Truppen.

Gewonnen hat schließlich der Heidelberger, der sich nicht nur, wie das studentische Sauflied behauptet, immerzu wütend »im Bette« wälzte, weil er zuviel geschluckt hatte und ihm deshalb der Schädel zu zerspringen drohte. Friedrich I., der ›Siegreiche‹, modernisierte auch beispielhaft Verwaltung und Gerichtswesen seiner Kurpfalz.

Der ebenso berechtigte wie selbstmörderische Versuch der Pfälzer Bauern, brutaler Verknechtung zu entrinnen und über das eigene Schicksal mitbestimmen zu können, endete in der **Johannisnacht 1525.** Damals, in der Schlacht von Pfeddersheim an der Pfrimm nahe Worms, wurden 4000 Bauern erschlagen, getötet von der Streitmacht des Adels, die Kurfürst Ludwig anführte. Die Niederlage bedeutete für Jahrhunderte das Aus für jegliche Verbesserung der sozialen Lage der Leibeigenen. Zehnter und Zinsen wurden von den Grundherren erbarmungslos eingetrieben, und Recht wurde nach Willkür gesprochen.

Bauernkriege – Sturm auf ein Schloß, Holzschnitt

Die Zeit zwischen Bauernkrieg (1525) und Beginn des Dreißigjährigen Krieges (1618) verlief für die Pfalz ausnahmsweise friedfertig. Die Umstellung auf reformierte Glaubensgrundsätze erfolgte nach der opportunistischen Devise »wie de Herr, so's Geschärr«.

Kurfürst *Friedrich IV.* schloß im Jahre 1608 mit mehreren protestantischen Fürsten eine Union unter Führung der Kurpfalz, wogegen sich prompt eine katholische Liga bildete. Als *Friedrich V.* sich mit viel Ungeschick auch noch ins Abenteuer stürzte, böhmischer König wider Habsburg zu sein, wurde die Pleite perfekt. Ein Krieg brach an, der, mit Glaubensgrundsätzen gerechtfertigt, immer weniger damit zu tun hatte, 30 Jahre dauerte und Mitteleuropa in Chaos und Elend stürzte. Während des gesamten **Dreißigjährigen Krieges** war die Pfalz von Heeren, Truppen, Rotten belagert, wurde verbrannt, geplündert, ausgepowert. Kaum war Friedrich in Prag gekrönt (November 1619), stellte die katholische Liga ein 25 000-Mann-Heer auf die Beine, das ihn aus Böhmen verjagen sollte. Gerade ein Jahr hielt Friedrich in Prag durch. Dann, nach der Schlacht am Weißen Berg, in der die böhmischen Truppen vernichtend geschlagen worden waren, mußte er fliehen, die Niederlande gewährten ihm Asyl.

In seine Pfalz waren längst die *Spanier* vorgedrungen, die protestantische Union hatte zunächst nichts dagegen. Dann aber rückte die Unions-Streitmacht unter Markgraf Ernst von Brandenburg-Ansbach doch in die Nähe der Spanier. Gekämpft wurde noch nicht. 25 000 Spanier überwinterten bei Worms, der Gegner bei Ingelheim – und dabei gingen die Vorräte der Zivilbevölkerung drauf. Lediglich den pfälzischen Obristen *Hans Elias Michael von Obertraut* drängte es in den Krieg gegen die Spanier. Überlebt hat er als ›deutscher Michel‹. Die spätere biedermeierliche Kostümierung mit der Zipfelmütze ist eine Beleidigung für den mutigen Mann.

Im Frühjahr löste sich die Union auf, aber Feinde blieben den Spaniern reichlich erhalten: englische Freischärler und vor allem die berüchtigten Söldner des Grafen von Mansfeld, 22 000 Mann. Die Chronologie der Gemetzel und Verwüstungen ist ein Horrorbeispiel für politisch-militärischen Irrationalismus, der sich ziellos verselbständigt. Immer neue Hasardeure zogen waffenklirrend auf und glaubten auch noch an ihre Wahnsinns-Mission.

Im Jahr 1630 verspürte der schwedische *König Gustav Adolf* das Bedürfnis mitzumischen. Man muß sich das einmal vorstellen: Da kommt einer großmannssüchtig von jenseits der Ostsee, fällt mit heißgemachten frischen Truppen in das kriegsgeschundene Deutschland ein, räumt auf seine Weise auf und stellt Bedingungen, zu denen er Friedrich, den Winterkönig von Prag, wieder an die Macht zu bringen bereit ist.

Friedrich soll die Kurpfalz wieder kriegen, müßte aber höllisch dafür löhnen. Soll schwedische Garnisonen auf seinem Territorium finanzieren. Friedrich lehnt ab. Gustav Adolf überlebt nicht die Schlacht von Lützen (1632), der pfälzische Kurfürst mag auch nicht mehr länger leben. Er stirbt zwei Wochen später an einer Fieberattacke.

»Nichts als die Qualen der Hölle kann mit der Grausamkeit dieser Menschen verglichen werden«, protokollierte der Rat der Stadt Frankenthal nach den Erfahrungen mit fremder Besatzung. Doch bis zum Frieden dauert es noch Jahre. Erst einmal marschieren die Franzosen auf – und die Greueltaten setzen sich fort. Im Land befänden sich mehr Wölfe als Menschen, notierte ein Zeitgenosse.

30 anarchische Jahre waren Mörder mit selbsterteilter Lizenz in Armeestärke unterwegs. Das Ergebnis im **Frieden von Münster und Osnabrück** 1648: Bayern kriegt die Oberpfalz und die Kurwürde, der Pfalzgraf bei Rhein ist nicht mehr der erste, sondern

der achte im Kreis der Wahlfürsten des Kaisers. Und in der Pfalz dürfen die Lutheraner nicht behindert werden. So banal endete Friedrichs V. böhmisches Abenteuer.

Sein Sohn *Karl Ludwig* vollbrachte das ›pfälzische Wunder‹. Er lebte vorbildlich sparsam, holte Geflohene zurück und schuf Anreiz für Holländer, Schweizer, Tiroler und französische Hugenotten, in sein Land zu kommen. Das Land sei so bevölkert, »als ob niemals Krieg geführt worden« wäre, schrieb bereits 1658 der französische Marschall Grammont.

1671 verbandelte Karl Ludwig seine Tochter Liselotte mit dem früh verwitweten Bruder Ludwigs XIV., Herzog Philipp I. Der Kurfürst spekulierte dabei auf das Wohlwollen der Franzosen. Doch das hatte verheerende Folgen. Als er neun Jahre später starb, pochte *Frankreich* auf ›Réunion‹, auf Wiedervereinigung. Spitzfindig argumentierten die Gallier, daß mit jenen Gebieten, die ihnen im Friedenskontrakt von Münster und Osnabrück abgetreten worden waren, zusätzlich alte Lehnsrechte an den französischen König gefallen seien. Als Karl Ludwigs Sohn Karl starb, erhoben die Franzosen konkret auch Anspruch auf das Erbe seiner Schwester Liselotte. Außerdem bauten sie Landau, das ihnen am Ende des Dreißigjährigen Krieges zugesprochen worden war, zur gigantischen Festung aus.

Dann legten sie – wiedervereinigend – los. Die Bilanz der Zerstörungen: 400 Städte, Dörfer, Klöster und Burgen zertrümmert. Auch die Felder waren mit Vorsatz ruiniert worden. Die Motive für solcherlei brutale Zerstörungspolitik haben Historiker bis heute nicht herausgefunden. Nur eines weiß man: Kriegsminister Louvois hatte die Parole ausgegeben: »Brûlez le Palatinat«. Die Pfalz wurde zum Wüstenstrich zwischen Deutschland und Frankreich. »Der militärische Erfolg der Zerstörungen blieb denkbar gering; um so nachhaltiger waren die politischen Folgen. An sich war es nichts Neues, daß im Verlauf eines Krieges dieser oder jener Ort in Flammen aufging. Das Neue lag darin, daß planmäßig und derart gründlich ein ausgedehntes Gebiet in Schutt und Asche gelegt wurde. Nach ihren eigenen Zeugnissen war den französischen Führern das Bedenkliche dieses Vorgehens durchaus bewußt. Und manche von ihnen haben die Befehle dazu nur unter Protesten und unvollständig ausgeführt. Auf deutscher Seite hat man das im 18. Jahrhundert noch anerkannt. Aber der Nationalismus des 19. und 20. Jahrhunderts bemächtigte sich nur allzugern des Vorwurfs. In den Truppen Ludwigs XIV. sah man die Franzosen schlechthin und identifizierte mit jenen die Franzosen der eigenen Zeit« (Fritz Trautz).

Auf das 17. Jh. hätten die Pfälzer gerne verzichten können. Ihr Land wurde geschändet, kaum ein Stein blieb auf dem anderen, die wenigen, die überdauerten, hatten die Flammen geschwärzt. Im **Spanischen Erbfolgekrieg** war die Pfalz wiederum mehrfach Truppenaufmarschgebiet (ob von Freund oder Feind, Schaden entstand allemal). Dabei wurde noch einmal, wie fast 100 Jahre zuvor, um die richtige Konfession gestritten. Artikel IV des Friedens von Rijswijk (1697) bestimmte, katholisch müsse bleiben, was die inzwischen abgezogenen französischen Besatzer katholisch gemacht hatten. Ein katholischer Kurfürst, *Johann Wilhelm,* verschärfte die Klausel noch. Nach viel Gezerre hin und her hieß es dann: In allen Orten, in denen es zwei Kirchen gab, sollte eine den

VOM REICHSAPFEL ZUM ZANKAPFEL

Verwüstung der Stadt Speyer durch französische Truppen, Holzschnitt um 1860

Katholiken gehören: Wo nur eine stand, wurden die Katholiken ›Chor‹-, die Reformierten ›Schiffs‹herren. Einige dieser Simultankirchen bestehen noch heute.

Der prunkliebende Johann Wilhelm (Jan Wellem) wurde in Düsseldorf zum volkstümlichen Dicken. *Karl Philipp* tat nicht viel, was hervorgehoben werden müßte. *Karl Theodor* ist der Kulturfürst der pfälzischen Geschichte. Er ging 1777 nach München. Bayern und Pfalz, seit 1329 getrennt, hatten wieder einen Herrscher, die Pfälzer sahen jedoch nicht mehr viel von ihm.

Und was hatten die Revolutionäre in Frankreich, was hatte Napoleon mit dem einstigen Sonnenkönig gemein? Das Interesse am Rhein. Insgesamt bekamen sie ihren Willen durch Preußen (1795) und Österreich (1798), und offiziell bekamen sie ihn 1801. Die rechtsrheinischen Teile des Bistums Speyer und der Kurpfalz fielen an Baden, aus dem linksrheinischen Teil wurde das Département Mont Tonnerre, der südliche Teil wurde dem Bas-Rhin zugeschrieben.

Waren die Pfälzer glücklich, Franzosen geworden zu sein? Hart waren die Kontributionen, hart der Soldatendienst. Aber sonst? ›Egalité‹ und ›Liberté‹ waren etwas wert, mit der ›Fraternité‹ konnte man weniger anfangen. Napoleons Rechtsverordnungen traten in Kraft, der Pfalz fiel – ohne Zutun – eine Progressivität zu, die rechtsrheinisch – im Reich – noch lange nicht zum Standard zählte.

Diese Zwangsprogressivität ließ die Pfälzer unter bayerischer Hoheit so aufmüpfig werden. Im Länderschacher von 1816 hatte Bayern erneut die Pfalz bekommen, weil es Salzburg samt Inn- und Hausruckviertel an Österreich abtreten mußte. Offiziell hieß die Pfalz ›*Bayerischer Rheinkreis*‹, erst 1838 macht *König Ludwig I.* sie zur Pfalz. Und das ist sie – im Vertrag von Versailles noch einmal um 440 km² heutigen Saarlandes verkleinert – bis heute geblieben. Ein *Grenzland,* in dem die Menschen 1832 aufbegehrten und noch einmal 1848/49, das nach dem Ersten Weltkrieg bis 1930 französisches Besatzungsgebiet war und es 1945 noch einmal wurde.

Ein Land, in dem es – ›Ehre, Freiheit, Vaterland‹ – zur ersten politischen Massendemonstration in Deutschland gekommen war, ein Polit-Festival mit Wein, Bratwurst, Gesang und flammenden Reden. 1848 »stand die Pfalz mit Baden abermals an der Spitze der demokratischen Bewegung« (Fritz Trautz). Die pfälzischen Abgeordneten der Paulskirche zählten zur Linken, sie stimmten für die Reichsverfassung und gegen die Wahl des preußischen Königs zum deutschen Kaiser. Gegen die Reichsverfassung stimmte München. Also kam es zum Aufstand. Eine von Kaiserslautern ausgehende Bewegung erklärte im Mai 1849 die Pfalz für reichsunmittelbar, preußische Truppen aber knüppelten die Revolutionäre nieder.

Die Pioniere des demokratischen Fortschritts waren von Frankreich, dem (noch immer feindlichen?) Nachbarn im Westen ausgebildet worden. Als in den frühen 20er Jahren unseres Jahrhunderts in einer von Franzosen besetzten Pfalz Nationalisten und Separatisten aufeinander losdroschen, waren für die einen die Franzosen die Feinde. Waren aber die anderen nur Prostituierte des Feindes? Ein wichtiges Thema in der Pfalz, die geographisch immer in der Mitte Europas lag – und jetzt auch wieder geopolitisch.

König Ludwig I. von Bayern (1825–48)

's isch, wie mer's nimmt
Pfälzer in Einzahl und Mehrzahl

Sind die Pfälzer denn fröhliche Leute? Was sind sie überhaupt für Menschen? Eine ethnologische Bestimmung hat vor über 100 Jahren Wilhelm Heinrich Riehl probiert: »Ziehen wir die Summe unserer pfälzischen Völkertafel, so ist der erste Eindruck ein verwirrendes Gemisch: Kelten, Vangionen, Nemeter, Burgunder, Römer, Juden – der verwüstend durchstreifenden Alanen, Hunnen usw. gar nicht zu gedenken –, Alemannen, zweierlei Franken, Slawen, Friesen, moderne Franzosen, Holländer, Zigeuner und so fort ...«.

Diese Antwort liefert den Beweis, daß es so recht keine Antwort gibt. Höchstens die typisch pfälzische. Die lautet: »'s isch, wie mer's nimmt«. Diese Maxime verbreitet viel Optimismus. Sie macht aber auch deutlich, daß das, was den Pfälzern in vergangenen Jahrhunderten so alles zum Nehmen angeboten wurde, vielfach die blanke Zumutung war. Die Pfälzer sind leutselig, der *Wein* schließt sie auf. Fremden gegenüber sind sie jedoch oft schüchtern. Sie haben – was wird der Fremde von ihnen denken – doch ›nur‹ den Wein.

Der aber ist begehrt, macht die Pfalz attraktiv. Und neuerdings tut das auch der *Saumagen*. Die Pfälzer haben ihn immer gegessen. Menschen von draußen hingegen glaubten, Brechreiz verspüren zu müssen, wenn nur der Name dieses deftigen Gerichts fiel. Als ihn dann auf *Helmut Kohls,* des Bundeskanzlers aus der Pfalz, gastfreundliches Geheiß sogar die Weltmacht-Präsidenten Bush und Gorbatschow gekostet und überlebt hatten, war Saumagen mit einem Mal in aller Munde, und die Pfälzer waren stolz ob der unverhofft breiten Anerkennung ihrer kulinarischen Kultur.

Die Menschen am Rhein und im großen Wald haben Auftrieb bekommen in der jüngsten Zeit und ihr Selbstwertgefühl kräftig verbessert. Dazu hat ihnen auch das zuweilen trotzig-unbeirrbare Auftreten Helmut Kohls, des Hünen aus Oggersheim, als Beispiel gedient. Die Pfälzer hatten bislang zum Vorzeigen ein paar tote, in Speyer begrabene Salierkaiser und ein paar Kicker aus Kaiserslautern, die, Fritz Walter voran, 1954 in der Schweiz die Fußballweltmeisterschaft erspielten, worauf sich erstmals wieder nach Nazizeit und Krieg die Nation triumphierend in den Armen lag.

Die Pfälzer haben jedoch auch eine ganze Reihe anderer Persönlichkeiten vorzuweisen:
– **Ernst Bloch,** den Philosophen aus Ludwigshafen. Die in der Chemiestadt verbrachte Jugendzeit war für ihn »ein einziges Protestdasein«, sagte Bloch, als seine Heimatstadt ihn zum Ehrenbürger ernannte.
– **Johann Peter Frank** stammte aus Rodalben. Er leitete die Wiener Universitätsklinik.
– **Georg von Neumayer** aus Kirchheimbolanden begründete die Antarktisforschung. Die deutsche Station auf dem Kühlschrank der Erde trägt heute seinen Namen.

- **Paul Thiry von Holbach** aus Edesheim zählte zu den Vordenkern der Französischen Revolution.
- **Hugo Ball** aus Pirmasens schockte das Zürcher Bürgertum mit dadaistischen Kapriolen.

»Uff die Bääm, die Pälzer kumme«, lautet das Sprichwort, gebildet aus Erfahrungen über das Auftreten der Pfälzer. Aber solcherlei Verhalten, das andere zur Flucht auf die Bäume jagt wie die Katze vor dem wild kläffenden Hund, wird auch aus Schüchternheit geboren, will sie übertönen. Man singt doch auch, wenn man Angst hat, zur Nachtzeit über einen Friedhof zu gehen.

Die Pfälzer ›kreischen‹, sie sind laut. Keine Angst beim Betreten einer kleinen Dorfwirtschaft. Dort bricht nicht gleich eine Keilerei aus, es herrscht nur der ortsübliche Konversationston. Es gibt nicht die geschliffene, pointenreiche Rede, sondern häufig nur Lautstärke oder eine flüchtige verschmitzte Bemerkung. »Die reiche Leit hänn's gut«, sagt de Schorsch, »die brauchen die ganz Woch nit ze schaffe.« »Dodevor hänn se awwer ach ken Feierowend«, erwidert de Jean. Hemdsärmeligkeit bedeutet nicht immer Unbeholfenheit, Lautstärke nicht Rüpelei. Wer am Stammtisch viel auszusetzen hat am Lauf der Dinge im Dorf und in der Welt, der ist noch lange kein bedauernswerter Weltverbesserer mit Neigung zu Magengeschwüren. »Der hot sich ach nit selbschd gemacht«, heißt es verständnisvoll über den Griesgram.

An einem solchen Stammtisch könnte der in Godramstein geborene Dichter Gerd Runck die Zwiesprache zweier Pfälzer mitgehört haben. Sein Gedicht ›En prima Root‹ (Ein guter Rat) geht so:

> »Waß sell ich mache:
> Sell ich annegäih
> orrer
> sell ich nit annegäih?
> Geh' ich anne,
> eß velleicht vekehrt;
> geh' ich nit anne,
> eß velleicht erscht recht vekehrt ...
> waß sell ich mache?«
>
> »Deerf ich dar emol
> en Root gäwwe?
> ... Wann 'd uff mich heerscht,
> machscht grad, wie d' denkscht!«

Den Pfälzern ging es in allen Jahrhunderten ihrer Geschichte immer nur so gut, daß sie leicht ein größeres Wohlbefinden hätten ertragen können, ohne übermütig zu werden. Die Größenordnung ihrer Welt war die Zahl der Morgen ihrer Weinberge, die Pfälzer ›lesen‹ zwischen den Zeilen des Wingerts.

Faßschild Narrenberger

Alle Pfälzer? Die Westricher, die Leute »vun hinne raus«, sind weitab zum Weinland zu Hause, sind stiller, weniger entflammbar. Da hatte ein Mann aus Kusel einen Hutmacher zum Vater, eine Mutter, die auf einem Tonpfeifchen paffte, und von sich hatte er – so steht es auf einem bescheidenen Denkmal in der westpfälzischen Stadt – eine bescheidene Meinung: »Eich sein nit stolz«.

Die Pfälzer feiern im September das größte Weinfest der Welt (Farbabb. 22, 23), hunderttausende Liter Wein begeben sich dann auf Stoffwechsel. Mit einer Wallfahrt hat es vor Jahrhunderten angefangen. Die Pfälzer können die Fröhlichkeit so drastisch steigern, daß sie jedem Faß den Boden hinaushaut. Der Wein ist der Pfälzers Stolz und Reichtum, der ihn freilich nicht sehr wohlhabend gemacht hat. Aber mit dem Wein betreibt er, was man gehässigerweise auch Angeberei nennen könnte. Ein Beispiel: Ein Fremder sitzt, sagen wir im ›Ochsen‹, unsicher vor der Weinkarte. Da mischt sich der Pfälzer ziemlich prompt ein, helfend, ausfragend. Woher man komme, will er wissen, ohne Anbiederung stellt er die Frage. Ist die Antwort dann Göttingen oder Kiel oder irgendein Nicht-Weingebiet, dann kommt die als Frage verkleidete Feststellung: »Gell, do gibt's awwer ken Woi?« Natürlich nicht, das weiß er auch, aber das Nein macht ihn stolz darüber, daß es ihn eben in seiner Heimat gibt.

Dazu paßt Folgendes: Wo immer man von einem Bremer, einem Wuppertaler oder einem Münchner spricht, meint man die Einwohner jener Städte. Ein Ungsteiner, ein Forster, ein Deidesheimer, ein Siebeldinger hingegen, damit sind nicht die Einwohner dieser pfälzischen Dörfer gemeint, sondern Riesling und Müller-Thurgau. Sie reifen reichlich. Das war zu allen Zeiten so. Und sie werden reichlich verkostet. Das war auch immer so. Zu Anfang des 16. Jh. muß es einmal besonders schlimm gewesen sein. Weil aber durch allzu schnelles Leeren der Fässer »gotteslästerliches Fluchen, daraus vielerlei Bosheit, Unrat und verderblicher Unwille in ganzer deutscher Nation entstanden«, gründeten 20 Fürsten, die sich bei Kurfürst Ludwig V. in Heidelberg eigentlich zum Armbrustschießen versammelt hatten, die ›Vereinigung gegen das übermäßige Trinken‹. Trotz ehrfurchtgebietender Unterschriften und gewichtiger Siegel unter dem Mäßigkeitskontrakt blieb der ein unbeachtet Stück Papier.

Weil sie als Pfälzerin immer herhalten muß, soll sie es auch hier: *Liselotte, Tochter des Kurfürsten von der Pfalz* (1652–1722), zweite Frau des Herzogs Philipp von Orléans und somit Schwägerin des französischen Sonnenkönigs Ludwig. Sie kam aus Heidelberg an den Hof von Versailles, den alle Zwergstaat-Fürsten imitierten, der jeden blendete, der fast jedermanns Urteilsfähigkeit zur ausschließlichen Bewunderung verkümmern ließ.

Beim Henri in de Stubb

Vor Jahrzehnten gab es in Leinsweiler gleich hinterm Rathaus eine Gastwirtschaft. Sie hieß ›Zum Trifels‹. Das beachtete niemand. Der Wirt hieß Erlenwein. Das wußten wenige. Daß er Henri hieß, wußte jeder (das H muß mitgesprochen werden, das n hat aus der Nase zu kommen, und die Betonung hat auf der ersten Silbe zu liegen). Beim Henri (beim Heinrich also) war es eng, aber gemütlich. In der Gaststube stand ein Ölofen, im Nebenzimmer ein bizarr geschwungenes Sofa, das Nebenzimmer war zugleich die Wohnstube der Erlenweins. De Henri hatte Asthma, er blies immerzu, sein bedächtiges Reden war vom Blasen unterbrochen. Aber trotz seines Leidens holte er jedes Viertel Wein aus dem Keller, polterte die steile Kellerstiege hinunter und kam nur mühselig wieder herauf. Seine Frau stand in der Küche, schnibbelte Schnittlauch, schlug den Weißen Käse und legte Schinken in dicken Lappen auf die Teller. Wenn man wochentags nach Feierabend kam, dann saß man als Gast in der Küche, aß mit, was Erlenweins aßen, trank einen Wein dazu. Billig war's, das Viertel kostete zwischen 50 und 80 Pfennig. Brot und Butter extra kosteten manchmal gar nichts, manchmal einen ungeheuerlichen Preis. Das hatte man hinzunehmen, das nahm man auch hin. Man protestierte auch nicht, wenn der Riesling vom letzten Mal diesmal so ganz anders schmeckte. Er sei der gleiche, aus demselben Faß, meinte de Henri, und damit war's genug. Bevor man ging, mit dem klapprigen Postbus heimfahren wollte, bestellte einer in der Runde für alle noch einen Trollschoppen. Der nächste bestellte den nächsten, das gelbe Auto war längst losgefahren. Man brach manchmal zwei, drei Stunden lang auf. Der nächtliche Weg zu Fuß in die Stadt dauerte genauso lang.
Verklärte Vergangenheit? »'s isch, wie mer's nimmt«.

Liselotte von der Pfalz

Liselotte, die Pfälzerin, fühlte sich nicht wohl, sie war isoliert, mochte nicht das scheinheilig feine Getue, das Parfürmierte, das Schranzenhafte. Sie flüchtete ins Ordinäre, schrieb Brief um Brief an die Tante daheim. Diese Episteln handeln in der Hauptsache von den Verdauungsorganen der Höflinge und Mätressen. Jeder Furz wird rapportiert und jeder in feine Unterhaltung hineingestoßene Rülpser. Als Chronistin des Grobianischen, des Vulgären kam sie an diesem prunkstrotzenden Heuchel-Hof zurecht. Das war ihre Verteidigungskunst – und darin war sie eine echte Pfälzerin.

Von Paul Münch stammt ›Die pälzisch Weltgeschicht‹. Alles, was seit Adam und Eva die Welt in Atem hielt, sei von der Pfalz ausgegangen, behauptet der Autor und Schulmeister in Kaiserslautern in seinem 1909 erschienenen Buch. Das ist amüsante Geschichtsklitterung. Man könnte denken, da sei jemand mit seiner Pfalz größenwahnsinnig geworden – das Gegenteil ist der Fall. Paul Münchs Mundartdichtung dokumentiert bis an die äußersten Grenzen gehende Selbstgenügsamkeit, Abwehr von allem anderen, Selbstschutz. Auf den waren die Pfälzer in ihrer wechselvollen Geschichte immer angewiesen. Da mußten Selbstverteidigungslinien errichtet werden, die aber zugleich den Horizont verkürzten, über den man nicht hinauswollte.

Burgen, Bilderbibeln und unbiegsame Balken

Dar umbe hat man bürge, daz man die armen würge
Warum es in der Pfalz so viele Burgen gibt

»Du stutzest, lässest Deine Blicke forschend nach der Höhe schweifen und findest endlich Alles höchst seltsam. Daß Menschen hier wohnten, hast Du gleich weg; aber es müssen seltsame Menschen gewesen sein, wirst Du denken, die sich hier anbauten, in solcher Weise anbauten; es müssen seltsame Zeiten gewesen sein, in denen sie lebten, eigenthümliche Verhältnisse, die sie nöthigten, wie die Adler ihren Sitz auf den steilsten Felsen zu suchen.«

Dies schrieb Peter Gärtner im Vorwort zu seiner ›Geschichte der bayerisch-rheinpfälzischen Schlösser und der dieselben ehemals besitzenden Geschlechter nebst den sich daran knüpfenden romantischen Sagen‹. Verfaßt hat der Lehrer aus Iggelheim sein zweibändiges Werk in der Mitte des vergangenen Jahrhunderts. Seltsame Menschen? Seltsame Zeiten?

Nur der König konnte einst Burgen bauen oder Baugenehmigungen erteilen für Wohnfestungen in nur schwer erstürmbarer Berg- und Waldwildnis. Er allein besaß das ›ius munitionis‹. Intensiv Gebrauch davon machte der Salier *Heinrich IV.* (†1106 und begraben im Speyerer Dom). Er, so heißt es in einer zeitgenössischen Chronik, durchstreifte persönlich »auf der Suche nach geeigneten Plätzen für seine Burgen die Wälder«. Sie sollten »dem Reich zu großem Schutz und Schmuck zugleich gereichen«.

Als getreuer Gefolgsmann Kaiser Heinrichs V. betrieb später *Herzog Friedrich II. von Schwaben,* der Einäugige genannt, Burgenpolitik in großem Stil. Sein Biograph Otto von Freising schrieb: »Immer den Rhein hinabziehend, errichtete er bald an einem geeigneten Platz eine Burg und unterwarf die Umgebung. Bald verließ er die bisherige Burg und errichtete eine neue.« Stets ziehe er am Schweif seines Pferdes eine Burg nach sich, hieß es damals, in der ersten Hälfte des 12. Jh. Umstritten ist jedoch, welche pfälzischen Festungen er am Schwanz seines Rosses herbeigeschleppt hat.

In dem Eifer, schwere Sandsteinquader auf strategisch auserwählte Hänge hinaufzuwuchten und zu schwer bezwingbaren Behausungen zusammenfügen zu lassen, stand *Friedrich I. Barbarossa* seinem Vater, dem Schwabenherzog, keineswegs nach. Allein im Umkreis seiner 1152 in Kaiserslautern errichteten Kaiserpfalz entstanden mehr als zwei Dutzend Wehranlagen mit dicker Mauer, Zinnen und Brustwehr. Gegen diese Bollwerke imperialer Macht setzten dann in territorialer Selbstherrlichkeit immer mehr Fürsten eigene Trutzburgen und hintertrieben somit das ›ius munitionis‹. Mit dem illegalen Bau demonstrierte fortan der Hochadel seine Wichtigkeit. Links des Rheins waren es vor allem die Pfalzgrafen, die Grafen von Leiningen und die Bischöfe von Speyer.

Erst *Kaiser Friedrich II.* gestand 1231 dem Adel das Befestigungsrecht ausdrücklich zu. In jener Zeit war es wohl auch, daß der Dichter, der sich Freidank nannte, eine Spruchsammlung mit dem Titel ›Bescheidenheit‹ verfaßte. Darin lautet ein Zweizeiler:

> *»Dar umbe hat man bürge,*
> *daz man die armen würge«*

Dazu baut man Burgen, damit man den Armen an die Kehle gehen kann. Burgen wurden also nicht nur als Sinnbilder gehobener Stellung auf die Berge geklotzt, sie waren die Zentren ausbeuterischer Macht über das Volk. Burgen waren militärische Stütz-, wirtschaftliche und soziale Mittel- sowie kulturelle Anziehungspunkte. Gaukler, Spielleute und Minnesänger waren die unterhaltsamen Lohngäste.

Der Bauboom auf Bergeshöhen brach jedoch so richtig erst Ende des 13. Jh. aus und erreichte seinen Höhepunkt im Säkulum danach. Jetzt wollte auch der mittlere und

BURGEN, BILDERBIBELN UND UNBIEGSAME BALKEN

Burg Lichtenberg bei Kusel

Ruine Hardenburg bei Bad Dürkheim

Burg und Kirche von Neuleiningen

niedere Adel seine Bastion im Grünen und an herausragendem Ort. Man drängte in die unbesiedelte Einsamkeit, in der noch keine Claims fest abgesteckt waren. Der Bau solcher Appartements mit Schießscharten dauerte Jahre und kostete stattliche Summen.

Als die verkehrsgünstig gelegenen Städte Konjunktur hatten und damit existenzbedrohend wurden für die Burgherren in der Wildnis, waren jene vielfach gezwungen, kleinadelige Wohngemeinschaften auf dem Berg zu bilden. Ganerbenburg hieß die Ansammlung ritterlicher Wohnsitze mit gemeinsamem Klo und gemeinsamer Schildmauer. Burgen wurden zu Immobilien, wurden verpfändet und verkauft, komplett oder in Teilen.

Im krisenhaften 14. Jh. raffte die Pest die Menschen zu Tausenden dahin, die landwirtschaftliche Produktion ging zurück, Deutschland war eine »Anarchie in Gestalt einer Monarchie«. Auch der Adel war machtpolitisch und wirtschaftlich geschwächt. Er unternahm seine privaten Kreuzzüge, bildete aristokratische Banditencliquen, aus edlen Rittern wurden hinterhältige Rollkommandos, zerstritten mit allen, finanziell ruiniert.

Eine Burg, ist in den Züricher Predigten zu lesen, »heizet daz, da ein tvrn stat, vnde mit einer mvre vmbefangin ist. vnde sich div zwei beschirmint. vnder einanderen.« Davor war sie lediglich Fluchtburg, gegen die Attacken von Normannen oder Ungarn im 9./10. Jh. errichtet. Mit Graben und Palisaden und viel Platz dahinter für die Menschen

> **Schießpulver stinkt überall**
>
> Im Jahr 1518 schrieb Ulrich von Hutten an seinen Freund Willibald Pirkheimer: »Steht eine Burg auf einem Berge oder in der Ebene, auf jeden Fall ist sie nicht für die Behaglichkeit, sondern zur Wehr erbaut, mit Gräben und Wall umgeben, innen von bedrückender Enge, zusammengepfercht mit Vieh- und Pferdeställen, dunkle Kammern sind vollgestopft mit schweren Büchsen, Pech, Schwefel und allem übrigen Waffen- und Kriegsgerät. Überall stinkt das Schießpulver, und der Duft der Hunde und ihres Unrates ist auch nicht lieblicher ... Und welch ein Lärm! Da blöken Schafe, brüllt das Rind, bellen die Hunde, auf dem Felde schreien die Arbeiter, die Wagen und Karren knarren und man hört die Wölfe heulen. Jeden Tag kümmert man sich um den folgenden, immer in Unruhe ... Ist es dann ein schlechtes Jahr, dann herrscht furchtbare Not, furchtbare Armut. Da gibt es dann nichts, was einen nicht zu jeder Stunde aufregt, verwirrt, ängstigt.«

und das Vieh. Markantestes Beispiel einer solchen Wehrstatt der Massen: die *Heidenlöcher bei Bad Dürkheim.*

Der neue Typ der Adelsburg war vergleichsweise klein. Da gab es einen Wohnturm auf einem künstlichen Hügel (Motte), von einer Ringmauer und einem Graben umzogen. Oben im Turm wurde gewohnt, unten verteidigt. Anschauliches Beispiel dieses Typs aus salischer Zeit ist das ›Schlössel‹ oberhalb Klingenmünster.

Stauferburgen liegen meist auf dem langgezogenen Ende eines Bergrückens. Und ein solcher Sporn war einst, anders als heute, kahlgeschlagen, damit der Angreifer hinter den Bäumen keine Deckung hatte und der Verteidiger freies Schußfeld. Da die Hänge nach drei Seiten steil abfielen, mußten sie nur schwach bewehrt werden, weil sich dorthin keine klobige Belagerungsmaschine transportieren ließ. Gefährdet war hingegen die Bergseite. Sie schützte als erstes eine Dornenhecke (das Gebück), dann ein Palisadenzaun, dann ein tief in den Fels geschnittener Halsgraben, dann die hohe Schildmauer und dann auch noch – sehr hoch und mit Mauern von extremer Masse – der Bergfried, mal rechteckig *(Landeck über Klingenmünster),* mal quadratisch *(Erfenstein im Elmsteiner Tal),* mal vieleckig *(Gräfenstein bei Merzalben;* Farbabb. 6).

Bei manchen Burgen liegt, weil dadurch der Zugang für die Besitzer bequem war, das Haupttor an der Gefahrenseite *(Wilenstein im Karlstal),* man hatte es jedoch durch Zugbrücke und Fallgitter gesichert. In der Regel aber war es in eine Steilhangseite eingelassen und der Torweg dorthin so geführt, daß die Angreifer den Verteidigern die ungeschützte rechte Körperseite darbieten mußten, mit der sie das Schwert führten *(Drachenfels bei Busenberg).*

Möglichst weit vom Schuß stand der Palas, der mehrgeschossige Wohnblock mit Keller, Küche, Vorratsräumen, dem großen Saal für Feste und Empfänge. Wehrhaft ausgestattet war der Palas, wenn ein Bergfried fehlte.

Fenster waren überall klein wie in Gefängnissen (Beispiel *Burg Hohenecken,* oberhalb des gleichnamigen Kaiserslauterner Vorortes). Bis zum Ende des 14. Jh. konnten sie lediglich mit hölzernen oder mit Blech beschlagenen Läden verschlossen werden. Was muß da im Winter der eisige Wind hindurchgepfiffen haben. Und wie gut kann man die Minnesänger begreifen, die überschwenglich den Mai in ihren Liedern bejubelten. Denn der macht endlich Schluß mit widerlicher Winterzeit, in der lediglich ein Feuer im eisernen Holzkohlebecken oder im Kamin kärgliche Wärme spendete. Kalt und zugig klebten die Plumpsklos an der Außenwand der Gebäude und waren, wie Jürgen Keddigkeit in seinem Buch ›Burgen der Pfalz‹ beschreibt, »Schwachpunkte« der Wehrhaftigkeit. Denn so »manche Burg soll durch diesen heimlichen Ort erstiegen worden sein«. Wohlerhaltene Aborttürme sind auf *Burg Gräfenstein* sowie dem *Hambacher Schloß* zu sehen.

Von ihren militärischen Expeditionen Richtung Jerusalem brachten die Kreuzfahrer einige fortifikatorische Neuerungen mit. Da wurden dann zum Beispiel den Byzantinern abgeguckte Maschikulis gebaut, reihenweise Löcher in vorkragender Mauer, aus denen der Feind, der bereits bis dorthin vorgedrungen war, beschossen oder mit Pech

Das Hambacher Schloß, Stahlstich von Frommel-Winkles

begossen werden konnte. Wer mit der Armbrust aus der Burg schießen wollte, mußte die schmalhohen Schießscharten schlüsselloch- oder kreuzförmig verändern.

Dann aber wurde Anfang des 15. Jh. nach der Erfindung des Schießpulvers mit Feuerwaffen statt mit Steinschleudern geschossen. Das bedeutete: alle Mauern verstärken. Bestes Beispiel ist der gigantische steinerne Riegel von *Neu-Scharfeneck* (Farbabb. 3) oberhalb des Dernbachtales. Für die Artillerie der Verteidiger mußten in den Mauern Geschützkammern mit Maulscharten eingelassen oder eigene Geschütztürme errichtet werden.

Doch zu jener Zeit war es mit der mittelalterlichen Burgenherrlichkeit bereits vorbei. Viele Festungen waren gar bald in Ruinen verwandelt; viele dienten fortan bloß noch als Steinbruch für die Menschen im Tal. Als Mitte des 17. Jh. der kurfürstlich Mainzische Geheime Rat Freiherr von Waldenberg den *Berwartstein* (Farbabb. 5) geschenkt bekam, bot sich der als ein »zugrundtgerichtetes, oedtes, vnbewohntes vnd zu bewohnen incapabel Hauß« dar. Dieses Schicksal teilte die Burg nahe Erlenbach im Wasgau mit fast allen 500 Pfälzer Wehrbauten aus dem Mittelalter. Sie wurden noch häufiger als Kirchen oder Klöster gestürmt und niedergebrannt, ihre Geschichte wurde jedoch meist nur spärlich aufgeschrieben.

Erst romantische Schwärmerei ließ aus den Ruinen den Traum von edlem Rittertum und Reichsherrlichkeit erblühen. Das wirkt nach bis heute. Denn andernfalls besäße so mancher mittelalterliche Trümmerhaufen auf beschwerlich steil zu erwandernder Höhe nicht solche Anziehungskraft.

Al secco und farbig die Bibel erzählt
Gotische Wandmalereien in Dorfkirchen

Eine total zerstörte Alexanderkirche in Zweibrücken, abgeschlagener gotischer Figurenschmuck der Landauer Stiftskirche, Kirchen als Lazarette, Heuschober und Rumpelkammern, Originalität nur noch in Teilen, verarmte Architektur, geplünderte Ausstattung – das war das Schicksal so manchen Gotteshauses in den Städten. Dagegen notiert die Geschichte von etwa fünf Dutzend Dorfkirchlein Bereicherung in jüngster Vergangenheit. Da wurden gotische Wandmalereien wiederentdeckt, die nach der Reformation unter Putz verschwunden waren. Im Kalkversteck haben sie freilich nicht den alten Glanz behalten, in der *Lambrechter Kirche* mußten sie sogar auf Betreiben einer bilderfeindlichen Gemeinde um die Wende zum 20. Jh. ein zweites Mal von einem weißen Mantel verhüllt werden. Andererseits, in *Billigheim* geschah das, verfielen die Restauratoren ins andere Extrem und ergänzten, wo immer im Chorraum noch ein Flecken Wand dafür frei war.

Die Bilderbibeln aus dem 13., 14. und 15. Jh. überdauerten dank der Geringschätzung, ja Verachtung, mit der man sie später betrachtete und dann gar nicht mehr sehen wollte. Die Kirchen, in denen sie heute wieder anzuschauen sind, überdauerten, weil nie

Lambrecht, ev. Kirche, Fresken im Chorschluß

Reichtum in die Dörfer einkehrte und die Bewohner somit verlockt hätte, ihre kleinen, geduckten Bethäuser schäbig zu finden und sie durch helle, stattliche Glaubenstempel zu ersetzen.»In der Pfalz kann man von einer ausgesprochenen ›Fund- und Restaurierungswelle‹ mittelalterlicher Fresken sprechen«, schreibt Wilhelm Weber. Und, so der ehemalige Direktor der Pfalzgalerie in Kaiserslautern weiter, der Kranz von Kirchen und Kapellen reicht von der Nord- zur Südpfalz, von *Bockenheim, Biedesheim, Mühlheim an der Eis, Albsheim, Weisenheim, Herxheim, Laumersheim, Kallstadt, Friedelsheim* über *Winzingen, Oberhambach, Mußbach, Kleinfischlingen, Hainfeld, Dernbach, Essingen, Nußdorf* bis nach *Heuchelheim, Billigheim* und *Minfeld*. Von der Südpfalz geht die Linie weiter über *Dörrenbach* und die kleine Friedhofskapelle in *Annweiler* in Richtung Westen nach *Rumbach, Fischbach, Rodalben* bis nach *Großbundenbach* auf der Sickinger Höhe in der Westpfalz. In nördlicher Richtung schließen sich alte Kirchen in *Landstuhl, Reichenbach, Rutsweiler, Bosenbach, Hirsau* bei Hundheim an. Der Kreis zieht sich bis nach *Oberndorf* im Alsenztal und ins benachbarte *Münsterappel*.

In manchen Kirchen sind nur noch spärliche Fragmente erhalten, da ein Kopf ohne Nase, dort ein zerschlissenes Gewand. In anderen sind fast unversehrte Bilderzyklen zu bestaunen mit Menschen, Gebäuden und Landschaften. Im Unterschied zu Italien, wo al fresco gemalt wurde, das heißt die Künstler die Farbe auf den noch feuchten Putz pinselten, damit sie sich untrennbar mit dem Untergrund verband, malten die Kirchenkünstler in der Pfalz, von denen kein Name urkundlich fixiert ist, al secco. Deshalb haben die oberen Malschichten nicht immer überdauert, sind oft nur die Vorzeichnung oder blasse Farbreste erhalten geblieben.

Genau datierbar sind die ›hagiographischen Comics‹ von Christus, Maria und den zahlreichen Heiligen nur in Ausnahmefällen. Die ältesten bekannten Wandmalereien in der Pfalz sind in der ersten Hälfte des 13. Jh., am Ende der romanischen Epoche entstanden. Beispiel: Die Bilder der ältesten Malschicht in der *evangelischen Kirche* von **Rohrbach-Wartenberg** auf halbem Weg zwischen Kaiserslautern und Rockenhausen. Dort erscheint an der Nordwand zwischen zwei romanischen Rundbogenfenstern Noah in der Arche. Er läßt nach überstandener Sintflut Tauben in die wiedererlangte Freiheit fliegen. In den Gewölbefeldern des Chors der ehemaligen *Schloßkirche St. Martin* in **Kleinbockenheim** ist zweimal die Deesis dargestellt: der thronende Christus zwischen Maria und Johannes dem Täufer.

In die zweite Hälfte des 13. Jh. gehören die Malereien von *Hundheim, Alsenborn* und *Reichenbach* sowie die älteren Darstellungen von *Minfeld*. Im Stil hat sich wenig verändert. Noch immer wirken die Bilder wie auf riesige Schautafeln projizierte Miniaturmalereien. Lediglich ein paar deklamatorische Gesten (beten, segnen) werden den Figuren zugestanden. Ihre erkennungsdienstlich eindeutigen Attribute fehlen meist. Gelegentlich sind einfache Architekturkulissen aufgemalt. Pflanzen erscheinen in streng stilisierter Form.

Hambach, kath. Kirche, Fresken

Obwohl aus der ersten Hälfte des 14. Jh. und damit aus gotischer Zeit stammend, hat sich in den Malereien der *evangelischen Kirche* von **Mühlheim an der Eis** zum Beispiel kein prägnanter Stilwandel vollzogen. Da stehen weibliche Heilige (Nordwand des Chorturms) oder Apostel (Ostwand) wie Statuen nebeneinander. Gotischem Stilempfinden entsprechen eher die Malereien in Hambach, Dernbach oder Großbundenbach. Die Figuren sind schlanker und setzen sich nicht nur mit Gesten, sondern mit ihrem ganzen Körper in Szene. Die Jungfrauen auf dem Chorbogen der *katholischen Pfarrkirche* in **Hambach** haben fast zerbrechlich dünne Arme; Ecclesia (mit Buch) und Synagoge (mit Bockskopf), die beiden Sinnbilder für das Neue und Alte Testament, in **Groß-**

bundenbach desgleichen. Fein geschnitten sind die Gewänder. Die Malereien bleiben in ihrer Wirkung jedoch flächig, obwohl versucht wird, die Figuren auf Bühnen, wenn auch mit geringer Tiefe, ihre christliche Botschaft verkünden zu lassen.

Es fällt auch auf, daß sie reicher mit Attributen ihres Martyriums oder ihres segensreichen Wirkens ausgestattet sind. Außerdem kommen neue Bildthemen hinzu wie beispielsweise der Schmerzensmann.

Wenig verändert sich in der zweiten Hälfte des 14. Jh. Im 15. Jh. fehlen einst so beherrschende Themen wie die Maiestas Domini, oder sie finden sich nicht mehr an dominierender Stelle *(Lambrecht)*. Die Gewölbe sind für die Symbole der vier Evangelisten reserviert (Engel, Löwe, Stier und Adler) oder für Engel *(Nußdorf, Dörrenbach, Essingen, Landstuhl)*. Immer mehr Raum beanspruchen große Heiligenfiguren – in Nußdorf sind es zum Beispiel Magdalena (mit Drachen), Antonius (mit Schwein) oder Ägidius (mit Hirschkuh) – oder Legendenschilderungen (in Lambrecht bekehrt Papst Alexander seinen Kerkermeister Quirinus sowie dessen Tochter Balbina zum rechten Glauben).

Den Hintergrund der Wandmalereien an Apsiswänden oder in Kappen der Kreuzrippengewölbe füllt Rankenmalerei. Ornamentbilder rahmen sie ein. Und fortan sind sie auch nicht mehr nur für des Lesens Unkundige gedacht, vielmehr sind die Heiligen von langen Spruchbändern umschlungen *(Billigheim)*.

In **Essingen** *(Wendelinuskapelle)* und **Annweiler** *(Friedhofskapelle)* wirken einzelne Malereien wie auf die Wand übertragene Tafelbilder mit tiefen Räumen, Massenszenen und Landschaften, in denen ebenfalls jede Menge los ist. Um 1500 ist die Wandmalerei in pfälzischen Kirchen dann bestimmt von starker Betonung des Dekorativen. Da werden Schlußsteine bunt bemalt und Gewölberippen mit gemalten Ranken geschmückt. Figuren haben sich, trotz ihres hohen kirchlichen Ranges, in die Kulisse einzufügen *(Münsterappel, Oberndorf)*. Auffallend ähnlich in der Ausführung sind die vier in ihre Spruchbänder verstrickten Evangelistensymbole in Münsterappel und Imsweiler. Mutmaßlich handelt es sich hier um den Pinselstrich ein und desselben Meisters.

Außer dem Trend zur Dekoration wird eine Neigung zu Einzeldarstellungen sichtbar. Qualitätsvollstes Beispiel: die Marienkrönung und die Beweinung in der **Landauer** *Augustinerkirche*. Die beiden Seccomalereien zeigen ebenso wie die Verkündigung an Maria und die Geburt Christi in Kleinfischlingen alle »Merkmale der hochentwickelten oberrheinischen Malerei der Spätgotik« (Joachim Spatz).

Ständer und Andreaskreuze
Fachwerk als Zimmermannskunst und Attraktion

Das *Rathaus* in **Dörrenbach** (1590) oder das in **Schifferstadt** (Erdgeschoß 1558, Obergeschoß 1685), das ist hohe Fachwerkkunst zum Vorzeigen wie so mancher von Ackermannsstolz geprägter Hof in der Südpfalz. Fachwerk – aus Holz das ›Skelett‹, das ›Fleisch‹ ein Rutengeflecht, mit Lehm beworfen – loderte besonders gut, als die Franzosen im Erbfolgekrieg Ende der 80er, Anfang der 90er Jahre des 17. Jh. pyromane Machtpolitik betrieben und an pfälzische Städte und Dörfer die Brandfackeln hielten.

Der Wiederaufbau erfolgte damals meist mit dürftigen Mitteln und nach einfachster Zimmermannsregel. Die Menschen brauchten ein Notdach überm Kopf, nichts anderes zählte – genauso war es in den Trümmerstädten nach dem Zweiten Weltkrieg. Aus den Epochen vor dem Vernichtungsstreit um die Pfalz blieb gebauter Besitzerstolz, in reich verzierten Balken und Mauerfächern, Portalen, Erkern und Inschriften zur Schau gestellt, fast nur in *Neustadt* erhalten. Beispiel: Die spitzbogige gotische Toreinfahrt des Hauses in der Mittelgasse Nr. 16 trägt die Jahreszahl 1487. Daß Neustadt nicht in Schutt und Asche fiel, hat seinen Grund. Zwar wurde Anfang 1689 die Stadtmauer demoliert, doch ›welsche‹, das heißt französische Maurer haben sie wieder geflickt. Neustadt wurde als Sperrfort und Operationsbasis gebraucht.

Ende des 18. Jh. wurde Bauholz knapp. Später bezogen es die Zimmerleute nicht mehr direkt aus dem Wald, sondern von Händlern, die Ware aus dem Sägewerk lieferten. Das waren uniform zurechtgeschnittene Stämme, ein seriengefertigter Balken glich dem anderen – entsprechend sah auch das Fachwerk aus.

Zur Mitte des 19. Jh. legten immer mehr Bauern nicht nur die Tracht ab, sie wollten auch nicht länger in Fachwerkhäusern leben. Das galt als altmodisch und als armer Leute Stil. Wer neu – mit Sandstein und Backstein – nicht bauen konnte, ließ Ständer, Streben und Riegel wenigstens unter Putz verschwinden. Das empfahlen auch mit Nachdruck die aufkommenden Feuerversicherungen. Und damit das kaschierende Gemisch aus Sand und Kalk auf der Eiche haften blieb, wurden mit dem Beil Abbund-Kerben in die Balken gehauen.

In neuerer Zeit verschwand der Putz oft unter schmutzgrauen, als dauerhaft gepriesenen Eternitschindeln oder unter Fliesen in allen Farbtönen der Häßlichkeit. Damit ist es vielerorts nun vorbei. Zumindest äußerlich wirkt Haus für Haus wieder so wie am ersten Tag. Befreit von Entstellungen, kommt Jahrhunderte altes Fachwerk zum Vorschein – so wie an den Wänden der Dorfkirchen die einst zugetünchten Bilderbibeln der Gotik den Menschen wieder von Passion und Auferstehung Kunde geben.

Auf einer Übersicht, die Fred Weinmann für sein Buch ›Der Pfälzische Fachwerkbau‹ erstellt hat, wird deutlich, wo diese Bauweise mit Gerüst und Gefach ihre Schwerpunkte hatte: vor allem beiderseits der heutigen Weinstraße sowie in den rheinnahen Gemeinden südlich von Germersheim. Meist sind Fundament und Erdgeschoß aus unbehauenem Sandstein gemauert. Darauf sitzt dann das Fachwerk. Zwischen Rhein und Gebirge

Schifferstadt, Rathaus

ist der Giebel eines Bauernhauses überwiegend der Straße zugewandt, Wohngebäude, Scheune, Stall sowie große und kleine Toreinfahrt umstellen einen viereckigen, sogenannten fränkischen Hof. Dem Wohnhaus gegenüber steht oft ein Vorbehaltshaus. In ihm hatten die Alten unverbrüchlich Wohnrecht auf Lebenszeit.

Heute, wo keine Hühner mehr vor dem Schweinekoben ihre Kuhlen scharren, sich kein Mist mehr, von fetten Fliegen umschwirrt, auftürmt und Winzerarbeit im wesentlichen maschinell in der betonierten Scheune betrieben wird, sind die Höfe zu lauschigen Wohnstuben unter freiem Himmel geworden, von Reben oder zartblau blühenden Glyzinien überrankt und mit Feigen, Oleander und manchmal gar Kamelien geschmückt.

In der Westpfalz schaut in der Regel die Traufenseite der Fachwerkhäuser und nicht der Giebel zur Straße; unter einem First sind Mensch und Vieh und Vorräte geborgen, der Mist liegt nicht im Hof, sondern an der Straße.

Stiele ohne tragende Funktion gliedern die einzelnen Gefache der Gebäude. Sie können gerade stehen oder schräg, geschweift sein und Nasen haben. Häufig sind Rauten, auch sie erscheinen oft geschweift. Andreaskreuze, die in der Grundgestalt aussehen

Prunkstücke pfälzischer Fachwerkkunst

Die schönsten Beispiele pfälzischer Fachwerkkunst hat Fred Weinmann in seinem Buch zusammengestellt: das um 1500 erbaute Haus in **Nußdorf** gegenüber der Kirche; das ›*Grüne Haus*‹ von 1555 in **Neustadt,** Kellereistraße; ebenfalls in Neustadt (Hauptstraße 91) das viergeschossige *Kaufmannshaus* mit reichem Brüstungsschmuck aus dem ausgehenden 16. Jh.; das *ehemalige Rathaus* in **Iggelheim** von 1569 (heute Heimatmuseum) mit

Lambrecht, Zehnthaus

überdachter Freitreppe an der westlichen Schmalseite; das *Rathaus* von **Alsenz** (1578) mit der ›offenen Halle‹; das ›*Schucksche*‹ Haus in **Obermoschel** (Wilhelmstraße 18) von 1583 mit den drei reich verzierten Fenstererkern; das *ehemalige Zehnthaus* von 1593 in **Schweigen** am südlichen Ende der Weinstraße mit geschweiften, nasenverzierten Andreaskreuzen; das *Zehnthaus* in **Lambrecht** (Wallonenstraße, erbaut 1607/08) mit dem zweigeschossigen polygonalen Erker; das ›*Blaue Haus*‹ in **Otterberg** (Hintere Gasse 1) von 1612; das *Eckhaus Hauptstraße 57* in **Großkarlbach** von 1616 mit dem steilen ›Biberschwanzdach‹; und von 1634, also in der Zeit des Dreißigjährigen Krieges erbaut, das *Eckhaus Altengasse 2* in **Annweiler.**

Außer solchen sehenswerten Einzelstücken sind es vor allem Gruppenbilder mit Fachwerk, die so manchen Pfälzer Ort schmücken: **Gleiszellen** oder **St. Martin, Rheinzabern** oder **Jockgrim, Hatzenbühl** oder **Hayna** (Farbabb. 9). Indes: Die »Bestandsaufnahme steckt noch in den Kinderschuhen«, sagt Fred Weinmann. Da gibt es also noch viel zu tun – das Ergebnis wird wachsender Reichtum aus alter Zeit sein.

wie ein X, finden sich meist unter den Fenstern. In ›veredelter‹ Form schmücken sie die Fassaden geschweift und genast, gedoppelt oder über eine Raute gelegt.

Mit dem Schnitzmesser rückte der Zimmermann vor allem den Eckständern kunstvoll zu Leibe, verewigte Baujahr und Namen der Eheleute, die das Haus errichten ließen, schmückte sie mit Tauband (sieht aus wie ein gewundenes Seil) oder die Kanten mit dünnen Dreiviertelsäulen, mit Schuppen- und Schachbrettmustern – und Neidköpfen, die böse Geister fernzuhalten hatten. Schließlich stehen viele Gebäude unter dem Schutz Mariens oder eines Heiligen mit spezieller Funktion: Sie sollen Feuer oder Krankheit abwehren oder für reiche Ernte und gesundes Vieh sorgen.

Ansicht der Haardtgebirge bei Bad Dürkheim, Aquarell von Reinermann um 1840 ▷

Elf Touren durch das Land am Rhein

Ein Juwel, ganz neu gefaßt
Die schönste Stadt der Pfalz heißt wieder Speyer

Einst gab es den Spruch von den toten Kaisern, die als einzige in der Lage seien, in der Kommune am Rhein für Leben zu sorgen.

Alles falsch, wenn auch erst seit einigen Jahren. Im Jahr 1990 feierte Speyer seinen 2000. Geburtstag. Historiker und Archäologen haben glaubwürdige Argumente zusammengetragen, daß wohl im Jahr zehn vor unserer christlichen Zeitrechnung römische Truppen hier am Rhein ein Militärlager errichtet hatten. Für dieses Jubiläum hat sich der Ort prächtig herausgeputzt. Die Schlangenlinie Maximilianstraße, die vom Altpörtel, dem alten Stadttor im Westen, zum weit älteren Dom im Osten reicht, wird gesäumt von rekultiviertem 18. Jh. mit Boutiquen-Neuzeit im Erdgeschoß. Bei Nacht zaubert eine punktstrahlende Straßenbeleuchtung einzelne Steine des neuen Granitpflasters hervor. Doch zum Dom hin wird es immer finsterer. Da baut sich eine klerikale schwarze Wand auf, aus der zur vollen Stunde dumpf die schwere Bronzeglocke schlägt.

Kommune Speyer, Dom zu Speyer – zwei Welten, eine Stadt. Die eine hat sich – Gott sei Dank – verändert, die andere fängt – Gott sei Dank – erst gar nicht damit an. Die Stadt der ›Hasepieler‹, wie sich die Speyerer nach der Zunft der Schiffbauer und Fuhrleute nennen, hat viele trostlose Rauhputzfassaden in stumpfem Grün, schmutzigem Orange oder Farben, die eine Beleidigung für Eierschalen sind, beseitigt. Da verschwanden Plastikrolläden Marke Popelig ebenso aus dem Stadtbild wie Glasbausteine oder Riffelglas in der Füllung von Haustüren mit dem eloxierten Billig-Türdrücker.

Speyer ist durch seine 2000-Jahrfeier wieder das geworden, was es in Jahrhunderten davor immer war: eine faszinierende Stadt.

Der Kaiserdom

Die meisten Besucher kommen über den Rhein. Erster Anblick: die Ostseite des romanischen Kaiserdomes. »Mein erster Gang war morgens zur Domkirche«, schrieb im Jahre 1788 der 18jährige Friedrich Hölderlin. Er sah ein Bauwerk, das gerade zehn Jahre zuvor Ignaz Neumann, der Sohn Balthasar Neumanns, des berühmten Barockbaumeisters, wiederaufgebaut hatte. Speyer war 1689 im Pfälzischen Erbfolgekrieg zu einem Haufen Asche verbrannt. Mit »armdicken Brandwürsten« hatten Soldaten des annektionslüsternen Sonnenkönigs Ludwig XIV. Feuer gelegt, das tagelang wütete. Vom Dom blieb nur die Ostpartie, das Mittelschiff war zusammengestürzt, das Westwerk eine angeschwärzte Ruine. Romanisch baute Ignaz Neumann das Mittelschiff wieder auf, das Westwerk hingegen trug er ab, ersetzte es durch eine bescheidene barocke Fassade.

Speyer, historischer Blick auf den Kaiserdom

Wer sich heute zur Domkirche (Farbabb. 13) begibt (und dies sei noch immer der erste Gang eines jeden Speyer-Besuchers), hat ein Bauwerk vor sich, das vor mehr als drei Jahrzehnten von Rudolf Esterer wieder weitgehend in seinen romanischen Ursprung zurückverwandelt wurde, auch wenn ihm dabei die neoromanischen Zutaten des 19. Jh. (das Westwerk an Stelle der Neumann-Fassade) nicht genommen werden konnten.

Speyer, nein ›civitas nemetum‹, ist römisch-pfälzischer Uradel, was nur wenige Orte von sich behaupten können. Bei den meisten war die Erbfolge unterbrochen, gibt es keine Kontinuität zwischen römischer und fränkisch-alemannischer Siedlung. Anders in Speyer. Aus der Bischofsstadt in spätrömischer Zeit wurde wohl im frühen 7. Jh. erneut eine solche, entstand eine Königspfalz, ein Markt, hatten Kaufleute an der Mündung des Speyerbaches in den Rhein einen Stapelplatz für ihre Güter. Indes: Noch 983 nannte ein Geistlicher Speyer eine »Kühstadt«, Kuhdorf konnte er freilich nicht mehr sagen. Ein Bruder im Geiste, Brite und in Nîmes zu Hause, bezeichnete später die Kühstadt als »metropolis Germaniae«.

Was war geschehen? Karl der Große hatte in Aachen seine Palastkapelle erbaut, Heinrich I. den Quedlinburger Dom, Otto der Große den Magdeburger, Heinrich II. den Bamberger. Und Konrad II. begann um das Jahr 1030 mit dem Bau des Speyerer Domes.

Heinrich II., der letzte Sachsenkaiser, war 1024 gestorben. Konrad, ein Edelmann aus dem Speyergau mit Stammsitz auf der Limburg über Bad Dürkheim, wurde zu seinem

EIN JUWEL, GANZ NEU GEFASST

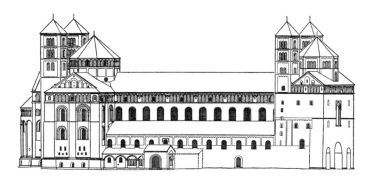

1 Der Dom nach Beendigung der 2. Bauzeit um 1125

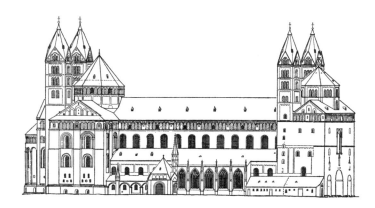

2 Der Dom um 1600 vor der Zerstörung von 1689

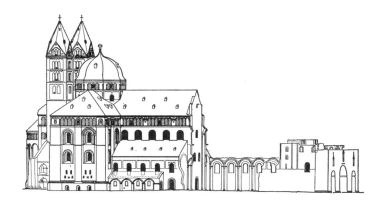

3 Der Dom im Jahre 1756

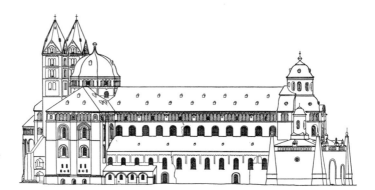

4 Der Dom von
   1778–1854 mit der
   Neumannschen
   Westfassade

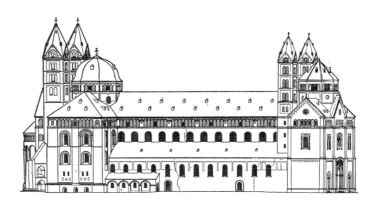

5 Der Dom im Jahre
   1870

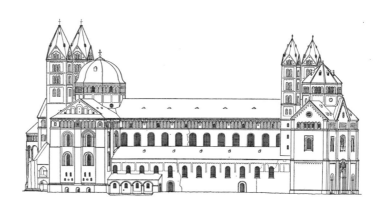

6 Der Dom nach der
   Restaurierung der
   Jahre 1957–67

EIN JUWEL, GANZ NEU GEFASST

Nachfolger gewählt. Bei sich zu Hause wollte er seinem Imperium ein Denkmal setzen. Im Jahr 1027 hatte der Papst ihn zum Kaiser gekrönt, zum Oberhaupt des Heiligen Römischen Reiches. Um der Heiligkeit dieses Reiches willen legte er den Grundstein.

Der Bau erforderte ein gigantisches Maß an irdischem Aufwand und Fleiß. Außerdem verlangte er das Opfer eines geweihten karolingischen Vorläuferbaus. Schaufel um Schaufel wurden riesige Erdmassen am Rheinufer bewegt, der Domhügel im Norden und Osten aufgeschüttet. Das Baumaterial, der Buntsandstein, mußte vom Neckartal und von der Haardt herbeigeschafft werden. Das Nest am Rhein füllte sich mit Handwerkern, Fuhrleuten, Schiffern, Händlern. Die größte Baustelle des Abendlandes besaß eine immense Anziehungskraft. So ›verursachte‹ der Dombau auch das Gemeinwesen Speyer, der Dom blieb in allen Jahrhunderten Wahrzeichen dieser Stadt.

Als Kaiser Konrad II., der Domgründer, 1039 starb, wurde er in einer Baustelle begraben. Sein Sarg, von eisernen Bändern umschlungen, fand am Ostende des Mittelschiffs, vor der Stirnwand der Krypta, seinen Platz. Beigesetzt wurden an seiner Seite die 1043 verstorbene Kaiserin Gisela und der 1056 verstorbene Sohn Heinrich III. Der hatte den Bau vorantreiben lassen und für die Ausstattung mit attraktiven Reliquien gesorgt (das Haupt des hl. Stephan, ein kostbares Kreuz mit eingelassenen Splittern vom Kreuz Christi samt vergoldetem Nagel). Bis zur Weihe des Doms vergingen aber noch weitere fünf Jahre. Der elfjährige Enkel Konrads, Heinrich IV., wohnte ihr 1061 bei.

Vollendet war ein dreischiffiger Bau, das Hauptschiff mit flacher Decke, die Seitenschiffe bereits eingewölbt. Eine Pfeilerbasilika, deren zwölf Pfeilerpaare Halbsäulenvorlagen hatten. Querhaus und Chor lagen höher als das Langhaus, weil sich unter ihnen die Krypta ausdehnte. Vierungskuppel und Osttürme dürften schon errichtet gewesen sein, über die ursprüngliche Gestalt des Westwerkes sind keine sicheren Angaben zu machen. Soweit Bau I.

Heinrich IV. mußte sich 1077 von Speyer aus auf jene berühmte ›kniefällige‹ Reise nach Canossa begeben. Der Bannspruch des Papstes Gregor VII. hatte die sakrale Bedeutung des Kaisertums und damit die kaiserliche Macht wie ein Blitzstrahl getroffen. Der Vollendung der kaiserlichen, damals größten Kirche des Abendlandes folgte eine schwere und folgenreiche Erschütterung des Kaisertums.

Als habe diese Erschütterung den Dom selber getroffen, nimmt Heinrich IV., kaum 20 Jahre nach der Weihe, einen Umbau vor. Die Bischöfe Benno von Osnabrück und Otto von Bamberg, die neuen Baumeister, lassen das Gotteshaus reicher und reifer wiedererstehen. Aber das bewundernswerte Ergebnis ist nicht mehr zu verstehen als die unangefochtene Selbstdarstellung christlichen Kaisertums. Unter Heinrich IV. werden das Mittelschiff des frühsalischen, konradinischen Domes und das Querhaus eingewölbt. Diese Leistung der Statiker, seit der Spätantike nicht mehr vollbracht, hatte zur Folge, daß die tragenden Mauern gewaltig verstärkt werden mußten. Lichte Höhen verlangten einen massiven Unterbau. Die Baumeister schufen aber eine solchermaßen reiche Gliederung der Wände und Stützen, daß jegliche Gedrungenheit vermieden blieb.

Die südliche und die östliche Querhausmauer wurden zu prächtigen Fassaden, innen bewirkten Wandkapellen eine Auflockerung. Neu war die Apsis, neu die um die gesamte Basilika laufende Zwerggalerie, der nach außen offene, von Säulen getragene und knapp 3 m hohe Laufgang unter dem Dachansatz. Das Westwerk wurde Eingangshalle, drei Portale machten sie im Zeichen der Trinität zur ›porta triumphans‹ des christlichen Kaisers.

☐ Kaisergruft und Krypta

Mit der Kaisergruft und der Krypta sei die Baubeschreibung begonnen. Der ehrfurchtgebietende Weg in die Gruft führt – über eine Stiege am Ostende des südlichen Seitenschiffs – erst in die Krypta. Bereits zwei Jahre nach Konrads Tod, im Jahre 1041, wurde dieser älteste Teil des Domes geweiht, die knapp 7 m hohe Unterkirche.

In Krypten, jenen künstlichen Höhlen unter dem Hochaltar, befand sich einst das Grab eines Heiligen, des geistigen Stifters der Kirche. Die Domkrypta in Speyer hingegen ist »eine architektonische Bereicherung des Gesamtbaues« (Philipp Weindel). Sie erstreckt sich unter Chor samt Apsis sowie den drei quadratischen Raumteilen des Querhauses. Alle vier Kryptenräume sind durch Pfeiler mit Halbsäulen gegeneinander markiert. Sie tragen zusammen mit den Säulen (acht unter der Apsis, je vier unter den drei Quadraten unterm Querhaus) die Kreuzgratgewölbe.

Die Säulen haben attische Basen und einfache Würfelkapitelle. Über den Pfeilern sitzen mächtige Scheidbogen. Vor allem an ihnen kommt der Wechsel von roten und gelben Sandsteinriegeln besonders schön zur Geltung.

Die Gliederung dieser Unterkirche ist auf dem Grundriß geometrisch klar und schnörkellos, doch für den Betrachter, der mitten drin steht, schwer zu überblicken. Die monumentale Grotte mit den sieben Altären hat noch etwas von Souterrain, vom Versteck frühchristlicher Katakomben. Die Mauern, Säulen und Pfeiler vermitteln Schutz, da ist keine Höhe und keine Weite, sondern Geborgenheit im Glauben.

Eine Kaisergruft, zu der es wie heute einen Zugang gab, hat in vergangenen Jahrhunderten nicht existiert, sie ist ein Bauwerk vom Beginn unseres Jahrhunderts. Der Grabplatz Konrads II. und aller, die nach ihm im Dom bestattet wurden, an der Nahtstelle zwischen Laien- und Priesterkirche, zwischen weltlicher und geistlicher Macht, bedurfte keiner monumentalen Nekropole, das war die Kirche als Ganzes.

Konrads II. Sohn, Heinrich III., hatte eine Gemeinschaft von Laien, die Stuhlbrüder, gestiftet. Sie mußten täglich siebenmal an den Gräbern Paternoster und Ave Maria für das Seelenheil der verstorbenen Herrscher beten.

Kaiserin Agnes ließ mit dem jungen Heinrich IV. die Gräber Konrads, Giselas und ihres Gemahls Heinrich III. einfassen und mit Erde bedecken, ein kleines Gräberfeld, wenig höher nur als der Langhausboden. Das Feld wuchs, wurde höher und auch nach Westen ins Mittelschiff hinein erweitert. So entstand mit der Zeit der Königschor.

Später wurden die einfachen Särge in geweihter Kirchenerde von Soldaten des Sonnenkönigs aufgebrochen und teilweise geplündert. Einige Jahrzehnte deckte man

EIN JUWEL, GANZ NEU GEFASST

Speyer, Kaisergruft und Krypta im Dom, Grundriß
1 *Kaiser Konrad II., † 1039, Gründer des Domes*
2 *Kaiserin Gisela, † 1043, Gemahlin Konrads II.*
3 *Kaiser Heinrich III., † 1056, Sohn Konrads II.*
4 *Kaiserin Berta, † 1087, Gemahlin Heinrichs IV.*
5 *Kaiser Heinrich IV., † 1106, Sohn Heinrichs III.*
6 *Kaiser Heinrich V., † 1125, Sohn Heinrichs IV.*
7 *Kaiserin Beatrix, † 1184, zweite Gemahlin Friedrich Barbarossas*
8 *König Philipp von Schwaben, † 1208, Sohn Friedrich Barbarossas*
9 *König Rudolf von Habsburg, † 1291*
10 *König Adolf von Nassau, † 1298*
11 *König Albrecht von Österreich, † 1308, Sohn Rudolfs von Habsburg*
12 *Sammelsarg*
13 *Bischöfe*
14 *Gruftaltar*
15 *Grabplatte Rudolfs von Habsburg, † 1291*
16 *Reliefs von Kaisern und Königen (1475)*

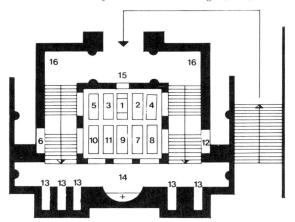

sie mit unbeschrifteten Grabplatten wieder ab. Zwar blieb die ›commemoratio‹ lebendig, wer aber in welchem Grab zur letzten Ruhe gebettet war, das geriet in Vergessenheit.

Am Beginn unseres Jahrhunderts – die Idee vom Kaiserreich hatte eine wilhelminische Variante bekommen – wurden die Gräber geöffnet. Am 16. August 1900, vormittags um 10 Uhr, begann die nekrophile Buddelei. Am Abend desselben Tages schon stieß Baumeister Moos mit seinen zwölf vertrauenswürdigen Helfern in nur 58 cm Tiefe auf eine Steinplatte. Unter ihr kam anderntags der Deckel eines Bleisarges zum Vorschein. Darin lag, schrieb der Chronist, »eine vermoderte, jedenfalls noch unberührte Leiche, eine braungelbe, eingetrocknete Masse«. Am Schädel waren noch Reste von Haupt- und Barthaaren zu erkennen, kein Zahn fehlte, einer aber hatte ein tiefes Loch. Die Gelehrten einigten sich darauf, daß sie Philipp von Schwaben gefunden hatten, der, 32jährig, im Jahre 1208 im Dom von Bamberg ermordet und hier beigesetzt worden war.

Am 23. August, einem Donnerstag, wurden – der Bischof und der Regierungspräsident waren Zeuge – drei starke Eisenbänder eines weiteren Steinsarges entfernt und dessen Deckplatte hinweggewälzt. Vor den von ehrwürdigem Gruseln ergriffenen Honoratioren lag eine Leiche mit einer Kaiserkrone aus Kupferblech. Und unter dem Schädel entdeckten sie eine Bleiplatte mit der Inschrift »Cuonradus II«.

Die Grabbeigaben wanderten später – als Leihgabe des Domkapitels – ins Historische Museum der Pfalz. Alle Gebeine wurden in der von Gabriel Seidl angelegten Gruft bestattet, in die man von der Krypta und die bei der jüngsten Restaurierung wiedererstandene Vorkrypta gelangt.

Ein Stauferkaiser ist hier nicht begraben, wiewohl allen Staufern Speyer bedeutend war. Der Staufer Konrad III. nahm, von den Predigten des Bernhard von Clairvaux ergriffen, 1146 im Dom das Kreuz. Für den Staufer Friedrich I. Barbarossa war ein Grabplatz neben Konrad II. bestimmt, doch er starb als Kreuzfahrer im Land des Glaubensfeindes. Siebzehnmal, so häufig wie kaum an einem anderen Ort, weilte Friedrich II. in der Kaiserstadt am Rhein. Sterbend kam Rudolf, der erste Habsburger, und wurde zu Füßen Konrads in der kaiserlichen Nekropole beigesetzt. Das lebensgroße, heute in die Wand eingelassene Relief ist nach seinem Tod entstanden. 1811 fand man die Platte zertrümmert auf einem Friedhof. Fehlende Teile wurden ergänzt.

☐ Der Dom

Zurück aus Unterkirche und Gruft in den Dom selber. Man tritt ein durch das *Westwerk* (Farbabb. 13), eine Arbeit des Karlsruher Architekten Heinrich Hübsch, in den Jahren 1854–62 entstanden. Heinrich Hübsch hatte auf Honorar verzichtet, er wünschte sich, daß alljährlich an seinem Todestag eine Messe gelesen werde. Er baute eine Fassade samt Türmen wie in romanischer Zeit, aber statt nach der großen Linie baute er nach dem kleinen Strich. Zwei Eck-, zwei Mittellisenen betonen die Vertikale, teilen die Fläche in die Maße von Seitenschiffen und Mittelschiff ein. Drei Gesimse gliedern die Horizontale, so daß vier Geschosse entstehen: das Erdgeschoß mit Vorhalle, erstes Obergeschoß mit sogenanntem Kaisersaal und ein zweites mit Zwerggalerie sowie der Giebel. Da wurde nicht Baugeschichte gemacht, sondern philiströs nachvollzogen. Am deutlichsten wird das an den braven Imitationsübungen der Steinmetze, die etwa die Rosette zurechtmeißelten.

Speyer, Dom, Grundriß
A *Westwerk (mit Vorhalle)*
B *Portal*
C *Mittelschiff*
D *Seitenschiff*
E *Königschor*
F *Vierung*
G *Querschiffe*
H *Stiftschor*
I *Apsis*
K *Osttürme*
L *Zugang zur Krypta*

1 *Afrakapelle*
2 *Taufkapelle*
3 *Sakristei*
4 *Ölberg*

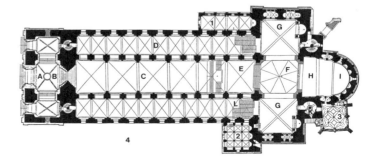

EIN JUWEL, GANZ NEU GEFASST

Im plastischen Schmuck der *Vorhalle* wird Geschichte nachgeklittert, sind in Medaillons Wohltäter des Domes wiedergegeben, wird Rudolf von Habsburg in Legende und Wirklichkeit gefeiert, gerät die Domgründung noch einmal zum steinernen Spektakel mit Konrad und Gisela, werden die in der Gruft bestatteten Herrscher noch einmal statuarisch leibhaftig mit Physiognomien, in denen naives Mittelalterverständnis aus der Zeit vor 150 Jahren zum Ausdruck kommt.

Romanische Klarheit an der Innen-, neoromanischen Überschwang an der Außenseite bietet das *Portal* zum Mittelschiff: Außen ist aus dem Formenkatalog von einst ein stutzerhaftes Ensemble geworden, die Innenseite, ein Bogen mit Gewänden in horizontalem Wechsel von rotem und gelbem Sandstein, ist Kunst der Einfachheit, des Maßes. Seit einigen Jahrzehnten schmückt das Portal von Toni Schneider-Manzell den Zugang zum Hauptschiff. Die Außenseite der mehr als 8 m hohen Bronzetür zeigt in Relieffeldern die biblische Geschichte von der Erschaffung der Welt bis zu ihrer Erlösung, das Tympanon den einen wahren Hirten und die eine wahre Herde. »Ut unum sint« steht darunter (Auf daß sie alle eins seien). Innen sind um die Symbole der sieben Sakramente (Taufe, Firmung, Altarsakrament, Buße, Letzte Ölung, Weihe, Ehe) Szenen aus dem Leben der Salierkaiser festgehalten, im Tympanon ist die Ausgießung des Heiligen Geistes über die Jünger Jesu zu Pfingsten versinnbildlicht.

Die hohe, lichte Halle des Domes (Umschlagklappe vorn) fasziniert durch das geheimnisvolle Zusammenwirken von Monumentalität, Unzerstörbarkeit und Anmut. 134 m ist der Bau insgesamt lang oder – in der Maßeinheit aus der Epoche seiner Entstehung – genau 444 römische Fuß. In dieser Zahl ist dreimal die 4 enthalten, das Symbol irdischen Lebens (4 Jahreszeiten, 4 Himmelsrichtungen, 4 Temperamente). 70, also zehnmal 7 m mißt das Langhaus, zehnmal die heilige Zahl 7, in der sich die 3 und die 4, göttliche Dreifaltigkeit und Erde, vereinen. Auf zwölf Pfeilerpaare (Apostelzahl) stützt sich das *Mittelschiff*, von zwölf Fensterpaaren wird es erleuchtet. Es ist etwa halb so hoch wie lang und etwa halb so breit wie hoch. Dieses Spiel der Proportionen setzt sich in den *Seitenschiffen* fort: Sie sind halb so hoch wie das Mittelschiff und halb so breit wie dieses, also entspricht die Gesamtbreite aller drei Schiffe wieder der halben Länge. Außerdem entsprechen – nach dem gebundenen System – zwei Joche im Seitenschiff einem im Hauptschiff.

Nach der Restaurierung Ende der 50er–Mitte der 60er Jahre dieses Jahrhunderts ist der Dom bis auf unaufdringliche Bildfelder unter den Obergadenfenstern frei von jenen Malereien des 19. Jh., die der bayerische König Ludwig in Auftrag gegeben hatte. Ludwigs Zeitgenossen hatten die Wandgemälde als großes Werk angesehen. »Ich habe mich entschlossen, den Dom malen zu lassen. Im Jahr 1845 wird angefangen«, hatte der König nach einer Domvisite mit den Malern Heinrich von Heß und Johannes Schraudolph den draußen gespannt Wartenden (Bischof, Domkapitel, Regierungspräsident, Beamte, Speyerer Bürger) verkündet. Jede einzelne Skizze segnete er ab, am 10. Dezem-

Der Dom, Blick auf das Westwerk ▷

ber 1853 führte Schraudolph den letzten Pinselstrich. Der Dom war zur christlichen Reklametafel im Stil der Nazarener geworden, bunt, verwirrend, lieblich, an mehreren Stellen die Architektur zerstörend.

Freilich wollten sich die Restauratoren unserer Zeit nicht den Vergleich mit gewissenlosen Bilderstürmern einhandeln. So entwickelten sie ein Verfahren, die Malereien unversehrt von der Wand abzurollen. Aus Mittelschiff, Seitenschiffen und Querhaus wurden wieder Architekturräume. Was mußte außerdem im Langhaus an Putz weggeschlagen werden, damit das Mauerwerk der großen Sandsteinquader ans Licht kam. Nur die Gewölbe, von breiten Sandsteinbrücken, den Gurtbogen, gegliedert, blieben weiß getüncht.

Von den in zwei Zwölferreihen aufragenden Pfeilern stammen nur die fünf östlichen Paare aus dem Mittelalter, alle anderen mußten im 18. Jh. unter Ignaz Neumanns Bauleitung neu ausgeführt werden.

Wie die Wandgliederung des Mittelschiffs ursprünglich ausgesehen hat, zeigen die Innenseiten der Seitenschiffe: Über den Pfeilern spannten sich zwölf steile Bogen, je ein zweiter Bogen war diesen vorgeblendet. Er saß auf sehr schlanken Halbsäulen mit hohen Würfelkapitellen und attischen Basen.

Als dann unter Heinrich IV. um 1080 die ursprünglich flache Holzdecke des Mittelschiffs eingewölbt wurde, mußte jeder zweite Pfeiler erheblich verstärkt und die bislang einheitliche Wandgliederung verändert werden. So entstand ein Wechsel von (unveränderten) Zwischenpfeilern und mächtigen Hauptpfeilern. Rechteckig wurden deren Halbsäulendienste ummantelt und neue, erheblich stärkere Halbsäulendienste davorgesetzt, auf denen die Gewölbegurte aufliegen konnten.

Statt der einfachen Würfelkapitelle als Abschluß jener dünnen Halbsäulen vor den Zwischenpfeilern zieren die neuen Halbsäulen korinthische Kapitele sowie, auf halber Höhe, einfache Zwischenkapitelle, die – ein unausgeführter Plan – durch ein Gesims miteinander verbunden sein sollten.

Mit den Gewölben entstanden an jeder Wand sechs hohe Schildbogen, unterm Zenit, auf der Höhe der außen umlaufenden Zwerggalerie, kleine Fenster. Die Schildwand liegt so hoch, daß die von Blendbogen gefaßten Obergadenfenster nicht in sie hineinreichen (›Speyerer System‹). Die in späterer Zeit im unteren Teil zugemauerten Obergadenfenster bekamen bei der Restaurierung in den 60er Jahren wieder ihre alte Höhe. Das war möglich, weil gleichzeitig die Dächer der Seitenschiffe, die den unteren Teil der Fenster verdeckten, jetzt nicht mehr so steil ansteigen. Am Veto der Statiker scheiterte die Absicht, die wuchtigen Vierungspfeiler wieder auf ihre vorbarocken Maße zu reduzieren. An der Ehrfurcht vor der Tradition scheiterte der Plan, der Kuppel die barocke Haube zu nehmen.

Über den Vierungsbogen schaffen Zwickel den Übergang vom (leicht verschobenen) Vierungsquadrat ins Achteck der Kuppel, deren Gliederungselemente, Fenster, Nischen, vierfach, achtfach, sechzehnfach die acht Wandseiten bestimmen. Nach einfachsten Zahl- und Maßverhältnissen sind also die Mauermassen gegliedert, die schlichte Größe

Speyer, Dom, Mittelschiffsäulen mit verzierten Kapitellen

Speyer, Dom, nördliche Seitenkapelle: Samsons Kampf mit dem Löwen

aus salischer Zeit wird nicht mehr beeinträchtigt von barocken Prunkfenstern, nicht von jener üppigen Malerei des 19. Jh.

Ans Beinahe-Quadrat der Vierung schließen sich *nördliches* und *südliches Querschiff* an. Auch sie sind keine exakten Quadrate und sind nicht gleich groß. Aber sie haben eine einheitliche Raumwirkung. Von einer breiten Mittellisene sind beider Stirnwände halbiert. Von ihrem Rand spannt sich jeweils ein Bogen zu gestuften Eckpfeilern. Auf diese Weise entstehen zwei schmale, hohe Felder, dreifach gegliedert. In die unteren Zonen sind Wandkapellen eingelassen. Den doppelten Bogen überm Zugang zu den Kapellen trägt je eine Säule. Diese schließen ab mit korinthischen Kapitellen, deren wie Finger ausfächernder Akanthus eine feine Steinmetzarbeit des 11. Jh. ist. Ansätze plastischen Schmucks besitzen nur die Kapellen des nördlichen Querschiffs. Den nordöstlichen Eckpfeiler ziert ein Relief des mit dem Löwen kämpfenden Samson. Der junge Held besaß übermenschliche Kräfte. Als er, so steht es im Buch Richter des Alten Testaments, mit seinen Eltern auf dem Weg zur Brautwerbung um die Tochter eines Philisters war, fiel ihn ein Löwe an. Er schwang sich auf den Rücken der Raubkatze und riß ihr mit den Händen den Rachen auseinander.

EIN JUWEL, GANZ NEU GEFASST

Links und rechts einer schmalen Lisene an den Ostwänden der Querschiffe ist die Wandgliederung asymmetrisch. Die Außenseiten werden von vorspringenden Torbauten beherrscht. Sie gewähren Zugang zu großen Wandmuscheln und sind von je zwei aus einem Stein gehauenen Säulen gestützt. Überwölbt ist das Querhaus von schweren, nach der Mitte des 12. Jh. entstandenen Kreuzbandrippen, die auf den Eckpfeilern aufsitzen.

Geometrische Grundmuster sowie die Symbolzahlen 3, 4 und 7 charakterisieren auch *Chor* und *Apsis*. Das querliegende Rechteck des Chores ist leicht in Trapezform gepreßt, weil Nord- und Südseite nicht exakt parallel laufen. Warum das so ist, konnte bislang nicht geklärt werden. In der Waagerechten dreifach gegliedert ist die Apsis. Von einem wuchtigen Sockel steigen sechs Säulen auf. Dazwischen liegen sieben Nischen, drei davon haben ein kreisförmiges Fenster. Über den Nischen zieht sich ein breiter Fries hin, darüber vier Blendnischen im Wechsel mit drei rundbogigen Fenstern und ein weiterer Fries oben drauf, der wie ein Reif die aufstrebenden Linien zusammenhält. Hier ist alles bestimmt von einem Minimum an architektonischem Aufwand, doch wird ein Maximum an monumentaler Wirkung erreicht.

Der Dom hat die steinerne Hohlform eines Kreuzes mit einer Ausbuchtung im Osten, der Apsis. Sie bietet sich von außen als selbständiger Teil eines Gebäudes dar, an dem die Einzelheiten viel prägnanter, viel aufwendiger wirken als innen. Man sollte den Rundgang um den Dom am Morgen unternehmen, weil dann das Licht auf den Ostteil fällt. Dann bekommen die sieben Rundbogenblenden der Apsis ein schärferes Profil, die Zwerggalerie liegt im Licht – und wiederholt sich als Schattenform. Diese Galerie ist ein Novum in der deutschen Architekturgeschichte des 11. Jh. Über dem Kegeldach der Apsis ragt der Ostgiebel des Chores mit fünf Rundbogennischen auf. Auch er bekam wieder seine ursprüngliche Form aus salischer Zeit.

Bis in die Höhe der Zwerggalerie waren die beiden *Osttürme* (Farbabb. 12, 13) schon in der ersten, konradinischen Bauperiode aufgerichtet. Nur kleine Treppenfenster sind in die Wände eingelassen, darüber erheben sich drei Stockwerke mit Schallarkaden und Rundbogenfries. Aus dem frühen 13. Jh. stammen die vier Giebel samt den achtseitigen Helmen.

Jede Wand des Doms – die Westseite des südlichen Ostturms zum Beispiel – ist ein steinernes Jahrhundert-Puzzle aus rötlichen Sandsteinquadern groß wie Reisekoffer, die einen noch immer glatt wie der Steinmetz sie behauen, und der Maurer exakt auf Fuge gesetzt hat; die anderen sind zu abstrakten Skulpturen verwittert. Da sind Bruchsteine phantasievoll zueinandergefügt, Ziegel und Tuffsteine dazwischengeklemmt, ist Putz drübergeworfen, ist roh geblieben oder wurde violett übermalt. Da lassen Metallklammern Grünspanfahnen unter sich, und färben Moos und Flechten Stockwerk für Stockwerk steinezersetzend grün.

Die Fassaden der Querschiffe, ebenfalls überragt von 1966 wiedererstandenen Giebeln, sind bestimmt von zyklopischen Mauerverstärkungen an den Ecken und in der Mitte. Die Pfeiler, der östliche, der in der Mitte, werfen im Morgenlicht Schatten auf die riesigen Fenster in der Höhe mit den reich profilierten und ornamentierten Gewänden.

Hier und an den Säulenkapitellen der Apsisgalerie sowie den Chorgalerien haben die Steinmetze Schmuckfiguren in den weichen Sandstein gehauen. Das ikonographische Programm – Löwe, Adler, Greif, Affe, Hase und Hund sind dazu aufgeboten – ist aber nur mit dem Fernglas zu erkennen. Auf einem Relief am Schaft im unteren Drittel der mittleren Apsissäule ist (heute Kopie) das messianische Friedensreich dargestellt, imperialer Wunsch des Bauherrn, unerfüllt wie die Absicht, den plastischen Schmuck des Domes üppig werden zu lassen. Die Darstellung geht zurück auf den Propheten Jesaja, der ein Paradies vorhersagte, in dem einst Mensch und Tier friedlich miteinander leben würden. So sind Kinder dargestellt, die auf Löwen reiten und furchtlos ihre Hände in die aufgerissenen Mäuler von Schlangen stecken, während Erwachsene arglos die Raubkatzen umarmen.

Als Heinrich IV. 1106 starb, fehlte das Geld für die Verwirklichung kühner Künstlerabsichten zur höchsten Ehre eines christlichen Kaisers.

In der damals größten Kirche des Abendlandes wurden die Salierherrscher bestattet. Gleichsam umstellt war der Dom außerdem von Memorials für das kaiserliche Geschlecht. Da gab es eine Laurentiuskapelle: Am Laurentiustag war Herzog Konrad, Graf im Speyergau, Ahnherr Kaiser Konrads, in der Schlacht auf dem Lechfeld 995 gefallen.

Ein mit dem Dom in Speyer gegründetes Klerikerstift war dem Evangelisten Johannes geweiht: Am Johannistag hatten Kaiser Konrad und seine Gemahlin Gisela geheiratet.

Am Martinstag war Kaiserin Gisela geboren. Daran erinnert die Martinskapelle, die – am Tag des hl. Emmeran kam ein Sohn Heinrichs III. zur Welt – ein Emmerans-Patrozinium dazubekam.

Die Geburt einer Tochter Heinrichs III. am Katharinentag war der Anlaß für den Bau einer Katharinenkapelle.

Die hl. Agnes erhielt eine Kapelle als Namenspatronin von Kaiserin Agnes, der Gemahlin Heinrichs III.

An den Krönungstag Heinrichs IV. erinnert die Paulskapelle.

Heinrich V. wurde am Tag der hl. Afra geboren. Also wurde die Afrakapelle gestiftet. Sie war zeitweilig auch Grablege des am Afratag im Kirchenbann gestorbenen Kaisers Heinrich IV.

Die *Afrakapelle* liegt im Winkel von nördlichem Querhaus und Seitenschiff. Sie war eines der vielen Brandopfer des Jahres 1689, blieb Ruine bis ins 19. Jh., wurde 1952 renoviert, Anfang der 70er Jahre noch einmal.

Die Kapelle war ursprünglich wohl halbiert in einen geschlossenen Sakralraum und – nach Westen – in eine offene Halle. Nahtstelle sind zwei kräftige Wandpfeiler. Die insgesamt vier Kreuzgratgewölbe werden von Säulen getragen, die auf Sandsteinbänken sitzen. An fünf der 14 Säulen (alle im westlichen Teil der Kapelle) sind besonders schöne Kapitelle zu bewundern. Vom feingliedrigen Akanthus, von zähnebleckenden Affen hat man hier – im Unterschied zum plastischen Schmuck an Apsis und Querhaus – einen unmittelbaren Eindruck. An den Wänden der Afrakapelle sind Skulpturen eingelassen,

Speyer, Dom, Afrakapelle: ›Speyerer Verkündigung‹

vor allem das als ›Speyerer Verkündigung‹ bekannte Sandsteinrelief, Grabdenkmal für Bischof Siegfried III. von Venningen (†1459). Diese stimmungsvolle Darstellung gehört zu den bedeutendsten Leistungen spätmittelalterlicher Plastik.

Die Bauleute stellten in der zweiten Hälfte dieses Jahrhunderts nicht nur eine Kapelle aus der Salierzeit wieder her. Sie fanden in einer unscheinbaren Holzkiste auch Reliquien und ein purpurgefärbtes Pergament, mit Silber- und Goldbuchstaben beschrieben. Es war eines der 336 Blätter des berühmten ›Codex argenteus‹, der Ulfila-Bibel, einer Übersetzung der vier Evangelien aus dem 6. Jh. Den Text in gotischen Schriftzeichen zieren am unteren Rand vier Säulenbogen. In den Bogenfeldern erscheinen die Zeichen

Markus   *Matthäus*   *Johannes*   *Lukas*

Im Winkel von südlichem Querhaus und Seitenschiff liegt die heute als *Taufkapelle* ausgestattete Martins- und Emmeranskapelle. Ihre endgültige Gestalt bekam auch sie wohl unter Heinrich IV. Das Quadrat wird von vier Säulen mit besonders schönen Sternblumenkapitellen in neun Joche aufgeteilt. Drei Wände, Nord-, Süd- und Westwand, sind von Wandpfeilern mit Pilastervorlagen halbiert, die Zwischenfelder nischenartig vertieft. Den ganzen Raum umzieht eine Sockelbank, vor den Sockel zur mittleren Muschel in der Ostwand sind Stufen gesetzt. Darin steht heute der Altar, im tiefer liegenden Innengeviert der Taufstein. Das Gewölbefeld darüber wurde beseitigt und dadurch die Verbindung zur darüberliegenden Katharinenkapelle (nach 1850 an Stelle des baufälligen Vorgängerbaus errichtet) wiederhergestellt.

Aus gotischer Zeit stammt die unter Kurfürst Ruprecht von der Pfalz im Jahr 1409 begonnene dreistöckige *Sakristei* im Winkel von Südostturm und Chor. Im mittleren Geschoß mit Bündelpfeilern und Sterngewölbe sowie Blendmaßwerk unter den großen Fenstern liegt die Hauptsakristei. Am oberen und unteren Geschoß wird erkennbar, wie stark die Romanik noch wirkte: Die romanischen Rundbogenfenster wurden erst in gotischer Zeit gebaut.

Etwa 100 Jahre später wurde an der Südseite des Domes an Stelle des romanischen ein gotischer Kreuzgang errichtet. Mitten drin stand ein architektonisches Kleinod, der *Ölberg*. Heute befindet er sich, 1689 Ruine geworden, inmitten eines weiten Platzes, auf dem wuchtige Platanen Schatten geben. Im Ölberg steckt eine kleine, dem Erzengel Michael geweihte Kapelle.

Ende des 15. Jh. wurde der riesige *Domnapf* auf dem Platz vor dem Westwerk erneuert. Die steinerne Schüssel faßt 1,5 Fuder (mehr als 1500 l) Wein. Gefüllt wurde sie, wenn ein neuer Bischof in die Stadt einzog. Der Freiwein bewirkte Jubelstimmung. Doch eine Herrschaft des Bischofs über die Stadt gab es damals schon lange nicht mehr. 1294 war Speyer freie Stadt geworden, hatte nur noch den Kaiser zum Herrn über sich. Und schon 1111 hatte Heinrich V. die Speyerer vom Budel, der Erbschaftssteuer, befreit.

Ein Rundgang durch die Stadt

Lange bevor der Bischof auf alle Rechte an der Stadt endgültig hatte verzichten müssen, durften sich die Speyerer schon eine Mauer um ihre Stadt bauen (Stadtplan s. hintere Umschlagklappe). Von der ›vetus porta‹, einem hölzernen alten Tor von 1197, blieb nichts erhalten. Von der späteren steinernen Mauer steht noch das 55 m hohe *Altpörtel* (Farbabb. 14). Über einem querrechteckigen Grundriß sitzen vier Geschosse aus der ersten Hälfte des 13. Jh., ein fünftes samt Galerie mit Maßwerkbrüstung entstand erst 1514, das steile Walmdach weitere 200 Jahre später.

So sehr die Speyerer auf ihre Unabhängigkeit vom Bischof bedacht waren, ihre Stadt legten sie wie einen vor dem Dom ausgebreiteten Fächer an. Allerdings: Die Mittelrippe zwischen Altpörtel und Basilika ist deutlich verbogen. Speyer war in der Städtereihe längs der ›Pfaffengasse‹ am Rhein nach einem Diktum Kaiser Maximilians die ›Andächtige‹: Stifte, Pfarrkirchen, Klöster – die Zahl kniefälliger Einrichtungen im Dienst am

EIN JUWEL, GANZ NEU GEFASST

Blick auf das Altpörtel, Stahlstich von J. Poppel

Herrn war groß. Als aber der päpstliche Nuntius sich im Jahr 1576 – heimlich – in die Stadt geschlichen hatte, konnte er gerade noch zweieinhalb Dutzend Katholiken zählen. Was war geschehen in der Kommune, die noch 1527 zum Sitz des Reichskammergerichtes ernannt worden war und die viele Reichstage erlebt hatte?

Georg, wie der heilige Drachentöter, hieß der Bischof des frühen 16. Jh., der in Speyer den Kampf gegen die Lehre jenes Mönchleins Dr. Martin Luther führte. Vergebens. Zwei Reichstage, 1526 und 1529, waren Kirchentage, auf denen um die rechte Lehre gerungen wurde. Der erste beschloß in Abwesenheit Kaiser Karls V., daß alle »leben, regieren und sich halten wollen, wie ein jeder solches gegen Gott und kaiserliche Majestät hoffe und vertraue zu verantworten«. Damit waren das Wormser Edikt von 1521 und die Lehre Luthers anerkannt. Zwar wurde der Beschluß 1529 noch einmal aufgehoben, doch auf dem Reichstag am 20. April des gleichen Jahres überreichten der Kurfürst von Sachsen, der Markgraf von Brandenburg, der Herzog von Braunschweig-Lüneburg, der Landgraf von Hessen und der Fürst von Anhalt eine Protestschrift, in der sie sich für die Aufrechterhaltung des Beschlusses von 1526 einsetzten. Fortan gab es Protestanten.

In Speyers Annalen finden sich für die Folgezeit vornehmlich traurige Aufzeichnungen. Allesamt sind sie jedoch harmlos angesichts der Ereignisse Ende Mai, Anfang Juni des Jahres 1689. Im Pfälzischen Erbfolgekrieg vernichteten französische Truppen fast vollständig die Stadt. Sie haben »etlich Tag vor dem Brand austrommeln lassen / daß der Thurm nicht soll angezündet werden / deßwegen solten die Leut ihr Schrein- und Bettwerck darein salviren / welches sie auch hauffenweiß gethan / diese Lügen aber geschahe darum / daß sie nur Materialia zum Brand in den Thurm bekommen möchten«. Das schrieb Johann Hoffmann unter seinen Stich von der brennenden Stadt. Dem französischen Feuerteufel kam ein Gewittersturm als Blasebalg zu Hilfe. Vom Dach des Domes troff flüssiges Blei. Als die Katastrophe vorüber war, hatte Speyer aufgehört zu bestehen. Zehn Jahre regierte der Rat der Freien Reichsstadt von Frankfurt aus die Geschicke eines Aschenhaufens. Erst nach dem Frieden von Rijswijk durften die Ratsherren zurückkehren. 1714 gab es wieder 487 Häuser, aber noch 394 alte Bauplätze.

Für fast eine Viertelmillion Gulden wurde der Dom renoviert. Als ein Schönborn, Damian Hugo, 1719 Bischof geworden war, ließ er – der Rivalität zwischen Bürgern und Bischof eingedenk – behutsam anfragen, ob er denn in Speyer eine Residenz errichten dürfe. Die Residenz entstand in Bruchsal auf der rechten Seite des Rheins. Das Domkapitel, bereits 1702 aus dem Exil zurückgekommen, ließ zwar einige Bauten errichten, prunkvoll wurden sie jedoch nicht.

Das eindrucksvollste Bauwerk aus der Zeit nach der grauenvollen Zerstörung betrieben die Lutheraner: die *Dreifaltigkeitskirche*. Deren Südfassade schaut auf die Große Himmelsgasse (auf einem Schild heißt sie auch noch »Grande ruelle du ciel«) und einen trapezförmigen Platz, den einstigen »Gschärrplatz«, benannt nach den Geschirrhändlern, die dort ihre Stände aufgebaut hatten. Das Areal öffnet sich an der Nordseite der Maximilianstraße zwischen Dom und Altpörtel.

Speyer, Dreifaltigkeitskirche

Als Modell für die Dreifaltigkeitskirche hatten die Speyerer zehn Jahre lang die Frankfurter Katharinenkirche vor Augen. Nach Plänen Johann Peter Grabers wurde 1701 mit dem nach Norden in fünf Seiten des Zehnecks schließenden Saal mit Pilasterordnung aus Sandstein begonnen. Die Bauleitung hatte zunächst Johann Philipp Danner, von 1711 bis zur Weihe 1717 dann Christian Dathan. Die Südfassade gliedert sich in Hauptgeschoß, Attika und Volutengiebel. Der Dachreiter ist so aufgesetzt, daß es aussieht, als gehöre er mit zur Fassade.

Über den Predigtsaal spannt sich wie Fledermausflügel in flachen, weiten Bogen eine Holzdecke mit Kreuzrippen. Sie wurde von Johann Christian Guthbier mit Szenen aus dem Alten und Neuen Testament ausgemalt.

Die Kanzel von Christian Dathan an der Ostseite ist ›Brennpunkt‹ für die um die drei anderen Seiten laufende Doppelempore mit kleinen Gemälden an der Brüstung. Altar (mit ›Abendmahl‹ von Johann Bessemer, 1705) und Orgelprospekt an der Nordseite (ebenfalls von Christian Dathan) sind eingepaßt in den fünfseitigen Chorschluß.

Gleich bei der Kirche liegen die mittelalterlichen Ruinen des Retschers, vor Zeiten Sitz der »edlen Hausgenossen der Retscheln«, dann reichsstädtisches Zeughaus, Archiv, Bibliothek, Gelehrte Schule, neue evangelische Kirche, 1689 von den Franzosen zerstört. Die Ruine wurde Namensgeber der *Retscherkirche* (Farbabb. 15) an der Gilgenstraße stadtauswärts Richtung Landau. Das Bauwerk aus der Zeit um 1900 heißt offiziell ›Gedächtniskirche der Protestation‹. Damit ist an den Speyerer Reichstag von 1529 erinnert, auf dem Fürsten aus Sachsen, Hessen, Braunschweig-Lüneburg, Anhalt und Brandenburg sich für Luthers Lehre stark machten. Die Statuen der widerspenstigen Neugläubigen sowie das Standbild Martin Luthers beherrschen die Eingangshalle der Kirche. Die Fenster im Chor des neugotischen Riesen hat Kaiser Wilhelm gestiftet. Der 100 m hohe Turm ist außer dem Dom und dem Hochhaus der Landesversicherungsanstalt das herausragende Bauwerk der Stadt.

Von der Dreifaltigkeitskirche zogen am Dreikönigstag 1726 Bürgermeister und Ratsherren hinüber, ihr neues *Rathaus* auf der Hauptstraße einzuweihen. Elf Achsen gliedern seine Straßenfront, der flache, fünfachsige Mittelrisalit wird von einem Giebel gekrönt, die wuchtigen Pilasterkapitelle stammen von Franz Josef Wickart. Säulen tragen einen kleinen Balkon über dem Portalvorbau. Johann Georg Dathan, der Sohn Christian Dathans, hat 1725 die Decke des kleinen Sitzungssaales ausgemalt, im großen Saal ist eine schöne Stuckdekoration erhalten.

Gut 20 Jahre später, 1748, ließ der Rat das *Ehemalige Kaufhaus* schräg gegenüber vom Stadthaus erbauen. Bekrönt war der einst zweigeschossige Bau von einer Fortuna aus Sandstein des Vinzenz Möhring (heute im Pfalzmuseum). Ein drittes Geschoß bekam das Gebäude erst 1874.

Das alles waren Neubauten nach der Katastrophe. Aber noch im Jahre 1772 hatte Speyer nicht so viele Häuser wie ein Vierteljahrtausend davor. Und schon geriet das Wiederaufgebaute erneut in Gefahr, von den Franzosen zerstört zu werden. Aus Speyer wurde ›Spire‹. Einen Bischof gab es nicht mehr. Vom Dom sollte nichts übrigbleiben als ein zum gigantischen Triumphbogen stilisierter Westbau. Nur 15 Jahre währte die neuerliche Franzosenzeit in der Epoche der Großen Revolution, dann waren die Bayernkönige als Landesherren an der Reihe. Speyer wurde Regierungssitz für Bayern am Rhein, bekam wieder einen Bischof, und der Dom wurde ausgestattet nach des Bayern-

Einnahme der Stadt Speyer durch die Franzosen, Kupferstich von P. G. Berthault ▷

königs Wünschen. »Freilich ist Speyer nicht mehr das alte, die Franzosen haben zu verschiedenen Zeiten Versuche gemacht, den früheren Charakter der Stadt zu verwischen. Es ist ihnen trefflich gelungen, Gott sei's geklagt! Freundlicher mag die Stadt allerdings geworden sein, als sie früher war, dem Bürger mag's in diesen mittelmäßigen, aber freundlich angetünchten Häusern wohnlicher sein, als dem früheren Reichsstädter in seinen alten finsteren Spelunken, aber mir war es nicht lieb, daß ich nicht einmal mehr auf architektonische Spuren der alten Zeit stieß.« Das schrieb 1838 Friedrich Blaul in seinem Buch ›Träume und Schäume vom Rhein‹.

Was blieb nun wirklich von den architektonischen Spuren der alten Zeit? Der Dom und das Altpörtel, gewiß. Es überdauerten aber auch einzigartige Fragmente jüdischer Kultur aus der Zeit der Salierkaiser. Eingestemmt zwischen Kleiner und Großer Pfaffengasse erstreckt sich südwestlich des Domes die *Judengasse*. Von ihr geht ein kurzer gepflasterter Weg ab und endet vor einem dunkelbraunen, unscheinbaren Tor. Dahinter gedeiht Immergrün über einer Trümmeroase.

Um die Ehre Speyers »um ein Vielfaches zu vermehren«, rief der Bischof gegen Ende des 11. Jh. Juden aus Mainz, erfahren im Fernhandel und deshalb hilfreich beim wirtschaftlichen Aufschwung der Siedlung rheinaufwärts. Christliche Werkleute der Dombauhütte errichteten – den Juden selber war es verboten, Steine zu setzen – deren Synagoge (um 1100) und die *Mikweh,* das rituelle Bad (um 1110).

Trotz der bischöflichen Privilegien, die Kaiser Heinrich IV. bekräftigte, widerfuhren auch den Juden in Speyer immer wieder grauenvolles Leid und blutige Verfolgung. 1534 wurde die Siedlung vollends aufgegeben, der Judenhof als deren Zentrum verfiel, geriet für Jahrhunderte in Vergessenheit, war Gemüsegarten und verträumter Winkel. Tief in der Erde liegt das rituelle Bad, eines der wenigen, die aus mittelalterlicher Zeit in Deutschland erhalten geblieben sind. Die Sandsteinstufen unter den Tonnengewölben hinunterzugehen zu jenem Badeschacht mit kaltem Wasser, in das die Gläubigen eintauchten, ist heute ein Weg der Besinnung, begleitet von Erinnerungen an entsetzliche Verbrechen, die Deutsche an andersgläubigen Mitmenschen begangen haben.

EIN JUWEL, GANZ NEU GEFASST

Ein Gäßchen, bei Hausnummer 80 der Maximilianstraße nach Norden abbiegend, führt auf den 1308 geweihten Chor des ehemaligen Dominikanerklosters, an den im 19. Jh. die *Seminarkirche St. Ludwig* gebaut wurde. Wertvollster Kirchenschatz sind ein Wirkteppich vom Ende des 15. Jh. und, aus derselben Zeit stammend, ein auf dem Kirchenboden im Dörfchen Boßweiler bei Grünstadt gefundener Flügelaltar. Es fehlt der Mittelteil (vermutlich ein Schrein mit Schnitzfiguren). Was einmal Außenseite der Flügel war (eine Verkündigungsszene), bildet jetzt einen neuen Mittelteil aus zwei Hälften. Die Innenseiten der Flügel zeigen links ›Christi Geburt‹, rechts die ›Anbetung der Könige‹. Prunkvoll ist die Ausstattung, kräftig leuchten die Farben des Dekors, vor allem der Gewänder. Herrlich sind die Faltenwürfe, der Verkündigungsengel hat riesige Flügel, innen mit weißem Gefieder, außen mit Pfauenaugen. Und beinahe durchscheinend sind die Gesichter der Frauen gemalt.

Die *Geburtshäuser* zweier berühmter Maler stehen in Speyer. In der Allerheiligenstraße 9 wurde *Anselm Feuerbach* im Jahr 1819 geboren. 1880 erlag er in Venedig einem Herzversagen. In Feuerbachs Todesjahr erblickte in der Kleinen Greifengasse 14 *Hans Purrmann* das Licht der Welt. Er starb 1966.

☐ Historisches Museum der Pfalz

Hinterm Dom, im stillen Park zum Rhein hin, steht wie die Kulisse für Dornröschen das *Heidentürmchen,* Teil des Befestigungswerkes aus dem 13. Jh. Ein paar Schritte weiter nach Nordwesten befindet sich die *Antikenhalle,* heute ein Denkmal für gefallene Pioniere. Im Türmchen wurden einst Bruchstücke aus Speyers Vergangenheit gesammelt, in der vom Königlichen Distrikts-Baukonduktuer Mattlener 1826 errichteten Halle römische Reste aus der ganzen Pfalz. Mit beiden war der Anfang gemacht für ein Museum. 1869 wurde es gegründet: das Historische Museum der Pfalz.

Dafür schuf Gabriel von Seidl 1910 die schloßähnliche Vierflügelanlage schräg gegenüber vom Dom. Turbulent war die jüngste Vergangenheit dieses Bauwerks. Da gab es zunächst so nahe am Wasser des Rheins Schwierigkeiten mit dem Untergrund für den Neubau, zwei Pyramiden aus Glas und stählernem Skelett, die sich im Süden anschließen. Dann mußte eine groß angelegte und vorlaut angekündigte Salier-Ausstellung ein ums andere Mal verschoben werden, und nach der Renovierung des alten Museums ließ dessen Wiedereröffnung lange warten.

Die Räume waren einst düster und trist, es roch nach alten Fußbodenbelägen und ranzigem Bohnerwachs. Viele Schätze wurden lieblos hergezeigt und waren lustlos beschriftet. Jetzt aber herrscht hier eine Atmosphäre wie in der Empfangshalle eines Nobelhotels, präsentieren sich die Kabinette wie erlesene Boutiquen. Zartrosa leuchten die Wände, dezent hellgrau ist der Boden. Moderne Strahler geleiten den Betrachter unaufdringlich zu den ausgestellten Kostbarkeiten. Und in Vitrinen aus Acryl ist etwa Schmuck aus der frühen und mittleren Bronzezeit mit viel Geschmack dargeboten.

Das Museum bietet eine stolze Übersicht über Kunstwerke, Fundsachen und Gebrauchsgegenstände, die im Land entstanden oder einst hierher gebracht wurden. In

Feuerbach und Purrmann, Maler aus Speyer

Im Erdgeschoß des Feuerbachhauses ist eine gemütliche Trinkstube eingerichtet. Droben unterm Dach sind wenige Originale, ein paar Kopien und viele Dokumente aus dem Leben des Künstlers zu sehen, der in Rom seine schönsten Bilder malte.

Hans Purrmann

Anselm Feuerbach

Von den Anfängen des Anstreicher-Lehrlings Hans Purrmann (›Treidler am Rhein‹) bis zu seinen Spätwerken (›Anemonen und Farn in Barockvase‹, entstanden 1953/54 in Montagnola im Tessin) läßt sich die Entwicklung des Malers in dem zur wunderschönen Galerie umgestalteten Elternhaus verfolgen – ein Juwel in Licht und Farbe.

einem Steinbruch entdeckte man die beiden unvollendeten Reiterstatuen, die den Eingang säumen. Vielleicht sollten es, im 4. Jh., für Trier bestimmte Kaiserstandbilder werden. Drinnen fällt jene Fortuna des Vinzenz Möhring von 1748 ins Auge, außerdem eine Patronin der Künste und des Handwerks, die Minerva des Paul Egell (um 1720) von der Orangerie in Oggersheim.

Durch einen Tausch kam 1932 der Goldene Hut von Schifferstadt aus München wieder ins pfälzische Museum. Die aus der mittleren Bronzezeit (zwischen 1400 und 1200 v. Chr.) stammende Treibarbeit aus hochkarätigem Goldblech diente freilich nicht als Kopfbedeckung. Der etwas mehr als 29 cm hohe Kegel mit den wie Hutkrempen aussehenden Rändern hatte eine bislang nicht genau bestimmbare kultische Bedeutung, vielleicht war er Grabbeigabe für einen Fürsten.

In die Zeit um 700 v. Chr. (ältere Hallstattzeit) zu datieren sind die Bronzeräder von Haßloch. Sie zählen zu den ältesten Speichenrädern, die in Mitteleuropa gefunden wurden.

In einem Fürstengrab des 5. vorchristlichen Jh. wurde ein goldener Armreif – Prunkstück keltischer Goldschmiedekunst – entdeckt sowie ein etruskischer Dreifuß, frühe Importware von jenseits der Alpen, die bislang Unikum geblieben ist.

Ein Heiligtum und ein Grabmal sind die besonderen Überbleibsel aus der Römerzeit, dazu eine Säulentrommel (1. Jh. v. Chr.) mit der Darstellung einer Weinlese, mit Trauben›dotzen‹, wie man in der Pfalz sagt, groß wie für Riesen, mit Bacchanten, die längst von der Verwandlung der Trauben in Berauschendes gepackt sind. Das Heiligtum des persischen Gottes Mithras war im Jahr 325 im heutigen Weinort Gimmeldingen erbaut worden. Der Kult aus dem Osten fand im Westen viele Anhänger, vornehmlich unter den römischen Legionären. Der Lichtgott tötet den Stier, aus dessen Kadaver neues Leben entsteht. Auf die auffällige Ähnlichkeit mit Grabmälern des 2./3. Jh. in Nordsyrien ist beim rekonstruierten Grabmal von Bierbach hinzuweisen. Vier Säulen ragen über einem reliefgeschmückten Sockel auf. Darauf zeigt sich Herkules als der unbezwingbare Kraftprotz, Apoll als der unbezwingbare Musiker. Von der Decke der Nekropole sind zwei Ecken mit Meeresungeheuern erhalten.

Historisches Museum der Pfalz: Weinernte auf einer Säulentrommel

Durch viele Räume des Museums geht man wie durch einzelne Kapitel der pfälzischen Kulturgeschichte. Besteigt Burgen, besucht Klöster, Pfarrkirchen, den Speyerer Dom, weilt in der alten Kaiserstadt.

»Abermals aktuell«, wie der Kunstsoziologe Arnold Hauser das einmal formuliert hat, werden die Werke aus vergangenen Jahrhunderten. Man wirft einen Blick ins Herzogtum Zweibrücken, ins Kurfürstentum, ins Fürstbistum, blickt den Duodezfürsten ins Boudoir, geht auf die Jagd, zieht in den Krieg, schaut den Handwerkern über die Schulter, den Bauern in Kasten und Truhe.

›Bekehrung des Paulus‹ von Pieter Schoubroeck, 1607

Maler der Frankenthaler Schule, Emigranten aus den Niederlanden, präsentieren das frühe 17. Jh., Hofmaler aus Zweibrücken, Mannheim oder Darmstadt das Säkulum danach.

Mit der Auflösung der Residenzen fand der große Abtransport statt. Heute besitzt die Sammlung in Speyer keine üppigen Bestände pfälzischer Malerei mehr. Dennoch versucht man – unter Schwierigkeiten, aber mit Erfolg – zurückzuholen, was in alle Winde verstreut ist.

›Aktäon und Diana in reicher Landschaft‹ (Öl auf Kupfer, 1604) lautet der Titel des Gemäldes von Anton Mirou (1586–1620). Zu sehen ist eine Landschaft, wie sie sich durchaus auch vom Rand der Haardt darbietet: Wald, darin versteckt eine Ruine und im Ausschnitt die weite Ebene. Nach mythischer Überlieferung ist es der Berg Kithairon, an dem Diana mit den Nymphen badete und von Aktäon, dem Jäger, aufgespürt wurde. Diana verwandelte den Jäger zur Strafe in einen Hirsch, Aktäons eigene Hundemeute zerfetzte ihn. Die Schmach der Göttin, nackt gesehen worden zu sein, blieb dadurch unbekannt – und lockte gerade deshalb die barocken Maler, sie bekannt zu machen.

Eine Verwandlung vom Christenjäger zum Heidenapostel hat Pieter Schoubroeck (1570–1607), Sproß calvinistischer Flüchtlinge, wohl als sein letztes Werk gemalt: die ›Bekehrung des Paulus‹. Durch ein Felsenloch hetzt die Meute auf Menschenjagd, da »umleuchtete ihn plötzlich ein Licht vom Himmel«. Aus dem Dunkel diesseits des Felsens war er ins Licht jenseits davon gelangt, aus Saulus war Paulus geworden.

EIN JUWEL, GANZ NEU GEFASST

Als Gillis van Coninxloo (1544–1607) längst wieder aus Frankenthal nach Amsterdam zurückgekehrt war, hat er eine ›Waldlandschaft mit Entenjägern‹ gemalt (1605). Dreimal also haben die Maler der Frankenthaler Schule das Thema Jagd behandelt: mythologisch, christlich und einfach nach Waidmannsart.

Zum Themenkatalog des 18. Jh. lieferten vor allem die Künstler am Zweibrücker Hof die Nummern. Konrad Mannlich malte das Porträt eines Geheimsekretärs; Sohn Johann Christian (von ihm wird im Kapitel über Zweibrücken noch die Rede sein) ›Kanadische Füchse‹; Daniel Hien eine Jagdbeute; Georg Friedrich Meyer eine Landschaft; Johann Georg Trautmann zwei Räuberszenen; Peter Anton von Verschaffelt ein Selbstbildnis; Friedrich (Maler) Müller eine ›Rast der Briganten‹. Vom Grünstadter Johann Konrad Seekatz, Hofmaler in Darmstadt, behauptet August Becker: »was der Mann in der Historienmalerei getan hat, ist völlig wertlos für heute; seine Genrebilder sind viel besser«. Man vergleiche, dieses Diktums eingedenk, ›Krieg und Frieden‹ mit den Bildern ›Kücheninterieur‹ oder dem ›Guckkastenmann‹, der als fahrender Schausteller ins Dorf gekommen ist.

Weitgehend verlorengegangen sind die Sammlungen Frankenthaler Porzellans, die in Speyer und am Ort der unter Kurfürst Carl Theodor gegründeten Manufaktur existierten. Neue, bescheidene ließen sich inzwischen wieder zusammentragen. Sie werden im Kapitel über Frankenthal vorgestellt.

Zwei Winzer von Johann Wilhelm Lanz, dem ersten Modellmeister der Manufaktur, aber schaffen die Überleitung vom Kunstmuseum zum Weinmuseum. Noch hatten sich die Museumsgründer gar nicht zusammengetan, als 1867 beim Roden eines Weinbergs nahe Speyer, wo heute längst kein Wein mehr angebaut wird, zwei Steinsärge mit Glasgefäßen gefunden wurden. In einer Flasche mit Delphinhenkeln war unter einer stark verharzten Schicht Olivenöls noch Wein aus der Zeit um 300 n. Chr. enthalten.

Keltern sind zu bestaunen, riesige Traubenquetsch-Monster und kleine Pressen, Einspindel- und Zweispindelkeltern, Baumkeltern, dann Fässer, Faßböden mit reichem Schnitzwerk, desgleichen Faßriegel, Kelterträge, Hotten, Lesekübel, Logeln, Tresterzangen, Mostwaagen, Küferzeug und Becher, Humpen, Pokale, Flaschen, Krüge und Kannen – und eine Strafgeige für Traubendiebe.

Schandgeige für Traubendiebe

Höhepunkte an der Mittelhaardt

Hinauf Patrioten, zum Schloß, zum Schloß!
Vom Rhein zum Hambacher Schloß

»Es gehört mit zu meinen liebsten Genüssen, in einer Ebene den Bergen zuzuwandern, sie stets im Auge zu haben, zu sehen, wie sie das tiefblaue Gewand allmählig abwerfen und endlich unverhüllt ihre Schönheit zeigen. So wanderte ich von Speyer weg gegen Westen auf dem Wege nach Neustadt. Über eine Meile Weges bietet diese Fläche mit ihren Sandfeldern und Föhrenwäldern gar nichts Anziehendes dar, aber weiterhin beginnt wieder die gartenähnliche Flur, in welcher eine Menge Dörfer zerstreut liegen. Die Berge treten näher, die Vorhügel, bis weit in die Ebene herab, stellen sich wie ein einziger unermeßlicher Weinberg dar.«

Der Wanderer, der 1838 eine Tageswanderung von Speyer zu den Bergen in Reisebildern mit dem Titel ›Träume und Schäume vom Rhein‹ so beschrieb, war ein 29jähriger Pfarrer. Er hieß Georg Friedrich Blaul, war Sohn eines Hufschmieds und stammte aus der Domstadt am Rhein.

Die »Genüsse«, die der junge geistliche Herr empfand, als er die Augen nach Westen richtete und sich die Schuhe einstauben ließ, kann man sich noch heute genau so auf einer 20 Min. dauernden Autofahrt verschaffen. Die Tour verlängert sich allerdings erheblich durch einige Abstecher. Zum Beispiel nach **Essingen.**

Dazu biege man von der B 272 nach Norden ab, fahre die ›Hohl‹ hinunter zum Hainbach und dann ins Dorf. Dem hl. Wendelin war einmal die kleine spätgotische *Kirche* am Westrand geweiht. Im zweigeschossigen Chorturm aus der Mitte des 15. Jh. legten Restauratoren unterm Putz gut erhaltene Wandmalereien frei. Von den Bildern im Kreuzrippengewölbe des Chores – Evangelistensymbole und Engel mit Foltergerät – sind nur der Engel mit der Geißelsäule erhalten sowie der Stier des Lukas und der Adler des Johannes.

Daß die Kirche im Mittelalter ›Beatae Mariae Virginis‹ geweiht war, zeigen die Wandbilder aus dem Marienleben. Besonders schön erhalten ist die Flucht nach Ägypten. Der Legende entsprechend stürzt ein heidnisches Götzenbild von der Säule, als Maria und Joseph mit dem Christuskind daran vorbeiziehen.

Ein kurzes Stück weiter auf dieser Nebenstrecke nach Norden liegt **Kleinfischlingen.** Auch dort sind, in der *evangelischen Kirche,* im Kreuzrippengewölbe des gedrungenen Chorturms sowie an den Chorwänden Malereien aus der Zeit um 1500 freigelegt worden. Besonders hervorzuheben: die Verkündigung Mariae im Westen über dem Chorbogen. Rechts kniet die Gottesmutter, von links tritt der Verkündigungsengel in ihr Gemach ein. Ein Stuhl, ein Fenster schaffen Räumlichkeit. Auf einem Bild der Ostwand

links wird Christus geboren. Rechts daneben ist die Sakramentsnische gekrönt mit gemalten Fialen und Kreuzblumen.

Nächstes Ziel ist **Kirrweiler.** Seine katholische Pfarrkirche hat um 1750 Johann Georg Stahl aus Bruchsal als Saalbau an einen Chorturm aus dem 14. Jh. angefügt. Reich ist die rote Sandsteinfassade gegliedert, beherrscht wird sie von einer Immakulata in einer Nische unterm Giebel. Die Portalwappen schuf Vinzenz Möhring.

An der Straße Richtung Duttweiler liegt mitten in Weinbergen die um 1770 von Leonhard Stahl erbaute barocke **Friedhofskapelle Mater Dolorosa.** Rote Sandsteinlisenen rahmen die Fassade, in ganz kleinen Voluten ist die breit schwingende Giebellinie aufgerollt. Auf dem Altar der Kapelle steht ein spätgotisches Andachtsbild.

Nach Westen, vor dem Haardtrand, jenseits der neuen Autobahn und der B 38 liegt **Maikammer.** Auffällig – im Weinberg erworbener Wohlstand verlangte nach Repräsentation – die stattlichen Wohnbauten aus dem 17./18. Jh. Da gibt es aber auch noch ›fränkische‹ Gehöfte, das Wohnhaus mit Fachwerkgiebel zur Straße, daneben der kleine und der große Torbogen zum Wirtschaftshof, ein Hufeisen, umstellt von Wohnhaus, Gesindehaus gegenüber (meist auf Holzpfeilern über einer offenen Unterstellhalle) und Scheune mit Ställen an der Stirnseite. Erker, Hausfiguren, an den Fassaden emporrankende Reben, Blumen an den Fenstern – ein pfälzisches Winzerdorf. August Becker

Die Lanze des Longinus sticht

Vielleicht haben die Gestalten Kosmas und Damians auf den Außenseiten der Flügel an die Apostel Albrecht Dürers denken lassen. Indes handelt es sich um eine mittelrheinische, um 1475 entstandene spätgotische Malerei. Eindringlich ist grauenvolles Leiden dargestellt, vor allem in der Szene der Geißelung auf der Rückseite in beinahe pastellfahlen Farben, im Dämmerlicht einer Krypta. Vor einem strahlenden Goldgrund ist auf der vorderen Mitteltafel

Alsterweiler Triptychon, Kreuzabnahme

das Kreuz aufgerichtet, Massen drängen ringsum heran, Sterne blinken, Hellebarden stechen in den lichtvollen Himmel, Soldatenvolk blickt mürrisch drein. Diagonal durch die gesamte linke Bildhälfte stößt Longinus – in prunkvollem Gewand, als sei er ein von Lukas Cranach gemalter Landgraf – seine Lanze in die Seite des Gekreuzigten, ein anderer streckt ihm den in Essigwasser getränkten Schwamm hin. Die Masse giert dem Höhepunkt entgegen, dem Spektakel vom Tod am Kreuz. Voller Hohn und zugleich voller Spannung begleitet sie den das Kreuz schleppenden Christus auf dem linken Bildflügel. Die Kreuzabnahme auf dem rechten ist eine stille Szene, in der nur noch Schmerz und Trauer zum Ausdruck kommen.

machte auf den Kunstschatz in der *Pfarrkirche St. Kosmas und Damian* aufmerksam: ein Flügelaltar »von der altdeutschen Schule, wenn nicht von Albrecht Dürer selbst«. Doch der Flügelaltar (Farbabb. 32) befindet sich heute nicht mehr in der Pfarrkirche, sondern in der *Alsterweiler Kapelle,* einem kleinen Bau genau im Fluchtpunkt der schnurgeraden Straße bergan, vor der Kulisse der Kalmit.

Von Maikammer geht es windungsreich weiter auf der Deutschen Weinstraße, durch Diedesfeld, durch die Weinberge vor den Waldbergen. Vor diesen liegt wie ein riesiger Maulwurfshügel ein Buckel, von Edelkastanien hellgrün überwachsen. Darauf ein rotgelber Riegel, den man gerne die Wiege der Demokratie in Deutschland nennt: das **Hambacher Schloß.**

Ehe man hinauffährt, sei der Besuch in der *katholischen Pfarrkirche* von **Oberhambach** empfohlen. Johann Georg Stahl hat wie in Kirrweiler Mitte des 18. Jh. an den mittelalterlichen Chorturm einen Saalbau angefügt, im neuen, dreiseitig geschlossenen Chor bekam ein von Vinzenz Möhring entworfener Hochaltar seinen Platz. 1938 wurden im alten Turm Fresken freigelegt, die meisten datierbar ins erste Viertel des 14. Jh., die in der Nische der Nordwand stammen aus der Zeit um 1530.

Zug auf das Hambacher Schloß 1832

Eine gemalte Treppe links an der Westseite des Chorbogens steigen die klugen Jungfrauen mit ihren brennenden Lampen hinauf, Ecclesia mit der Siegesfahne öffnet ihnen die Tür. Die Synagoge am Ende der rechten Treppe hält die Augen verschlossen, ihre Fahne ist zerbrochen, die Lampen der verzweifelten törichten Jungfrauen sind erloschen, der Zugang dorthin, wo Christus Maria die Krone aufsetzt, bleibt ihnen versperrt.

Hervorzuheben ist außerdem eine Beichtszene an der Ostwand: Teufel wollen sie verhindern, Engel machen sie möglich. Ein Sünder hat das Ohr des Beichtvaters gefunden, sich aus den auf einen Stab montierten, wie riesige Schraubenschlüssel aussehenden Fesseln des Teufels befreit. Der andere ist noch ganz in der Gewalt eines Peinigers mit Hufen, Hörnern, Hauzähnen und Rüsselnase.

»Hinauf, Patrioten, zum Schloß, zum Schloß!« heißt es nach diesem Kirchenbesuch; hinauf zum Hambacher Schloß (Umschlagvorderseite), »mächtig beherrschend« die weite vor ihm ausgebreitete »pfälzische Rheinebene, mitten in der gesegneten Pfalz stolz sich erhebend, um dem hohen künftigen Herrscher einen beruhigenden und beseligenden Überblick über den Wohlstand Seines rings um Ihn her gesammelten glücklichen Volkes zu gewähren.« Dies schrieb Anfang der 40er Jahre des vorigen Jahrhunderts Jakob Hartmann, Adjutant des bayerischen Kronprinzen Maximilian und aus Maikammer stammend, nachdem er die Pfalz bereist und Ausschau gehalten hatte nach einem Bauplatz mit Vergangenheit für seinen Herrn.

Nur zehn Jahre mußten also vergehen, damit ein Ort demokratischen Aufbegehrens für wert befunden werden konnte, königlicher Distraktion dienen zu dürfen. »Wie dem aber auch sei, das Fest von Hambach gehört zu den merkwürdigsten Ereignissen der deutschen Geschichte, und wenn ich Börne glauben soll, der diesem Feste beiwohnte, so gewährte dasselbe ein gutes Vorzeichen für die Sache der Freiheit.« So steht es in einer Denkschrift Heinrich Heines.

Auf der Reichsfeste, auch ›Käschdeburg‹ (Kastanienburg) genannt, die 700 Jahre lang bischöflich-speyerischer Besitz war und die meiste Zeit davon Ruine, die bald nach der Franzosenzeit von ein paar Neustadter Bürgern für 625 Gulden ersteigert wurde, versammelten sich im Mai 1832 die ›Malkontenten‹, die Unzufriedenen, zur ersten politischen Massendemonstration in Deutschland.

Die Angliederung an Bayern 1816, Verschlechterung der wirtschaftlichen Verhältnisse, Mißernten, die Unsicherheit im Grenzland, das Pochen auf den unter den Franzosen erhaltenen Rechten – es gab, so die Einladung zum Fest, genug »zu friedlicher Besprechung, inniger Erkennung, entschlossener Verbrüderung für die großen Interessen« einen Tag nach dem Jahrestag der bayerischen Verfassung. Eingeladen hatten mehrere, federführend war der Publizist Philipp Jakob Siebenpfeiffer. 20 000 Menschen oder noch viel mehr zogen hinauf aufs Schloß, voran flatterten die schwarz-rot-goldenen Fahnen.

»Es ist wahr, ich habe es auch aus anderen Quellen erfahren, zu Hambach gab es durchaus keine äußeren Exzesse, weder betrunkene Tobsucht noch pöbelhafte Roheit, und die Orgie, der Kirmestaumel, war mehr in den Gedanken als in den Handlungen.« So hatte es Ludwig Börne Heinrich Heine berichtet.

Dennoch: Einmütigkeit der Meinungen bestand nicht, aber »une véritable tour de Babel« (ein wahrhaftiger Turm von Babel) wurde bei dieser Demonstration auch nicht ans Hambacher Schloß angebaut, wie der Präfekt des benachbarten französischen Départements nach Paris meldete.

Konnte man Einmütigkeit denn erwarten? Von den »vereinigten Freistaaten Deutschlands« schwärmte Johann August Wirth, aber auch von einem »konföderierten republikanischen Europa«. »Alles in allem wird man sagen dürfen, daß in der Fülle der Reden Gemeinsamkeiten mit den Nachbarvölkern stärker zum Ausdruck gekommen sind als revanchistischer Nationalismus« (Klaus-Peter Westrich).

Der Demonstration folgten keine Taten, sie hätten die Revolution bedeutet. Es hagelte Prozesse gegen den »Haufen überspannter Köpfe« (Metternich), und die Pfalz wurde beileibe nicht »le pays modèle de l'insurrection allemande« (Vorbild des Widerstandes der Deutschen), wie der russische Gesandte beim Frankfurter Bundestag urteilte. Aber geschehen war etwas, was in der politischen Willensbildung fortan immer wieder eine Rolle spielte. Freilich auch im Extremen. Die Nazis behaupteten dreist, die Ideen des Hambacher Festes zu Ende gedacht zu haben, 101 Jahre später hatten sie die Macht übernommen. Und vor einigen Jahren hatte sich eine Bücherstube für linksextremistische Literatur in Neustadt ›Zentrum Hambach‹ benannt.

Ehre! Freiheit! Vaterland! Jene Herren aus Kaiserslautern im Gremium königstreuer Pfälzer hatten diesen bürgerstolzen Wahlspruch sicher nicht auf dem Panier. Sie kauften das Hambacher Schloß, um es dem bayerischen Kronprinzen zur Hochzeit zu schenken. Damals erhielt es den Namen ›Maxburg‹. Maximilian ließ mit dem Ausbau beginnen, ihn aber bald wieder einstellen. Gut 60 Jahre später wetterte dagegen der Sozialdemokrat Wilhelm Herzberg: »Als 1842 der bayerische Kronprinz Maximilian seine Hochzeit feierte, da brachte ihm die Geschmacklosigkeit pfälzischer Bürger in unmanierlicher Hyperloyalität ausgerechnet das Hambacher Schloß zum Hochzeitsgeschenk dar. Die Gemeinde Hambach verlieh dem Besitzer für alle Zeiten das Pachtrecht im Gemeindebann. Die pfälzische Bourgeoisie bot die Hand zum Frieden – und machte dabei ein gutes Geschäft, denn die um 625 fl. gekaufte Ruine wurde den Besitzern um 325 fl. abgekauft.«

Die Gemeinde Hambach gibt es nicht mehr, sie ist nur noch ein Ortsteil von Neustadt. Ihr Schloß blieb »das Denkmal der deutschen Demokratie« (Carlo Schmid) mit manchen erneuerten Bauteilen, in denen Serenaden stattfinden. Im Sommer gibt es für Wanderer ein Vesper mit Wurst und Wein – und dazu eine herrliche Aussicht vom Rednerpult der Demokraten.

Baptisterium für den Wein
Neustadt ist Deutschlands größte Rebengemeinde

Die Stadt liegt im Tal und auf der Höhe. Trichterförmig hat der Speyerbach Grund aus dem Pfälzer Wald angeschwemmt, und trichterförmig ist darauf die alte Stadt gewachsen, erst später kletterte sie die sonnigen Hänge hinauf: Neustadt an der Weinstraße, früher ›an der Haardt‹ geheißen. Um 1200 wird es sie wohl schon gegeben haben. 1255 erscheint die ›Nuwenstat‹ als Mitglied des rheinischen Städtebundes. Im Jahr 1975 feierte sie ihren 700. Geburtstag. Rudolf von Habsburg hatte ihr 1275 die Rechte und Freiheiten von Speyer verliehen – und die waren nicht gering. Aber er wußte, was er der Stadt seines Schwiegersohnes, Pfalzgraf Ludwigs des Strengen, schuldig war. Neustadt, einst linksrheinisches Zentrum kurpfälzischer Administration, zeitweise Nebenresidenz mit einer Stiftskirche als Grablege der Kurfürsten und – unter Johann Casimir – sogar einer Universität, Kantonsstadt der Franzosen, Bezirksstadt der Bayern, Sitz der Bezirksregierung Rheinhessen-Pfalz, präsentiert sich als eine Kommune, die sich als erste der Pfalz in den vergangenen Jahrzehnten modernisiert wie restauriert hat. Unter grauschwarzem Putz kam schönes Fachwerk zutage, aus einem Kartoffelmarkt nördlich der Stiftskirche wurde ein Ensemble von Pflaster, Brunnen, Beton, Glas und Konsumanreiz, das gute Nachbarschaft hält zu jenen Bauten der Altvorderen aus schiefen, steilen Giebeln, Balken und vorkragenden Geschossen.

Zu Neustadt gehören seit einigen Jahren auch Diedesfeld, Geinsheim, Gimmeldingen, Haardt, Hambach, Königsbach, Lachen-Speyerdorf, Mußbach und Duttweiler.

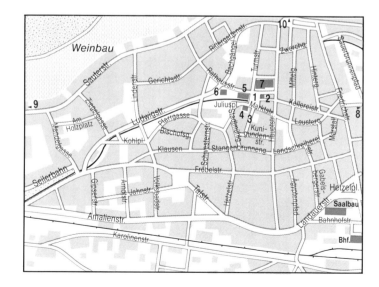

Neustadt
1 Marktplatz
2 Scheffelhaus
3 Metzgergasse
4 Gerichtshaus
5 Rathaus
6 Casimirianum
7 Stiftskirche
8 ev. Kirche von Winzingen
9 Wolfsburg
10 Haardter Schloß

HÖHEPUNKTE AN DER MITTELHAARDT

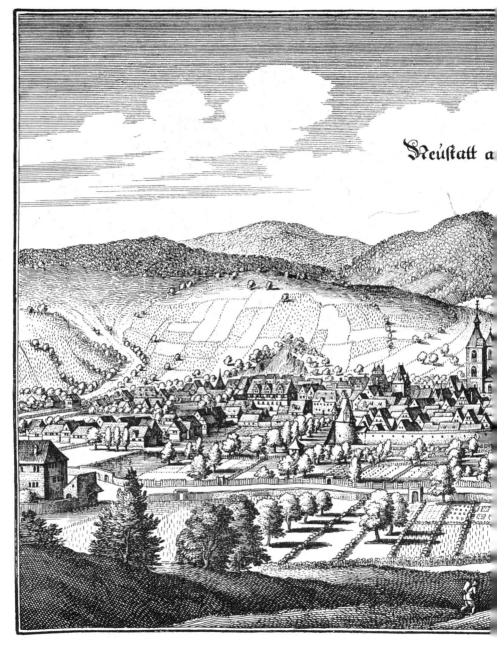

Daher ist die Stadt die größte Weinbaugemeinde in Deutschland (7 Mio. Weinstöcke), genau in der Mitte des 80 km langen Rebenlandes von Schweigen bis Bockenheim gelegen.
Hier wird im Herbst das Deutsche Weinlesefest (Farbabb. 22) gefeiert, wird der neue Wein getauft, wenn er noch aufbrausend ist, wie Lehmbrühe aussieht, heimtückisch gut schmeckt und so manchen Ahnungslosen schon von den Beinen geholt hat.

☐ **Stadtbesichtigung**
Am besten überschaut man den Ort, wenn man auf den Südturm der Stiftskirche steigt, den Rest einer älteren Pfarrkirche mit würfelartig aufeinandergesetzten Turmgeschossen und dem barocken Türmerhaus.
Da liegt einem das bunte Obst- und Gemüse-Labyrinth um den Brunnen am *Marktplatz* zu Füßen; Ecke Rathaus- und Turmstraße ein stattliches Fachwerkhaus, in dem Matthäus Harnisch 1587 seine Neustadter Bibel gedruckt hat; weiter ein schöner Renaissancebau von 1580 *(Scheffelhaus)* an der Nordostecke mit den vorkragenden Geschossen und dem steilen Dach; die *Metzgergasse* mit dem ehemaligen *Gerichtshaus* aus dem Jahr 1600 auf der Ecke (Marktplatz 11); an der Westfront des Platzes das einstige Jesuitenkolleg, eine barocke Vierflügelanlage aus der Zeit um 1730, seit 1838 *Rathaus*. Ein Stückchen weiter liegt das *Casimirianum*, 1578 als Exil-Universität für die Reformierten erbaut, denen die Heidelberger Universität verschlossen war. Zu sehen ist ein dreigeschossiger, rechteckiger Bau mit Walmdach, die Ostseite, vom Lauf des Speyerbachs erzwungen, abgeschrägt. Zur Straße beherrscht ein runder Treppenturm mit Welscher Haube die Front, im rechten Winkel dazu steht ein rechteckiger Kapellenbau, in dem noch gotische Teile stecken.
Vom alten Neustadt ist recht viel erhalten, denn 1689 war im Unterschied zu so vielen anderen pfälzischen Städten hier kein Katastrophenjahr. Schnell hatten es die Franzosen im Sommer 1688 überrumpelt und eingenommen, Anfang 1689 auch die Stadtmauer demoliert, doch schon 1691 »ist solche wieder gemacht worden durch welsche Maurer, seins solche bezahlt worden von der Statt und Land«. Neustadt wurde nämlich als Sperrfort und Operationsbasis gebraucht, erfuhr also keineswegs Schonung aus Menschenfreundlichkeit. Dennoch blieb die Legende lebendig, die Neustadter hätten sich mit einer ganz speziellen Waffe vor der Zerstörung geschützt. Die Waffe hieß Kunigunde Kirchner, ihr Anblick soll den französischen Kriegskommissär de Werth mitten ins Herz getroffen und zerstörungsunfähig gemacht haben.
Eine ganz andere Mauer wurde 1708 errichtet. Sie bewirkte die Trennung von Schiff und Chor zur störungsfreien Benutzung der *Stiftskirche* durch Reformierte und Katholiken. Die Scheidewand steht noch heute, doch ist sie umstritten. Nicht um des konfessionellen Unterschiedes willen, da stiftet ökumenischer Geist die Ruhe; argumentiert wird mit der Architektur des Bauwerkes und gegen sie. Reiße man die Mauer ein, dann habe man einen Chor länger als das Langhaus, müsse außerdem der einst nach Westen (ins reformierte Langhaus) versetzte Lettner wieder Raumteiler im Chor werden – und

Neustadt, Marktplatz von oben

bewirke so, wiewohl an anderer Stelle, weiter im Osten nämlich, was die Trennwand jetzt auch schon bewirkt.

Mit dem Bau der Kirche – Dehio rühmt sie als das »bedeutendste gotische Bauwerk der vorderen Pfalz« – wurde unter Kurfürst Ruprecht I., »den man den rothen nennt« und der später die Universität von Heidelberg gründete, im Jahr 1368 begonnen. 1394 wurde der Chor geweiht, gleich danach das Langhaus angefügt. Der Südturm stand bereits, der Nordturm entstand gegen Ende des 15. Jh. Zwischen den beiden Türmen liegt eine Vorhalle, bestehend aus drei Spitzbogenarkaden. Fünf Joche hat das Langhaus, vier der Chor mit ⅝-Schluß. An der Süd- und Nordseite des Chors liegen Kapellen – sie sind einmalig für die Architektur des ausgehenden 14. Jh. und geben ihm den Grundriß eines Kreuzes.

Überraschend im Langhaus, in das man durch das Südportal eintritt: nichts von aufstrebender gotischer Architektur, von der Auflösung der Gebäudemasse in feingliedrige steinerne Gerüste, von lichtdurchflutetem Raum. Kurz und schmucklos sind die Rundpfeiler, die Spitzbogenarkaden. Darüber großflächig die Seitenwände, die Fenster im Obergaden sind kleine Spitzbogenluken. Die Kreuzrippen des Gewölbes sitzen auf halber Höhe der Hochwände auf Konsolen, machen den Bau gedrungen, lassen ihn mehr breit als hoch erscheinen.

HÖHEPUNKTE AN DER MITTELHAARDT

Hatte die Vollendung gotischer Baukunst das Ende der Wandmalerei zur Folge, so bedurfte es bei diesen kargen Formen sogenannter Reduktionsgotik, den asketischen Prinzipien der Bettelorden unterworfen, wieder der Bereicherung durch die Farbe. Allerdings sind die ursprünglichen Gewölbe- und Wandmalereien im reformierten Kirchenteil nicht mehr erhalten.

Zu groß, fast zu lichtvoll erscheint im Vergleich zum düsteren Raum das schöne, dreiteilige Maßwerkfenster der Westwand – und zwar deshalb, weil ihm das Pendant im Chor fehlt, das hinter der Scheidewand verborgen ist.

Jenseits dieser Glaubensmauer liegt der ehemalige Pfarrchor mit den etwas breiteren zwei Jochen. Er ist durch einen reich profilierten Scheidbogen – unter ihm stand der Lettner – vom östlichen Stiftschor getrennt. Im Pfarrchor fehlen die Gewölbedienste, unter denen des Stiftschors gibt es Baldachine und Konsolen, teilweise mit figürlichem Schmuck. Dazwischen sind lebensgroße Figuren aufgestellt, barocke Heiligenfiguren sowie Statuen einiger Pfalzgrafen, von Hubert Netzer im Jahr 1905 geschaffen.

Hoch ragen, wie an der Westwand des Langhauses, die Maßwerkfenster auf, der Chor wirkt schlank und licht. Der architektonische Reichtum vermehrt sich von West nach

Neustadt, Stiftskirche, Stahlstich um 1850

Ost, vom Langhaus über den Pfarr- zum Stiftschor. Der Grund: Verarmung (Reduktion) begleitete die Stadien der Erbauung, die mit dem Chor begann.

Im Chorschluß sind Reste von Malereien erhalten. Sie sind wohl bald nach 1400 entstanden. Dominant: Christus als Weltenrichter zwischen Maria und Johannes und heftig Posaune blasenden Engeln; andächtig kniend in kostbaren pelzgesäumten Umhängen: die Kurfürsten Ruprecht III. (†1410) und Ludwig III. (†1436), Ruprechts Gemahlin Elisabeth und Ludwigs erste Gemahlin Bianca, eine Tochter Heinrichs IV. von England.

Wohl auch aus der Zeit nach 1400 stammt die Gnadenstuhl-Darstellung in der südlichen Seitenkapelle: Gott Vater hält vor sich das Kreuz, an das Christus genagelt ist. Zu dessen Haupt schwebt die Taube des Heiligen Geistes nieder, links kniet Maria, rechts Johannes der Täufer.

Ende des 15. Jh. entstanden die Malereien in der Vorhalle, musizierende Engel, Evangelistensymbole, Propheten, Kirchenväter.

Bianca von England (†1409) war nach Rudolf II. (†1353), Margarete von Aragon (†1377), Ruprecht I. (†1390) und Beatrix von Berg (†1395) die letzte aus der kurpfälzischen Familie, die einen Epitaph in der Stiftkirche bekam. Ruprechts I. Epitaph erhielt 1575 einen neuen Platz in der Kirche und wurde dabei senkrecht gestellt. Das scheint wie eine Kleinigkeit, gehörte damals aber ins Programm, »Neustadt auf eine bisher unerhörte Weise zu einer nach Gottes Wort und Gesetz reformierten, wahrhaft christlichen Stadt zu machen« (Gustav Adolf Benrath).

Ein paar Schritte nur von der Stiftskirche entfernt, in der Kellereistraße, findet man einen alten Torbogen aus Sandstein. Einst war dies der Zugang zum Schloß, das sich Ruprecht I. mit seinem älteren Bruder Rudolf II. zu Zeiten gemeinsamer Regentschaft am Speyerbach errichtet hatte.

Östlich vom Zentrum liegt der barocke Saalbau der alten *evangelischen Kirche* in Neustadt-Winzingen. Er enthält Bauteile eines Gotteshauses aus der Zeit um 1300. Dort wurden zu Beginn dieses Jahrhunderts Wandmalereien mit Darstellungen des Erzengels Gabriel und Mariens freigelegt, auf Verlangen der Kirchengemeinde jedoch wieder überputzt und 1973 abermals aus dem Versteck geholt – mitsamt den Löchern, die zur besseren Haftung des Putzes in die Bilder gehauen worden waren.

Oberhalb der Talstraße Richtung Westen nach Kaiserslautern erhebt sich die *Wolfsburg*, vermutlich im 12. Jh. errichtet; bis 1432 Amtssitz der kurpfälzischen Vögte; von revoltierenden Bauern im Jahr 1525 gleich zweimal gestürmt und geplündert; zu Beginn des Dreißigjährigen Krieges von den Menschen der Umgebung als Zufluchtsstätte benutzt und 1633 von kaiserlichen Truppen »bis auf die nackten Mauern zusammengebrannt« (Johann Georg Lehmann). Erhalten und vom Bürgerverein Schöntal mit Fleiß konserviert sind die 3 m dicke Schildmauer, Teile des Palas sowie Umfassungsmauern.

Vom Zentrum Neustadts nach Norden geht es steil bergan nach Haardt. Dort liegt, prächtig über Weinbergterrassen und von Efeu umsponnen, das *Haardter Schloß*. So nennen die Neustadter das Ensemble einer 1876 von August von Clemm errichteten Villa (bis vor kurzem Hotel) mit den eindrucksvollen Resten der 1696 zur Ruine geschossenen

Neustadt, Haardter Schloß, romanische Apsis

mittelalterlichen Winzinger Burg. Deren Gründungszeit liegt im dunkeln. In den Annalen erscheint sie erstmals 1248. Eine Urkunde, von Rudolf von Habsburg zwei Wochen vor seinem Tod gesiegelt, sprach sie den pfälzischen Wittelsbachern zu. 1482 wurde hier Kurfürst Friedrich II. geboren, denn wieder mal war in Heidelberg die Pest ausgebrochen, und Friedrichs Mutter hatte sich zur Niederkunft hierher zurückgezogen. Gegen Ende der Reunionskriege (September 1696) hielten französische Truppen die Winzinger Burg besetzt. Hessische Belagerer schossen sie sturmreif und eroberten sie. Im 18. Jh. wurde aus der Ruine Privatbesitz.

Teile der Ringmauer sind erhalten, an der Südseite noch ein 24 m langer, tonnengewölbter Keller, über dem einst der Palas aufragte. Und nach Osten schließt die ehemalige Burgkapelle an, dem hl. Nikolaus geweiht. Der Bau vom Anfang des 12. Jh. besaß zwei Joche mit Kreuzgratgewölben, die Apsis mit den vier Rundbogenblenden auf Halbsäulen erinnert an das Vorbild Speyerer Dom. Reste romanischer Baukunst aus der Salierzeit und der weite Blick in die Ebene lohnen sehr den Weg hinauf.

☐ Sehenswertes nördlich von Neustadt

Nächste Stationen von Haardt nach Norden sind **Gimmeldingen** und **Königsbach.** Auch hier baute Johann Georg Stahl wie in Kirrweiler und Hambach Mitte des 18. Jh. einen Kirchenraum an einen mittelalterlichen Chorturm an. Sehenswert an dieser *katholischen Pfarrkirche* ist der Flügelaltar eines mittelrheinischen Meisters aus der Zeit um 1475 mit einer Kreuzigung auf der mittleren Tafel.

Wer immer, als es die Autobahn noch nicht gab, von Neustadt die B 38 nach Ludwigshafen fuhr, ärgerte sich über die Ortsdurchfahrt von **Mußbach.** Wer heute den Ort, in dem die Winzer zum Trinken ›Eselshaut‹ (Mußbacher Wein) ausschenken, aufsucht, hat gute Gründe. Die Johanniter (Wappen: weißes Kreuz im roten Feld) besaßen bis zur Französischen Revolution eine Kommende, das heißt eine Pfründe, wo sie nicht an die Erfüllung kirchlicher Amtspflichten gebunden waren.

Langgestreckte alte Wirtschaftsgebäude mit Dächern wie versteinerte Wellen umsäumen einen stimmungsvollen Park. 1983 erwarb die Fördergemeinschaft Herrenhof die leerstehenden Bauten. Und es entstand ein Kulturzentrum, in dem viel konzertiert

Königsbach, kath. Pfarrkirche, Detail des Flügelaltars

und Theater gespielt wird, die Malerei nicht zu kurz kommt – und im Juli überschwenglich das Eselshaut-Fest gefeiert wird.

An den Getreidekasten fügt sich ein Treppenturm mit einem prachtvollen Renaissanceportal an, datiert 1589. Aus der Zeit, in der die Neustadter Stiftskirche gebaut wurde, stammt auch die ehemalige *Johanniterkirche*. Wie die Stiftskirche wird auch sie von einer Konfessionswand geteilt. Und schlimmer: Der hohe, zweijochige Chor mit Kreuzrippengewölben, die in sehenswerten Kopf- und Maskenkonsolen auslaufen, ist eine verwahrloste Kostbarkeit, die unbedingt restauriert werden müßte. Andernfalls ist vor allem auf den mittelalterlichen Wandmalereien der Salpeter bald verblüht.

Ein Ausläufer Mußbachs hinauf zu den Bergen ist mit einem Ausläufer von Gimmeldingen hinaus ins Tal zusammengewachsen. Im Ort befand sich im 4. Jh. eine Kultstätte des Lichtgottes Mithras, der unter den römischen Legionären viele Verehrer hatte (Reste im Museum in Speyer). Heute wird hier die ›Meerspinne‹, so heißt ein Wein, kultisch gefeiert. Und das Mandelblütenfest Ende März, Anfang April wäre nicht zu begehen ohne die klimatische Gunst der Lage dieses Ortes.

Sitzen auf gärendem Reichtum
Die Weinpatrizierdörfer der Mittelhaardt

Der Name **Deidesheim** taucht bereits im Jahr 699 in einer Urkunde als Didinneschaime auf. Reben werden ganz sicher seit 770 angebaut. Heidenlöcher nennt der Volksmund eine befestigte Bergsiedlung auf dem nahen Kirchberg, ein Oval, aus rohen Steinen ohne Mörtel gefügt, eine Fliehburg aus der Zeit vor 1000 mit Resten von Wohnbauten und Ställen.

Seit dem Jahr 1404 wird in Deidesheim am Dienstag nach Pfingsten ein Geißbock, »gut gehörnt und gut gebeutelt«, versteigert. Er war einst das Entgelt für Weiderechte, die Deidesheim an Lambrecht hinten im Speyerbachtal abgetreten hatte. Jenes Ehepaar, das in Lambrecht zuletzt geheiratet hat, bringt ihn nach Deidesheim. Dort wird er in einem festlichen Umzug jedermann gezeigt. Dann steht er ab 17.45 Uhr vor dem Rathaus, zum ersten, zum zweiten und, Schlag 18 Uhr, zum dritten, ist er dann versteigert.

Hier im Zentrum der Mittelhaardt haben Flurnamen Weltruf. In Deidesheim ist Weinpatriziat zu Hause, holt Trauben aus ›Paradiesgarten‹, ›Mäushöhle‹ oder ›Kalkofen‹ in die Keller, sitzt auf gärendem und reifendem Gewinn und ist sich des von der Natur vor-

Deidesheim, Stahlstich nach einer Zeichnung von R. Höfle

geleisteten Umstandes gewiß, daß Qualität ihren Preis bekommt. Hier lebt Weinadel ohne blaues Blut, aber gediegen, stellt nicht viel zur Schau. Das Wichtigste liegt ja auch im dunklen Keller in großen Fässern (heute sind es Tanks) oder in Flaschen. Alles ist proper, Blumen blühen üppig vor den Fenstern, die wenig Licht in die niedrigen Stuben lassen, Erker sitzen über scharfen Hauskanten, manchmal fällt eine Sandsteintreppe genauso wie am Deidesheimer *Rathaus* nach zwei Seiten in die schmale, gewundene Hauptstraße oder in eine ihrer Nebengassen.

Das Rathaus mit dem Walmdach ist beileibe kein Prunkbau, aber die Treppe schmückt ein verspielter Baldachin-Aufsatz, den Jörg Inglikofer, ein fahrender Baumeister aus Tirol, errichtet hat.

Mäzene waren die Weinfürsten nicht. Hier wurde nicht üppig hofgehalten, war man nicht Auftraggeber für Künstler. Aber, so sagt Friedrich Blaul von den Deidesheimern: »Da sind hundert angenehme Hindernisse, durch die man sich gerne aufhalten läßt.« Bei einer Kunstfahrt durch die Pfalz sollte man deshalb viel Programm am Morgen machen, denn zu den übrigen Tageszeiten locken ganz andere Genüsse, locken hier in den ›Deidesheimer Hof‹, die ›Kanne‹ und in all die anderen Tempel der Deftigkeit, deren vergoldete Wirtshausschilder weit in die enge Straße hineingehängt sind.

Auf den *Marktplatz,* auf dem es immerzu nach Saumagen zu duften scheint, schaut vor dem Chor der katholischen *Pfarrkirche St. Ulrich* eine zwischen Wolken und Engeln gen Himmel schwebende Muttergottes hinab. Ein kleiner Engel schwebt ihr entgegen, um ihr die Krone der Himmelskönigin aufzusetzen. Die Rokokoskulptur stammt von 1738. Wer sie schuf, ist unbekannt. Man weiß nur, »was bey veraccordirung des mariabiltt am obern dohr durch den bildhauer undt einiche vom stattrath verzehrt worden«. Sie steht auf einem Sockel mit der Jahreszahl 1618, vielleicht war er für eine Vorgängerin gemeißelt.

St. Ulrich ist der einzige erhaltene größere Kirchenbau des mittleren 15. Jh. in der Pfalz. Fünf Joche hat das Langhaus der dreischiffigen, kreuzgewölbten Säulenbasilika, zwei schmale hat der fünfseitig geschlossene Chor, der etwas höher liegt. Beim Betreten durch die Eingangshalle unterm Westturm drängt sich sofort der stilistische Vergleich mit der Stiftskirche in Neustadt auf. Spitzbogenarkaden sitzen auf kämpferlosen Rundpfeilern, die Fenster hoch im Obergaden sind klein. Auch hier ist der Chor ältester und elegantester Bauteil, vor allem wegen seiner hohen Maßwerkfenster.

Aus dem 15./16. Jh. sind einige sehenswerte Kunstwerke erhalten. Als einzige Kirche der Pfalz besitzt St. Ulrich noch Glasmalereien aus dem Mittelalter: Über dem nördlichen Seiteneingang werden durch das einfallende Licht Maria im Strahlenkranz sowie die Heiligen Katharina und Barbara lebendig; über dem Südportal erscheinen in zwei Rundscheiben die Brustbilder einer gekrönten Heiligen (oder ist es Maria?) und der hl. Dorothea. Die Kleinodien aus Glas haben Speyerer Künstler um 1470 geschaffen. Die anderen Glasgemälde entstanden 1893, ausgeführt durch die Mayer'sche königliche Kunstanstalt in München.

Auf einer Konsole vor der Empore steht mit Mitra, Stab und Kirchenmodell ein Bischof (um 1480); an der Wand des nördlichen Seitenschiffs Jakobus – oder ist es Wendelin? (um 1500); im rechten Seitenaltar Mutter Anna mit Maria als Kind auf dem Schoß und einem aufgeschlagenen Buch in der Hand (um 1500); an der rechten Seite des Triumphbogens der auferstandene Christus (um 1480, die Kreuzesfahne entstand wohl erst vor 100 Jahren); im Chor ein Kruzifix (um 1510). Wertvollstes Relikt des Chorgestühls ist das Relief des hl. Georg (um 1480), der mit seinem Schwert den Drachen tötet und den gewundenen Schwanz des Untiers bereits gekappt hat.

Im *Pfarrhaus* und nicht in der Kirche sind die schönsten Schnitzkunstwerke von St. Ulrich zu sehen: Es ist die aus Lindenholz um 1480 geschnitzte Büste eines Mannes, der nachdenklich die linke Wange in die Hand stützt und mit dem Zeigefinger die Augenbraue nach unten zieht. Ist es ein Prophet? ein Apostel? Es ist ein großartiges Werk. Etwas später entstand die Büste eines anderen Mannes. Er trägt einen mächtigen Bart, der sich zu beiden Seiten seines Kinns in hohen Wellen staut.

Der letzte erhaltene *Stadtturm* von Deidesheim dient neuerdings als Buchstaben-Werkstatt für einen ›Stadtschreiber‹. Herbert Heckmann, Generalsekretär der Akademie für Sprache und Dichtung in Darmstadt, war einer von ihnen. Er nannte den durstlosen Besuch bei den Sittenwächtern edlen Rieslings einen ›Fauxpas‹, der unverzeihlich sei.

Das Städtchen am Hang der Haardt hieß einst Oberdeidesheim. Aus Niederdeidesheim, 2 km in die Ebene hinein gelegen, wurde **Niederkirchen.** Die *katholische Pfarrkirche* lohnt den kleinen Umweg. Von einem romanischen Bau nach 1050 blieb das Querhaus übrig mit einem wuchtigen querrechteckigen Vierungsturm. Er wurde aus Bruchsteinen gemauert. Die beiden unteren Geschosse zeigen auf allen vier Seiten ein vertieftes Feld mit Rundbogenfries. Im Stockwerk darüber befinden sich auf jeder Seite zwei gekuppelte Schallarkaden, deren Säulen in würfel- oder trapezförmigen Kapitellen enden. Manche sind mit Figuren geschmückt. So ist – allerdings nur im Fernglas – am linken Fenster der Südseite ein Mann zu sehen mit Knierock, der die Hände vor den Körper gelegt hat.

Ungewöhnlich ist der Schmuck des Tympanons über einem aus der Erbauungszeit stammenden und später zugemauerten Portal im südlichen Querschiff. Der Sturz, geschmückt mit konzentrischen Kreisen, die eine Wellenlinie verbindet, und der Bogen, auf dem zwei Bogenfriese erscheinen, sind aus einem Stein gehauen. Einheitlich aus gelbem Sandstein sind die vier mächtigen frühromanischen Pfeiler gefügt, darüber spannen sich Rundbogen im Wechselspiel roter und gelber Quader.

Ein zweiter Abstecher von Deidesheim gilt **Ruppertsberg** und seiner katholischen *Pfarrkirche St. Martin,* einer Hallenkirche des 15. Jh. Drei dreijochige Schiffe waren an einen älteren quadratischen Chor angefügt. Der wurde später zu einem Teil der Halle umgebaut. Von der Ausstattung ist die Steinkanzel zu nennen (um 1510), wohl ein Werk Lorenz Lechners aus Heidelberg, der Korb mit den Reliefs von Schmerzensmann, Maria, Sebastian und Johannes dem Täufer ausgestattet.

Der Weg führt zurück auf die Weinstraße und im Bogen vorbei an dem kleinen Dorf **Forst.** Doch den sollte man nicht schlagen, sondern den Ort durchqueren. Forsts guter

Ruf stammt von einem Ungeheuer. So hieß ein Amtsschreiber. Der besaß einen Weinberg, und der bekam den Namen seines Besitzers. Von dort stammen Weine, gegen die sich nur jene aus dem Garten der christlichen Soldaten des Herrn, der Jesuiten, behaupten können. Ob Forster ›Ungeheuer‹ oder Forster ›Jesuitengarten‹, da wird der Zunge ein ziemlich Stück Weltanschauung abverlangt.

Zweierlei Christenlehre hat wie in Neustadt auch die *Kirche* von **Wachenheim** (Hausnummer 28) geteilt. Der Ostteil der ursprünglich spätgotischen Anlage ist jetzt katholisch, evangelisch der Mitte des 19. Jh. errichtete Bau hinter der konfessionellen Trennwand. Den ehemaligen Chor – ein Joch, ⅝-Schluß – überspannte einmal ein Kreuzgewölbe, jetzt ist er flachgedeckt. Davorgesetzt ist das Querhaus mit Vierung und gewölbten Kapellen im Süden und Norden, dahintergesetzt ein kleiner Altarraum aus dem frühen 18. Jh. Und draufgesetzt auf die Vierung ist ein geduckter Turm mit barocker Haube. – So, von hinten, in der Staffelung Altarraum, Chor und Vierungsturm, präsentiert die Georgskirche ihre Sonntagsseite.

Der Ort ist wie so viele Gemeinden der Vorderpfalz mittlerweile mehr als 1200 Jahre alt, erschien erstmals 766 in einer Urkunde des kurz zuvor gegründeten Klosters Lorsch auf der anderen Rheinseite. 1341 gewährte Kaiser Ludwig der Bayer seinem Pfalzgrafenvetter Rudolf ›die Gnaden‹, Wachenheim zu befestigen und zur Stadt zu erheben. Das heißt, die Stadtväter durften Markt abhalten sowie den (Gerichts)-Stock schlagen und den Galgen bedienen, wenn ihn nach damaligem Recht ein Frevler verdient hatte. Von 1417–71 waren die Zweibrücker Herren von Wachenheim und schlugen im Ort ihre Münzen. In der Dalberggasse, Mittelgasse, Hauptstraße fallen schöne Portale und Torbogen ins Auge, hier hat's ›Gerümpel‹, wiewohl nicht allein, für Weinwohlstand gesorgt. Gerümpel ist eine Verballhornung des Namens des Freiherrn von Grymbel, der hier einst über Reben regierte.

Ruppertsberg, Pfarrkirche St. Martin, Steinkanzel

HÖHEPUNKTE AN DER MITTELHAARDT

Wachenheim gibt es noch einmal an der Pfrimm weiter im Norden, nahe Worms. Deidesheim gab es dort auch. So mancher Ort nördlich Bad Dürkheims hat einen Namensvetter im Süden. Der Grund: Die Linie Bad Dürkheim – Ludwigshafen – unterer Neckar war eine Stammesgrenze zwischen Alemannen (im Süden) und Franken. Chlodwig, Gründer des Frankenreiches um die Wende zum 6. Jh., besiegte die Alemannen, die Franken drangen in deren Siedlungsgebiet vor und gründeten auch das ›Heim des Wacho‹ neu.

Wiege der Salier, Residenz der Leininger Kloster Limburg und Bad Dürkheim

Bad Dürkheim hilft bei Rheuma, Erkrankungen der oberen Atemwege, Darmträgheit, Gastritis und Wirbelsäulenschäden. Bad Dürkheim hilft, so Professor Kliewe, »in der Genesungszeit nach inneren Krankheiten oder nach größeren operativen Eingriffen, bei allgemeinen Schwäche- und Erschöpfungszuständen, zur Förderung des Genesungswillens oder zur Erhöhung der Stoffwechselfunktionen und der Fermentaktivität, ferner zur Belebung der Atmung, zur Förderung des Appetits und der Verdauung, zur Anregung der blutbildenden Organe, beim Versagen der Herz- und Kreislauffunktion,

Bad Dürkheim, Wurstmarkt im 19. Jh.

> **Wo der Schoppen regiert**
>
> Viele sind betrunken und quatschen jeden an. Es ist laut, es ist eng. Wein muß man zu mehreren aus einem großen Glas trinken. Für eine Wurst muß man Schlange stehen. Auf den Tischen stehen Weinlachen, unter den Tischen liegen Weinleichen – so könnte die Beschreibung des Dürkheimer Wurstmarktes aus der Sicht eines Griesgrams lauten.
>
> Eine halbe Million Besucher kommt jährlich nach ›Derkem‹, wenn an zwei verlängerten Wochenenden im September Wurstmarkt gefeiert wird. Hunderttausende Liter Wein werden ausgeschenkt, fördern bei manchen die gute Laune bis zur Ausschweifung. In großen Zelten lassen Hundertschaften im Chor den jeweiligen Tag den wunderschönsten aller Zeiten sein, bewegen sich allesamt schunkelnd wie Ähren im Wind, quetschen sich in ein Wein-Séparé und lassen das Schoppenglas nach jedem kräftigen Schluck zum bekannten oder unbekannten Nächsten weiterwandern.

sodann bei septischen und anderen fieberhaften Erkrankungen wie Bronchitis, Lungenentzündung, Tuberkulose, Diphterie, Grippe, Typhus usw., zur Anregung der Drüsen mit innerer Sekretion, zur Mobilisierung der natürlichen Abwehrkräfte, zur Regulierung des Fiebers und zur Förderung der Heilungstendenz«. In Bad Dürkheim helfen die Heilquellen und deren Wasser, hilft aber auch der Wein aus den Lagen ›Herrenmorgen‹, ›Nonnengarten‹, ›Michelsberg‹, ›Spielberg‹ oder ›Fronhof‹. In erstaunlich vielen Fällen scheinen Wasser und Wein gemeinsam zu helfen.

Das größte Weinfest der Welt ist schwer zu beschreiben, aber leicht zu erleben. Aus einer Wallfahrt zur Kapelle auf den Michaelisberg hat sich alles entwickelt. Einst karrten Dürkheimer Winzer zur Labung der Frommen und Fröhlichen Wein und Wurst auf den Berg. Heute betreiben jene ›Schubkärchler‹ Schenken ohne Tür und Fenster auf dem Festplatz in der Stadt. Von der mehr als 500jährigen Tradition wird bei jeder Wurstmarkteröffnung geredet, das späte Mittelalter als Ahnherr ist eben eine Empfehlung.

Im frühen Mittelalter erlebte ein anderer ›Berg‹ im Wald über der Stadt seine große Zeit. 1024 war Konrad II. zum deutschen König gewählt worden. Aus Dankbarkeit schenkte er den Benediktinern den Stammsitz seines Geschlechtes, die **Limburg.** Mit zwölf Mönchen aus Trier bezog Abt Poppo die Burg. 1027 wurde Konrad zum Kaiser gekürt, was ihn zum Dombau in Speyer bewog. Die Legende sagt, daß er im Jahr 1030 frühmorgens um sieben Uhr den Grundstein für die Klosterkirche der Benediktiner bei der Limburg legte und am Mittag jenen für das kaiserliche Monument in Speyer.

1042 wurde die *Klosterkirche* geweiht, fast 20 Jahre vor dem Speyerer Dom. Dennoch hat Kaiser Konrad auch deren Vollendung nicht mehr erlebt. Immerhin, eine Synode, die noch zu seinen Lebzeiten im Jahr 1038 auf der Limburg tagte, legte für alle Zeiten

HÖHEPUNKTE AN DER MITTELHAARDT

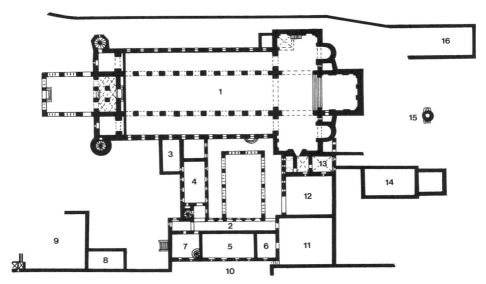

Ehemaliges Kloster Limburg, Grundriß   1 Klosterkirche   2 Kreuzgang   3 Küche   4 Winterrefektorium   5 Sommerrefektorium   6 Vorzimmer   7 Empfangszimmer   8 Wirtschaftsraum   9 Hospiz   10 Küchengarten   11 ehem. Küche   12 Kapitelsaal   13 Sakristei   14 Abtswohnung   15 Brunnen   16 Beinhaus

den Adventsbeginn verbindlich fest. Mehr als drei Jahrzehnte wurden die Reichsinsignien hier aufbewahrt, und Heinrich III. brachte aus Italien eine Reliquie mit, einen Splitter vom Heiligen Kreuz.

1206 wurde Graf Friedrich II. von Saarbrücken Limburger Schutzvogt. Er führte nach dem Tod seines Schwiegervaters dessen Namen Leiningen weiter. Die Leininger verloren die Schutzvogtei 1471 in einem Streit mit Kurfürst Friedrich I., dem Siegreichen. 1504 rächten sie sich für den Verlust: Leininger Söldner und Dürkheimer Winzer steckten die Limburg in Brand.

Die Kirche war eine dreischiffige Säulenbasilika mit Querhaus, quadratischem Chor (mit Krypta darunter) und Doppelturmfront im Westen, quasi ein Speyerer Dom für Benediktiner, nur die Osttürme fehlten. 12 m messen Vierung, Querschiffe und Chor, an den Querschiffen ist beiderseits des Chors halbkreisförmig eine Apsis ausgebuchtet. Wo einst die Säulen des Langhauses auftragten, recken sich heute Platanen, ist in der Kirchenruine eine Allee gewachsen. Man spaziere hindurch, wenn am späten Nachmittag das Licht von Westen einfällt.

◁ *Ruine des Klosters Limburg*

HÖHEPUNKTE AN DER MITTELHAARDT

Zum Wahrzeichen des salischen Baus aus dem 11. Jh. wurde, das Grün der Kiefern, Eichen und Kastanien ringsum überragend, der bis unterhalb des Helms erhaltene gotische Südwestturm aus dem 14. Jh. Wie der Westbau genau ausgesehen hat (Vorhalle mit Empore darüber, die Seitenschiffe in Vorräume hinein geöffnet, darüber die Türme), dazu gibt es unterschiedliche Rekonstruktionen.

100 Jahre später als Kloster Limburg wird ein Kloster der Benediktinerinnen erstmals erwähnt. Vierung und Chor seiner Kirche bilden heute die *evangelische Kirche* im Dürkheimer Ortsteil **Seebach.** Das dreischiffige Langhaus wurde 1471 Opfer der Feindseligkeiten zwischen Kurpfalz und Dürkheim, wurde zehn Jahre später bescheidener wiederaufgebaut, verfiel aber nach Aufhebung des Klosters Ende des 16. Jh. Nach dem Vorbild des Ostchors vom Wormser Dom sind hier die Außenwände des gerade umschlossenen Chors durch profilierte Lisenen und Rundbogenfriese gegliedert. Tief liegen die Fenster, sind mit sechsfachen Gewändewülsten gerahmt. Der leicht zurückspringende Dreiecksgiebel ist seitlich durch einen aufsteigenden Rundbogenfries gefaßt.

Bis auf den abschließenden Rundbogenfries sind die Wände des achteckigen Vierungsturms ungegliedert, in jeder der acht Seiten öffnet sich eine gekuppelte Schallarkade, von einer Rundbogenblende umrahmt.

Die Vierungsbogen wie die Schildbogen des Chors haben stumpfe Spitzen und laufen auf schöne Polsterkapitelle zu. Rundstabrippen kreuzen sich im Gewölbe des Chors und sitzen auf runden Eckdiensten.

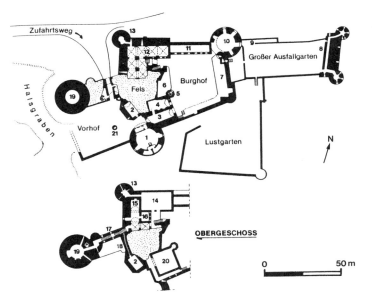

Hardenburg, Grundriß
1 Torrondell
2 Schmiede
3 Durchgang
4 Gewölbter Raum
5 Treppenturm
6 ehem. Fachwerkbau
7 Gästehaus
8 Münze
9 Ausfallgang
10 Kugelturm
11 Marstall
12 Wohnbau (Keller)
13 Gefängnisturm
14 Kleiner Saal
15 Bäckerei
16 Badstube
17 Verbindungsbau
18 Fluchtweg
19 Westbollwerk
20 Saalbau
21 Brunnenschale

Hardenburg, Stahlstich von Frommel-Winkles

Die **Hardenburg,** westlich von Bad Dürkheim im Tal der Isenach gelegen, 180 m lang und 90 m breit, ist die größte Burgruine der Pfalz. Kaum war Friedrich II. von Saarbrücken 1206 Schutzvogt des Klosters Limburg geworden, baute er auf Limburger Terrain diese Festung. Der Abt protestierte, es dauerte Jahrzehnte, bis man sich arrangiert hatte. Seit 1317 ist die Hardenburg Stammsitz der Linie Leiningen-Hardenburg-Dagsburg. Fast alle noch heute eindrucksvoll aufragenden Bauteile sind im 16./17. Jh. entstanden und »zeugen vom Willen der Bauherren, sich der permanent fortschreitenden Entwicklung der Feuerwaffen anzupassen«, schreibt Jürgen Keddigkeit in seinem Buch ›Burgen der Pfalz‹.

1725 zogen die Burgherren hinunter in die Stadt, nach Dürkheim, 1794 wurde die Hardenburg als eine der letzten Fortifikationen in der Pfalz zerstört. Rondelle an der Nordost-, Nordwest- und Südwestecke bezeugen die Entschlossenheit, auch im Zeitalter der Feuerwaffen widerstandsbereit zu sein. Der Geschützturm, der im Westen noch vor den Halsgraben geklotzt wurde, hat eine Mauerstärke von fast 7 m. Um den Brunnenhof gruppieren sich die Wohnbauten. Die Anlage sieht aus wie eine Mischung aus mittelalterlicher Höhenburg und barocker Flachlandfestung. Und als sei der Konflikt zwischen Wehrwillen und Wohnkomfort nicht aufzulösen, wird die nach Süden gelegene Vorburg als Lustgarten bezeichnet.

Etwas oberhalb der Hardenburg liegt die Burgruine **Schloßeck.** Wahrscheinlich waren – im frühen 13. Jh. – die Leininger auch hier die Bauherren. In die aus Buckelquadern gefügte Ringmauer ist ein romanisches Portal eingelassen. Der Torbogen stützt sich auf Kämpferplatten, die als Eckverzierung je zwei Adler mit ausgebreiteten Schwingen zeigen. Schon in staufischer Zeit diente dieser Raubvogel als Herrschaftsemblem. Im Scheitel des Rundbogens ist eine Fratze mit einem gezwirbelten Bart eingelassen, der nach beiden Seiten kunstvolle Schlingen im Stein beschreibt.

Wie die Hardenburg einst ausgesehen hat, zeigt ein Epitaph der Leininger Grabkapelle in der *evangelischen Schloßkirche* **Bad Dürkheims.** Noch zu Lebzeiten – er starb 1607 – hat Emich XI. beim Speyerer Bildhauer Hans Voidel dieses Denkmal in Auftrag gegeben. Der Graf und seine in wohlgestaltete Falten gehüllte Gemahlin Elisabeth beten, auf Kissen kniend, ein Kreuz an, das vor der Kulisse ihrer Residenz steht. Das Werk ist allerdings nur mit Verrenkungen durch ein schönes schmiedeeisernes Gitter vor der Grabkapelle zu betrachten.

Die Kirche selbst wurde um 1300 begonnen. Das lichtarme Mittelschiff wirkt gedrungen, weil es – im Unterschied zu den Seitenschiffen – nur fünf Joche hat und der Turm, im 19. Jh. neu ausgeführt, eine Jochbreite wegnimmt. Ende des 15. Jh. hat man den plastischen Schmuck, Kapitelle, Dienste, Fenstermaßwerk, fast völlig weggeschlagen. In ein

Bad Dürkheim, ev. Schloßkirche, Leininger-Grabmal

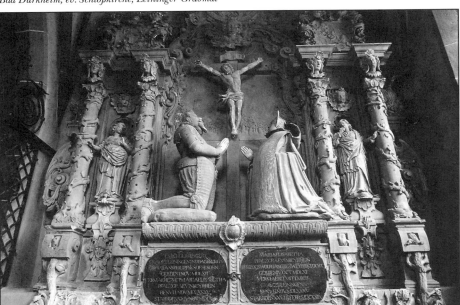

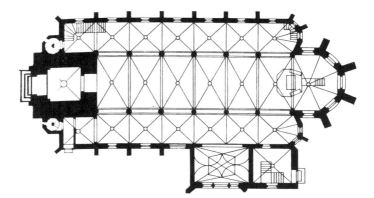

*Bad Dürkheim,
ev. Schloßkirche,
Grundriß*

frühes gotisches Bauwerk ist gleichsam Reduktionsgotik eingezogen. Die sechsjochigen Seitenschiffe schließen dreiseitig, der Hauptchor besteht aus einem Joch und ⅝-Schluß, das Mittelschiff geht ohne architektonische Unterbrechung in ihn über. Neue künstlerische Ausschmückung erfuhr die Kirche erst wieder im 18. Jh., als sie Schloßkirche geworden war und ein reicher Kanzelaltar aufgestellt wurde.

1725 errichteten die Leininger an Stelle des heutigen Kurhauses ihr barockes *Schloß*, 1794 wurde es zerstört. 1779 wurden die Leininger Grafen in den Reichsfürstenstand erhoben, fand Duodez zwischen Weinbergen statt, wurde hofgehalten und Theater gespielt. August Wilhelm Iffland, späterer Direktor des Berliner Nationaltheaters, dichtete im nahen Jägertal sein Schauspiel ›Die Jäger‹. Daß fürstliches Waidmannsheil – viel Wild vor der Flinte – dem Wald nur Unheil brachte, weil die unersättlichen Vegetarier ihn kurz und klein fraßen, störte den dramatisierenden Herrn nur wenig.

Einige Zeit vor dem Schloßbau schon hatte der Kurfürst – und nicht der Leininger Graf – einen Sachsen mit der Verwaltung der *Saline* betraut. Fünf Gradierwerke entstanden, jene Reiserwände, über die immerzu Wasser tropft und durch Verdunstung sein Salzgehalt angereichert wird. Die 330 m lange Wand, die derzeit in Bad Dürkheim steht, wurde erst 1847 gebaut. Mit diesem größten Gradierwerk in Deutschland hat die Gesundheit ihren Superlativ. Der Wein hat ihn, weil in den 30er Jahren ein pfiffiger Dürkheimer ein Faß gebaut hat, in dem Wein für rund sieben Wurstmärkte aufbewahrt werden könnte. Doch der Wirt holte lieber Hungrige, Durstige und Neugierige in seine Faßwirtschaft – und das in einer Zeit, in der noch niemand darauf versessen war, in das Guinness-Buch der Rekorde zu kommen.

Über die »Trümmer einer Abtei und noch obendrein die Ruinen eines Schlosses«, aber auch über die Heidenmauer, den rund 2 km langen Ringwall, zu dem Dürkheim-Besucher heute vom Wurstmarktplatz mit der Gondel hinaufschweben können, hatte sich im 19. Jh. ein amerikanischer Schriftsteller berichten lassen. Sein Name: James Fenimore Cooper. Der schrieb dann außer über den letzten Mohikaner und den Wildtöter auch über ›The Heidenmauer‹.

Besuche bei den Leiningern

Quadrat mit Rundtürmen, Ruine mit Schwimmbad
Neu- und Altleiningen

»den vogeln truren leidet:
uz hohem muote mangen don
gar rilich süeze wise
hoert man von in, luten klanc,
vor uz der nachtegalen sanc
uf grüeneberndem rise.«

So dichtet ein Mann, der ›gen Pülle‹ aufbricht, nach Apulien. Nicht sicher ist, ob da ein Ritter seiner Heimat Adieu sagt, weil er (1176) mit Kaiser Friedrich Barbarossa als Kreuzfahrer eine der vielen gefahrvollen christlichen Wiedereroberungs-Expeditionen nach Jerusalem wagt oder ob er, Jahrzehnte später, einfach nach Italien reist. Der Mann besingt überschwenglich das Frühjahr (die Vögel sind es leid, länger zu trauern, sie musizieren wie befreit. Vor allem die Nachtigall auf dem Zweig, der wieder Blätter trägt). Außerdem rühmt er »diu minnecliche frouwe min« zum Abschied. Der Mann heißt Friedrich von Leiningen und ist Mitglied einer berühmten Grafenfamilie am Rhein.

Eine erste Urkunde berichtet ein Jahrhundert zuvor von einem leiningischen Kreuzfahrer mit Namen Emich. So heißen viele dieses Geschlechtes. Sie waren Meister der Landnahme und ebenso Meister im Zerstückeln, wenn es ans Erben ging.

Unter Emich II. entstand vor 1120 Altleiningen. Mit dem Minnesänger Friedrich starb die männliche Leininger Linie aus, der Besitz ging an einen Verwandten aus der Saarbrücker Grafenfamilie, an Friedrich II. Als der 1237 starb, wurde der Besitz unter den Söhnen halbiert. Sohn Friedrich III. übernahm die Stammlande und baute Neuleiningen. Emich IV. verlegte seine Immobilien-Interessen in die Südpfalz und gründete zum Beispiel Landau. Als die Südpfälzer Linie 1290 ausstarb und deren Besitz dem Reich anheimfiel, war es mit weiterer Machtentfaltung der Leininger vorbei. In der nördlichen Pfalz behielten sie jedoch ihre gewichtige Rolle.

Der Leininger Stammbaum hat eine wirre Krone mit Ästen und Zweigen und vielen Trieben. Wo haben die drei silbernen Adler (das Leininger Wappen) nicht überall Horste angelegt und aufgegeben. Ursprünglich Grafen des Wormsgaus, dehnten sie ihren Einfluß später auch auf den Speyergau aus. Und, so Peter Gärtner, Historiograph der bayerisch-rheinpfälzischen Schlösser: »irgendwie in den eigenthümlichen Besitz eines Theiles des vordem blos zur Verwaltung Anvertrauten gekommen, blieben sie in der Gegend sitzen und nahmen fortwährend die Gelegenheit zur Vergrößerung ihres

Burg Altleiningen

Besitzes wahr«. Stritten darum, zersplitterten ihn, rafften ihn wieder zusammen. Hinzu kam, daß »Unkenntniß des Lesens und Schreibens« wieder »Unkenntniß in den Gerechtsamen und Zugehörungen zu den Hauptbesitzungen zur Folge« hatten.

Graf Friedrich IV. hatte drei Söhne, einer war Bischof von Speyer, der zweite begründete 1317 die Hardenburger Linie, der dritte war Stammvater der Altleininger. Am Vorabend der Französischen Revolution teilten sich vier Leininger Familien linksrheinische Besitzungen: Leiningen-Hardenburg-Dagsburg (die Dürkheimer); Leiningen-Dagsburg-Falkenburg; Leiningen-Westerburg zu Grünstadt; Leiningen-Westerburg zu Westerburg. Vor den »Freiheitsmännern flohen sie und sahen«, so sagt es pathetisch August Becker, »ihre schönen Länder an der pfälzischen Haardt nie wieder«. Doch was sie hinterließen, macht diese Tour zum Erlebnis.

Von Bad Dürkheim zieht die Weinstraße weiter nach Norden. **Ungstein** heißt die erste Station und ist wieder eine Verführung zur Weinprobe. (Eine solche Empfehlung soll von nun an nicht mehr gegeben werden, obwohl sie in jedem Ort wiederholt werden müßte.) Von Unchestagni ist in einer Urkunde aus dem Jahr 714 die Rede. Vor gut einem Jahrzehnt wurden auf Ungsteiner Gemarkung Reste aus der Römerzeit ausgebuddelt, vor allem eine antike Kelteranlage. Flurbereiniger haben sie entdeckt. Dem Naturdenkmal ›Lehmgrube‹ sind jene Landschaftsuniformierer mit ihren Bulldozern nicht zu

BESUCHE BEI DEN LEININGERN

Leibe gerückt. So blieb eine Lößwand der Ungsteiner Hohl erhalten, jener Schlucht durch die Fruchtbarkeit, die der Regen herausgewaschen und in die sich die Winzerkarren in Jahrhunderten immer tiefer gefurcht haben.

Als nächstes kommt **Kallstadt,** einst ebenfalls leiningisch. Der Ort ist berühmt für seinen Saumagen, der hier ein Wein ist und – was sonst – in Tateinheit mit dem Pfälzer Nationalgericht gleichen Namens serviert wird. Winzerstolze Fachwerkhäuser aus drei Jahrhunderten mit behäbigen Mansarddächern und ausladenden doppelläufigen Freitreppen säumen in Kallstadt die Weinstraße. Und wie in Ungstein haben Hohlwege (Hohl im Hasenlauf, Gaubergerhohl) als Naturdenkmäler aus Menschenhand die sonst so schonungslose Gleichmacherei der Flurbereiniger überdauert.

Wer von Kallstadt auf der Weinstraße nach Norden weiterfährt, kommt nach **Herxheim.** Bereits 1024 soll der Unterbau des Turmes der heute *evangelischen Pfarrkirche* entstanden sein. Mehr als zwei Jahrhunderte später ist er mit Malereien ausgeschmückt worden. Um ein Rundbild des Heiligen Geistes scharen sich die Evangelisten in Gestalt geflügelter Menschenkörper mit den Köpfen ihrer Symbole Engel, Stier, Löwe und Adler. Vom gemalten Vorhang des Sockels im Chor sind nur noch Reste zu sehen.

*Bildstock zwischen
Freinsheim und Ungstein*

Wappen von Grünstadt, Kleinkarlbach, Neuleiningen und Battenberg

Von Herxheim bergan und dann nach links geht es nach **Weisenheim** am Berg (erste Urkunde 771, Name damals: Wizzinheim). Der Chor der *evangelischen Pfarrkirche* mit einem Joch und ⅝-Schluß entstand um 1300. Jahrzehnte später wurden die hohen gotischen Maßwerkfenster zur Hälfte zugemauert – wohl um Fläche zu gewinnen für Wandmalereien. Breite Ornamentbänder teilen die Szenen aus der Passion auf. Auffallend am Verhör Christi durch Pilatus ist das weiche Antlitz des Erlösers mit der hohen Stirn, daneben macht sich ein Söldner der brutalen Art breit mit Knollennase und einem Kinn wie eine Baggerschaufel.

Retour auf der Weinstraße nach **Dackenheim,** auch schon im 8. Jh. wert, urkundlich genannt zu werden. Der Ort war Jahrhunderte später leiningisch, dann kurpfälzisch. Von der *Kirche* aus der Mitte des 12. Jh. stehen nur noch Chorturm und Apsis. Der Turm hatte ursprünglich drei Geschosse, das jetzige Glockengeschoß ist spätgotisch, darauf wurde eine barocke Haube gesetzt. Die sorgfältig gemauerte Außenwand gliedern Lisenen und Rundbogen sowie Zahnschnittfriese. Der Chor ist mit schweren Rundstabrippen eingewölbt, die auf Ecksäulen aufliegen. Noch ungedeutet sind figürliche Darstellungen, die zusammen mit Palmettenornamenten die Kapitelle der Ecksäulen und die Kämpfer der Schildbogen schmücken.

Über Wandsäulen sind den Seitenwänden Rundbogenarkaden vorgeblendet. Die Wandgliederung innen und außen sowie der ornamentale und figürliche Schmuck reihen Chorturm und Apsis der Dackenheimer Kirche unter die großen romanischen Bauten in der Pfalz ein.

Im Jahr 770 wurden dem Kloster Lorsch Weinberge in der ›Schwarzerde‹ geschenkt. Doch im Winzerort **Kirchheim** (Cirichheim), in einer vom Eckbach durchflossenen Mulde gelegen, reichen die Spuren menschlicher Besiedlung viel weiter zurück, bis in die jüngere Steinzeit. Vor gut 100 Jahren wurde ein Skelett im Hockergrab gefunden. Seitdem die Leininger in dieser Region eine Rolle spielten, gehörte Kirchheim zu ihrem Besitz. Davon ist jedoch so gut wie nichts mehr erhalten. Die evangelische Pfarrkirche mit Netzgewölbe im dreiseitig geschlossenen Chor stammt aus dem frühen 16. Jh., ihr Turm aus dem Jahr 1761. Die Hauptstraße säumen stattliche Winzerhöfe.

Wie mit dem Lineal gezogen geht die Straße weiter nach **Grünstadt.** Wann dieser Ort leiningisch wurde, steht nicht genau fest. Als die Leininger 1317 teilten, fiel der Ort

Sausenheim, ev. Pfarrkirche, Taufstein

Friedrich V. zu. Später war er für kurze Zeit einmal kurpfälzisch, wurde aber vom Grafen Reinhard IV. zurückgekauft. Als dann 1690 im Pfälzischen Erbfolgekrieg aus Alt- und Neuleiningen Trümmerhaufen wurden, zogen die Grafen beider Linien nach Grünstadt, erbauten sich hier Residenzen und regierten den Ort in jährlichem Wechsel. Der Altleininger Philipp Ludwig errichtete den Unterhof. Nachdem die Grafenfamilie etwa 100 Jahre später (1793) vertrieben worden war, zog die ehemalige Frankenthaler Porzellanmanufaktur ein und produzierte als Steingutfabrik einem kümmerlichen Ende entgegen. Die Reste des Schlosses sind restauriert. Der Neuleininger Graf Georg II. baute 1716 den Oberhof in der Neugasse als Dreiflügelbau mit barockem Tor.

Von der ehemaligen Residenz zweier Leininger Familien nicht weit entfernt liegt **Sausenheim.** In der *evangelischen Pfarrkirche* (ein Saalbau von 1725) überdauerte ein prächtiger Taufstein aus der Zeit nach 1500. Das achtseitige Becken wird von vier sitzenden Löwen getragen. In verschlungenem Astwerk aus rötlichem Sandstein stehen auf Konsolen Maria, Katharina, Antonius der Einsiedler, Petrus, Paulus, Andreas, Stephan und Sebastian. An den Kanten des Achtecks sind – halb so groß – Engel postiert, die das Rauchfaß schwingen, sowie Propheten und Heilige. Das Steinmetz-Schmuckstück ist das schönste Taufbecken in der nördlichen Pfalz – und dort sind einige aus spätgotischer Zeit erhalten, geschaffen von den Meistern der Wormser Schule.

Hinter Sausenheim Richtung Westen gabelt sich die Straße. Die eine führt parallel zur Autobahn nach Neuleiningen – ein Muß für Pfalzfahrer. Die andere hat **Kleinkarlbach** als nächste Station. Dort, in der kleinen *evangelischen Pfarrkirche* mit spätgotischem Chor wurden Anfang der 70er Jahre Fresken entdeckt. Der Restaurator Arthur Kalbhenn hat sie unter seinen Pinsel genommen und, so sagen Experten, einen 3 m hohen segnenden Christus dauerhaft gemacht, der einst ein Christophorus war. Die jetzt seltsam verbogene rechte Hand des Erlösers hielte wohl lieber den Bischofsstab des Heiligen. (Zur Diskussion gefälschter Wandmalereien siehe die Abschnitte über Mühlheim und Albsheim.)

Peter Gärtner konnte noch das ›Silber des Rheins‹ sehen, als er in der ersten Hälfte des 19. Jh. (seine Geschichte der Schlösser erschien 1854/55) zu den Ruinen des Schlosses Neuleiningen hinaufgestiegen war. Der »Flecken gleichen Namens«, der 1354 Stadtrechte bekam, machte »mit seinen engen, abschüssigen Gassen nicht eben den besten

Eindruck«. Nun, der anerkannte Fremdenverkehrsort, über Weinbergterrassen und unter der Burgruine am Südhang gelegen, macht diesen schlechten Eindruck längst nicht mehr. Nur vom Rhein ist nichts mehr zu sehen. Am Horizont stehen die Rauchfahnen der Industrie in Frankenthal, Ludwigshafen, Mannheim. Und am Nordhang dröhnt es vom steilen Autobahn-Anstieg ins Eckbachtal herüber.

Friedrich III. baute um 1240 **Neuleiningen.** Er baute etwas Besonderes auf den zur Rheinebene vorspringenden Hang: ein beinahe quadratisches Kastell, 48 × 45m, mit vier dreiviertelrunden Türmen an jeder Ecke.

Da haben wohl Bauten, wie sie die Kreuzfahrer im Mittelmeerraum zu Gesicht bekommen hatten, Modell gestanden für eine Verteidigungsanlage, die auf spätrömische Zeiten zurückgeht und sowohl von christlichen Herrschern wie von ihren Glaubensfeinden, den Sarazenen, weiterentwickelt worden war. Nicht mehr Buckelquader mit Randschlag wurden vermauert, sondern kleine, glatt behauene Sandsteine. Militärtechnisch entscheidend waren die Bastionen. Da ließen sich anstürmende Feinde von oben herab parallel zur Mauer beschießen, und zwar – bei 30 m treffsicherer Reichweite mit der Armbrust – auf der gesamten Länge aller vier Wände.

Einen Zwinger zum Schutz der geländebedingten Schwachstelle gab es nicht, lediglich einen Graben, der heute zugeschüttet ist. Davor erstreckte sich absichernd eine Vorburg, deren Mauer an ihren Endpunkten im Nordosten und Südwesten mit dem Kastell verbunden war. Den Bauernkrieg hätte Neuleiningen auch ohne fortifikatorische Besonderheiten überstanden. Als die Ackermänner mit zerstörerischem Sinn anrückten, behielt Gräfin Eva die Nerven und lud sie zum Essen ein. Den Truppen des Sonnenkönigs, die mit Verwüstungsauftrag die Pfalz durchzogen, hielt auch diese wehrhafte Anlage überm Eckbachtal nicht stand. Das Jahr 1690 bedeutete für die Burg Neuleiningen das Aus.

Vom Kastell erhalten blieben Teile der Mauer und der Bastionen. Vom Palas an der Westseite hat der Nordgiebel, außerdem vom südlichen Wohnbau der tonnengewölbte Keller überdauert. Von der Burgkapelle aus dem 13. Jh. in der Vorburg steht nur noch das Schiff. Zu Beginn des 16. Jh. entstanden neu der netzgewölbte Chor sowie der schräg gestellte Westturm. Die langen, schmalen Gewölbedienste des Chors sind von Baldachinen und Konsolen unterbrochen, Raum für ehemals farbig gefaßte Apostelfiguren aus Holz. Das Maßwerk der Fenster wirkt wie hineingezwängt in den gestauchten Spitzbogen. Wo der Altar steht, wurden bei Renovierungsarbeiten Eberzähne gefunden, was wohl heißt, daß die Kirche auf einem Heiligtum des vom Eber getöteten Adonis steht.

Der kleine, enge und mit viel Liebe zur Vergangenheit herausgeputzte Ort ist von der im 15. Jh. unter Graf Hesso erneuerten und gut erhaltenen Befestigung umschlossen. Die wenigen Gassen laufen parallel zum Hang, auf und ab geht's über Treppen zu den Fachwerkhäusern mit schönen Torbogen und vorkragenden Obergeschossen.

Neuleiningen, herrliche Aussicht; **Battenberg** – desgleichen. Im Frühjahr verwandelt sich der Hang zur Ebene in ein weißrosa Kirschblütenmeer. Der Weg dorthin führt von Neuleiningen hinunter nach Kleinkarlbach und wieder hinauf.

Neuleiningen, Fachwerkhäuser

In Battenberg gibt es Reste einer Leiningerburg wohl aus der Mitte des 12. Jh., die Pfarrkirche stammt ebenfalls aus jener Zeit. Und dann die Blitzröhren. Hier hat kein Feuerstrahl vom Himmel eingeschlagen. In der Mischung von Sandstein und Brauneisenstein hat das Wasser diese Röhren mit phantastischen Formen modelliert.

So viele Fenster wie das Jahr Tage, so heißt es, habe **Altleiningen** gehabt. Nachprüfen läßt sich diese Behauptung nicht mehr. Auch die Stammburg der Leininger taleinwärts im Eckbachtal überm Tauberberg legten die Franzosen 1690 in Trümmer. Errichtet worden war sie vor 1220 von Graf Emich II. Am Ende des 13. Jh. wurde sie Ganerbenburg, von Leiningern, Sponheimern und Nassauern bewohnt. Ihre große Zeit erlebte die Feste unter Hesso von Leiningen, den Kaiser Friedrich IV. 1444 vom Grafen zum Landgrafen erhob. Hesso baute jene glanzvolle Anlage, die zur 365-Fenster-Legende Anlaß gab.

Altleiningen hatten die Bauern im Unterschied zu Neuleiningen bezwungen. Die Zerstörung war ihnen jedoch auch leichtgemacht worden. Burgherr Kuno II. hatte sich rechtzeitig abgesetzt und einem wenig wehrfähigen Kaplan die Verteidigung überlassen.

Als Renaissance-Residenz erstand Altleiningen prächtig wieder, bis die Franzosen sie in die Luft sprengten und niederbrannten. Fast 300 Jahre blieb sie ein Trümmerhaufen. Dann wurde sie zur Jugendherberge ausgebaut – mit Swimmingpool im ehemaligen Halsgraben. Von der Schildmauer haben sich Reste am Süd- und Nordende erhalten. Überm Tor ist ein sehenswerter Neidkopf eingelassen. Am Nordende der Schildmauer ragen Reste eines fünfseitigen Gebäudes auf, am Südende eine Eckturm-Ruine. An diese Bastion schließt, mit Buckelquadern verkleidet, der ältere Südbau mit spitzbogigen Fenstern an. Der jüngere steht nach dem kargen Wiederaufbau in jüngster Zeit wie ein Gefängnis mit drei Reihen Fensterlöchern und Flachdach monströs daneben. Da ist von Mächtigkeit und Pracht aus vergangener Zeit genauso wenig zu spüren wie bei seinem Pendant auf der Nordseite der 190 m langen Festung.

Der Weg nach **Höningen** führt durch ein stilles Wiesental an ein Ende im Pfälzer Wald. Von einer Birkenreihe ist die Straße gesäumt. In dieser Einsamkeit hatte Graf Emich II. von Leiningen im frühen 12. Jh. ein Augustiner-Chorherrenstift gegründet. Chorherren aus Frankenthal ließen sich hier nieder. Geweiht wurde die Abtei 1142, im Jahr 1569 wurde sie aufgehoben, war dann Lateinschule, verfiel und wurde als Steinbruch benutzt. Zwei Giebelmauern mit Fenstern, die ein Stück Himmel in einen Rahmen setzen, ragen inmitten der Bauernhäuser auf, die eine Rest der Basilika, die andere eines Klostergebäudes aus dem 16. Jh.

Die *Basilika* hatte drei Schiffe und war flach gedeckt, besaß einen rechteckigen Chor mit Krypta und einen achteckigen Vierungsturm. Erhalten blieb der Westgiebel, dessen rechteckige Fenster über drei Etagen im späten Mittelalter herausgebrochen wurden und dessen Portal heute vermauert ist. Ein Pfeiler des Kirchenschiffs samt Kapitell steht heute in einem Schuppen des Hauses Nr. 182.

Auf dem benachbarten Kirchhof steht, so recht zur Einsamkeit eines Talschlusses passend, ein *Jakobskirchlein*, jenem Fischer, Apostel und Maurentöter geweiht, dessen Grab in Nordspanien, im nach ihm benannten Santiago de Compostela gefunden und zum geistigen Hauptquartier für den Kampf wider die Mauren gemacht wurde. In unvorstellbar großer Zahl zog es einst Pilger dorthin. Wo sie nächtigten, wo schwierige Wegstrecken für sie begannen, lagen jene Weihestätten des Apostels, zu denen Höningen zählt.

Das Jakobskirchlein ist ein romanischer Bau mit kurzem, flachem Schiff und quadratischem Chor, dessen Ostwand ein Sechspaßfenster durchbricht. Gebaut wurde das Kirchlein früh im 13. Jh., 100 Jahre später entstanden die Malereien, Szenen aus Christi Kindheit im Chor und der Leidensgeschichte im Langhaus, beide Zyklen nur noch in Fragmenten erhalten.

Wo die Eis aus dem Wald kommt, liegt **Eisenberg**. Römerkastell zur Abwehr der Alemannen, fränkisches Königsgut ›Ysanburc‹, heute eine Kleinstadt mit ganz besonderen Relikten der Vergangenheit: Es sind Abraumhalden, Tümpel, Fördertürme. Denn in Eisenberg wurde Erde aus der Erde geholt. Zur Jahrhundertwende drangen ein halbes tausend Bergleute durch mehr als 50 Schächte in die Tiefe vor, um Ton zu fördern. Ein Gang durch den 1 km langen Reindl-Stollen weckt dreierlei: leichtes Gruseln im Schummerlicht, ein bißchen Raumangst zwischen Kiefernpfählen und Beton sowie eine kräftige Portion Ehrfurcht vor jener schweißtreibenden Maloche der Kumpel in feuchtkühler Luft unter Tage.

Die Straße am Rodenbach entlang endet am **Rosenthalerhof**. Einst gelangte man »auf schmalem, weißsandigem Waldwege in ein enges Thälchen, an dessen Schluße, etwa drei viertel Stunde waldeinwärts, das graue, gothische Thürmchen des ehemaligen Klosters Rosenthal aus dem Schatten der Bäume trauernd hervorragt«. Das schrieb Franz Xaver Remling, Pfarrer aus Hambach, in seinem 1836 erschienenen Buch ›Urkundliche Geschichte der ehemaligen Abteien und Klöster im jetzigen Rheinbayern‹.

Eine Rose im weißen Feld führten die Grafen von Eberstein im Wappen. Sie gab den Namen für das 1241 vom Grafen Eberhard II. begründete Zisterzienserinnenkloster, einstmals das reichste Frauenkloster in der Nordpfalz. 1261 war die Kirche geweiht, 200 Jahre später nach einer Zerstörung umgebaut worden. Vom einschiffigen Langhaus blieben Umfassungsmauern erhalten, sie waren beim Umbau erhöht und mit eindrucksvollen Maßwerkfenstern versehen worden. Das »gothische Thürmchen« (nach der Ordensregel der Zisterzienser waren Turmbauten verboten) sitzt als schlanker, achteckiger Dachreiter mit Steinhelm dem Westgiebel auf.

An der Ostseite des langgestreckten ehemaligen Konventsbaus steht die Brunnenkapelle. Im Äbtissinnenzimmer, einem quadratischen Raum mit Kreuzgratgewölbe im Obergeschoß, wurde ein gemaltes Kruzifix aus der Zeit um 1390 freigelegt und restauriert.

Weil der in der Schlacht bei Göllheim gefallene Adolf von Nassau zunächst nicht in der Kaisergruft zu Speyer bestattet werden durfte, fand er hier in der Kirche des Klosters Maria im Rosenthal seine vorletzte Ruhestätte.

Der Rosenthalerhof gehört zu dem »mit schöner Kirche prangenden Dorfe Kerzenheim« (Remling). Sie wurde 1783 nach Plänen von Johann Georg Christian Heß, dem Erbauer der Frankfurter Paulskirche, als kreisförmiger Zentralbau errichtet.

Die meisten Stationen auf einer Kunstreise durch diese Nordostecke der Pfalz präsentieren jedoch Schaustücke aus romanischer Zeit.

Fratzen und Friese
Romanische Kirchen um Bockenheim

Romanisch sind drei Geschosse des Westturms von *St. Stephan,* heute evangelische Pfarrkirche in **Ebertsheim,** das dritte mit rundbogigen gekuppelten Schallarkaden geschmückt. Hellweiß leuchten die frischgekalkten Bruchsteinwände, klar setzen sich die nicht übertünchten Eckquader ab. In das bis ins 18. Jh. hinein mehrfach umgebaute Langhaus mit Steildach führt ein gotisches Portal an der Südseite – ein einfacher Spitzbogen mit einem Rahmen aus gedrungenen unregelmäßigen Quadern, so recht für die Einkehr der Bescheidenen.

Romanisch ist *St. Brigitta,* die evangelische Kirche in **Rodenbach,** ein Rechteckbau mit wuchtigem Nordturm vom Ende des 12. Jh. An dessen Wänden sind derbe Menschen-

Wappen von Ebertsheim, Quirnheim, Kindenheim und Bockenheim

und Tierköpfe eingemauert, vermutlich wiederverwendeter Skulpturenschmuck einer früheren Kirche an dieser Stelle. Eine Figur in der Haltung des Gekreuzigten im fünfeckigen Rahmen ziert die Ostseite.

Die Obergeschosse des Turms mit Zinnenkranz und steinernem Helm haben Baumeister um 1500 errichtet, Langhaus und Chor wurden 1684 umgebaut. In der Kirche steht ein schöner Taufstein aus der Zeit um 1500 mit sechs Relieffiguren, beste Wormser Schule im Leininger Land wie jenes Prachtstück in Sausenheim.

Romanisch ist *St. Maria* in **Quirnheim.** Die Kirche steht im alten Friedhof hinter dem ehemaligen Schloß der Herren von Merz aus dem 18. Jh. Auffälligster Bauteil der heute evangelischen Kirche ist der dreigeschossige runde Treppenturm aus dem 12. Jh. (der Spitzhelm stammt von 1581). Die beiden unteren Stockwerke sind durch Rundbogenfriese und Lisenen gegliedert. Die Friesbogen sitzen auf keilförmigen kleinen Konsolen.

Quirnheim, Kirche St. Maria

Romanisch ist der quadratische Chor der 1196 erstmals erwähnten *Kirche St. Martin* in **Kindenheim,** auch sie ist heute evangelische Pfarrkirche. Der Chor bekam zu Beginn des 16. Jh. ein gotisches Gewölbe und wurde mehr als 200 Jahre später barock erweitert.

In der Backhausgasse steht das älteste Haus der Gemeinde, ein einfacher Fachwerkbau von 1577. Ihm gegenüber das ›Alte Backhaus‹.

Mit Preziosen romanischer Baukunst geht es gerade so weiter, in Kleinbockenheim, Großbockenheim, Colgenstein und Albsheim.

In **Bockenheim** endet (oder beginnt) die Weinstraße. Hier gehört zum Winzerfest am dritten Wochenende im Oktober ein Wettstreit der Mundartdichter. Da wird geknittelt und gereimt, da darf geklatscht und gebeckmessert werden, es gibt Gewinner und keine Verlierer. Hinter den Weinbergen von Bockenheim ragen keine Waldberge auf wie andernorts an der Weinstraße, auch sind es nicht eigentlich Weinberge, sondern langgestreckte, mit Reben bepflanzte Wülste im flacher werdenden Land.

Der Ort entstand durch die Vereinigung der bis vor einigen Jahrzehnten selbständigen Gemeinden Klein- und Großbockenheim. Am nördlichen Rand der Talmulde erstreckt sich ein Hügel, auf ihm existierte eine Siedlung »zuo den tri kirchen«, von der eine Urkunde aus der zweiten Hälfte des 13. Jh. spricht. Drei Gotteshäuser standen hier.

BESUCHE BEI DEN LEININGERN

Von St. Michael blieb nichts erhalten, von St. Marien, 1833 um ein paar lumpiger Gulden eingerissen, lediglich ein Turm mit Zinnenkranz. Die große Sehenswürdigkeit ist *St. Martin,* heute evangelische Pfarrkirche, ein Bau aus der zweiten Hälfte des 12. Jh., der, so ist anzunehmen, bald nach Fertigstellung von den Leininger Grafen der Prämonstratenserabtei Wadgassen im Saarland vermacht wurde. Ursprünglich war die Kirche flach gedeckt. Im frühen 16. Jh. wurden Lang- und Querhaus mit Kreuzrippengewölben ausgestattet, der rechteckige Chor war schon 1225 eingewölbt worden. Kreuzrippen liegen auf runden Eckdiensten, mit Kelch- und Knospenkapitellen verziert, die Kämpfer des Chorbogens mit Palmettenfriesen sowie einem Reliefkopf.

In jener Zeit sind wohl auch die Wandmalereien entstanden. Gleich zweimal erscheint im Chorgewölbe (östliche und westliche Kappe) der thronende Christus, jeweils zwischen Maria und Johannes. Nord- und Südkappe sind durch einen gemalten Streifen halbiert. Er trennt im Norden den gen Himmel fahrenden Christus von einer ganz eng aneinandergereihten Apostelgruppe. Im Süden treten Petrus und Paulus auf, und zu Füßen des ersten, des Schlüsselmannes, kniet klein und zierlich das Stifterehepaar.

Parallelen zur Hirsauer Kapelle im Glantal bietet das Bilderprogramm an den Wänden des Chors. Hinterm Altar an der Ostwand, gleichsam im liturgischen Brennpunkt, sind drei Opferszenen dargestellt, von denen das Alte Testament spricht. Alle drei gelten als Vorausdeutung des Opfertodes Christi am Kreuz.

Überm Fensterbogen bringt Abel »von den Erstlingen seiner Herde und von ihrem Fett«, Kain »von den Früchten des Feldes«. Die beiden Brüder knien vor einem Engel. Doch nur des Hirten Opfer, so steht es im 1. Buch Mose, nahm Gott an, das des Ackermanns verweigerte er. Links vom Fenster (teilweise durch den späteren Einbau einer Sakramentsnische zerstört) ist Abraham bereit, gottgefällig seinen Sohn Isaak auf dem Altar zu opfern. Doch der Engel fällt dem Gehorsamen in den Arm. Ein Widder, der sich mit den Hörnern im Dickicht verfangen hat, wird an Isaaks Stelle getötet. Melchisedek beherrscht die Szene rechts vom Fenster. Der Priesterkönig zur Zeit Abrahams, so steht es im Brief an die Hebräer, war ausersehen zum Dienst vor Gott, »auf daß er opfere Gaben und Opfer für die Sünden«.

An der Nordwand sind Passionsszenen nur noch in Fragmenten erhalten: Links ist der Engel mit den drei Frauen am leeren Grab Christi zu erkennen, rechts der Abstieg Christi in die Vorhölle; in der unteren Hälfte links die Gefangennahme, rechts vermutlich das Verhör vor Pilatus. Etwas besser haben die Bilder der Südwand die Jahrhunderte überdauert: die Versuchungen und der Einzug in Jerusalem, darunter der Kindermord von Bethlehem (Herodes läßt alle neugeborenen Knaben töten, um die Ankunft Jesu, des Königs der Juden, zu verhindern).

Unter Rundbogenarkaden erscheinen vier Heilige in ritterlicher Kleidung an der östlichen Wand des nördlichen Querschiffs, Reste einer umfassenden Ausmalung ebenfalls aus dem frühen 13. Jh. Sie wurden wie die Chorbilder lediglich behutsam konserviert, 300 Jahre jüngere Malereien hingegen im Querschiff und Langhaus (Ranken, Blumen, Vögel, Spruchbänder) nachhaltig ergänzt.

Östlich von St. Martin ließ der Leiningen-Graf Emich VIII. an der Stelle einer zerstörten älteren Burg eine neue errichten, die Emichsburg. Reste, so ein Renaissanceportal vom Anfang des 17. Jh., finden sich im heutigen Hofgut. Der mit Rauten und Rosetten verzierte steinerne Rahmen ist von Säulen flankiert.

In **Großbockenheim** steht die evangelische *Pfarrkirche Alt-St. Lambert*, ein Saalbau aus dem frühen 18. Jh. und ein Turm aus der Zeit um 1150. Dessen obere Geschosse schließen ab mit Rundbogenfriesen auf Kopfkonsolen, unter denen vor allem Bocksköpfe in den Sandstein gemeißelt sind, Verkörperungen des Bösen, das durch den christlichen Glauben verjagt werden soll. Auf einer Lisene ist neben eine Fratze das Kreuz gesetzt, in der einfachen Symbolsprache jener Zeit Sinnbild für den Widerstreit zwischen Gut und Böse.

Großbockenheim, Pfarrkirche St. Lambert, Traubenmadonna

Sehenswert in der katholischen *Pfarrkirche St. Lambert* (sie wurde erst 1936 gebaut) ist die ›Traubenmadonna‹, eine Lindenholzschnitzerei aus der Zeit um 1480. Das Erlöserkind auf Mariens Arm reicht dem Betrachter eine Beere, die es von einer Traube gepflückt hat.

Ein Germane namens Colugo war es wohl, der **Colgenstein** seinen Namen geschenkt hat. *St. Peter* war die heute evangelische Pfarrkirche einst geweiht. Schon von weitem ist der Westturm mit Satteldach und den beiden weißen Giebeln zu sehen, ein prächtiges Bauwerk aus dem 12. Jh. In der Waagerechten ist er sechsfach durch Fenster gegliedert: den zwei Reihen einfacher Rundbogenluken unten folgen darüber vier Reihen gekuppelter Schallarkaden. Vierstöckig aufgeteilt ist der Turm durch Rundbogenfriese, deren Konsolen wie bei Alt-St. Lambert in Großbockenheim zur Abwehr des Bösen in Fratzen und Tierköpfe verwandelt sind.

Die vertikale, aufstrebende Linie des Turms betonen Lisenen an den Ecken und in der Mitte jeder Seite des Vierecks. Einige dieser steinernen Bänder sind ebenfalls mit Schreckfiguren besetzt. Die Lisenen verjüngen sich auf jeder Etage und geleiten dadurch das Auge des Betrachters in die Höhe. – Strenge Geometrie und strenger Kontrast zwischen kalkweißer Wand sowie dunkler Sandstein-Rahmung und lichtschluckenden Arkaden macht diesen romanischen Dorfkirchturm zum architektonischen Ereignis. – Ein Juwel aus Stein in der Kirche: das Taufbecken aus dem ganz frühen 16. Jh.

Colgenstein ist heute wie Heidesheim, Mühlheim und Albsheim administrativer Bestandteil von Obrigheim. Ans Schloß in Heidesheim erinnert nur noch der Park, die *Schloßkirche* dazu steht in **Mühlheim** am anderen Ufer der Eis. Sie wurde im frühen 17. Jh. als Kreuzbau mit vier einschiffigen Armen errichtet. An den östlichen Arm fügt sich ein Chorturm aus dem 13. Jh. Zwei nicht befriedigende Restaurierungen in den 20er (Zimmermann) und 50er Jahren (Arthur Kalbhenn) haben den Wandmalereien aus der ersten Hälfte des 14. Jh. im Untergeschoß des Chorturms zuviel des Guten angedeihen lassen.

Stark ergänzt sind die mittelalterlichen Malereien in den vier Gewölbefeldern (Evangelistensymbole) sowie die Ornamentstreifen entlang der Gewölberippen. Beiderseits des (später umgebauten) Ostwandfensters schauen neun Gestalten in den Himmel. Wahrscheinlich waren es einmal zwölf (das Apostel-Dutzend), die der Himmelfahrt Christi nachschauten. Szenen aus dem Leben Christi beherrschen die Südwand sowie das Fenstergewände: Geburt, Anbetung der Könige, Christus im Tempel sowie seine Begegnung mit Maria Magdalena.

Über einer zugemauerten Tür der Nordwand sind drei weibliche Gestalten unter Rundbogenarkaden zu sehen. Vielleicht handelt es sich um Embede, Warbede und Wilbede, Gefährtinnen der hl. Ursula, denen in der Nikolauskapelle des Wormser Doms ein spätgotischer Grabstein gewidmet ist. Vielleicht sind es aber auch die Heiligen Katharina, Margarethe und Barbara.

Auch **Albsheim** ist Teil der Dorfgemeinschaft Obrigheim und grenzt unmittelbar an Mühlheim. *St. Stephan,* heute evangelische Pfarrkirche, ist um 1200 entstanden. Die Gliederung des Turmes, Rundbogenfriese und Lisenen spiegeln vereinfacht Colgenstein wider. Über dem Chorbogen im Jahr 1955 entdeckte Wandmalereien hat – wie in Mühlheim – Arthur Kalbhenn willkürlich ergänzt, Fachleute sprechen sogar von Fälschungen. Fast alle Motive entstammen, so Josef Rüttger und Wolfgang M. Schmitt in ihrem Büchlein ›Unterwegs im Leiningerland‹, einem Band aus der Reihe der ›Blauen Bücher‹, erschienen 1927. Darin hat der Autor Hans Swarzenski vorgotische Miniaturen vorgestellt. Sie dienten als Vorlage. Und: »Um die Echtheit vorzutäuschen, wurden Fehlstellen mitgemalt«.

Unbekannte Residenz
Dirmstein, Stammsitz der Wormser Bischöfe

Dirmstein, weiter im Südosten Richtung Frankenthal gelegen, kommt in Pfalzbeschreibungen meist zu kurz. Die einstige Sommerresidenz der Wormser Bischöfe ist weitgehend unversehrtes 18. Jh., nach den Brandschatzungen durch die Franzosen 1689

Dirmstein, Torbogen neben dem Sturmfederschen Schloß

entstanden. Torbogen mit Wappensteinen oder Heiligenfiguren, Ecknischen mit der Muttergottes, langgestreckte Fassaden, Fachwerkgiebel, behäbige Bauten mit Eckpilastern und Mansarddach, Herrenhäuser mit Flügelbauten, der Adel hat standesbewußt gebaut, die Bürger haben Wohlstand bezeugt. Das Hochstift Worms teilte sich die Besitzrechte im Ort mit mehreren Adelsgeschlechtern sowie der Kurpfalz – den Leininger gehörte hier ausnahmsweise nichts.

☐ Stadtbesichtigung

Das *ehemalige Schloß* der Bischöfe am Dorfrand war eine Wasserburg, ist im frühen 18. Jh. zum Amtshaus umgebaut worden und heute ein Gutshof.

Prächtig restauriert liegt an der kleinsten Fußgängerzone der Republik, wie die Dirmsteiner behaupten, das *Sturmfedersche Schloß,* das sich heute der Rat der Stadt und die Sparkasse teilen. 1736 wurde es erbaut, über seinem pompösen Torbau prangen Sinnsprüche für Lateiner. Aus jener Zeit stammt auch das *Quadtsche Schloß* (Obertor 6). Etwas später wurde das *Koeth-Wanscheidsche Schloß* errichtet (Herrengasse 45) mit dem verwunschenen Schloßpark, durch den zu spazieren Besuchern jedoch verwehrt ist. Das Gebäude mit der doppelläufigen Freitreppe ist in den Jahrzehnten, in denen es leer

BESUCHE BEI DEN LEININGERN

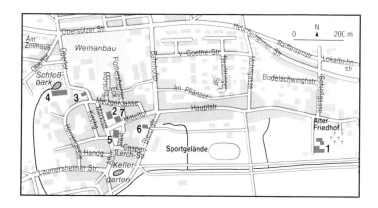

Dirmstein
1 *ehem. Schloß*
  (heute Gutshof)
2 *Sturmfedersches*
  Schloß
3 *Quadtsches Schloß*
4 *Koeth-Wanscheid-*
  sches Schloß
5 *Simultankirche*
  St. Laurentius
6 *Pfarrhaus*
7 *Altes Rathaus*

steht, in sich zusammengesunken. Teile des Daches stürzten ein, drinnen herrscht Verwahrlosung, draußen Verfall. Die Restaurierung würde Millionen verschlingen, doch wer soll sie aufbringen und vor allem – wofür?

Mitte des 18. Jh. hat der Bischof, Franz Georg Graf von Schönborn, die große *Simultankirche (Zweikirche St. Laurentius)* errichten lassen, die Pläne hatte der berühmte Balthasar Neumann 1740 gezeichnet. Gebaut wurde ein schlichter Saal, angelehnt an einen spätgotischen Turm. Die vier östlichen Achsen ergeben die katholische Kirche, die zwei westlichen die reformierte. Die Ausstattung stammt noch aus der Entstehungszeit. In einen neoromanischen Altar waren im vergangenen Jahrhundert Teile des barocken Hochaltars geklittert, Restauratorenkunst hat ihn in den 60er Jahren wiedererstehen lassen. Die Brüstung der Orgelempore zieren geschnitzte Halbfiguren: Christus zwischen den Aposteln.

Im *Pfarrhaus* wird das von Bischof Reinhard von Rimpar Anfang des 16. Jh. gestiftete silberne Sebastians-Reliquiar verwahrt.

Im Jahr 1778 hat der Wormser Fürstbischof Friedrich Karl Joseph Freiherr von Erthal eine Fayence-Manufaktur gegründet. Sie sollte mit Ton aus Hettenleidelheim zunächst nur Zimmeröfen produzieren. Doch sehr bald schon wurden auch Geschirr und Kunstfiguren gefertigt. Das Unternehmen, das erfolgreich begonnen hatte, verschuldete rasch, Ende 1787 schon erfolgte das Aus. Doch in den Museen von Speyer, Mannheim und Worms blieben wertvolle Exponate erhalten – und im Dirmsteiner *Rathaus* stehen die Herren Voltaire und Rousseau ganz in Weiß in der Vitrine.

□ **Sehenswertes in der Umgebung**

Die *evangelische Kirche* im nahen **Großkarlbach** ist die Verbindung eines gotischen Chorturms mit einem flachgedeckten Langhaus von 1610. Auch hier sind Malereien freigelegt worden (Maria mit dem Kind unter einem gemalten Maßwerkbaldachin). Gemalte Quader, gemalte Fensterrahmen und Schrifttafeln stammen vom Anfang des 17. Jh. In der *katholischen Pfarrkirche* ist ein Hochaltar von 1631 sehenswert, desgleichen die Kanzel von 1596 mit steinernen Reliefbildern (Paulus, die hl. Margarethe, ein Engel sowie der hl. Bernhard mit der Muttergottes).

Jetzt ist **Freinsheim** bald erreicht. Es liegt auf der Naht zwischen Obstplantagen und Weinbergen und wurde schon im 8. Jh. als Weinbauort verzeichnet. 1471 hatte es Kurfürst Friedrich I. seinem Besitz zugeschlagen. Damals entstand die *Stadtmauer,* eine 1,3 Kilometer lange Befestigungsanlage, die die Altstadt völlig umschließt. An der Südseite grünt und blüht es in Schrebergärten. In einem der beiden Stadttore ist ein Handwerkermuseum untergebracht, in dem anderen eine rustikale Weinstube. Die restaurierten Wehrtürme werden als Ferienwohnungen oder zum Feiern genutzt.

Damals wurde auch die *evangelische Pfarrkirche* mit dem heute einschiffigen Langhaus, Westturm und dreiseitig geschlossenem Chor gebaut. Die Südfront des spätgotischen Langhauses schmückt ein schönes Renaissanceportal. Gleich neben der Kirche steht das ehemalige *Rathaus* (Farbabb. 11) mit dem Mansarddach, der seitlichen überdachten Freitreppe und den Verblendungen aus rotem Sandstein. Der kurpfälzische Hofbaumeister Sigismund Zeller hat es im ersten Drittel des 18. Jh. errichtet. Dem Rathaus gegenüber liegt der ehemalige *Hof des Prämonstratenserklosters Enkenbach,* ein paar Schritte nach Westen die *katholische Pfarrkirche* (um 1780) mit einer Darstellung der Immaculata, vielleicht vom Mannheimer Hofbildhauer Paul Egell, mit einem Johannes Nepomuk und einem Antonius von Padua, beide vielleicht aus der Egell-Werkstatt.

Aus Freinsheim stammt Hermann Sinsheimer, Direktor der Münchner Kammerspiele, Chefredakteur des ›Simplicissimus‹. Er emigrierte nach Palästina, später nach England. Dort hielt er vor Kriegsgefangenen am liebsten seinen Vortrag über ›Das Gemeinschaftsleben meines Heimatdorfes Freinsheim in der Pfalz‹.

Von Freinsheim ist es nicht mehr weit zurück nach Bad Dürkheim. Dort, an ihrem Beginn, endet auch die Tour durchs Leininger Land.

Dirmstein,
Sturmfedersches Schloß

Überraschungen tief im Wald

Prämonstratenser und Zisterzienser
Enkenbach und Otterberg

In die Einsamkeit des Pfälzer Waldes, des größten Naturparks und geschlossenen Waldgebietes in Deutschland, sind einst nur Jäger und Holzfäller, Beerenweiblein, Einsiedler und zuweilen lichtscheue Gestalten vorgedrungen. Die grüne Mitte der Pfalz ist kaum besiedelt. Wovon sollten die Menschen in dieser Weltabgeschiedenheit auch leben?

Von Bad Dürkheim kurvt eine Straße durchs Isenachtal. Große Papiermühle, Kleine Papiermühle, Isenach-Sägemühle, Alte Schmelz sind die Stationen. Hier wurde Holz mit Wasserkraft zurechtgeschnitten, beides gab es reichlich. Durch eine windungsreiche Rinne mit grünen Wänden gelangt man nach **Frankenstein.**

Die Burg auf der Naht zwischen den Diözesen Worms und Speyer ist einer der ältesten Adelssitze im Pfälzer Wald, ist bereits in einer Urkunde von 1146 erwähnt. Dem Bau, dessen Reste 70 m über dem gleichnamigen Ort aufragen, haben die Grafen von Leiningen zu Beginn des 13. Jh. errichten lassen. Schier endlose Erbstreitereien unter den Leininger erzwangen immer neue Besitzerwechsel. Auf ganz besonders kuriose Weise wurde Frankenstein »mit walde und weide und allem recht« im Jahr 1418 aufgeteilt. Damals bekam Graf Emich den Saal in der Unterburg und das Stockwerk über der Kapelle. Den Herren von Einselthum wurden das dem Saal benachbarte Haus sowie die ehemalige Küche zugewiesen. Die Nassau-Saarbrücker sollten fortan Herren über alle Gebäude der Oberburg sein. Da die jedoch von minderem Wert waren, mußten die beiden Miteigner von Frankenstein jährlichen Lastenausgleich bezahlen. Alle anderen Teile des wehrhaften Felsennestes blieben Gemeinbesitz, auch der Brunnen und die Kapelle.

Mitte des 16. Jh. war die Burg bis zur Unbewohnbarkeit verfallen, die Ruinen sind jedoch bis heute eine stattliche Sehenswürdigkeit: Ringmauerreste der Oberburg sowie der Unterbau des Bergfrieds mit Buckelquadern; Wohnbaureste in der Unterburg sowie Überbleibsel der einst zweigeschossigen Kapelle. Auffallend der mächtige Kamin in der Nordhälfte des Wohnbaus und der Altarerker (mit Spitztonne), der über einem aufwendigen Konsolunterbau vorkragt.

Die Autobahnbauer haben sich, als sie ihre Trasse legten, an die Römer gehalten. Sie folgten der Spur der Römerroute von Mainz nach Paris. Wenn man, von Frankenstein kommend, vor Hochspeyer nach Norden auf die B 48 einbiegt und dann unter der Autobahn durchschlüpft, gelangt man nach Enkenbach und Alsenborn, zwei Dörfer, inzwischen zu einer Gemeinde vereinigt.

Der Name **Alsenborn** stand vor Jahren in den Schlagzeilen der Sportzeitungen, als ein paar Dorfkicker die besten deutschen Fußballmannschaften das Fürchten lehrten.

Frankenstein, Stahlstich nach einer Zeichnung von R. Höfle

Aus Alsenborn kamen aber nicht nur Ballartisten, sondern Zirkusmenschen mit weltweit bekannten Namen: die Althoff, Perezoff, Endres, Traber. Begonnen hat das im vorigen Jahrhundert mit Carl Lorenz Schramm. Der war Musikant, heiratete eine Seiltänzerin aus Kirrweiler und wurde selber Artist. Als ihm ein Sohn geboren wurde, nannte sich der Vater im Geburtsregister ›Künstler‹. Als der Sohn an Blattern gestorben war, zeigte es ein trauernder »gymnastischer Künstler« an. Gymnastische Künstler gab es fortan viele im Dorf, Alsenborn wurde Zirkusdorf und hat den Namen bis heute behalten.

Dem hl. Vitus, einem der 14 Nothelfer, der gegen Feuer und Blitz und gegen den Veitstanz hilft, war die heute *evangelische Pfarrkirche* geweiht. Ein neues Langhaus entstand 1753, weil das alte eingestürzt war, der alte Chorturm aus dem frühen 13. Jh. blieb erhalten. Im geduckten Chorraum mit Kreuzgratgewölbe und kleinen, wie Schießscharten wirkenden Rundbogenfenstern sind Malereien aus der Zeit um 1250 erhalten. Sie waren nicht nur jahrhundertelang überputzt, sondern auch mit der Spitzhacke aufgepickt, damit der Überwurf besser hielt.

Mandorlen bestimmen die Gewölbebilder: in der großen ein thronender Christus, darunter eine Marienkrönung; auf dem ziemlich zerstörten Bild vom Marientod in der südlichen Gewölbekappe hält Christus am Grab der Toten eine kleine Mandorla mit der

> **Jeder Meter Wald ein Hindernis**
>
> Burg Frankenstein sitzt auf einem mächtigen Sandsteinfelsen; Wolfskopf, Rabenfels, Teufelsleiter heißen die bizarren Felsgebilde der Umgebung. Durch solches Bergland hat Paul von Denis die Pfälzische Eisenbahn gebaut. Auf vielen Kilometern war die Natur im Weg, unterm Frankensteiner Burgberg hindurch laufen die Schienen, Felsen wurden gesprengt, Berghänge weggeschoben, jeder Meter Pfälzer Wald war ein Hindernis. Aber so ganz ohne Blick für die schöne und einsame Landschaft, in der nicht einmal Armut sich ausbreiten konnte, waren auch die Technik-Pioniere nicht: Paul von Denis warf ein Auge auf die Nachbarburg Frankensteins, Burg Diemerstein. »Enge Waldschluchten, durch die ihm die Nebenquellen des Talbaches zurieseln, von Moos und Brombeersträuchern umwobene Felsen, dann die Rinnsale ausgetrockneter Gießbäche, über denen sich herrliche Buchen wölben, und das solche Stellen liebende geheimnisvolle Farnkraut üppig emporschießt« – August Beckers Schilderung wurde von weit über 100 Jahren nicht zur Vergangenheit gemacht. Der Flecken reizte den berühmten Eisenbahnkonstrukteur, Ruinenmauern teilweise wieder aufzurichten, den Schloßberg in einen Park zu verwandeln und darunter einen klassizistischen Landsitz zu bauen.

Seele Mariens in seinen Händen. Selten ist in der Kunst das Thema der Grablegung Mariens dargestellt. Hier, in der Gewölbekappe zum Langhaus hin, sieht man die Szene: Apostel tragen den Sarg, der mit einem Tuch bedeckt ist – die Juden sollen das Begräbnis nicht stören.

Auf der Ostwand (rechts vom Fenster) ist das Martyrium der hl. Barbara wiedergegeben: Ihr Vater ließ sie, ihres seiner Meinung nach falschen Glaubens wegen, in einen Turm werfen, ließ ihr die Brüste abschneiden und sie enthaupten. Die Marter der hl. Katharina von Alexandrien ist Bildthema auf der Südwand.

Ein Ritter Hunfried von Alsenzburne gab dem Prämonstratenserkloster in **Enkenbach,** das Graf Ludwig von Arnstein 1148 gegründet hatte, die wirtschaftliche Grundlage. Von 1148–1564 gehörte es den Prämonstratensern. Norbert von Xanten, Sohn eines Ritters, entsagte mit 30 Jahren weltlichem Wohlleben, zog als Wanderprediger barfuß und im Gewand aus Fell durchs Land und gründete 1121 in Prémontré einen Orden, der, mit päpstlichem Segen ausgestattet, in ganz Europa Zulauf hatte. Zwar lebten zeitweilig ›Brüder und Schwestern‹ nach prämonstratensischer Regel in Enkenbach, von einem Doppelkloster kann indes nicht die Rede sein. Kurfürst Friedrich III. (der Fromme) löste es 1564 auf, weil er anderen – reformierten – Glaubens war. Ein nicht allzu bedeutendes Kloster hatte aufgehört zu existieren, eine bedeutende *Klosterkirche* steht noch heute. Sie zählt zu den kunsthistorisch interessantesten Kirchenbauten in der Pfalz, ist ein Beispiel für Stilwandel, für den Übergang von Romanik zur Gotik.

Chor und Querhaus (mit dicken Umfassungsmauern) der kreuzförmigen Gewölbebasilika entstanden in einer ersten Bauperiode um 1225; Langhaus, Seitenschiffe, Paradies sowie unterer und oberer Kreuzgang an der Südseite in der zweiten, die um 1280 abgeschlossen worden ist.

☐ Baubeschreibung

Die Kirche wurde vorzüglich restauriert, störend wirkt nur der neue Kupferkasten, der vor dem Paradies zwischen die Strebepfeiler des Turmes geklemmt wurde.

Das Paradies, mittlerer Teil der Vorhalle, hat zum Hauptschiff ein romanisches *Portal* mit Tympanon. Vier Pfeiler, dazwischen drei Säulen bilden das Gewände, über der gemeinsamen Kapitellzone liegt eine Kämpferplatte. Sie ist links mit steinernem Flechtwerk, rechts mit Blättern verziert. Auf dem Kämpfer des linken Gewändes liegen zwei Löwen, rechts zwei Basilisken, die sich in den Schwanz beißen. »Auf Löwen und Ottern wirst du gehen, und treten auf Löwen und Drachen«, heißt es im 91. Psalm; das Böse wird also bezwungen. Es heißt aber auch (bei Jeremia): »Ich will Schlangen und Basilisken unter euch senden« oder, im ersten Petrus-Brief: daß der Teufel umgeht »wie ein brüllender Löwe und sucht, welchen er verschlinge«. Das Böse ist nicht aus der Welt, das sollte den Menschen beim Eintritt in die Kirche wohl zu verstehen gegeben werden.

In der Archivolte laufen zwei Rundstäbe zwischen Kehlen, die mit reichem ornamentalem und naturalistischem Blattwerk geschmückt sind.

Ein Weinstock mit prächtig skulptierten Blättern und Trauben überwuchert das *Tympanon*. In dessen Zenith steht das Gotteslamm mit der Kreuzesfahne als Symbol für Christus. In der rechten Bogenhälfte erscheinen Hase, Hund, Schwein und Eichhörnchen, links vier Tauben, die Beeren picken. Was sich hinter all dem symbolisch verbirgt, ist für den Betrachter von heute nur schwer zu enträtseln. Daß der Weinstock der Erlöser sei und die Reben als Sinnbilder der Menschen gelten, ist Bibelkundigen aus dem 15. Kapitel des Johannes-Evangeliums vertraut. Als Verkörperung paradiesischen Friedens sind die vier Vögel aufzufassen. Kompliziert wird es bei den Vierbeinern. Denn

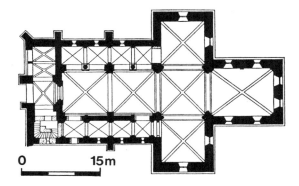

Enkenbach, Klosterkirche, Grundriß

ÜBERRASCHUNGEN TIEF IM WALD

Enkenbach, Klosterkirche, Detail des Tympanons

Löwen auf der Kämpferplatte

Basilisken auf der Kämpferplatte

sie repräsentieren Gutes wie Böses. Der Hase symbolisiert die menschliche Seele – aber auch das Laster. Der Hund steht für Treue und Wachsamkeit – aber auch für Neid und Zorn; das Schwein für Geduld und Entsagung – aber auch für die Schinken und Speck werdende Unreinheit; und das Eichhörnchen, im Mittelalter selten präsent, gilt als fleißig – aber sein langer Schwanz ist auch ein Indiz für den Teufel. Den Menschen im Mittelalter waren diese Symbole vertraut. Sie boten ihnen Anschauung für den unerbittlichen Widerstreit zwischen Gut und Böse, der sich hier aufhebt in der Gestalt des Gotteslammes.

Vielleicht hat an diesem faszinierenden Portal Volcmar aus Worms, der berühmte, 1253 gestorbene ›Magister lapicida‹, seine Steinmetzkunst demonstriert, sicher ist es nicht.

Das *Hauptschiff* hat zwei quadratische Joche, die von wuchtigen Wandpfeilern voneinander getrennt sind. Einem Joch entsprechen zwei in den kreuzgratgewölbten Seitenschiffen. Eine Rarität im 13. Jh. ist, daß zwischen den Pfeilern der Nordwand Säulen als Stützen dienen. Diese Bauform nennen die Kunsthistoriker ›Echternacher System‹ nach dem Städtchen in Luxemburg. Der Stützenwechsel wurde dort im frühen 11. Jh. erstmals verwendet – und zum letzten Mal hier in Enkenbach.

Spitzbogig sind die Arkaden der Nordwand, paarweise sind sie durch einen runden Blendbogen gefaßt. Die Wand zum südlichen Seitenschiff, das einmal ein zweigeschossiger Kreuzgang war, ist durch Spitzbogenarkaden in hohen Spitzbogenblenden gegliedert. Die Arkaden waren seit dem 13. Jh. zugemauert, wurden erst bei der Renovierung vor wenigen Jahrzehnten geöffnet. Durch schlanke Rundbogenfenster (an der Südwand zu zweien, zu dreien an der Nordwand gebunden) im spitzbogigen Schildrippenfeld fällt Licht ins Mittelschiff. Hornartig nach außen gebogene Konsolen, die in späterer Zeit angesetzt wurden, schließen die Schildrippen ab. Das Gewölbe des Mittelschiffs kreuzen wie in den quadratischen Kreuzflügeln des Querhauses, in der quadratischen Vierung und im rechteckigen Chor kräftige Rundstabrippen. Das Gewölbe ist gebust, der Scheitel der Gewölbekappen liegt also höher als der der Gurte.

Die Ornamentik an den Vierungspfeilern ist ein anschauliches Beispiel für den Übergang von der Romanik zur Gotik. Das Kapitell des Südostpfeilers wurde mit vier Blättern und einem Girlandenband verziert, der Südwestpfeiler trägt ein mit Kreuzband geschmücktes ›Haupt‹. Die Pfeiler im Nordosten und Nordwesten tragen dann schon ›modernere‹ Knospenkapitelle.

Als im Jahr 1706 gelost wurde, wem die Kirche künftig gehören solle, fiel das Los den Reformierten zu. Doch die verzichteten. So gelangte das Gotteshaus in die Obhut der Katholiken.

Das Los der Teilung zog die *Abteikirche* im 11 km entfernten **Otterberg**. 1144, vier Jahre früher als die Prämonstratenser von Enkenbach, hatten Zisterzienser die Abtei in Otterberg gegründet. Erst ein Vierteljahrhundert später begannen sie mit dem Bau einer Kirche, türmten gewaltige, auf Millimeter-Schnitt bearbeitete Quader aufeinander.

Otterberg, Abteikirche

Nach einem Dreivierteljahrhundert konnten sie 1254 ihr Werk weihen, eine kreuzförmige Gewölbebasilika, das Mittelschiff mit fünf quadratischen Jochen, das Querhaus mit drei rechteckigen, der einjochige Chor mit eingezogener Apsis.

☐ Baubeschreibung

Auch für diese Kirche galten einige der Zisterzienser-Bauregeln: Lage in unwirtlicher, einsamer Gegend, keine Türme, rechteckiger Chor. Die an die Ostwand der Kreuzarme und die Chorapsis ebenfalls nach Zisterzienser-Codex einst angefügten dreimal drei Nebenkapellen sind abgerissen worden.

Verschwinden mußte, Gott sei Dank, inzwischen auch die Trennwand zwischen katholischem Querhaus und evangelischem Langhaus. Außerdem wurde der Fußboden wieder auf sein ursprüngliches Niveau abgesenkt. So ist nach einer gelungenen Restaurierung in jüngster Zeit ein stimmungsvoller Sakralraum wiederentstanden, der wunderschön zartrosa aufleuchtet, wenn einfallendes Sonnenlicht den Sandstein belebt.

Die *Westfassade* vereint romanische und gotische Bauformen. Die herrliche Fensterrose im oberen Geschoß mit 7 m Durchmesser, 1249 entstanden, ist eingefügt in eine rundbogige Blendnische. Den Giebel mit Rundbogenfries darüber beherrscht ein gotisches Maßwerkfenster.

Nie ausgeführt wurde eine Vorhalle im Westen. Zu sehen ist jedoch noch deren Giebellinie. Sie zeichnet sich als auffälliges Dreieck ab. Schaftringe bündeln je vier Gewändesäulen des Portals, darüber spannen sich Rundbogen. Das Tympanon ist ohne plastischen Schmuck, dafür mit einer – ungedeuteten – Inschrift »Memento Cunradi« versehen. Den Überfangbogen halten zwei seitlich abgesetzte niedrigere Säulengruppen ohne Schaftring.

Nicht befolgt wurde die Ordens-Bauregel, wonach das *Langhaus* (Farbabb. 34) eine flache Decke haben müsse: In der zweiten Bauperiode erhielt es ein frühgotisches gebustes Gewölbe mit kräftigen Kreuzrippen. Im Langhaus herrscht das gebundene System, das heißt ein quadratisches Hauptschiffjoch entspricht zwei quadratischen Jochen im Seitenschiff. Das Hauptschiff wirkt gedrungen und weiträumig zugleich: gedrungen durch die mächtigen, aber kurzen Hauptpfeiler (sie sind fast so breit wie die Arkadenöffnungen dazwischen), leicht wiederum durch schlank aufschießende Säulendienste, welche die Kreuzrippen auffangen; gedrungen durch die massiven Arkadenbogen mit unterschiedlich hohem Scheitel, leicht durch die schmalen paarigen Obergadenfenster. Das profilierte Gesims hebt die Horizontale hervor. Unterbrochen ist es von Säulendiensten und Pfeilervorlagen, die wiederum die Vertikale hervorkehren.

Die Seitenschiffe, besonders das schmalere nördliche, wirken wie Höhlengänge. Klobig sind die Gurtbogen, welche die Gratgewölbe aufteilen, sie scheinen fast zu schwer für die Halbsäulendienste.

Dreimal die Breite des Langhauses (24 m) ergibt die Gesamtlänge der Kirche, anderthalbmal diese Breite entspricht der Länge des Querhauses. Solche Proportionen kann das Auge wieder nachvollziehen, nachdem in der größten und am besten erhaltenen Abteikirche der Pfalz die häßliche Mauer gefallen ist. Aufgerichtet worden war sie vor fast 300 Jahren. Vor mehr als 400 Jahren hatte Kurfürst Friedrich III. auch dieses Zister-

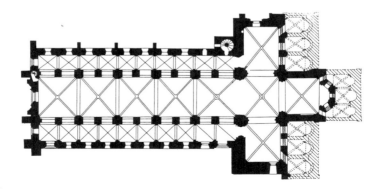

Otterberg,
Abteikirche, Grundriß

zienserkloster aufgehoben. Gebäude standen leer, Felder lagen brach. Johann Casimir, der Bruder des nächsten Kurfürsten, holte reformierte Glaubensflüchtlinge ins Land. In Otterberg betrieben Wallonen Webereien, Franzosen waren Weiß- und Rotgerber, 1581 wurde aus einem aufgelassenen Kloster eine Stadt, wurde in der einstigen Zisterzienserkirche französisch und nach neuer Konfession gepredigt. Mit den Soldaten Ludwigs XIV. Ende des 17. Jh. kamen aber auch Kapuzinermönche, sie zogen Brüder des alten Glaubens an. 1707 verlangten die Katholiken den Chor der einstigen Abteikirche und bekamen ihn auch.

Mehr als das Langhaus haben *Chor* und *Querhaus* nach Entfernung der Trennwand ihre ursprüngliche Wirkung wiedergewonnen. Der Nordarm des Querhauses ist etwas länger als der südliche. Die Gewölbe zwischen den Spitzbogengurten entsprechen denen des Schiffs. Durch fünfteilige Fenstergruppen fällt das Licht in das um drei Stufen erhöhte Chorrechteck vor der dreiseitigen Apsis mit Tonnengewölbe. Die Zugänge zu den einst vorhandenen dreimal drei Nebenkapellen sind vermauert.

Die Kirche ist als reiner Meditationsraum ohne Skulpturenschmuck errichtet worden. Denn, so der Grundsatz der Zisterzienser: »Wir verbieten jegliche Skulpturen und Bilder in unseren Kirchen sowie in den anderen Klosterräumen, da, wenn auf diese Dinge zu sehr geachtet wird, der Nutzen der Meditation und der religiösen Diszplin zunichte gemacht wird.«

Die ehemaligen Klostergebäude schlossen südlich an die Kirche an. Unter dem katholischen Pfarrhaus von 1732 blieb der Kapitelsaal aus der Zeit um 1225 erhalten, eine quadratische Halle, durch vier sich nach oben verjüngende Rundpfeiler in drei Joche und drei Schiffe geteilt.

Kaiser Rotbart, Rote Teufel und die Amis
Menschen in Kaiserslautern

Von Otterberg nach Süden: Kaiserslautern-Erlenbach, Kaiserslautern-Moorlautern (wo im November 1793 die Preußen und die Franzosen in einer blutigen Schlacht aufeinanderdroschen) – Kaiserslautern. Kleine Großstadt durch Eingemeindungen. ›Lautre‹ sagen die Einheimischen, ›Lutra‹ hieß es in ältester Zeit, als hier ein fränkischer Königshof stand, ›Caseloutre‹ sagten die Franzosen der Napoleonzeit, ›K-Town‹ die Amerikaner heute.

Im Westen der Stadt liegt Europas größter Militärflughafen, Ramstein, jedermann in schrecklicher Erinnerung, als am Tag der offenen Tür 1988 ein Flugzeug brennend in die Zuschauermassen stürzte. Kondensstreifen sind oft an den Lauterer Himmel gezeichnet, oft wird die Schallgrenze mit lautem Knall durchstoßen.

Das Talbecken, von Wäldern umgeben, war sumpfig und morastig, ein paar Felsplatten schauten heraus. Darauf konnte man bauen und die Sümpfe in Wöge (Weiher) verwandeln. 1152 ließ Kaiser Friedrich I. Barbarossa eine Pfalz errichten. 1276 verlieh

Rudolf von Habsburg Lautern die Stadtrechte von Speyer. Die Reichsstadt war ein Pfand in vieler Herren Hand, ehe sie schließlich kurpfälzisch wurde. Ein Vierteljahrhundert war sie sogar Residenz Johann Casimirs. Bayernkönig Ludwig I. hatte ihr nur den Ehrentitel Barbarossastadt zu bieten. Die Legende erzählt von einem Hecht, den Kaiser Friedrich II. im Kaiserwoog ausgesetzt habe. Mehr als 250 Jahre später sei ein 6 m langes Schuppenmonster gefangen worden, das die Tafel Kurfürst Philipps in Heidelberg durchbog.

Stolze Geschichte? Ein paar Daten. Und sonst Belagerungen, Zerstörungen, Plünderungen, spanische, schwedische, kroatische, französische, russische, deutsche Truppen auf dem Durchzug.

Kaiserslautern, ältestes Stadtsiegel von 1266

In »lauter traurigen Tannenwäldern« liege die Stadt, schrieb ausgangs des 18. Jh. Johann Heinrich Jung-Stilling, Professor für Landwirtschaft und Vieharzneikunde an der ›Kameral Hohen Schule‹, welche auf Betreiben der ›Physicalisch-oeconomischen Gesellschaft‹ im 1600-Seelen-Nest gegründet worden war, aber nur ein paar Jahre bestand.

Von den »traurigen Tannenwäldern« sind glücklicherweise die meisten noch geblieben: Mehr als die Hälfte des städtischen Territoriums von heute ist bewaldet, 8000 von 14 000 ha. Vor mehr als 150 Jahren notierte der protestantische Pfarrer Friedrich Blaul in seinem Buch ›Träume und Schäume vom Rhein‹: »Kaiserslautern liegt im Herzen Rheinbayerns, aber dieses Herz ist nicht schön.« Und weiter: »So ging ich denn in die Stadt, die mit ihren engen Straßen und rußigen Häusern noch unfreundlicher ist, als ich sie mir vor dem Tore noch gedacht. Die Leute könnten ihren Aufenthalt um ein Bedeutendes freundlicher machen, wenn sie den Häusern einen hübschen Anstrich gäben.«

1771 hatte die ›Physicalisch-oeconomische Gesellschaft‹ eine ›Siamoise-Manufaktur‹ gegründet, die erste pfälzische Aktiengesellschaft. Männer, Frauen, Jungen, Mädchen produzierten Halbleinen, in die Armut auf dem Lande wurden ein paar Webstühle gestellt, damit ein bißchen Hausindustrie sein konnte. Als die Franzosen abgezogen waren, da war Kaiserslautern eine Stadt ohne jeden Standortvorteil. Es sah traurig aus. Wer hatte da Ambitionen, die Not mit einem fröhlichen Anstrich zu versehen? Erst als noch mehr Ruß in die Stadt wehte, wurde es besser. Die Eisenbahn war gebaut, Kaiserslautern im Wald lag jetzt an der Strecke zwischen Kohle (im Saarland) und Rheinhafen. Gegründet wurde eine Kammgarnspinnerei, Eisen wurde gegossen, Maschinen wurden

Kaiserslautern, Kaiserbrunnen

gebaut, und auf einen Musikinstrumentenmacher namens Pfaff geht eine der größten Nähmaschinenfabriken der Welt zurück.

Um die Trümmer des Zweiten Weltkrieges hatten die Amerikaner ihre Kasernen errichtet, vom Wilden Westen war die Rede. »Uf de Strooss han uns die Neecher als no unsre Schwestre gfroot un uns zwää, drei Brocke Englisch beigebrung«, sang Michael Bauer. Deshalb die Variante auf Erich Maria Remarques berühmten Buchtitel als Stadt-Slogan: ›Im Westen was Neues‹. Da steckt fast Trotz dahinter, in einer Stadt, die es immer schwer hatte. Da wurde etwas geschafft. Da durfte auch das Rathaus ein paar Stockwerke zu hoch geraten. Mehr als 80 m ragt der höchste Kommunalturm der Bundesrepublik auf (Architekt: Roland Ostertag).

Was sich der reisende Pastor Blaul im 19. Jh. so dringend wünschte, das geschieht jetzt allenthalben in Kaiserslautern. Die Stadt putzt sich. Und die Menschen sind gesellig. 100 000 leben hier. Dazu kommen die Studenten der 1970 gegründeten Universität und jene GIs mit ihren Familien.

☐ **Stadtbesichtigung**
Erlebenswert ist viel in Kaiserslautern. Sehenswert ist trotz der tristen Stadtgeschichte auch eine Menge. Am wenigsten ist allerdings von der Kaiserpfalz geblieben. Bis ins 18. Jh. hatte noch die Südfassade des *Palas* überdauert mit zweimal drei gekuppelten Rundbogenfenstern, daneben die Kapelle, unter Friedrich II. unten mit Rund-, oben mit Spitzbogenarkaden ummantelt. Daneben hatte Pfalzgraf Johann Casimir gegen Ende des 16. Jh. ein Schloß setzen lassen. Das alles versteigerten 1813 die Franzosen als Nationalgut in drei Losen. Der bayerische Staat kaufte es zurück und errichtete auf Staufergrund das pfälzische Zentralgefängnis. Prominentester Häftling: Johann August Wirth, Wortführer beim Hambacher Fest 1832. Zwei Jahre saß der streitbare Demokrat ein, strickte Strümpfe und schrieb seine ›Fragmente zur Kulturgeschichte der Menschheit‹.

Auch das Gefängnis steht heute nicht mehr. Zu Füßen des *Rathauses* sind heute ein paar konservierte kaiserliche Brocken zu besichtigen sowie der Rekonstruktionsversuch ›Casimirsaal der Barbarossaburg‹, der allerdings für festliche Anlässe sehr repräsentativ ist.

Zu Beginn des 19. Jh., 1818, wurden in Kaiserslautern die pfälzischen Probleme mit den diversen Glaubensbekenntnissen geregelt. Über die »erhabenen Zwecke der Versammlung christlicher Gemeinden« predigte ein Konsistorialrat in der *Stiftskirche* (vom Schillerplatz nach Süden Richtung Altstadt), nachdem die ›Union‹ der Lutheraner und Reformierten endlich ausgehandelt war. Damals gab es den Kreuzgang noch, er wurde im Jahr darauf eingerissen, die Sakristei erst in den 60er Jahren dieses Jahrhunderts. Dafür stößt jetzt ein gläserner Laufgang vom Gemeindezentrum her aufs Gemäuer der Stiftskirche, und in die Nische zwischen Langchor und Langhaus ist ein gläserner Eingangskäfig gesetzt. Modernistische Sünden – um so eindrucksvoller wirkt die nach der Zerstörung im Zweiten Weltkrieg wiedererstandene gotische Hallenkirche aus rotem Sandstein.

Der Chor mit dem achteckigen Turm über dem Westjoch (er war im Krieg eingestürzt) und das Langhaus mit den beiden ebenfalls achteckigen Westtürmen wirken wie zwei nicht ganz auf einer Achse ineinandergeschobene Kirchen von gleicher Länge.

Kaiser Friedrich I. Barbarossa hatte 1176 Prämonstratenser hierher berufen. Um die Mitte des 13. Jh. muß mit dem Bau einer eigenen Kirche für sie begonnen worden sein. Das geistliche Stift wurde Anfang des 15. Jh. in ein weltliches umgewandelt, 1565 unter Kurfürst Friedrich III. aufgehoben. Seitdem ist die Stiftskirche evangelische Pfarrkirche.

Noch im 13. Jh. war der Chor – quadratisches Turmjoch, zweijochiger Langchor, rechteckiges Vorjoch, $7/12$-Schluß – vollendet. Die Weihe der an der Nordseite anschließenden, im frühen 19. Jh. abgerissenen Richardiskapelle erfolgte 1291. Das Langhaus entstand erst um 1325, mehrere Jahrzehnte später die nördliche Vorhalle, wohl erst im 16. Jh. der zuletzt fertiggestellte Bauteil, die beiden Westtürme. Das Langhaus stellt die

Eine ganze Stadt am Stammtisch

In der Steinstraße, die auf den Kaiserbrunnen von Gernot Rumpf zuläuft, birgt fast jedes Haus eine urige Gastwirtschaft. Kaiserslautern hat die höchste Kneipendichte in der Bundesrepublik. An milden Sommerabenden scheint es in ›de gude Stubb‹ der Stadt, dem Marienplatz mit den so mediterran anmutenden Drei-Schalen-Brunnen unter Kastanien, nur Stammtische zu geben. Dort ›hocken‹ Junge und Alte, ›Schdudende‹ und ›änfache Leid‹, Pfälzer und Amis beim ›Schoppe‹ Wein oder beim ›halwe‹ Bier zusammen und ›dischbedieren‹. Vor allem natürlich über die Roten Teufel. So nennen sie ihre Lieblinge vom ›Betze‹, jener schier unbezwingbaren Fußballfestung. Im Sommer 1991 schossen die Spieler des 1. FC. Kaiserslautern den Luxuskickern von Bayern München sensationell die Deutsche Fußballmeisterschaft weg und stürzten die ganze Pfalz in einen Freudentaumel, der tagelang kein Ende fand.

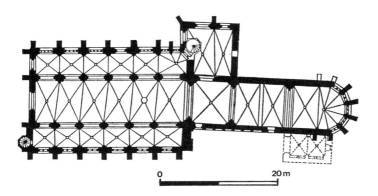

Kaiserslautern, Stiftskirche, Grundriß

einzige Hallenkirche zwischen Mainz und Straßburg aus jenem Jahrhundert dar. Wie bei Hallenkirchen in Hessen sind die Seitenschiffjoche wie Kapellen angelegt, eine jede mit Giebel und Satteldach und von Strebepfeilern gefaßt. Auf den Strebepfeilern sitzen Fialen, an ihnen Wasserspeier, an der Nordseite in Gestalt von Tieren. Ein Portal der Nordseite ist von einem Wimperg bekrönt, dem zweiten (im Turmjoch des Chores) eine zweijochige Vorhalle vorgesetzt.

Seitenschiffe und Mittelschiff haben die gleiche Höhe, die Seitenschiffe sind indes erheblich schmaler. Schmalhoch ergab Spitzbogengewölbe, breithoch flache Rundbogen, Korbbogen. Den Pfeilern vorgesetzte Runddienste mit Laubwerkkapitellen nehmen die Gurte auf, trapezförmige Vorlagen in der Längsachse die Scheidbogen. Die geweißten Fugen zwischen den roten Sandsteinquadern beleben Wände und deren Gliederungselemente, erinnern sogar etwas an die Bauten der Backsteingotik im Norden.

Im Chor fallen die weit heruntergezogenen Gewölbe auf, die mehrfach gestuften Gurtbogen mit Rechteckkanten sind fast wie Hufeisen gemauert. Sie sitzen auf Dienstbündeln, zusammengesetzt aus Rechteck- und Rundgliedern.

In der Stiftskirche haben die Synodalen von 1818 ihre Gottesdienste abgehalten, verhandelt wurde im *Alten Rathaus* in der Steinstraße, ein Rathäuschen im Vergleich zum neuen Wolkenkratzer. Im Winkel steht die ehemalige *Minoritenkirche,* heute Pfarrkirche St. Martin, ein Bettelordensbau aus dem 13. Jh., mit starkem Knick in der Achse zwischen dem gewölbten Chor und dem flachgedeckten Langhaus. In den Jahren zwischen 1710 und 1720 erhielt das Langhaus eine barocke Stuckdecke.

In Kaiserslautern sollte im 19. Jh. noch ein anderes Problem der Pfalz gelöst werden: ein politisches. Die bayerische Regierung hatte am 23. April 1849 erklärt, sie erkenne die Reichsverfassung und die Grundrechte nicht an, die von den Abgesandten in der Frankfurter Paulskirche erarbeitet worden waren. Daraufhin fand wenige Tage später in Kaiserslautern eine Volksversammlung statt. Ein Landesverteidigungsausschuß wurde gegründet (»wir stehen fest zum Vaterlande, zur Verfassung, zum deutschen Reich«), sogar eine provisorische Regierung wurde »im Namen des pfälzischen Volkes« ausgerufen. Diese saß in der 1843–46 nach Plänen August von Voits errichteten *Fruchthalle* am Schillerplatz, einer Markthalle, die man später zum Saalbau umrüstete, wurde aber bald nach Neustadt verlegt. Von dort aus wollten die Revolutionäre mit alten Geschützen, Sensen und Mistgabeln die Festung Landau stürmen. Doch es erschienen die Preußen mit dem Kartätschenprinz zur »Reinigung der bayerischen Rheinpfalz von den Insurgenten«. Später kamen auch wieder die Bayern, und die Pfalz blieb ihnen erhalten. »Ein paar tausend schöne Reden, ein paar tausend Tote und ein paar tausend Prozesse – das war die Ernte der Jahre 1848 und 1849. Von der großen hoffnungsvollen Unruhe schien nichts übrigzubleiben als Enttäuschung, Scham und Spott«, schrieb Golo Mann.

»Nach New York und New Orleans – mehrmals wöchentlich mit gekupferten schnellsegelnden Postschiffen und Dreimastern« verhieß vor der Jahrhundertwende Daniel Weber aus Kaiserslautern den aus Armut fernwehsüchtigen Pfälzern. Solche und weit ältere Dokumente aus der Geschichte der Barbarossastadt sind im *Theodor-Zink-Museum* zusammengetragen, einem Heimatmuseum der gänzlich unverstaubten Art in Fachwerk-Räumen um einen stimmungsvollen, von einer Kastanie beschatteten Innenhof, benannt nach einem Lehrer mit Sammelleidenschaft. Hier fehlen – typisch Kaiserslautern – auch nicht die Dokumente darüber, wie fünf Lauterer Buben, Fritz Walter

Kaiserslautern 1 Casimirsaal 2 Rathaus 3 Stiftskirche 4 Minoritenkirche (Pfarrkirche St. Martin) 5 Fruchthalle 6 Theodor-Zink-Museum 7 Pfalzgalerie

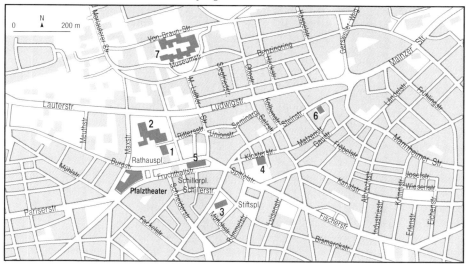

ÜBERRASCHUNGEN TIEF IM WALD

Kaiserslautern, Theodor-Zink-Museum

voran, im Jahr 1954 die Deutsche Fußball-Nationalmannschaft zu Weltmeisterehren dribbelten.

Die *Pfalzgalerie* ist ein ›Industrieprodukt‹. 1874 wurde in Kaiserslautern ein Verein gegründet, der zum Träger eines Gewerbemuseums werden sollte. Initiatoren waren zumeist Fabrikherren. Die Statuten des Vereins bestimmten: »Anlegen einer Sammlung gewerblich interessanter mustergültiger Gegenstände älterer und neuerer Zeit in Originalen und Abgüssen; Aufstellung einer Vorbildersammlung in Zeichnungen, Fotografien, Stichen, Farbdrucken etc.; Errichtung eines Zeichensaales zum Copieren und Ausführen gewerblicher Zeichnungen unter sachkundiger Leitung; Schaffung einer Fachbibliothek mit Lesezimmer; Fachunterricht für einzelne Industriezweige; Wanderausstellungen.«

In die kunstlose Pfalz drangen damals Ideen ein, die wenig zuvor erst in den Großstädten gedacht worden waren, in Dresden, Frankfurt, Düsseldorf oder Köln. Der langgestreckte mächtige Sandsteinbau mit Mittelrisalit und Eckrisaliten, an einem großen ovalen Platz gelegen, zu dem vom Schillerplatz die Martin-Luther-Straße schnurgerade hinaufführt, hat seine Vorbilder in der Alten Pinakothek in München (Leo von Klenze) und in der Dresdner Gemäldegalerie (Gottfried Semper). Karl Spatz war der Architekt und auch der erste Direktor. Das Museum zählt zu den interessantesten Profanarchitekturen des 19. Jh. in der Pfalz.

Den ersten Museumsführer veröffentlichte Karl Spatz im Jahr 1885. Aufgeführt war darin eine »Statuette des heiligen Sebastian in Lindenholz geschnitzt, aus der Schule des Tilman Riemenschneider«. Sie war tatsächlich ein Riemenschneider-Original, wurde in der Inflationszeit verkauft und befindet sich heute im Besitz des Museum of Fine Arts in Montreal.

Eine Max-Slevogt-Ausstellung (1925), eine Albert-Weisgerber-Ausstellung (1926), eine Hans-Purrmann-Ausstellung (1927) waren der Beweis, daß pfälzische Künstler erfolgreich gegen das »Vorurteil der Welt draußen«, wie August Becker schrieb, gemalt hatten, daß die Achtung der eigenen Landsleute auch nicht mehr so gering war. Solche Ausstellungen wurden nach dem Krieg wiederholt, andere zu Ehren von Albert Haueisen, Rolf Müller-Landau, Hermann Sauter oder Ludwig Waldschmidt kamen dazu, auch über die Verkannten des 19. Jh., Heinrich Bürkel aus Pirmasens zum Beispiel (†1869) oder Jakob Heinrich Fried aus Queichheim, einem Vorort von Landau (†1870).

Eine wesentliche Rolle spielt in dieser Galerie die Förderung pfälzischer Künstler. Ihre Bilder und Plastiken sind hier auch zum Vergleich bedeutender deutscher und ausländischer Künstler dargeboten, Josef Albers, Max Beckmann, Marc Chagall, Alexej von Jawlensky, August Macke, Pablo Picasso. Schwerpunkte der Gemäldesammlung bilden Werke von Albert Weisgerber (›Drei Männer auf dem Sofa‹, 1906; ›Prozession auf dem Marienplatz in München‹, 1910; ›Liegende in einer Berglandschaft‹, 1914), Max Slevogt (›Garten in Neukastel‹, 1904; ›Familie Slevogt im Garten von Godramstein‹, 1911; ›Der Trifels‹, 1917), Hans Purrmann (›Die Pfalz am Rhein‹, Triptychon von 1932; ›Bretzelstilleben‹, 1930; ›Selbstbildnis‹, 1952).

Grüne Einsamkeit mit Eichen
Rund um Johanniskreuz

Verläßt man das Zentrum Kaiserslauterns über das Fackelrondell Richtung Pariser Straße, biegt an deren Ende links in die Pirmasens Road ein, fährt vorbei an der Amerikaner-Siedlung Vogelweh, so erreicht man nach wenigen Kilometern **Kaiserslautern-Hohenecken** im weiten Talgrund. Die *Rochuskapelle,* dem Heiligen geweiht, den man anrief, wenn der Schwarze Tod umging, wurde 1747 auf Geheiß des Kurfürsten Carl Theodor als dreiseitig geschlossener Saalbau errichtet. In den Schlußstein über dem Portal ist barockem Zeitgeist angemessen das Auge Gottes zwischen Puttenköpfchen eingefügt. In den 20er Jahren sollte Hans Purrmann die Kirche ausmalen – bedauerlicherweise ist es nicht dazu gekommen.

Über dem Ort, auf dem Schloßberg, auf einem Sporn am Ende des steinernen Rückens ragt **Burg Hohenecken** auf. Der Koloß mit der monumentalen Schildmauer und dem fünfseitigen Bergfried stammt wohl aus der Zeit der Wende zum 13. Jh. Das

ÜBERRASCHUNGEN TIEF IM WALD

Burg Hohenecken, Stahlstich von J. Poppel

Schicksal der Burgherren war abhängig von kaiserlicher Macht und Ohnmacht. Hohenecker übten das Amt des Reichsschultheißen in Kaiserslautern aus, einem war sogar der Trifels mit den Reichsinsignien anvertraut. Um 1400 teilten sich fünf Anteilseigner das ›castrum‹, 1689 wurde es von den Franzosen gesprengt. Doch die Ruine ist bis heute eine der sehenswertesten Burganlagen der Stauferzeit.

Die B 270 führt weiter nach Süden am Gelterswoog, den handtuchschmalen Waldweiher, entlang und dann nach links ins Karlstal. Die Moosalb schießt ungebändigt über zerklüftetes Gestein, die Schlucht ist eng und schattig, Buchen ragen zwischen den Felsen auf, manche stehen wie auf steinernen Tellern und krallen ihre Wurzeln darum. »Waldeinsamkeit«, so nannte solcherlei Kulisse der Romantiker Ludwig Tieck. In dieser baumbestandenen, wasserreichen Armut dröhnten einst Eisenhämmer. Begonnen hat dies im 18. Jh., als der Freiherr Ludwig Anton von Hacke als Leiter des kurpfälzischen Forstwesens in diese weltverlorene Gegend kam. Er ließ eine Eisenschmelze bauen, Holz und Wasser als regenerative Energiequellen, wie man heute sagt, waren reichlich vorhanden. Die Eisenhämmer wurden aufs Tal verteilt, das einst Wüstetal hieß und erst vom Freiherrn den Namen Karlstal bekam – zu Ehren seines Sohnes Karl Joseph. Zu Beginn des 19. Jh. erwarb die Familie von Gienanth, die Krupps der Pfalz, die Eisenwerke. Zwei Generationen später war jedoch Schluß mit der Konjunktur in abgelegener Gegend, die Eisenindustrie wanderte ab zur Kohle.

Auf halbem Weg nach Trippstadt liegt überm Karlstal **Burg Wilenstein,** eine der ältesten Wehranlagen in der Pfalz, etwa zeitgleich mit der kaiserlichen Pfalz in Kaiserslautern errichtet.

In **Trippstadt** ließ sich Freiherr von Hacke 1766/67 ein Rokokoschlößchen erbauen (heute Forstamt). Den zweigeschossigen Sandsteinquaderbau gliedern zur Straße einachsige Eckrisalite sowie ein dreiachsiger Mittelrisalit. Darüber sitzt ein Wappengiebel. Auch die Schmalseiten sind durch Risalite akzentuiert, die Gartenfront schmückt ein pavillonartiger Vorbau.

Hat die Pfalz so recht kein kulturelles und kein politisches Zentrum, einen geographischen Mittelpunkt hat sie, und auch der liegt tief im Wald: **Johanniskreuz,** 473 m hoch. Man erreicht ihn, wenn man entweder von Trippstadt nach Osten weiterfährt und dann auf die B 48 einbiegt oder weiter die Moosalb begleitet.

Dreimal ließ im 13. Jh. Ritter Johann von Wilenstein sein Wappen in ein Steinkreuz schlagen, das ein Hohenecker aufgestellt hatte – zum Zeichen, daß er hier das Geleitrecht beanspruchte. Ritter Johann gab der Einsamkeit im Wald den Namen. Doch auch in dieser grünen Abgeschiedenheit rasselten die Säbel, donnerten die Hufe feindlicher Reiterei, verpestete Pulverdampf die Waldesluft. 1843 tagte hier eine Forstkommission und taufte die schier end- und bis dato namenlose grüne Wildnis auf den Namen ›Pfälzerwald‹.

Johanniskreuz ist eine Straßenspinne und eine Wanderwegespinne. Grünes Kreuz von Süden nach Nordosten, rotes Kreuz von Nordwesten nach Osten, gelbgrünes Kreuz von Westen nach Osten, blaues Kreuz von Norden nach Süden, gelbes Kreuz von Osten nach Südwesten. Tagelang kann man hier den Menschen aus dem Weg gehen, kann von 180 000 ha Land als Wandersmann Besitz ergreifen.

Johanniskreuz liegt inmitten aufgelichteter Buchen- und Furniereichenbestände versteckt. Auf dem Weg nach Süden zum Eschkopf steht die Wilhelmsbuche. Drei Äste

---

Romeo und Julia auf Pfälzer Art

Wilenstein war Schauplatz einer pfälzischen Romeo-und-Julia-Romanze mit tragischem Ende: Burgtochter liebt heimlich Schäfer, wird aber einem Ritter versprochen. Ergriffen vom Flötenspiel drunten im Tal, will sie eines Nachts noch einmal heimlich zu ihrem Angebeteten. Doch der war aus Gram gestorben, die Flöte hatte ein anderer Hirte nichtsahnend, aber verlockend gespielt. Auf dem Weg zurück zum Schloß ertrank die Verzweifelte im Mühlenweiher. Als ihr Vater die Geschichte erfährt, läßt er zum Gedenken an die beiden Liebenden ein Kirchlein errichten. Davon steht am Aschbacher Hof nördlich von Trippstadt nur der Turm sowie ein Gedenkstein mit Hirtenstab und Flöte.

ÜBERRASCHUNGEN TIEF IM WALD

kriechen an der Erde entlang und ragen dann auf zum W mit Blätterkrone. Vom Turm des 608 m hohen Eschkopfs überschaut man besonders gut den Wald.

Gamsbuche, Mittelseiche, Brandbuche sind die Orientierungspunkte der Auto-Nebenstrecke nach Iggelbach und Elmstein im Tal, das der Speyerbach durchfließt. Im Ortsteil **Appenthal,** eine von Holzhauern und Köhlern begründete Siedlung, liegt eine große Sägerei, in der Kiefern- und Fichtenholz sowie Buchenschwellen vom sirrenden Blatt gehen (die Furniereichenstämme werden in der Pfalz nicht verarbeitet). 140 km lang waren um 1850 die Triftbäche im System des Speyerbachs, rund 60 000 Ster Holz schwammen im Jahr bis Speyer und Frankenthal. Elmstein führt heute noch zwei Flößerhaken im Wappen.

Siegerländer Wiesenbaumeister haben im 18. Jh. die trockenen Talhänge in Rieselwiesen verwandelt, heute sind es Sozialbrachen. Ein Schäfer wurde angestellt, dessen Herde die brachliegenden Wiesen beweidet, damit die Bäume nicht wieder bis zum Bach vordringen und das gewohnte freundliche Landschaftsbild dadurch im Wald verschwindet.

In Rufweite nahe liegen zu beiden Seiten des Elmsteiner Tales die Burgen **Spangenberg** und **Erfenstein.** Die Sage geht, sie seien einst sogar über eine Brücke aus Lederriemen miteinander verbunden gewesen. Doch als es einmal heftigen Streit gegeben hatte, kappte der Spangenberger die Riemen, während der Erfensteiner auf schwankendem Weg überm Tal nach Hause fliehen wollte. Spangenberg gehörte dem Speyerer Bischof, Erfenstein den Grafen von Leiningen, da blieb Zoff an der Grundstücksgrenze dieser einst so zersplitterten Pfalz nicht aus.

Fast vollständig erhalten ist der Erfensteiner Bergfried. Die rundbogige Einstiegsöffnung lag meterhoch überm Grund und war nur per Leiter zu erreichen. Auf der Spangenburg sicherten die Speyerer Bischöfe ihren Besitz und züchteten Pferde. Reste vom Stutengarten haben überdauert. Doch in ihm verbrachten die Tiere die wenigste Zeit. Meist streiften sie durch die Wälder.

Nicht erschrecken, wenn es bei beschaulicher Fahrt plötzlich höllisch pfeift. Dann rollt das ›Kuckucksbähnel‹ an. Im Blumenpflückertempo läßt es mit nicht allzu vielen Pferdestärken seine Kolben durch das Tal stampfen – und zuweilen läßt es eben Dampf ab.

Wehe, wer, ehe er bei Frankeneck in die B 39, die Route nach Neustadt einbiegt, noch einen Laster vorbeilassen muß – er wird ihn bis Neustadt nicht mehr überholen können. Also Station in **Lambrecht.** In Otterberg lösten reformierte Flüchtlinge die Zisterzienser ab, hier traten sie das Erbe von Dominikanerinnen an, die im 13. Jh. ein von den Saliern begründetes Benediktinerkloster übernommen hatten. Wallonische Glaubensflüchtlinge beherrschten die Technik von Kette und Schuß und betrieben einträgliche Tuchmanufakturen.

Von der im frühen 14. Jh. erbauten ehemaligen *Klosterkirche* wurden ausgangs des 18. Jh. vier Langhausjoche abgerissen. Unversehrt ist der Chor erhalten (fünf Joche und ⅝-Schluß). Die Gewölberippen, die sich in plastisch geschmückten, besonders

 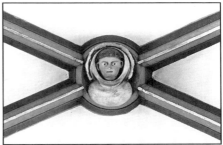

Lambrecht, Klosterkirche, Schloßsteine: Bischof und Schalksnarr, Taube des Hl. Geistes, Johannes der Täufer, Mönch mit Kapuze

schönen Schlußsteinen schneiden, gehen gleichsam nahtlos in die schlanken Dienste zwischen hohen, eleganten Maßwerkfenstern über. Abgefangen werden die Dienste von Konsolen in 3 m Höhe überm Fußboden.

Die fünf Wandfelder unter den Chorfenstern tragen Malereien, die 1891 schon einmal freigelegt waren. Doch die Bilderfeindlichkeit der evangelischen Kirchengemeinde von damals ließ sie erneut unter Putz verschwinden, unter dem sie in den 50er Jahren keineswegs in verbessertem Zustand wieder auftauchten.

Papst Alexander bekehrt seinen Kerkermeister Quirinus und dessen Tochter Balbina, Quirinus stirbt den Märtyrertod. Das sind die Themen auf der Ostwand. Auf der Nordostwand stehen 20 Heilige unter gemalten Arkaden, auf der Südostwand erscheinen oben links zwei weibliche Heilige, rechts ein Abt, bei dem eine Nonne kniet, in der Mitte ein Bischof, an dessen Seite zwei Frauen knien. Unten sind vier Szenen aus der Magdalenen-Legende festgehalten. Die Nordwand beherrscht ein segnender Christus, daneben steht Maria im Strahlenkranz, links ist Architektur gemalt mit einem riesigen Vorhang – jener, der im Tempel zerriß, als der Erlöser starb?

Die Südwand ist wieder in zwei Zonen aufgeteilt, unten ist Christus als Weltenrichter zu sehen, flankiert von Heiligen, darüber Maria, neben ihr zwei kniende Frauen, außen wieder Heilige. Die eine ist als ›soror Kunigundis‹ bezeichnet, sie hält ein Kirchenmodell in der Hand: Kunigunde von Fleckenstein war Priorin des Klosters und starb 1353.

In der Wallonenstraße steht eines der schönsten *Fachwerkhäuser* der Pfalz, erbaut zu Beginn des 17. Jh. Das Prunkstück ist dreigeschossig vorkragend. An der Ecke sitzt ein zweigeschossiger polygonaler Erker, dessen Eckstützen auf der Fratze eines Neidkopfs ruhen.

Zurück auf die Sonnenterrasse

Perlen an der Weinstraße
Von St. Martin nach Süden

Vom Lambrecht sind es nur noch ein paar Kilometer kurvenreicher Strecke durch eine Baumschlucht nach Neustadt – hinaus ins Licht, in die Heiterkeit. Welch ein Kontrast. Hier die Berge, der stille Wald, Land fast ohne Menschen. Dort Dörfer zwischen den Weinbergen, einen Steinwurf nur auseinander, jeder Quadratmeter fest in ordnender Hand.

Genauso kraß ist der Unterschied, wenn man auf der Totenkopfstraße (sie zweigt beim Forsthaus Breitenstein vom Elmsteiner Tal nach rechts ab) in Serpentinen durch den Wald, in den die Sonne nur strichweise eindringen kann, fährt und bei **St. Martin** in die kultivierte Vertrautheit des Rebenlandes zurückkehrt. Früher hatten die Bauern hier noch drei, vier Kühe im Stall und ein paar Schweine (eins wurde für die Metzelsupp im November oder Dezember fettgefüttert), zogen Pferde den Pflug durch die Riesling- und Silvanerzeilen, gab es Kartoffel- und Getreideäcker. Heute ist der Stall Garage für Traktoren, in der Scheune stehen Plastikwannen statt hölzerner Küferbütten, eine automatische Traubenmühle, eine hydraulische Kelter, und im Keller blitzen Stahltanks auf, sind die bauchigen Holzfässer längst verschwunden. Im Weinbau hat sich der Fortschritt breitgemacht, doch sonst herrscht Tradition in den Dörfern. Am meisten wohl in St. Martin.

Vom Gesims der Mauer, die den Kirchplatz am Hang umzieht, schaut, fast lebensgroß, der steinerne Namenspatron auf sein Dorf. Es hat wie kaum ein anderes in der Pfalz seine Vergangenheit herausgeputzt. Im Bischofsornat, Mitra auf dem Haupt, Hirtenstab in der Linken, mit der Rechten dem Bettler ein Almosen reichend, blickt der Heilige auf St. Martin (pfälzisch ›Maade‹) und dessen Flur mit den Weinberglagen ›Kirchberg‹, ›Baron‹ und ›Zitadelle‹.

Der Ort wurde schon im 7. Jh. begründet, als Franken ins Land drängten. Er war viel später Pfründe der Bischöfe von Speyer und dann der Herren von Dalberg. Heute präsentiert sich Haus um Haus, als seien sie für einen immerwährenden Sonntag geschmückt. Beim Spaziergang durch die Gassen bergauf und bergab ist an jedem eine andere kleine Kostbarkeit zu entdecken (Farbabb. 28): ein Feigenbäumchen an der Eingangspforte da, Oleander auf der Treppe dort, Lorbeer am Türpfosten hier und die Fenster überquellend von Sommerblumen nebenan. Rankreben wuchern am Spalier vor einer Hauswand oder klettern am Drahtseil über die Gasse.

Die Kellerfenster lassen sich mit schweren quadratischen Schiebern aus Stein öffnen und schließen. Fast über jedem Sandsteinportal sitzt ein behauenes Schmuckstück; oft sind Küfermesser mit vergoldeter Klinge die Zier; mal ist es ein Faß, mal ein Küferhammer; mal eine Fratze, mal ein Engelchen. Fast alle Portale tragen Jahreszahlen, viele aus dem 17./18. Jh. Und fast in jedem Haus ist eine Nische mit Muscheldach für die Madonna eingelassen.

Die schönste Madonna, im 16. Jh. aus Lindenholz geschnitzt, steht an der Nordwestecke des ehemaligen *Freihofes der Dalberger*. Zu ihren Füßen prangt das Wappen jener einstigen Herren von St. Martin: je sechs Lilien links oben und rechts unten sowie zwei Kreuze über Kreuz. Leider – das ist in St. Martin die Ausnahme – droht dem einst so stattlichen Anwesen Verfall. Prächtig erhalten hingegen sind der Renaissancebau der ›Hund von Saulheim‹ aus der Zeit um 1600 mit dem erkergeschmückten Renaissancegiebel und den beiden Treppentürmen im Hof mit Pilasterportalen sowie – aus derselben Zeit stammend – der ehemalige *Hof der Schlichter von Erpfenstein*. Einem Fachwerkbau im Ort wurde einst sogar die Ehre zuteil, Briefe freimachen zu dürfen: Bald nach dem Krieg schmückte er eine 20-Pfennig-Briefmarke des noch jungen Landes Rheinland-Pfalz. Die *Pfarrkirche* hat einen Turm aus spätgotischer Zeit (Ende 15. Jh.), ein Teil des daran anschließenden Langhauses stammt aus dem späten 18. Jh., eine Erweiterung dieses Schiffes um drei Fensterachsen aus der Zeit um 1890. Der Chor ist spätgotisch, er mußte bei der Langhauserweiterung zunächst einmal weichen, wurde abgetragen und an den Neubau wieder angesetzt.

St. Martin, Maria mit Rosenkranz

ZURÜCK AUF DIE SONNENTERRASSE

Ältester Kunstschatz der Kirche ist die Marienstatue auf dem nördlichen Seitenaltar (1490). 1514 entstand das Steinrelief der Grablegung Christi (Südwand des Langhauses) mit den in späterer Zeit gesichtslos geschlagenen schlafenden Wächtern. Zu Ehren des Ritters Hanns von Dalberg († 1531) und Katharinas von Cronberg († bereits 1510) wurde das Doppelgrabmal an der Langhausnordwand geschaffen – ein Werk hoher Bildhauerkunst. Der gepanzerte Ritter betet mit eisernen Händen, die ebenfalls betende Katharina trägt um Mund und Kinn eine Pestbinde.

Eine halbe Stunde etwa dauert der Fußmarsch bergan zur *Kropsburg*. Sie war seit 1439 in alleinigem Besitz der Dalberger, wurde im Pfälzischen Erbfolgekrieg total demoliert und als Ruine im 19. Jh. von privater Hand ersteigert. Die neuen Herren machten damals Profit mit dem Verkauf der Mittelaltersteine an die Erbauer der Festung Germersheim. Doch nicht der Burg wegen sei die anstrengende Überwindung von Höhenmetern empfohlen, sondern weil dort oben eine der schönsten Sonnenterrassen der Pfalz liegt und einen ›Schoppen mit Weitblick‹ verheißt.

Die attraktivsten Ziele im benachbarten **Edenkoben** – der Ort taucht seit mehr als 1200 Jahren in Urkunden auf – liegen bergan Richtung Pfälzer Wald. Da geht es die Klosterstraße mit sehenswerten Wohnhäusern (beispielsweise Nr. 25 oder 87) gen Westen hinaus zu den Resten des ehemaligen Zisterzienserinnenklosters Heilsbruck. Die Kirche existiert schon seit Beginn des 19. Jh. nicht mehr. Die Räume unter dem niedergerissenen Gotteshaus dienen heute als Weinkeller, eines der urigsten Faßlager entlang der Deutschen Weinstraße für die Sorten ›Bergel‹, ›Letten‹ oder ›Kastaniengarten‹.

Eine kurze Strecke weiter liegt mitten in Weinbergen das *Künstlerhaus*. Hierher werden junge Talente – Maler, Lyriker, Goldschmiede, Keramiker – eingeladen, um frei von materiellen Sorgen ein paar Monate als Stipendiaten zu arbeiten. Am Ende ihres Aufenthaltes präsentieren sie ihre Werke in dem Saal mit alter Balkendecke und breiten Bohlen am Fußboden, in dem einst die Webstühle einer Damastweberei klapperten. Vorwiegend sonntags machen Musiker und Dichter gemeinsam Programm.

Wo sich die Straße gabelt, fällt die Entscheidung für eine Richtung schwer. Nach rechts geht es zur Kropsburg. Die andere Strecke führt ins Edenkobener Tal und in Serpentinen hinauf zum **Schänzel**. Dort, wo während der Revolutionskriege in den Jahren 1794/95 französische und österreichisch-preußische Truppen erbittert um diese strategisch wichtige Pfälzerwaldhöhe (614 m) aufeinanderdroschen, ist es heute schier unmöglich, die Wanderlust zu unterdrücken.

Wer vom Zentrum Edenkobens ein Stück Weinstraße Richtung Rhodt fährt und bald bergwärts abbiegt, gelangt zum **Schloß Ludwigshöhe**. Nach Plänen Friedrich Gärtners ließ sich König Ludwig I. von Bayern in den Jahren 1845–52 in seiner linksrheinischen

1 Reblandschaft mit Pavillon ▷
2 Weinberge und Bäume im Herbst ▷▷

3 BURG NEU-SCHARFENECK

4 DAHNER SCHLÖSSER

5   BERWARTSTEIN

6   BURG GRÄFENSTEIN

7   TRIFELS im Nebel ▷

8 ANNWEILER Historischer Markt

9 HAYNA Fachwerkhäuser

10   NUSSDORF   Bauernkriegshaus

11   FREINSHEIM   Ehemaliges Rathaus und Kirche

12   SPEYER   Blick auf die Domtürme von Westen ▷

13 SPEYER Kaiserdom

15 SPEYER Retscherkirche (Gedächtniskirche der Protestation) D

14 SPEYER Altpörtel

16 Rebenbinden im Frühling

17 Traubenlese im Herbst

18, 19   Traubenlese von Hand bei BIRKWEILER

20, 21 BILLIGHEIM Purzelmarkt im Herbst

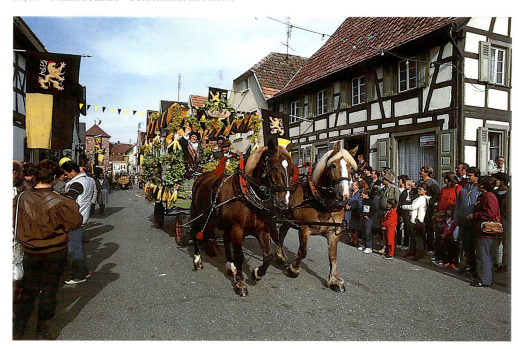

22, 23   Weinfeste in NEUSTADT und FORST

24 Schlußstein als Zierde in BAD BERGZABERN

27 ... in KIRCHHEIM

25 ... in KANDEL

28 ... in ST. MARTIN

26 ... in LANDSTUHL

29 ... in RHODT

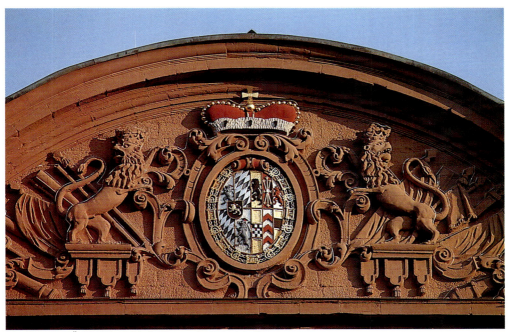

30 ZWEIBRÜCKEN Schloß, Wappen im Mittelrisalit

32 MAIKAMMER Flügelaltar der Alsterweiler Kapelle ▷

31 DÖRRENBACH Wappen am Rathaus

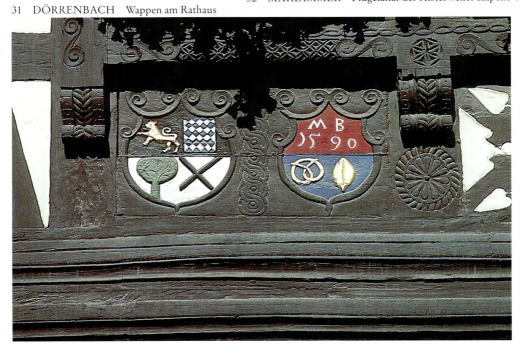

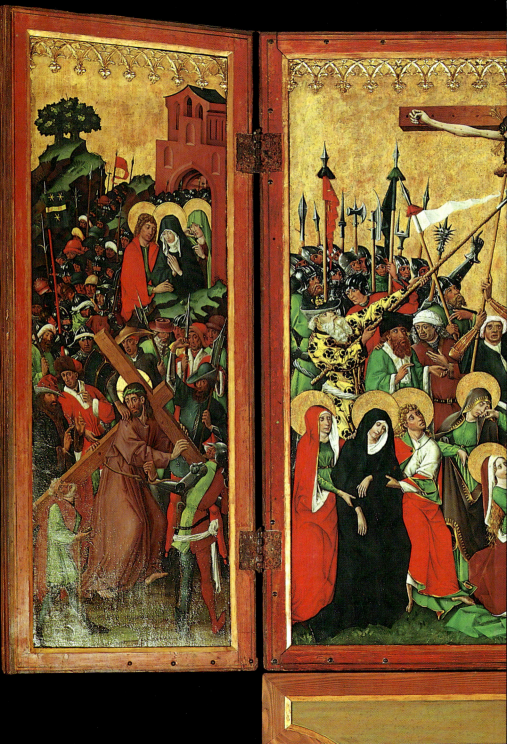

33 OGGERSHEIM   Wallfahrtskirche Mariae Himmelfahrt

34   OTTERBERG   Abteikirche, Mittelschiff

Schloß Ludwigshöhe

Exklave »nur für die schöne Jahreszeit« diese architektonische Kostbarkeit errichten. Prunkstück der Vierflügelanlage war – Reminiszenz an altrömische Villen – die Säulenloggia mit einer doppelgeschossigen Reihe von dorischen bzw. ionischen Säulen zwischen giebelbekrönten Eckrisaliten. Das Ensemble um den rechteckigen Innenhof war bis vor einigen Jahren eine verfallende Schönheit, deren herrliche Aussicht in die Rheinebene zuwucherte, deren Putz abbröckelte und deren Fenster blind geworden waren.

Mittlerweile hat das Land Rheinland-Pfalz das Schloß von den Wittelsbachern aus München übernommen und aufwendig restauriert. Was dabei herauskam, mutet etwas steril an, obwohl gerade diese Anhöhe über den Reben und vor den Kastanienhainen Anmut und Heiterkeit hat, der Toskana vergleichbar.

Ein Lichtblick: Der künstlerische Nachlaß des 1932 gestorbenen Max Slevogt, Gemälde und Graphiken vom Meister des Impressionismus schmücken die Räume im Obergeschoß.

Zu den Lieblingsausflügen König Ludwigs I. gehörte der Weg hinauf zur **Rietburg.** Heute schafft man die 220 Höhenmeter bequem per Sesselbahn. Einer der vielen Besit-

◁ 35   Teufelstisch bei HINTERWEIDENTHAL

zer dieser mittelalterlichen Wohn- und Wehranlage war Ritter Hermann. Der machte 1255 Schlagzeilen in den Urkunden, als er Elisabeth von Braunschweig, Gemahlin des deutschen Königs Wilhelm, bei Edesheim »auf freier Straßen« überfiel, beraubte und auf sein Raubritternest entführte. Erst ein stattliches Belagererheer bereinigte die Schande. Hermann wurde enteignet und mußte seine Heimat verlassen.

Die Ortsangabe ›unter Rietburg‹ hat das Weindorf **Rhodt** seinem Namen hinzugefügt. Von Schloß Ludwigshöhe führt ein Weg hinab in eine der schönsten Gassen der Pfalz, die Theresienstraße. Sie ist neu gepflastert und wird im oberen Teil von einer Kastanienreihe beschattet. Auch hier ranken an den Hauswänden die Reben, kleine Feigenbäume stehen seitlich der Renaissancetore mit dem großen und dem kleinen Bogen (Farbabb. 29). Bis ins frühe 17. Jh. gehörte Rhodt zu Württemberg, dann zur Markgrafschaft Baden-Durlach. Die *evangelische Pfarrkirche*, 1720–22 erbaut, hatte die Dreifaltigkeitskirche in Speyer zum Vorbild. Zu dem von Pilastern gegliederten fünfseitig geschlossenen Bau gehört ein spätgotischer Westturm.

Der 400jährige Traminer-Weinberg, wohl der älteste in Deutschland, gedeiht gleichsam als Sinnbild für die Hartnäckigkeit, sich bukettreichen, fast wie parfümiert schmeckenden Neuzüchtungen zu widersetzen und den traditionellen Rebsorten treu zu sein.

In die Ebene hinein liegt zwei Autominuten weiter **Edesheim**; nach Süden auf der Deutschen Weinstraße – Trauben›dotzen‹ auf emailliertem Blech ist das Erkennungszeichen – Hainfeld (pfälzisch ›Häfld‹); bergan Weyher. Und nach allen Richtungen geht es durch die Reben.

Von alten Bäumen und Weinbergen umgeben ist die ehemalige *Wasserburg* der Bischöfe von Speyer, schon im 15. Jh. in Urkunden genannt. Um den stattlichen Besitz mitten im Dorf ist eine Mauer gezogen. Hier herrscht besinnliche Stille, aber auch der zweifelhafte Charme von Verfall und Verwilderung. Die letzten privaten Besitzer haben das Anwesen veräußert. Jetzt sucht man nach einem ›guten Zweck‹, der eine Investition von Millionen lohnend machen würde.

Der hl. Barbara ist die *katholische Pfarrkirche* von **Hainfeld** geweiht, eine Steinfigur vom Beginn des 18. Jh. steht auf der Kirchgartenmauer. Im Garten findet sich eine schöne Kreuzigungsgruppe. Die Kirche besteht aus einem Saalbau des frühen 18. Jh. sowie einem Chorturm des frühen 14. Jh. An der Westseite des Turms ist noch der – vermauerte – Chorbogen sowie der Dachanschlag des gotischen Kirchenschiffs zu erkennen. Vor einigen Jahren erst wurden im Erdgeschoß des Turms Malereien freigelegt. Ein Weltgericht im Gewölbe ist hervorzuheben, außerdem an der Ostwand der hl. Andreas und im Gewände des Ostfensters die Heiligen Barbara (mit Turm) und Katharina (mit Schwert und Rad). Über dem Chorbogen im Westen halten Engel das Schweißtuch Christi. An der Nordwand ist nur noch fragmentarisch ein Zyklus zum Leben der hl. Magdalena zu erkennen.

In Hainfeld kehrt Bundeskanzler Kohl gerne ein, wenn er im nahen Modenbachtal gewandert ist.

Der Enzyklopädist aus Edesheim

Ein Dorfbub aus Edesheim, 1723 geboren, wurde zu einem der Wegbereiter der Französischen Revolution: Baron Paul Thiry von Holbach. Er war Sohn einfacher, des Lesens und Schreibens unkundiger Bauerneltern. Doch hatte er einen reichen Onkel, Franz Adam, der ihn in seine Obhut nahm und förderte. Der Finanzmakler hatte in Paris mit Aktien der ›Mississippi-Gesellschaft‹ ein gewaltiges Vermögen zusammenspekuliert und sich dann in seinem Heimatdorf am Modenbach einen Herrensitz in spätbarockem Stil mit französischem Garten errichten lassen. Die Edesheimer nennen das Anwesen nach späteren Eignern Kupperwolfschlößchen.

Dort nahm der Junggeselle Franz Adam den Jungen auf und ließ ihn von einem Kleriker aus Paris unterrichten. Paul Thiry studierte später Rechts- und Naturwissenschaften an der Universität Leyden, ging dann nach Paris und wurde französischer Staatsbürger.

Als Erbe des reichen Onkels führte der korpulente Intellektuelle mit dem fleischigen Gesicht, der großen Nase und dem Doppelkinn ein materiell sorgloses Leben. Sein Haus wurde zum Hauptquartier der geistigen Elite Europas. Vor allem versammelten sich dort die Enzyklopädisten, jene Geistesgrößen vom Schlage Diderots, Rousseaus oder Montesquieus, die mit ihrem ›Dictionnaire raisonné des sciences, des arts et des métiers‹ eine gigantische Zusammenschau des Wissens ihres Jahrhunderts vollbrachten.

Der exzessive Materialist und Kämpfer gegen die Religion als unbarmherzigem Feind allen Fortschritts, der »Hotelier der Philosophie«, wie ihn seine Freunde nannten, erlebte nicht mehr, wie die Saat seines Denkens keimte. Er starb Anfang 1789, wenige Monate bevor mit dem Sturm auf die Pariser Bastille die Französische Revolution losbrach.

Edesheim und Hainfeld sind bereits in 1200 Jahre alten Urkunden genannt, **Weyher** ist es auch. Der Name (althochdeutsch ›wîlarî‹) bedeutet nichts anderes als Weiler, bezeichnete ein zu einem herrschaftlichen Anwesen gehörendes Gehöft.

In Weyher ist die Zeit zwar nicht stehengeblieben, sie hatte aber auch keine besondere Eile voranzukommen. Das wiederum mögen Gäste, die den beschaulichen Weinort in beneidenswerter Lage besuchen. Und sie wollen sich darauf verlassen, daß in ihrer Winzergaststätte an einem unverrückbar festen Tag Schlachtfest ist und nicht willkürlich mal am Dienstag und dann wieder am Donnerstag.

Für **Burrweiler** gilt das gleiche. Die beiden Orte liegen ganz nahe nebeneinander. Doch hat sie die Autostraße gehörig auseinandergerissen. Von Weyher muß man am Hang überm Nordufer des kleinen Modenbachs erst weit in den Wald hineinfahren, den Bach queren und am Südufer wieder hinauskurven. In Burrweiler steht – kräftige Strebepfeiler, dunkelroter Sandstein – die einzige gotische Dorfkirche der Gegend, die im 18. Jh. nicht umgebaut wurde. Dafür verlängerte man sie im 19. Jh. um zwei Joche

Bad Gleisweiler, Stahlstich und Zeichnung von L. Hoffmeister

nach Westen. Vom ehemaligen Schloß der Herren von Dahn und später der Grafen von der Leyen ist ein doppelter Torbogen aus der Renaissance erhalten (datiert 1587). Aus den roten Sandsteinquadern sind Fabel- und Jagdtiere herausgemeißelt – doch leider von Wind und Wetter ziemlich entstellt.

In **Gleisweiler** entstand 1844 nach Plänen Leo von Klenzes, Hofbaumeister des bayerischen Königs Ludwig I., das *Sanatorium des Landauer Medicus Dr. Schneider,* eines Verfechters der damals aufkommenden Wasserheilkunst. Vom Gleisweilerer Klima heißt es, es sei so mild wie sonst in Deutschland nur auf der Bodenseeinsel Mainau. Jeder wird es glauben, der durch den Park zu Füßen des fast 600 m hohen Teufelsberges schlendert. Da reckt sich kirchturmhoch ein Mammutbaum, zu dessen Schutz ein Blitzableiterkabel den Stamm umschlängelt, überdauerten knorrige Eßkastanien vier Jahrhunderte, genießen Kamelien die Sommerfrische, und gehören Feigen und Zitronen dazu wie anderwärts Äpfel und Birnen.

Über Frankweiler (gemütlicher Weinort) oder Böchingen (dito) geht es nach **Nußdorf,** postalisch Landau 15, eine Anonymisierung, die jeden Nußdorfer seit der Eingemeindung kränkt.

Ludwig Häusser hatte in seiner Mitte des vorigen Jahrhunderts erschienenen ›Geschichte der Rheinischen Pfalz‹ nur eine geringe Meinung von der Revolution der Pfälzer Bauern 1525. Auch von jenen »leichtfertigen Knaben«, die sich an einem Kirchweihtag in Nußdorf, im großen *Fachwerkhaus* gegenüber der Kirche in Hitze tranken und redeten und dann Randale machten (Farbabb. 10). Häusser: »Während in andern Theilen Deutschlands tiefe und innerliche Motive genug mitwirkten, auch edle Naturen mit fortzureißen, steckte der pfälzische Bauer meistens sein Ziel niedriger; er plünderte die Keller und Speicher der Klöster und berauschte sich in den grobianischen Genüssen, die sein Vaterland ihm in reicher Fülle bietet.«

Ein Pfarrer der evangelischen Kirchengemeinde des Dorfes hat das um 1500 vom Schöffen Hans Hohl erbaute Haus vor einigen Jahren in seine rettende Obhut genommen. So blieb ein Stück bäuerlicher Kultur erhalten, selbst der Schweinekoben mit dem aus Sandstein gemeißelten Futtertrog ist sehenswert. Wer einmal im Hof unter Weinlaub mit Nußdorfer ›Herrenberg‹ oder ›Kaiserberg‹ im Glas gefeiert hat, kann verstehen, weshalb die Bauern damals, 1525, so in Schwung geraten waren.

Im quadratischen Chor der *Kirche* (wohl Unterbau eines Chorturms) blieben Malereien aus dem 15. Jh. erhalten, die 1911 freigelegt und damals unbekümmert restauriert wurden. Erst eine fachkundige Überarbeitung hat die Verschlimmbesserungen von damals beseitigt. Unterm gemalten Schlüssel des Petrus an der Nordwand stand eine genaue Datierung: »da man zelt 14...«, heißt es, die Eins ist gut lesbar, die Vier als halbe Acht geschrieben, zwei Ziffern sind jedoch verschwunden. In die Nordostecke des 1738 errichteten Langhauses wurde ein römischer Viergötterstein eingefügt. Er zeigt Herkules mit Löwenfell und Keule sowie Jupiter, Juno und Minerva und diente wohl als Sockel einer Jupitersäule, wie sie die Eingangshalle einer Villa rustica zierte.

Wo eine Festung, da wird auch angegriffen
In Landau machten dicke Mauern Geschichte

Eine vieltürmige Befestigungsmauer und ein paar Kirchen beherrschen die Holzschnittansicht der ›Stat Landaw‹, die Sebastian Münster 1547 in seiner ›Cosmographia universalis‹ veröffentlichte. Links im Vordergrund, neben einem schwer beladenen Esel, ist ein stattlicher Holzstoß gestapelt.

Auf dem Panorama der Südpfalzstadt, das der berühmte Matthäus Merian im Jahr 1640, also fast 100 Jahre später, in Kupfer stach, lagen die Stämme noch immer unverrückt dort, wo Münsters Holzschneider sie einst verewigt hatte.

Landau, zeitlose Stadt? Kommune ohne Wandel? Dieser Eindruck ist falsch. Merian hat einfach nur von Münster ›abgekupfert‹. Mit der Siedlung auf der ›Land-Aue‹ so richtig angefangen hat es im Jahr 1274. Damals verlieh König Rudolf von Habsburg dem Flecken in der Obhut des Grafen Emich IV. von Leiningen Stadtrecht nach dem Muster von Hagenau im Elsaß. Außerdem bekam Landau die Lizenz, einen einträglichen Wochenmarkt abhalten zu dürfen. Dieses Recht sprach Rudolf dem Grafen keineswegs uneigennützig zu. Vielmehr revanchierte er sich bei dem Leininger für dessen Mithilfe bei seiner Wahl zum deutschen König im Jahr davor.

Landau, Kupferstich, 17. Jh.

Die Leininger erweiterten fortan mit Zielstrebigkeit und Geschick ihr Territorium, was wiederum Rudolf von Habsburg mißfiel. So brach er das Kernstück leiningischer Territorialpolitik heraus und machte das aufblühende Landau kurz vor seinem Tod 1291 noch zur Freien Reichsstadt. Gut 30 Jahre später, 1324, verpfändete sie Ludwig der Bayer, weil er Geld brauchte, an das Speyerer Hochstift. Das Pfand blieb bis 1511 in der Hand des Bischofs am Rhein. Erst dann war Geld für die Auslösung vorhanden. Landau wurde Mitglied im Bund von zehn elsässischen Reichsstädten (Dekapolis), für deren Schutz seit 1648 der französische König zu garantieren hatte. So jedenfalls lautete am Ende des 30jährigen Gemetzels einer der Beschlüsse des Westfälischen Friedens.

Der Friede währte in der Pfalz knapp vier Jahrzehnte. Dann starb 1685 kinderlos Kurfürst Karl II. Prompt gab es Streit um die Erbfolge. Und im Herbst 1688 gab es Erbfolge-Krieg, vom Zaum gebrochen durch Ludwig XIV. Rund 400 Städte, Dörfer, Burgen und Schlösser machten die Truppen des französischen Sonnenkönigs brutal nieder. In Landau haben die Franzosen in jener Zeit gebaut. Sie zwängten die Stadt von 2000 Einwohnern in ein steinernes Koppel, errichtet nach Plänen des Baumeisters Vauban. Der schrieb im Oktober 1687 im Schlußsatz seines Planungsgutachtens: Wenn die Festung so errichtet werde, wie er es sich ausgedacht habe, entstehe eine »der stärksten der Christenheit«. Kriegsminister Louvois und der Sonnenkönig Ludwig handelten ohne Aufschub. Seine Majestät beschloß, »die faire travailler incessament à son exécution« (daß man unverzüglich mit der Arbeit beginne). 16 Bataillone, insgesamt 15 000 Mann schufteten beim Bau des zyklopischen achteckigen Verteidigungswerkes. Sieben Ecken waren mit Türmen bewehrt, an der achten im Osten entstand ein Reduit unabhängig von den übrigen Wehranlagen. Im Nordosten wurde das monumentale ›Deutsche‹ und im Südwesten das nicht minder wuchtige ›Französische‹ Tor nach dem Vorbild eines römischen Triumphbogens eingepaßt. Die beiden stehen noch heute, geschmückt mit dem strahlenumkränzten Antlitz Ludwigs XIV. und der selbstgefälligen Devise ›Nec pluribus impar‹ (auch mehreren gewachsen).

Um das Bollwerk zog sich ein 200 m breites Befestigungssystem aus Gräben und Erdwällen. Damit die Festung aus Sandsteinquadern besser ins Land vor den Pfälzer

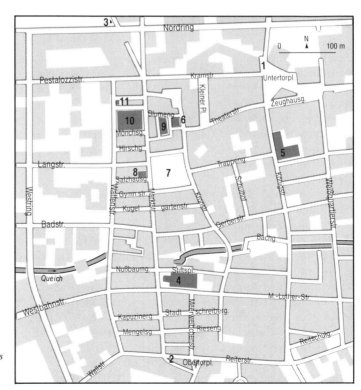

Landau
1 Deutsches Tor
2 Französisches Tor
3 Außenfort
4 Stiftskirche
5 Augustinerkirche (kath. Pfarrkirche)
6 Katharinenkapelle
7 Rathausplatz
8 Stadthaus
9 Frank-Loebsche-Haus
10 Rote Kaserne
11 Galeerenturm

Spanischer Erbfolgekrieg: feindliche Truppen vor Landau, Holzstich um 1860

Bergen hineingeklotzt werden konnte, war ein ›warmer Abbruch‹ der alten, engen und verwinkelten Stadt sehr willkommen. Drei Viertel aller Häuser fielen in der Johannisnacht 1689 in Asche, Sonnenkönigs Soldaten hinderten Landauer Bürger am verzweifelten Löschen. Ausgebrochen war das Feuer im ›Maulbeerbaum‹ auf der heutigen oberen Marktstraße, schräg gegenüber der Stiftskirche. Dort hatte 1522 unter Franz von Sickingen der ›Landauer Bund‹ getagt, ein Versuch der Ritterschaft, das Ende ihrer Zeit hinauszuzögern. Geblieben sind im Jahr 1888 angebrachte Terrakotta-Medaillons zur Erinnerung an jene Epoche, an die Zeit Kaiser Karls V., Ulrichs von Hutten oder Florian Geyers.

Etwas später als die Stadtfestung entstand unter der Regie von Baumeister Tarade im Nordosten ein *Außenfort,* in dem man den Einfallsreichtum barocker Verteidiger noch heute studieren kann. Zahlreich zog die fertiggestellte Festung Feinde an. Auch im Spanischen Erbfolgekrieg zwischen 1701–14, in dem die Nachfolge des letzten spanischen Habsburgers ausgeschlossen wurde, war die Festung Landau strategisches Ziel.

Im Juni 1702 begann es mit der Belagerung durch ein 70 000 Mann starkes kaiserliches Heer unter dem Kommando des Markgrafen von Baden, des ›Türkenlouis‹. Bereits wenige Tage später konnte der Festungschef, Generalleutnant Mélac, der einmal die halbe Pfalz niedergebrannt hatte und damals schon 78 Jahre alt war, seinen Soldaten keinen Sold mehr bezahlen, weil die Kaiserlichen einen französischen Oberst samt der prallen Kriegskasse geschnappt hatten. Bis zu 2 Ztr. schwere Kugeln feuerten die Belagerer in die Stadt. Einmal, meldet die Chronik, wurde dabei im Augustiner-Klostergarten eine Frau enthauptet, ihr Kopf flog bis aufs Dach der Kirche. Nach wochenlangem Artilleriefeuer mußte Mélac kapitulieren. Ein Jahr später kapitulierten die Deutschen vor den Franzosen, ein weiteres Jahr darauf war es wieder umgekehrt. Dann allerdings dauerte es neun Jahre, bis die Franzosen wieder Herr ihrer Festung wurden.

Bei der ersten Belagerung Landaus durch kaiserliche Truppen begab sich auch der österreichische Kaisersohn Joseph als nomineller Oberbefehlshaber in die Pfalz. Der junge Mann reiste kommod ins Getümmel. Er hatte Zeremonienmeister und Kammerherren, Silberbewahrer und Stiefelwichser, Sänftenträger, Schneider und einen Medicus dabei. Joseph reiste im speziell für diese Reise konstruierten vierspännigen ›Landauer‹ mit einem Dach, das je zur Hälfte nach vorne und nach hinten aufklappbar war. Landaus Verteidiger ließ höflich-höhnisch anfragen, wo der Kaisersohn aus Wien denn Quartier zu nehmen gedenke, denn er wolle nicht ausgerechnet dorthin seine Kanonen abfeuern.

1871 wurde Vaubans Festung geschleift. Aus dem martialischen wurde ein grüner Gürtel, heute Landaus besonderer Stolz. Aus der Wehranlage Tarades auf dem Kaffenberg vor der Stadt ist ein lauschiger Park geworden. Gras wächst dort über ehernem Verteidigungswillen. Da kann man heute ehrfürchtig im trockengelegten Graben spazieren,

Landau, Stiftskirche von Westen

Landau, Stiftskirche, innen

an der einen Seite den meterhohen zackigen Außenwall (Contrescarpe) hinaufschauen, auf dem einst ein gedeckter Gang entlanglief, in dem die Verteidiger in vorderster Linie Stellung bezogen. In den Graben waren dreieckige Revalins hineingeklotzt, erst dahinter erstreckte sich, mit Bastionen bewehrt, der Hauptwall (Eskarpe).

☐ Stadtbesichtigung

700 Jahre kriegerischer Stadtgeschichte überstanden haben die evangelische Stiftskirche (ehemals St. Maria), die ehemalige Augustinerklosterkirche (jetzt katholische Pfarrkirche) und die Katharinenkapelle. 1276 hatte Graf Emich IV. von Leiningen ein Augustiner-Chorherrenstift errichten lassen. Den Chorherren wurde drei Jahre später das Pfarrecht übertragen. Bald darauf mag wohl mit dem Bau der Kirche begonnen worden sein, 1333 wurde die Stiftskirche geweiht. Der Turm, ein Viereck, das unterm Glockengeschoß in ein Achteck übergeht, wurde 1349 begonnen und erst 1458 vollendet.

Die *Stiftskirche*, eine dreischiffige Basilika (ein zweites Seitenschiff im Norden wurde erst 1490 angefügt), entspricht den Bauprinzipien süddeutscher Bettelordenskirchen. Die Wirkung des hohen, langen Raumes kommt seit der Restaurierung wieder besonders gut zur Geltung. Der Chor mit ⅝-Schluß und das Langhaus mit elf rechteckigen Jochen gehen auf einer Höhe ineinander über, die Seitenschiffe enden in Nebenchören. Stämmige Rundpfeiler tragen die niedrigen Spitzbogenarkaden, darüber ergeben sich große Wandflächen. Hoch sitzen die Obergadenfenster, ihr Maßwerk stammt vom Ende des 19. Jh. Damals wurden auch die zerstörten Kreuzrippengewölbe des Mittelschiffs erneuert. Ursprünglich sind die Gewölbe in den Seitenschiffen, hervorzuheben ist das spätgotische Netzgewölbe mit Parallelrippen im zweiten nördlichen Seitenschiff. Unter den Diensten an den östlichen Mittelschiffpfeilern erscheinen statt Spitzkonsolen, die mit den achteckigen Deckplatten der Arkaden verkröpft sind, derbe Sandsteinfiguren, mit der einen hat sich wohl der Baumeister porträtiert.

Zwölf Livres Belohnung bekamen 1794 vom revolutionär denkenden Stadtrat die Landauer Bürger Michael Wolf, Heinrich Remlinger und weitere vier Männer dafür, daß sie die Skulpturen am Stufenportal der Westwand des Mittelschiffs unterm Turm abgeschlagen hatten.

Am Ostende der beiden nördlichen Seitenschiffe ist doppelgeschossig die Sakristei angebaut (heute Taufkapelle). Auf einem runden Mittelpfeiler ruhen vier Kreuzgewölbe. Malereien aus der ersten Hälfte des 14. Jh. zeigen die Vermählung der hl. Katharina mit dem Jesuskind (Westwand, linkes Feld), Christi Auferstehung, dazu die Heiligen Veronika und Odilia sowie Katharina und Apollonia (Westwand, rechtes Feld), Gnadenstuhl und Schmerzensmann (Nordwand, linkes und rechtes Feld).

Landauer Bürger haben im späten 13. Jh. wohl das Augustiner-Eremitenkloster an der heutigen Königstraße gegründet. 1791 wurde es aufgehoben, seine Kirche war Zeughaus, heute ist sie *katholische Pfarrkirche*. Vom ersten Bau der dreischiffigen Gewölbebasilika mit einschiffigem Chor aus dem frühen 14. Jh. steht nur noch die nördliche

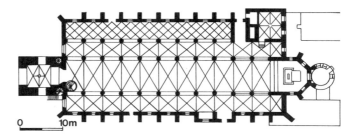

Landau, Stiftskirche, Grundriß

Seitenschiffwand. Knapp 100 Jahre später ist das fünfjochige Langhaus entstanden: Dicht unter den hohen Scheidbogen auf Rundpfeilern sitzen kleine Obergadenfenster. Dadurch entsteht eine lichtarme Halle mit Kreuzgewölben, die auf einen lichtvollen Chor aus drei Jochen und ⅝-Schluß zuhält, der nach Zerstörungen im Zweiten Weltkrieg wiederaufgebaut wurde.

Erst 1962 wurden Malereien in der Kirche entdeckt. Aus der Zeit vor dem Neubau im frühen 15. Jh. stammt die Szene an der Wand des nördlichen Seitenschiffs, in der der hl. Jakobus einen Pilger krönt. Eine Beweinung Christi im südlichen Seitenschiff stammt aus dem dritten Viertel des 15. Jh.; etwas später entstand die Marienkrönung an der Südwand des Chores. Das große Rosenfenster überm kleinen Portal der Westwand hat nur noch wenig Lichtwirkung nach drinnen, weil eine klobige Orgelempore aus Beton davorgegossen wurde. Zur Geltung kommt indes eine lebensgroße barocke Madonna. Den Löwen am Fuß des Taufsteins von 1506 sind die Köpfe abgeschlagen.

Vom flach gedeckten Kreuzgang aus der Mitte des 15. Jh. – er wurde im 18. Jh. erheblich nach Westen erweitert – sind nur Teile erhalten. Arg beschädigt ist ein großes steinernes Kruzifix, um 1480 entstanden.

Die kleine *Katharinenkapelle,* ehemals Gotteshaus der Beginen, liegt hinter der Nordfront des *Rathausplatzes* versteckt. Auch in ihr wurden vor einigen Jahren Fragmente von Malereien aus der Zeit um 1460 (Passionszyklus) entdeckt. Baubeginn für das zweijochige Langhaus war 1344, ein zweijochiger, gerade geschlossener Chor fügt sich an. Die Kapelle war Pulvermagazin, Gefängnis, Weinkeller und ist heute Kirche der Altkatholiken.

»Schlüsselloch zu Frankreich«, so nannte der Dichter Jakob Michael Reinhold Lenz im September 1792 Landau, das Städtchen an der Queich, dessen Name auf dem Arc de Triomphe in Paris eingemeißelt ist. Am 14. Juli 1790 war zur Erinnerung an den Sturm auf die Bastille im Jahr davor in Landau ein Vaterlandsaltar errichtet worden, im Dezember 1793 mußte die Kommune preußischen Besatzern entrissen werden. »Landau ou la mort« (Landau oder den Tod) schrien die Sansculotten, die Hosenlosen. Im Januar 1794 wurde auf der ›Place de l'Egalité‹ das »Anniversarium der gerechten Todesstrafe des letzten Tyrannen«, Ludwigs XVI., feierlich begangen, den Bürger Parmentier ernannte

Landau, Rathausplatz

man zum »patriote par excellence«, weil er in Landau eine Guillotine hatte aufstellen lassen, die allerdings nicht zum Einsatz gekommen ist.

Das *Stadthaus* wurde 1827 wiederhergestellt, zunächst als bayerische Militärkommandantur genutzt. Es schaut auf ein rechteckiges Areal, das alte Landauer noch immer den ›Paradeplatz‹ nennen.

Außer an Markttagen ist es dort still. Zum Hexenkessel gerät er einmal im Jahr, im Oktober, beim ›Fest des Federweißen‹. Dann wird, wiewohl eine Blaskapelle unablässig martialische Märsche spielt, kein Stechschritt geübt, sondern etwas anderes: wer nämlich die lehmige, vom Gären handwarme und rauschende ›Brie‹ (Brühe), den Federweißen, am längsten aus dem Schoppenglas trinken kann, ohne stechgranatenvoll zu sein.

Das Zentrum des autofreien, schön gepflasterten Gevierts beherrscht wieder Bayerns bronzener Prinzregent Luitpold – und das Roß, auf dem er sitzt, zeigt den Stadtvätern im Rathaus die Grünspan-Hinterhand. Bis vor kurzem noch präsentierte das Pferd sie dem Städtischen Kaufhaus aus gotischer Zeit. Dort waren einst im Erdgeschoß Woll-, Safran- und Fruchtwaagen sowie Eichgeräte aufgestellt, und es gab einen Tanzsaal darüber. 1838/39 wurde das Ensemble von August von Voit zur Mittelalter-Imitation umgestaltet. Das Gebäude verwahrloste bis zum Sexkino und bedarf dringender Renovierung.

Dahinter, der Katharinenkapelle gegenüber (Kaufhausgasse 9) liegt ein Stück erst jüngst wiedergewonnener Vergangenheit der Stadt, ein architektonisches Juwel, eine Stätte eindringlicher Besinnung: das *Frank-Loebsche-Haus*. Einzelne Bauteile des dreigeschossigen Vierflügelbaus mit dem stimmungsvollen Arkadenhof reichen zurück bis ins 15. Jh. Das Gebäude hat als eines der wenigen den Brand von 1689 überstanden, war Gastwirtschaft, Herberge und Poststation. 1870 kaufte es der Bankier Zacharias Frank, ein Urgroßvater der durch ihr Tagebuch als jüdische Märtyrerin des Naziterros bekannt gewordenen Anne Frank. Im Herbst 1940 wurden 23 der noch in der Stadt lebenden Juden hier zusammengetrieben und dann in ein Internierungslager in Frankreich deportiert. Die meisten von ihnen kamen in den Vernichtungslagern von Auschwitz und Theresienstadt ums Leben.

Nach dem Krieg rottete das Anwesen jahrzehntelang seinem Abriß entgegen, bis ein paar Landauer Bürger diese Schande nicht länger hinnehmen wollten. Aus Mitgefühl am grauenvollen Schicksal ihrer jüdischen Mitbürger in der Nazizeit haben sie es gerettet. Im Mai 1987 wurde das wiedererstandene Haus eingeweiht. Es kam zu einer bewegenden Feier der Versöhnung. In alle Welt zerstreute Juden Landaus nahmen daran teil, auch der letzte Rabbiner der Stadt, Kurt Metzger. Jetzt beherbergt das Frank-

Landau, Frank-Loebsche-Haus, Innenhof

>
> **Die fliegende Glocke**
>
> Franz Weiss nennt in seinem Buch ›Die malerische und romantische Pfalz‹ den 20. Dezember 1794 einen für die Kommune verhängnisvollen Tag. Denn es »flog, aus unbekannter Veranlassung, das Zeughaus in die Luft. Eine Menge von Gebäuden wurde theils gänzlich zerstört, theils so stark beschädigt, daß sie nicht mehr bewohnt werden konnten. Wie furchtbar die Explosion gewesen sein muß, geht daraus hervor, dass die Glocke, welche sich auf dem Thurme des drei Stockwerke hohen Stadthauses befand, bis in die Nähe von Godramstein geschleudert wurde, wo man sie später, tief in der Erde, wieder fand, und dass acht Centner schwere Quadersteine von dem Zeughause eine Viertelstunde weit fortgetrieben wurden.«
> Das alles ist erbarmungslos übertrieben, zeigt aber auch, welche Sprengkraft in dieser Stadt gehortet war, die als Garnison zu allen Zeiten Soldaten mit wechselndem Verteidigungsauftrag beherbergte. Die Glocke hätte damals mindestens 3 km weit fliegen müssen.

Loebsche-Haus eine Dokumentation zur Geschichte der Juden in Landau, eine kleine Synagoge, Künstler-Werkstätten und -Ateliers, eine Kunstgalerie sowie eine Weinstube.

Nach Jahren der Stagnation ist neuerdings fast so etwas wie Wiederentdeckungsgeist in der Stadt spürbar. Der kann sich an so manchem Stück mißachteter Vergangenheit bewähren – und hat dies, zum Beispiel in der Meerweibchenstraße, bereits getan. Da ist im Bereich der unteren Marktstraße noch viel altes Fachwerk unter grauem Putz versteckt. Manche Altstadtgasse macht einen recht sanierungsbedürftigen Eindruck. Die *Rote Kaserne* steht schwarz und abweisend da, wie vergessen sieht der *Galeerenturm* aus, ein Rest der mittelalterlichen Stadtbefestigung. Vor allem müßte etwas mit den ehemals baumbestandenen, den Bürgerstolz der Gründerzeit ausstrahlenden Ringstraßen Westring, Südring, Marienring, Nordring und Ostring geschehen, die dem Vieleck der Festungsmauern Vaubans folgen. Sie sind zu Autoschneisen verkommen, gesäumt von prächtigen Gebäuden mit Balkonen, an denen muskelbepackte steinerne Heroen schwer zu tragen haben, lichtdurchfluteten Loggien, Erkern, Türmchen, Zinnen und Giebeln. Helmut Range hat in einer ›Studie zum bürgerlichen Wohnhaus an den Ringstraßen von Landau 1871–1914‹ festgestellt, daß es im deutschen Kulturraum nur noch zwei bedeutende Ensembles von Ringstraßen-Architektur gebe: in Wien und in Landau in der Pfalz.

Streifzüge durch den Wasgau

Annweilers Berge seh' ich wieder
Kreuz- und Querwege zum Trifels

Die *evangelische Kirche* auf einem Hügel bei **Wollmesheim** jenseits der kleinen Anhöhe 3 km westlich von Landau wurde 1040 dem hl. Mauritius geweiht. Nur noch der Turm mit Schallarkaden, die eine Säule mit Würfelkapitell stützt, ist erhalten, der älteste Kirchturm der Pfalz. Über dem Scheitel des Westportals ist der stark verwitterte Kopf des Erlösers zu erkennen, daneben das Lamm Gottes. Die Autostraße führt in einer weit geschwungenen Kurve vorbei, und nur wenige machen halt bei dieser kleinen Kostbarkeit aus dem frühen Mittelalter.

Ilbesheim hat dreierlei. Der Ort besitzt ein stattliches Rathaus aus dem 16. Jh. Das Erdgeschoß ist eine Halle, die sich nach drei Seiten in Rundbogen öffnet. Die Stockwerke darüber präsentieren solides Fachwerk. Hier hatten die Befehlshaber der Reichstruppen im Spanischen Erbfolgekrieg zeitweise ihr Hauptquartier.

Ilbesheim beherbergt heute die Gebietswinzergenossenschaft ›Deutsches Weintor‹, in deren Tanks Platz ist für mehr als 40 Mio. l Wein (Besichtigung bei Voranmeldung möglich).

Von Ilbesheim spaziert man hinauf zur *Kleinen Kalmit,* einer Kalkscholle, die nicht ganz 300 m hoch aufragt. Droben auf dieser von der Natur errichteten Aussichtskanzel steht eine Kapelle mit Blick in die Ebene und auf die Berge. Im Frühjahr blüht hier lilablau die Küchenschelle, die nur noch in wenigen Refugien Deutschlands zu Hause ist.

›Straßendörfer‹ werden Weinorte wie Godramstein oder Siebeldingen gedankenlos genannt. Das klingt wie Straßenköter, läßt an Menschen denken, die kein Zuhause haben. Dabei wagten sich die Godramsteiner und Siebeldinger bis zur Fertigstellung einer Umgehungsstraße vor lauter Autolärm, -gestank und -dreck überhaupt nicht mehr vor die Tür. Das ist nun anders geworden, und die Dörfer entdecken sich neu. Es lohnt sich, die Fassaden wieder zu verschönern, Rankreben und Blumen vors Haus zu pflanzen und den Ort geschmackvoll herauszuputzen.

Wer, wissenschaftlich korrekt und doch nicht trocken, alles über den Wein erfahren will, sucht – nach Voranmeldung – die Bundesanstalt für Rebenzüchtung *Geilweilerhof* nördlich von **Siebeldingen** auf. Dort geben Kenner Auskunft.

Birkweiler, am ›Kastanienbusch‹ gelegen und weitgehend von diesem Weinberg lebend, feiert Ende Juli ein Fest, bei dem angeblich immer schönes Wetter herrscht. Außerdem hat es auf dem Festplatz den Anschein, die Menschheit bestehe nur aus lieben alten Bekannten. Im Ort gibt es Winzer, die aus unerbittlicher Bescheidenheit und höchstem Qualitätsanspruch einer Spätlese freiwillig die Anerkennung versagen und sie als schlichten Tischwein abfüllen, nur weil sie nicht total mit ihr zufrieden sind.

Eine grüne Mulde ist das Queichtal. Früher fiel der Blick auf Pappelreihen, Hecken und Sträucher, war das Land ein grüner Fleckenteppich aus Wiesen und Feldern, Weinbergen und Obstbäumen. Heute ist die Flur bereinigt. Ins Gebirge geht es hier auf breiter, neuer Trasse zwischen einem Katzenbuckel und einem Schweinerücken, genannt *Hohenberg* (551 m) und *Orensberg* (581 m). Der Hohenberg gehört zum südöstlichen Teil des Pfälzer Waldes, auch Wasgau geheißen. Der Orensberg, Urlesberg, Urlaßberg, Auslaßberg für das Vieh, war einst von einem 2,5 km langen Ringwall umzogen.

Die Queich hat hier einen 400 m breiten Riegel aus Gneis durchgesägt. Als vor etwa 80 Mio. Jahren der Rheingraben einbrach, wölbte sich aus der Tiefe, bis dato unter einer Decke anderer Schichten, vor allem Buntsandstein, verborgen, diese uralte Hartsteinschwelle empor. Steinbrecher haben bei **Albersweiler** die Arbeit des Baches fortgesetzt, einem Dorf, dessen eine Hälfte einst (seit 1410) den Zweibrückern gehörte, die andere den Herren von Scharfeneck. Das waren viele. Im 15. Jh. war es Kurfürst Friedrich I., der Siegreiche, dann, nach beendeten Besitznehmerschwierigkeiten, Friedrichs Sohn aus morganatischer Ehe, Ludwig. Der wurde Stammvater einer neuen Dynastie, der Grafen und späteren Fürsten von Löwenstein. Den Löwensteinern gehörte bis zur Französischen Revolution der nördliche Teil Albersweilers.

Die politische Flurbereinigung, die solcher ›Gemengelage‹ ein Ende setzte, fand 1793 statt. Fürst Carl Thomas von Löwenstein hatte knapp 30 Jahre zuvor im heutigen Ortsteil St. Johann ein *Amtshaus* errichten lassen, eine Rechteckanlage, zweigeschossig mit Mansarddach, die Südfassade von einem Mittelrisalit bestimmt, auf dem ein wuchtiger Giebel sitzt. Im Hof Allegorien von Ackerbau und Weinbau, marmorne Putten, um 1765 geschaffen.

Einmalig in Deutschland ist, was im Haus Hauptstraße 62 geschaffen wurde: die *Sinti-Werkstatt*. Hier haben Menschen, die jahrhundertelang als lästige Außenseiter verfemt und verfolgt wurden, selbstbewußt die Handwerkertradition ihrer Väter wiederentdeckt. Stein- und Holzbildhauer, Korbflechter und Maler arbeiten unter einem Dach. Ihr gemeinsames Zeichen, ein Hammer, aus dessen Stiel ein grünes Blatt sprießt, ist vielversprechend.

Dernbach liegt im Seitental eines Seitentals des Queichtals. Westlich von Albersweiler, an der Bahnschranke, zweigt eine schmale kurvenreiche Straße ab. Am Vogelstockerhof geht es noch einmal rechts ab in die Abgeschiedenheit. Hier waren einst Menschen zu Hause, die sich als ›Bärschdebinner‹, als Bürstenbinder, kärglich durchs Leben schlagen mußten, denn ein paar saure Wiesen am Bach und ein paar ›Grumbeer‹- (Kartoffel-)Äcker am Berg gaben Wohlstand nicht her.

Der älteste Teil der katholischen *Kirche Zur Heiligen Dreifaltigkeit* ist der gerade geschlossene Chor. Er wurde um 1300 erbaut mit zwei Kreuzrippengewölben und schönen Schlußsteinen. In diesem Chor sind Wandmalereien aus der Zeit bald nach der Erbauung erhalten. An der Ostwand ist links der Zug der Seligen zu sehen und rechts die Gruppe der Verdammten. Darunter zieht sich ein Feld mit acht stilisierten Sarkophagen, über die je ein Querbalken gelegt ist. Im Wechsel enthält mal der Balken, mal der Sarkophag ein graphisches Strichelmuster. Hinter den Grabstellen recken kleine Gestalten auferstehend die Arme empor. Drunter, von schönen Ornamentstreifen eingefaßt, wird Abendmahl gefeiert (links), wobei ein kleiner Mann, wohl der Kirchenstifter, vor dem Tisch kniet; rechts wird Maria bestattet.

Meistersel, Ramburg, Neu-Scharfeneck – gleich drei Burgruinen sind im Dreieck um Ramberg zu erwandern. Im 11. Jh., zur Salierzeit gegründet, ist die **Meistersel** eine der ältesten Burgen der Pfalz. Seit 1100 gehörte sie dem Bischof von Speyer, war später Reichsburg, auf der ein Minsteriale saß, wurde im Bauernkrieg und wieder im Dreißigjährigen Krieg zerstört.

Reichsburg, erst im 12. Jh. gegründet, war auch die **Ramburg** auf dem Schloßkopf. Bis vor zwei Jahrzehnten stand hier nur noch eine durch Steinschlag gefährdende Ansammlung von Mauerstümpfen. Doch wo die Ramburger einst fronten, arbeiteten sie dann aus Idealismus. Ihre Ramburg sollte nicht ganz verfallen, sollte obendrein Ziel für durstige und hungrige Wanderer werden. So geschah es. Einst reichten rotsandige Steiläcker bis hinauf unter den Fels, jetzt wächst dort wieder Niederwald, Kastanien und Buchen gedeihen im Stockausschlag. Und kein Ramberger zieht heute mehr hausierend mit einem Bündel Bürsten und Besen, unter dem er den Buckel krumm machen muß, durchs Land.

Um 1200 ließ Konrad von Scharfenberg, Bischof zu Speyer, mit Zustimmung des Kaisers eine Burg auf dem Ringelsberg errichten. Von ihr waren vor einigen Jahren nur noch Spuren zu sichern. Die Burgherren starben im Mannesstamm aus. Es war eine Scharfeneckerin, Guda, die 1232 mit dem Bau von **Neu-Scharfeneck** (Farbabb. 3) beginnen ließ. Mehrfach wurde die Burg aus- und umgebaut. Quer über die Bergzunge läuft eine 58 m lange und 12 m breite Schildmauer.

Sie war der letzte materialstrotzende Versuch der Burgherren im 15. Jh., sich gegen die neuen Feuerwaffen zu schützen. Scharfenecker, vor allem der böse Ritter Einaug mit dem weiten Mantel und dem Kremphut, boten hinreichend Stoff, aus dem Sagen geschneidert wurden. Sie werden bis heute durchs abseits gelegene Tal getragen.

Beim Vogelstockerhof rechts ging es nach Dernbach, links geht es nach **Eußerthal**. Der trinkwasserklare Eußerbach durchschlängelt das Wiesental, er ist auf längeren Strecken von dichtem Ufergestrüpp beschattet und versteckt. In diese Einsamkeit kamen 1148 Zisterziensermönche aus Lothringen; gehen mußten sie 1561. 100 Jahre später, 1665, holte der Pfälzer Kurfürst Flüchtlinge aus Piemont zu neuer Besiedlung.

In der von der Ordensregel vorgeschriebenen Abgeschiedenheit bauten sich die Mönche aus kräftig rotem Sandstein ihre *Klosterkirche*. 1262 wurde die spätromanische, gewölbte Pfeilerbasilika mit rechteckigem Chor und je zwei Kapellen an der Ostseite der Querhausflügel geweiht. Im Bauernkrieg fiel sie in Trümmer, Mitte des 18. Jh. wurde sie erneuert, dabei mauerte man eine Wand vors erste von fünf Doppeljochen des Langhauses. 1820 wurde der Rest vom Langhaus eingerissen.

Die Kirchenruine war in der Vergangenheit immer wieder Bauhof für den Ort. So finden sich an mancher Hausfassade Laubwerkkonsolen aus der Zisterzienserzeit. Eine

Neu-Scharfeneck, Rekonstruktion von E. v. Essenwein

gründliche Restaurierung erfolgte Anfang der 60er Jahre dieses Jahrhunderts. Dabei wurden die grob behauenen Wandflächen mit weißem Schlämmputz überzogen, unverputzt blieb das Großquadermauerwerk.

Die Gurtbogen – der zwischen Mittelschiff und Vierung ist noch ursprünglich – saßen auf kräftigen Diensten, die zwei Dienststummel, auf denen die Gewölberippen aufliegen, flankieren. Wenig gegliedert sind südliches und nördliches Querschiff. Es fällt lediglich ein Vierpaßfenster über dem Gesims auf. Von den fünf Fenstern der östlichen Chorwand sind die drei unteren ursprünglich, die oberen wurden im 18. Jh. eingesetzt.

Die drei alten Fenster sind auch die auffälligsten Gliederungselemente der talauswärts gerichteten Giebelwand. Das mittlere ist hervorgehoben durch die Verdoppelung der rahmenden Säulen und durch einen Zickzackbogen. Über einer Öffnung zwischen den beiden nördlichen Seitenkapellen ist ein Drachenrelief zu erkennen.

Eußerthal war im Gebiet der heutigen Pfalz als zweites Zisterzienserkloster nach Otterberg bei Kaiserslautern gegründet worden. Mönche aus der zur Meditation so wohlgeeigneten Einsamkeit des Pfälzerwald-Tales hatten einst auch das Amt des Bergkaplans auf der Reichsfeste Trifels übernommen. Dafür wurden die entsagungsgewohnten Diener Gottes mit zehn Gulden, acht, manchmal zehn Malter Korn und einem Fuder Wein entlohnt.

> *Annweilers Berge seh' ich wieder*
> *Und ihre Burgdreifaltigkeit*
> *In Ehren alt, vernarbt und bieder,*
> *Kriegszeugen deutscher Kaiserzeit.*
> *Dort Scharfenberg, die schlanke, feine,*
> *Vor ihr der Felsklotz Anebos,*
> *Und hier als dritter im Vereine*
> *der Reichspfalz Trifels Steinkoloß.*

Man muß das zweite o von ›Koloß‹ stark dehnen, um einen Reim zu bekommen. Diese Verse sind sicherlich nicht die besten des Karlsruher Poeten Josef Victor von Scheffel, der – edle Einfalt, waffenklirrende Größe – so vielerlei aus dem Mittelalter in Reime geholt hat. Verstiegen ist, den theologischen Begriff von der Dreifaltigkeit auf drei Ruinen zu übertragen, auf einen 20 m hohen Bergfried, einen »Klotz« und einen »Koloß«. Die drei bewaldeten Kuppen mit den roten Sandsteinkronen darauf sind die am häufigsten wiedergegebene Kulisse der Pfalz. Sie ist eindrucksvoll aus jeder Himmelsrichtung und zu jeder Jahreszeit.

Eußerthal, Klosterkirche

Scharfenberg, auch Münz geheißen, eine Reichsburg wie der Trifels, fiel im Bauernkrieg in Trümmer, der Felsklotz **Anebos** wurde schon 1264 aufgegeben, vom Koloß ist ausführlich zu reden. Dieser **Trifels** (Farbabb. 7) mit Bergfried und Palas sollte in der großen Zeit der Salier und Staufer die nie zu gefährdende unvergängliche Kaiserherrschaft verkörpern. Im Jahre 1125 verfügte der Salierkaiser Heinrich V. auf seinem Sterbelager, daß die Reichskleinodien hier verwahrt würden. Es geschah. Etwa 150 Jahre waren die Juwelen der Macht – Krone, Zepter, Schwert und Reichsapfel – auf dem Trifels im Tresor, wenn auch mit längeren Unterbrechungen. Wenn die nachfolgenden Staufer Sicherheitsprobleme hatten, auf dem Trifels wurden sie gelöst. So kam 1186 der Brautschatz Konstanzes, der Gemahlin Heinrichs VI. und Mutter Friedrichs II., hierher, wurde 1193 der englische König Richard Löwenherz hier gefangengehalten, saßen 1195–98 Normannenherren ein, war der Trifels Safe für ihren konfiszierten Schatz.

Trifels, Aquarell von Reinermann um 1840

Hochkarätige Edelsteine, illustre Gefangene, Symbole der Macht. Die alte Reichsherrlichkeit war Kampf, Kampf noch immer zwischen Imperium und Sazerdotium, zwischen weltlicher und geistlicher Herrschaft. Heinrich IV. mußte die beschwerliche und demütigende Reise nach Canossa auf sich nehmen, um dort von Gregor VII. aus päpstlichem Bann erlöst zu werden. Friedrich I. Barbarossa nahm den Kaisertitel vor seiner Krönung an (1155), um zu demonstrieren, er habe das Imperium nicht vom Papst, sondern von Gott allein. Er betrachtete das Heilige Römische Reich Deutscher Nation als direkte Fortsetzung des Römerreiches. Er betrieb die Heiligsprechung Karls des Großen, er bediente sich des kaiserlichen, des römischen Rechtes. In diesem Kampf ums ›dominium mundi‹, um die Herrschaft der Welt, hatte jenes wuchtige Bauwerk in strategisch wichtiger Lage über Annweiler seine Bedeutung.

Markwart von Annweiler (†1201) war der Administrator auf dem Trifels, er hatte die Burgwacht. Nur zuweilen bestimmte kaiserliche Hofhaltung den dreiteiligen Felsen. Im Jahr 1274 ließ Rudolf I., der Habsburger, der ein Jahr zuvor zum deutschen König gewählt worden war, die Insignien der Macht wegtransportieren. Sie befinden sich heute in Wien, in der Schatzkammer der Hofburg. Und kostbare Kopien sind auf dem Trifels zu bestaunen.

Ludwig der Bayer verpfändete die Reichsburg an die Kurpfalz. Das symbolische Zentrum des Reiches war zum beliebig zu veräußernden Vermögenswert geworden. 1410 übernahmen die Herzöge von Zweibrücken den Trifels. In den salisch-staufischen Reichsmauern verstaubten Akten des herzoglichen Archivs. Aus einer erhaltenen Rechnung von 1595 läßt sich das Elend ermessen: Zum armseligen Inventar zählten ein paar »schräge Tischlein« und »Bettladen, alt, die eine gar zerbrochen«. Ein Blitzstrahl ging am 29. März 1602 über der einst so prächtigen Feste nieder und vernichtete den Palas sowie einige Nebengebäude. Jahr um Jahr verschwanden Quader, Säulen und Fußbodenplatten, das nie eroberte Bollwerk wurde schamlos demontiert.

Zum Koloß, wiewohl von Josef Victor von Scheffel schon im 19. Jh. so genannt, wurde die Burg erst in jüngster Zeit, weil der Wiederaufbau der Ruine kein »Rekonstruktionsversuch« mehr sein sollte, sondern der Bau »in erster Linie Rücksicht auf die ihm gestellte Aufgabe als Reichsehrenmal« nimmt. So hieß es 1942. Mächtige Ideologiesteine wurden zur Nazizeit aufgeschichtet, wenn auch in staufischer Buckelquadertechnik behauen. Daß hier zur Stauferzeit einmal tatsächlich der Mittelpunkt des Reiches war, paßte den neuen Reichsfanatikern prächtig ins verquaste Konzept. In jenem Geist hat – technisch meisterhaft – der Godramsteiner Maler Adolf Keßler 1937/39 den Hohenstaufen-Saal in Annweiler mit Fresken aus der Staufergeschichte ausgemalt.

Palas, Bergfried und Kapelle, bei romanischen Burgen separate Gebäude, waren beim Trifels auf einem Felsen mitten in der Oberburg zusammengefaßt. Drei Geschosse hoch ist der *Turm* noch staufisch, ein viertes wurde in jüngster Vergangenheit draufgesetzt, damit der Turm über den Palas hinausragt. Zwei Räume im Erdgeschoß mit Gratgewölben stellen die Verbindung zum Palas her. Diese Verbindung gibt es noch einmal im Geschoß darüber. Dort liegt die *Burgkapelle* (mit Kreuzgratgewölbe), nach Osten springt an der Außenwand eine Rundapsis vor, von drei mit Masken verzierten Konsolen getragen und einem Löwenkopf bekrönt.

Neu, wenn auch von alten Fundamenten ausgehend, entstand nach Ideen von Rudolf Esterer der *Palas*. Er war einst dreigeschossig, das mittlere Stockwerk war, so Quellen des 16. Jh., mit Marmorplatten und Marmorsäulen königlich ausgestattet. Zwei Stockwerke wurden zu einem einzigen zusammengefaßt. Dadurch entstand ein gewaltig hoher Innenraum, geprägt von einer pompösen Freitreppe, die zu einer umlaufenden Galerie führt. Diese freie Schöpfung heißt heute Kaisersaal.

Wer von Annweiler nicht bis zu den ›Schloßbäckern‹ hinauffährt, um dann den Burgberg hinaufzusteigen, sondern auf halber Fahrtstrecke haltmacht, findet sich bald vor einem der pfälzischen Naturwunder, dem *Asselstein,* 100 m lang, 45 m hoch, 8–10 m breit, eine gigantische Sandsteinhürde. Im freien Felsgang wurde sie erstmals im Jahr 1909 von drei Offizieren aus Landau bezwungen.

Ein bißchen vom Stauferglanz, der Ende des 13. Jh. so jäh erlosch, wurde auch **Annweiler** am Fuß des Trifels erhellt. Schon 1219 war das Dorf unter Friedrich II. zur Freien Reichsstadt erhoben worden, war aber über Jahrhunderte das kleine Landstädtchen geblieben und wirkt heute, trotz schwerer Zerstörungen im Zweiten Weltkrieg, wie

Annweiler, Fachwerkhäuser in der Wassergasse

ein quicklebendiges Freilichtmuseum. Rund um das neue *Rathaus,* an dem mit grünen Algenknien ein roter Sandsteinkaiser Friedrich II. thront, präsentieren sich geranienbehangen stolz gepflegte *Fachwerkhäuser* am Marktplatz und besondes in der Wassergasse (Farbabb. 8).

Wieder in Schwung gebracht wurde das alte *Mühlenrad* der Stadtmühle an der Queich. Es überträgt seine Energie auf ein hochmodernes Generator-Wärmepumpen-Aggregat (im Glashaus zu besichtigen), das dem ehemaligen Wohnhaus des Müllers (jetzt Galerie) Wärme und Strom spendet – die Überschüsse fließen ins örtliche Netz.

Am Ortsausgang im Westen steht zum Hang hin die 1429 geweihte *Friedhofskapelle.* Aus der Zeit der Erbauung sind (nach 1930 entdeckt, 1969/70 restauriert) an Ost-, Nord- und Südwand auf regelmäßig eingeteilten Rechteckfeldern Malereien erhalten: Szenen aus dem Marienleben, der Kindheit und der Passion Christi. Auf-

Annweiler, historischer Straßenmarkt: Ein Bäcker wird in die Queich getaucht

fällig eine Beschneidungsszene (Ostwand); von den Stöcken, welche die Freier Marias in den Tempel tragen, grünt nur derjenige Josephs (Südwand); an der Nordwand wirft Judas seinen Verräterlohn in den Tempel.

Schöne Landschaft, arme Gegend
Im Dahner Felsenland

»In dem Dorfe Rinnthal betrachtete ich wieder die neue Kirche, die man mir als etwas Vorzügliches gepriesen ... Gott im Himmel! wenn selbst sogenannte gebildete Menschen in Rheinbayern solch ein Machwerk loben können, wie mag es um den Kunstsinn des Volkes überhaupt beschaffen sein! Es ist unverantwortlich, daß man so viel Geld für ein solches Gebäude ausgegeben. Und das soll eine Kirche sein! – Man denke sich ein gewöhnliches, unansehnliches Gebirgsdörfchen und darin eine Kirche im griechischen Stile, mit einem Peristyl von vier kolossalen jonischen Säulen und einem jener abgeschmackten Türme über dem flachen Dache, denen der Himmel im Zorn das Haupt abgeschlagen zu haben scheint ... Dabei ist diese sogenannte Kirche mit ihrem Hinterteil in einen Berg hineingedrängt. Das wird selbst von ihren Lobrednern getadelt, ich aber halte es für ihren einzigen Vorzug.«

Rinnthal, ev. Kirche

Empört ließ Friedrich Blaul in seinem Buch ›Träume und Schäume vom Rhein‹, das 1838 erschien, nichts Gutes an der *evangelischen Kirche* von **Rinnthal.** Hier muß man dem Pfarrer aus Speyer allerdings widersprechen. Die Rinnthaler wollten etwas, was jedem Reisenden Eindruck machen sollte – und das haben sie geschafft. Leo von Klenze hatte bei diesem ungewöhnlichen Bau die Hand im Spiel, Bayernkönig Ludwig I. gab seinen Segen, und August von Voit hat ihn ausgeführt. 1834 wurde ein klassizistischer Tempel als christliches Gotteshaus in einem schlichten Dorf geweiht und war keineswegs ein Abscheu erregendes steinernes Monster. Daß Pläne vertauscht worden seien, wird noch heute kolportiert, stimmt aber nicht.

»Doch ich wollte ja die großen Werke der Natur betrachten, nicht die kleinen der Menschen«, schrieb Blaul weiter und schlug sich »den Gedanken an den mißlungenen Bau bald aus dem Sinne«. Er bog ein in ein Seitental, und bald zog es ihn »mit jedem Schritte mächtiger hinein in die Krümmungen dieses einsamen Tales. Da war's so still, so duftig kühl von Bach und Wiesen, und von den grünen Bergeshalden wehte ein erquickender Hauch, der mir durch alle Glieder bis in die Seele drang.«

Der Pfarrer war, weiß Gott, kein Schwärmer, der bei jedem in der Morgensonne funkelnden Tautropfen gleich in Verzückung geriet. Aber er erlebte dieses weltabgeschiedene Land in vollen Zügen. Und das geht den Wanderern von heute genauso wie

Blaul vor mehr als 150 Jahren. Es geht besonders gut in den einsamen Waldbergen des Wasgaus südlich der Queich. Nur in einem hat sich dieser Landstrich verändert. Die Menschen kommen nicht mehr als Hungerleider auf die Welt und müssen sich nicht mehr bis an ihr Ende durchs Elend kämpfen. Den Dörfern sieht man den Wandel zum Besseren an. Die Häuser – die älteren aus einfachem Fachwerk gefügt, die späteren aus ochsenblutroten Sandsteinquadern gemauert – sind bescheiden herausgeputzt. Im Unterschied zu den ausladenden Mehrteiler-Gehöften draußen in der Rheinebene leben hier Menschen und Vieh meist unter einem Dach.

Blickt man aus den Tälern hinauf zu den Gipfeln, scheinen dort oben bedrohliche Trümmerkolosse herumzuliegen. In Wirklichkeit sind es Schaustücke in einem bizarren Skulpturengarten, den Wind und Wasser geschaffen haben. Sie heißen – die Phantasie hatte freies Spiel – *Geiersteine* und *Fladenstein*, *Krimhildenstein* und *Napoleonsfels*, *Drachenfels* und *Teufelstisch*, *Jungfernsprung* und *Braut und Bräutigam*.

Auf kargem Fels beißen sich genügsam Farn und Heidekraut durch, krümmen sich Kiefern aus den Spalten im Gestein. Auf kleinen Plateaus, die von der Sonne wohlig aufgeheizt werden, tummelt sich die Mauereidechse, und unnahbar in der Steilwand hat sich der vom Aussterben bedrohte Wanderfalke wieder eingefunden. Von oben, aus des Raubvogels Perspektive, bietet sich die Wasgaulandschaft als eine gigantische Maulwurfshügel-Wiese dar. Die Berge sind haufenweise hineingestellt ins Land, und ringsum, schmal und kurz und willkürlich die Himmelsrichtungen wechselnd, erstrecken sich magere Wiesen, schrebergartenkleine Kartoffeläcker und Getreidefelder.

Über Wilgartswiesen und Hauenstein führt die B 10 nach **Hinterweidenthal**. In der Nähe dieses Ortes im Kaltenbacher Tal steht jener berühmte *Teufelstisch* (Farbabb. 35). Von dort geht's die Straße 427 nach Süden ins Wieslautertal bis **Dahn**. Dieser Ort liegt zwischen Braut und Bräutigam und Jungfernsprung und verlieh dem Wasgau auch den Namen *Dahner Felsenland*.

Eine derart geformte Landschaft mußte zum Burgenbau geradezu herausfordern, heißt es. Aber aus Freude am schön gelegenen Bauplatz hat hier wohl niemand den Maurer bestellt – die Grundstücke waren vor allem aus Sicherheitsgründen begehrt.

Von Dahn aus über eine Straße nach Osten und eine Allee bergan sind Altdahn, Grafendahn und Tanstein zu erreichen, drei Burgen auf fünf Felsen eines langen Grates (Farbabb. 4). Die Herren von Dahn waren im Mittelalter ein einflußreiches Ministerialengeschlecht, als erster erscheint Anselmus de Tannika in einer Urkunde von 1127. Sie waren adlige Herren im Dienste des Reiches sowie des Bistums Speyer. Die älteste ihrer wehrhaften Behausungen, heute *Altdahn* genannt, war am längsten bewohnt. Stark beschädigt wurde sie 1363 und wieder 1372, als der Edelknecht Stophes daraus vertrieben werden mußte. Der war, so berichtet Peter Gärtner in der ›Geschichte der bayerisch-rheinpfälzischen Schlösser‹ ein Schuft und gefährlicher Geselle, der die Burg »von seines Weibes wegen, der Mutter Walthers von Dahn, einhatte«. Gärtner beschreibt, wie schaurig die Entdeckung war, die man auf dem Ritternest machte: Man fand darin

Altdahn, Grafendahn und Tanstein, Stahlstich von J. Poppel

»manchen gefangenen Mann in den Stöcken und auch todter Menschen Glieder, die ihnen abgefault waren«. Nach dreimaligem Niederbrennen im 15. Jh. war Altdahn seit 1603 nicht mehr bewohnbar und wurde im Jahr 1689 von den Franzosen endgültig zur Ruine geschossen.

Mehr als 400 Jahre zuvor, 1287, hatten die Altdahner ihren zweiten dickwandigen Wohnsitz errichtet, die westlich anschließende Burg Grafendahn. So hieß sie jedoch erst seit 1339, als sie komplett an die Grafen von Sponheim verkauft worden war. Davor hockten auf dem Ganerbensitz Dahner, Winsteiner, von der Eichen, Summerer, Landsberger und Sponheimer in beengten, Streit stiftenden Verhältnissen. Deshalb hatte Johann III. von Altdahn bereits 1328 Tanstein im Westen des 200 m langen Felsenkamms errichtet.

Grafendahn fiel später, als die Sponheimer ausstarben, an den Markgrafen von Baden, dann an die Kurpfalz und schließlich an den Marschall Hans von Drott aus Thüringen, dem auch der Berwartstein gehörte. Bald darauf, um 1500, war Grafendahn nicht mehr bewohnt, Chronisten vermerkten 1663 nur noch »zerfallenes Gemäuer, so ein Schloß gewesen«.

Tanstein war schon 1571 als »sehr in Abgang gerathene Burg« beschrieben worden. In Altdahn, der ältesten der drei, ist heute ein Burgmuseum eingerichtet mit Funden, die

Drachenfels, Stahlstich von J. Poppel

bei den Restaurierungsarbeiten gemacht wurden, einer gotischen Sonnenuhr aus Elfenbein etwa.

Heftiger Familienstreit – einer unter vielen im Haus der Herren von Dahn – führte im Jahr 1240 dazu, daß Heinrich Mursel von Dahn über der Mündung des Moosbachs in die Wieslauter die *Burg Neudahn* begründete. Auch sie ging durch verwirrend viele Hände und war Ziel zahlreicher Attacken. Heute bestimmt ihr wehrhaftes Bild der hochaufragende Geschützturm aus dem 16. Jh. sowie eine keilförmig vorgelagerte Bastei.

Begründet Anfang des 13. Jh. als Lehnsburg der Abtei Klingenmünster, zu einer Zeit, da das Feudalsystem noch nicht abgewirtschaftet hatte. Zerstört 1335 bei einem Strafakt von Straßburger Truppen gegen den Burgherrn und adeligen Wegelagerer. Wiederhergestellt. Mit jedem Jahrzehnt des 15. Jh. wuchs die Zahl der Ganerben, im Jahre 1510 waren es sage und schreibe 25. Man muß sich die Anlage wie einen mehrstöckigen Wohnblock auf der Höhe vorstellen, eng, eiskalt im Winter und im Sommer bestialisch stinkend. 1523 wurde die Burg geschleift, weil auch Franz von Sickingen Ganerbe war, einer der letzten Ritter, der im Rückzugsgefecht seines Standes aus der Geschichte als mächtiger Desperado für Blutvergießen und Elend gesorgt hatte. Das sind die Daten, die vom **Drachenfels** bei Busenberg ein paar Kilometer südöstlich von Dahn wichtig sind, einst Prototyp einer Felsenburg auf grünem Hügel, die keinen wehrhaften Bergfried benötigte, weil der Fels selber die Wehrhaftigkeit garantierte. Heute ist von der Felsenburg fast nur noch der Felsen übriggeblieben, und auch ihm ist die Verwitterung schon mächtig zu Leibe gerückt.

Ganz anders verhält es sich mit dem **Berwartstein** (Farbabb. 5) über Erlenbach. Private Burgenromantik des 19. Jh. ließ erneut Türme, Zinnen und Altane über staufischen Grundmauern entstehen, die Ringmauer jedoch verfiel weiter. Friedrich I. Barbarossa hatte den Berwartstein 1152 dem Bischof von Speyer überlassen. Ab 1201 residierte ein nach der Burg benanntes Ministerialengeschlecht, später ein Bandit von Adel, den 1314 Hagenau und Straßburg für seine kriminellen Taten gegen diese Elsaßstädte straften. Ein weiterer Burgschuft starb 1503 in der Reichsacht, nachdem er schlimmen Kleinkrieg vor allem gegen Weißenburg geführt hatte: Hans von Drott, Marschall des Kurfürsten. Hans Trapp heißt er im Volksmund. Daß Hans Trapp kommt, wenn sie nicht brav wären, damit wurde noch bis in unser Jahrhundert den ungehorsamen Kindern der Umgebung gedroht. Als am Ende des Dreißigjährigen Krieges der Freiherr von Waldenberg mit dem Berwartstein belehnt wurde, fand er ein »zugrundtgerichtetes, oedtes, vnbewohntes vnd zu bewohnen uncapabel Hauß«.

Der einstige Burgweg führte von Südosten durch einen Zwinger in die *Vorburg*. Sie war durch mehrere Geschütztürme aus später Burgenzeit (als Hans von Drott hier residierte) gesichert, nur einer hat die Jahrhunderte überdauert. Aus der Vorburg hat man die Nordseite von Unterburg (zweigeschossig) und Oberburg (drei Stockwerke) vor Augen.

Die *Unterburg* umklammert den Fels an dessen Nordseite. Im Nordosten macht sich ein Geschützturm in die Vorburg hinein breit, aus dem in neuerer Zeit eine Kapelle wurde. Seitlich kleben runde Treppentürme an ihm. Im Souterrain des einen beginnt ein Felsengang und windet sich durch das Gestein zu zwei in jahrelanger Steinmetzfron herausgeschlagenen Kammern. In deren Mitte sparten Hammer und Meißel dicke Säulen aus, die den Berg über sich tragen müssen.

Schließlich gelangt der Besucher, der sich hier wie ein Eroberer fühlen kann oder den das sanfte Gruseln überkommt, ins Erdgeschoß der Unterburg. Er wird heute Rittersaal geheißen und ist eine Gaststätte zur Belebung von Ritter-Illusionen. Den trapezförmigen Raum überwölben vier Kreuzgrate aus dem 19. Jh. Sie lasten auf einer achteckigen Mittelstütze.

Über dem Rittersaal liegen, aus der Zeit kurz vor 1900 stammend, die Eingangshalle zur *Oberburg* sowie der mehr als 100 m tief in den Felsen vorgetriebene Brunnen. Die Außenmauern der Oberburg auf 8 × 30 m großem Felsenriff sind aus imposanten staufischen Buckelquadern mit Randschlag gefügt, alle Bauteile darüber sind 100 Jahre alte neoromanische Rekonstruktion.

Vom *Tanzfelsen,* dem östlich vorspringenden Plateau, hat man einen schönen Blick nach ›*Kleinfrankreich*‹ auf dem Nestelberg. So heißt der von Hans von Drott zum Schutz des Berwartsteins errichtete Geschützturm, der über 3 m dicke Mauern und querrechteckige Schießscharten hat – eine trotzige Antwort auf die Erfindung der Feuerwaffen.

Kleinfrankreich erhebt sich über dem so still im Waldtal gelegenen kleinen Badegewässer ›Seehof‹, an dem es jedoch an heißen Sommerwochenenden ganz schön rummelig werden kann.

Nordöstlich von Erlenbach liegt Vorderweidenthal und ein kurzes Stück jenseits des Ortes die **Ruine Lindelbrunn.** Zwei Daten: Als Reichsfeste wurde die Burg wahrscheinlich noch im 12. Jh. gegründet, 1525 plünderten sie revoltierende Bauern und brannten sie nieder. Wegen der Trümmer muß niemand den Burghügel ersteigen, man muß es der Aussicht wegen tun, unbedingt. »Nach allen vier Weltgegenden hin umgeben uns ringsum nahe und ferne waldige Berge und Hügel, teils mit himmelstarrenden dunklen, mitunter riesenhaften Felsenkämmen; dazwischen erblicken wir die sorgfältig bebauten Gemarkungen mehrerer Dörfer, liebliche Triften und Wiesen, mit Waldparzellen abwechselnd; auch gewähren uns die Bergeinschnitte eine Aussicht gegen Osten in die lachenden Fluren der Rheinebene und auf die fernen blauen Gebirgsketten jenseits dieses deutschen Stromes.« Das schrieb 1857 der Pfarrer Johann Georg Lehmann. Die Zeilen aus seinem Buch über die Pfälzer Burgen gelten noch immer.

Durchs Tal des Erlenbachs nach Süden kommt man nach **Niederschlettenbach.** Am Ortsausgang, an der Straße nach Westen liegt die kleine *Annakapelle*. Darin finden sich zwei Grabsteine für den 1503 gestorbenen Bösewicht Hans von Drott, der eine mit seinem stark zerstörten Bild, der andere mit seinem Wappen.

Durchs Litschbachtal führt der Weg zum Grenzort **Nothweiler.** Das Dorf besaß vor dem Zweiten Weltkrieg stattliche Fachwerkhäuser. 25 wurden in der Nazizeit, weitere im Krieg zerstört. Haus Nr. 14 blieb erhalten, ein langgestreckter zweigeschossiger Bau mit Wohnung, Stall und Scheune unter einem Dach, die Brüstungsgefache zum Teil mit geschweiften Andreaskreuzen geschmückt.

Auf einem Kamm liegt die *Wegelnburg* aus der ersten Hälfte des 13. Jh., mit 571 m die am höchsten gelegene Burg der Pfalz. Sie war Reichsfeste, eine Ministerialenfamilie ist nachweisbar, eine Zerstörung wegen Landfriedensbruchs der Burgherren und eine Verpfändung vom Kaiser (Ludwig) an seine Neffen, die Kurfürsten Rudolf II. und Ruprecht I. Den Dreißigjährigen Krieg hat sie noch überstanden, nicht mehr die Reunionskriege.

Ganz in der Nähe der Burg verläuft die Staatsgrenze zu Frankreich, doch die wird als Trennlinie heute kaum noch registriert. Deshalb begeht niemand Republikflucht, wer auf einer Wanderung auch noch die Ruinen Hohenburg und Fleckenstein erklimmt, die bereits im Elsaß liegen.

Puller hießen die Herren der wohl schon Anfang des 13. Jh. erbauten **Hohenburg.** Der ungewöhnliche Name ist wohl eine Verballhornung von Apulien, wohin Gottfried im Jahre 1236 Kaiser Friedrich II. als Feldhauptmann begleitet hatte. Ein Wirich II. Puller von Hohenburg war ein besonders gewitzter Geschäftemacher. Er vermehrte das Vermögen der Familie gewaltig, hatte Schuldner im Hochadel und beim Bistum in Straßburg. Letzter Puller war Richard. Ihm wurden sodomitische Neigungen zur Last gelegt, auf einem Scheiterhaufen in der Schweiz wurde er verbrannt.

Eine Puller war mit einem Sickingen verheiratet, und so kam der berühmte Franz von Sickingen in den Besitz der Hohenburg und baute sie feuerwaffensicher aus. Das hielt seine Widersacher – den Kurfürsten von der Pfalz, den Landgrafen von Hessen und den Erzbischof von Trier – jedoch nicht davon ab, sie nach Franzens Tod zu konfiszieren. Zerstört hat sie, wie so viele andere auch, der französische General Montclar im pfälzischen Katastrophenjahr 1689.

Daniel Specklin hat 1589 in seiner berühmten ›Architektura der Vestungen‹ den **Fleckenstein** abgebildet, der Burgenforscher Otto Piper ihn zu Beginn dieses Jahrhunderts eine »der großartigsten der ausgehauenen Burgen« genannt, eine wehrhafte Felsenskulptur gleichsam mit gemauerten Ergänzungen. Erstmals taucht Burg Fleckenstein in einer Urkunde von 1174 auf, doch ist sie wohl älter. Als das Geschlecht der Fleckensteiner mehr als 500 Jahre später ausstarb, war die Burg auf dem 30 m hohen und 50 m langen Sandsteinfelsen bereits Ruine, auch sie von den wiedervereinigungslüsternen Franzosen niedergemacht.

Es gibt im Wasgau aber auch Reichsfesten, die erst wenige Jahrzehnte alt sind, aus Beton gegossen, zum System des Westwalls gehörend. Und ihre Ruinen, die gesprengten Bunker, aus denen Armierungseisen verkrümmt und verdreht hervorschauen, werden länger erhalten bleiben als verwitternde Buckelquader: Nachdem zum Beispiel Altdahn 1689 zerstört worden war, schrumpften die Ruinenmauern in gut 200 Jahren um 10 cm.

In einem Seitental östlich von Nothweiler liegt das ehemalige Eisenerz-Bergwerk *St.-Anna-Stollen*. Es ist von April–Oktober zu besichtigen. Mitten in den bis zu 20 m weit aufgerissenen, tief in die Erde hinabreichenden Buntsandsteinspalten sind vor 150 Mio. Jahren heiße erzhaltige Lösungen aus der Tiefe vorgedrungen und in bizarren Formen erstarrt. Seit keltischer Zeit wurde hier Erz geschürft, erst im vergangenen Jahrhundert war es damit vorbei.

Am Mäuerle entlang führt von Nothweiler ein Weg nach Nordwesten, nach **Rumbach.** Dort haben sich in der einst St. Gangolf geweihten *evangelischen Pfarrkirche,* einem im Kern romanischen Bau, im Chor und im Langhaus Reste von Wandmalereien aus verschiedenen Epochen erhalten: ein Weltgericht an der Nordwand des Chores (um 1530); im Chorbogen Propheten unter Baldachinen (früher entstanden); an der Nordwand des Langhauses ein Kruzifix und drei Frauen (15. Jh.) sowie ein Baum mit riesigen Blättern und sieben Vögeln (noch vor 1300).

In **Fischbach,** ein paar Kilometer westwärts von Rumbach, steht, zur Sicherheit als Kopie, in einer St. Ulrich geweihten Kapelle eine hochgotische Maria mit Kind, eine der ältesten Muttergottes-Darstellungen in der Pfalz.

Den Saarbach entlang nach Westen gelangt man nach *Ludwigswinkel* und *Schöntal.* Letzte Station vor Pirmasens ist dann *Eppenbrunn.* Eine gute halbe Stunde dauert die Wanderung zum 407 m hohen **Brechenberg** mit dem eindrucksvollen Felsenkamm darauf, von den Einheimischen ›Altschloß‹ genannt. Vielgestaltig sind die Verwitterungsformen am roten Gestein. Da kann man Broderien, Waben, Säulen, Tore, eine ganze Sammlung von Sanduhren, von der Natur geschaffen, bestaunen. Ganz in der Nähe, aber schon in Frankreich liegt eine andere Felswand. In sie haben die Römer in einem rechteckigen Rahmen ein Felsbild gemalt: Diana mit Mars und Silvanus.

Exerzieren, trommeln und chargieren
Ein Landgraf spielt Krieg in Pirmasens

Endstation einer Wasgaufahrt ist Pirmasens. Bis aus Pirmasens eine Stadt wurde, verging eine ganze Zeit. Zwar war aus der Schafweide, wohin der hl. Pirmin die Hütebuben seines Klosters Hornbach schickte, schon im 8. Jh. ein Pfarrort geworden, wird Pirminisensa ums Jahr 1000 genannt. Aber 1681 gab es – davor waren es schon einmal ein paar mehr – genau 14 bewohnte Häuser. Pirmasens gehörte den Grafen von Zweibrücken-Bitsch. Die Linie starb aus, ein Schwiegersohn, Hanau-Lichtenberger, erbte. 1720 baute sich Johann Reinhard III. Graf von Hanau-Lichtenberg ein Jagdschloß, und 1741 schickte ein Erbprinz seine 23 Leibgrenadiere in die westpfälzische Abgeschiedenheit. Der spätere Landgraf Ludwig IX. von Hessen-Darmstadt richtete am Westrand des Wasgaus eine Spielzeug-Kaserne mit lebenden Soldaten ein. Der Spleen aus Pulverdampf und stramm sitzenden Uniformen ist einmalig in der Welt kleinstaatlicher Exzentriker. Ludwigs Lebenszweck? »Exerzieren, trommeln und chargieren« mit lang aufgeschossenen, ausgesuchten Grenadieren. Wer von ihnen heiratete, bekam kostenlos Bauholz und zwei Morgen Ödland. In den Krieg wurde er nie gerufen, dafür ständig zu Paraden. Zur täglichen Wachparade traten neun Offiziere, 18 Unteroffiziere, 258 Gemeine, sieben Tambours und sieben Pfeifer an.

400 000 Gulden Schulden hatte der Sonderling Ludwig IX. 1768 bei Regierungsantritt geerbt und diese mit Eifer vermehrt. 1790 ist er gestorben, 1792 zogen die Grenadiere nach Pfungstadt ab. Zurück blieben Frauen, Kinder, Gesinde, »Hofschranzen und Dreikreuzermännchen« – und Pirmasenser.

Der Franzosenpräfekt nannte 1810 die Pirmasenser eine »wilde Horde inmitten einer zivilisierten Nation«, warf ihnen »Parasitentum und Widerwille gegen die Industrie« vor. Der Speyerer Publizist Georg Friedrich Kolb registrierte jedoch wenig später Gerbereien, eine Strohhutfabrik, eine Glasschleiferei. Und vor allem machten die Pirmasenser leichte lederne Schuhe, ›Schlappe‹, die Kolportierer und Hausierer allerorten zum Kauf feilboten. Pirmasens hatte den Tod eines Entertainers von Kriegsgott Mars überlebt und überlebte die grimmige Not der Weltkriegszeit, zeitweise vier Regierungen gleichzeitig, Stadtverwaltung, französische Militärverwaltung, Rotgardisten und Separatisten, überlebte einen militärischen Bauboom ab 1937, als der Westwall gegen Frankreich errichtet wurde, überlebte die Evakuierung bei Kriegsbeginn und vor allem den 15. März 1945, als die Stadt durch Bomben in Schutt und Asche versank.

STREIFZÜGE DURCH DEN WASGAU

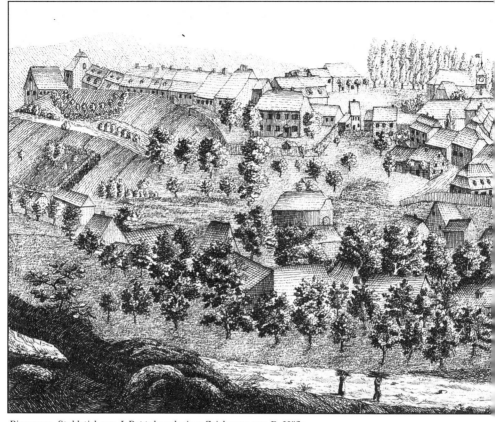

Pirmasens, Stahlstich von J. Poppel nach einer Zeichnung von R. Höfle

Die martialische Mini-Residenz und Armeleutestadt kann sich heute mit gutem Grund Schuhmetropole nennen. Doch am Anfang war nicht die Legende vom Schlappeflicker-Grenadier, der zwischen den Paraden aus Koppelzeugresten und Schaftlederverschnitt Schuhe machte. Es waren die Soldatenfrauen, die aus der Tuchfabrik Abfälle (Salwend) bezogen und die Streifen auf einem Leisten zu Salwendsocken aneinandernähten. Seit 1802 herrschte französische Gewerbefreiheit, das heißt Zollschranken versperrten den Pirmasensern nicht mehr den Weg nach Frankreich.

Irgendwann später begannen die Primasenser, Ledersohlen zu verarbeiten. Familien-Werkstatt, Manufaktur, Fabrik – die Stadt richtete sich im industriellen Zeitalter ein. Es gab ›Zwicker-Streik‹ und Exportprobleme durch Schutzzölle, die Umstellung von Kriegs- auf Friedensproduktion, Stillegung der Betriebe aus Protest gegen die Franzo-

sen. Die Fabriken liegen noch heute mitten in der Stadt, hügelauf, hügelab, sind nicht in Produktionsghettos gesperrt.

Pirmasens bietet kaum Sehenswürdigkeiten, es ist eine Stadt mit auffälliger Monostruktur und viel grüner Umgebung. Und sie hat einen großen Sohn, der Heinrich Bürkel heißt.

Er wurde 1802 als Gastwirtssohn geboren. »Ein Pfälzer Landschafts- und Genremaler« wird er in einer 1929 erschienenen Publikation genannt. Drei Jahre vor seinem Tod – er starb 1869 in München – schrieb er in einem Brief: »Ich war anno 1836 zum letzten Male in meinem Geburtsort Pirmasens und habe mich überzeugt, wie entfernt man noch von Kunstbegriffen ist, – ich hatte Mühe, die Leute zu überzeugen, daß man sich auch damit auf eine verständige Weise ernähren kann.«

Wenn man bedenkt, mit welchen Mühen die Pirmasenser sich durchs Leben gezwickt haben, dann ist es nicht verwunderlich, daß Kunst für sie damals überflüssiges Zeug war. 150 Jahre später sieht das ganz anders aus, gibt es im alten Pirmasenser Rathaus eine *Galerie für Heinrich Bürkel,* den Adalbert Stifter so überschwenglich gelobt hat: »Gott erhalte Dich in Deiner Schöpferkraft, ein Bürkel kommt so bald nicht wieder auf die Welt, liebe mich ein bißchen für das Viele, womit ich Dich liebe, und sende mir einige freundliche Zeilen.«

Im alten Rathaus der Schlappeflickerstadt ist auch ein *Schuhmuseum* eingerichtet. Da sind zehen-, spann- und fersenmarternde modische Eitelkeiten zu bestaunen, aber auch die ›Renner‹ der heimischen Industrie. Außerdem: Prinzenschuhe aus Birma, Holzpantinen, mexikanisches Schuhwerk, kurz: Treter aus der ganzen Welt.

Vor dem Portal des Gebäudes stürzt einem der neue *Kaskadenbrunnen* entgegen. Die künstlerisch überfluteten Treppen beginnen bei einem Stierkopf aus Bronze mit beängstigend weit abstehenden Hörnern und enden in Becken, über denen je ein Schwan auf Rollen hockt, der eine mit Schuhsohlen ›gefiedert‹, der andere mit Zahnrädern. Die zweiläufige Treppe zu beiden Seiten der Kaskaden hat ein wenig die Anmutung von Spanischer Treppe – aber eben nicht in Rom, sondern in der Hinterpfalz.

Ein Abstecher von Pirmasens in den westlichen Pfälzer Wald, ins Holzland und ins Gräfensteiner Land, hat **Waldfischbach-Burgalben** zur ersten Station. Man erreicht den Doppelort am Zusammenfluß von Moosalb und Schwarzbach auf der B 270 nach Norden. In einem ummauerten Friedhof oberhalb Burgalbens liegt die *evangelische Kirche,* ehemals dem hl. Adelphus geweiht. Auf der Nordseite des Chorturms ist die Jahreszahl 1412 eingeritzt. Die Zahl 1740 bezieht sich auf die Errichtung des Langhauses.

Die Verehrung für den hl. Adelphus, Bischof von Metz (um 400), brachten Siedler aus dem Raum Trier und Metz mit in diese Gegend. Sie drangen im 7. Jh. in diese Wildnis vor. Von ihnen kam auch das Wort ›alba‹ für Gewässer. In Moosalb, Merzalb, Rodalb und zahlreichen Ortsnamen hat es sich erhalten.

Eine vielbesuchte Pilgerstätte ist **Maria Rosenberg.** Dort steht der kleine Sakralbau *Rosa Mystica.* Die nur 9 m lange Kapelle wurde um 1150 errichtet, ein Jahrhundert später nach Osten ein Chorgeviert drangesetzt, im 15. Jh. das Langhaus um zwei Joche erweitert. Nur 75 cm breit ist das heute vermauerte Portal in der Nordwand. Den monolithischen Türsturz trägt ein steinernes Kreuz, dessen waagerechten und senkrechten Balken wiederum Andreaskreuze schmücken. Ein kleines Rundbogenfenster mit tiefer Laibung schräg darüber ist ebenfalls aus einem Stein gehauen und ebenfalls von einer Zierleiste aus Andreaskreuzen gerahmt.

Auf einer Kuppe östlich von Merzalben liegt das ›Merzalber Schloß‹. So nennen die Einheimischen die **Burg Gräfenstein** (Farbabb. 6), eine der am besten erhaltenen der Pfalz. Burgherren waren im 13. Jh. die Leininger, und zwar die ältere Linie. Da sie gar oft in finanzielle Schwierigkeiten geraten waren, mußten sie das Kastell immer wieder verpfänden. Sogar ein reicher Bürger aus Kaiserslautern besaß einmal das Pfand. 1317 wurden die Leiningen-Dagsburger Hausbesitzer auf dem 12 m hohen Felsplateau,

Überfall auf einen Reisewagen

Bürkel sollte Kaufmann werden, fünf Jahre saß er im Büro eines Friedengerichtes ab. Was er verdiente, gab er auf Kunstreisen wieder aus. Er zeichnete nach der Natur, nach schlechten Kupferstichen, zeichnete, was sich in Vaters Wirtshaus so zutrug. 1823 ging er nach München. Lange besuchte er die Akademie dort nicht, es war ihm zu akademisch. Er reiste durch Oberbayern, Tirol, hielt sich zwei Jahre in Italien auf. Heinrich Bürkel hatte Erfolg, verkaufte geschäftstüchtig seine Bilder in alle Welt. Nagelschmiedhäuser sind darauf gemalt, Ochsentreiber, Herden am Bach, ein umgefallener Heuwagen, eine Heimkehr von der Jagd, eine Mühle am Watzmann, mal ein Überfall auf eine Postkutsche. Das sind die Themen bürgerlicher Malerei des 19. Jh., aber nicht einer Malerei, in der das Bürgertum selber Thema ist.

Heinrich Bürkels Werk gehört in die vorindustrielle Welt. Beinahe so lang wie die ganze ›Mühle am Watzmann‹ (um 1848), ein wackeliger Bretterverschlag, ist das Brett, das gerade das Sägeblatt verlassen hat. Wie solche Bohlen gesägt werden, ist dargestellt, woraus sie gesägt werden auch: den linken Bildrand beherrschen hohe Nadelbäume. Rohstoff und erste Fertigungsstufe sind zusammengefaßt. Der Mühlenbesitzer scheint auch noch der Herr im Wald, Produktionskraft ist das Wasser. Freilich erscheint der Chef der Sägemühle wenig wohlhabend, bleibt eine kaum wahrnehmbare kleine Gestalt. Kein bürgerlicher Gedanke an den Segen des Fortschritts beseelt diese Bilder, kein Wunsch nach Veränderung und nach besserem Leben. Ist es eine zur Beruhigung des allgemeinen Gewissens vorgespiegelte heile Welt? Eine Welt, in der jeder sich zurechtfinden kann? Schon eher.

Ein anderes Motiv findet sich häufig bei Heinrich Bürkel. Eine mißratene Spezies Mensch spielt darin eine Rolle, der Bandit und Wegelagerer. ›Überfall auf einen Reisewagen‹ (1831/32) heißt ein Bild, das eine Geschichte erzählt. Heraus mit den Reisenden aus der

> Kutsche und auf den Bauch ins Gras, herunter mit den Koffern, die Pferde ausgespannt. Bärtiges Gesindel mit Flinte und Räuberhut ist genau beim Bildstock des Gekreuzigten aus dem Wald hervorgebrochen. Der Herrgott wird ein Einsehen haben. »Sehen Sie in mir keinen gemeinen Dieb, keinen Kehlabschneider. Ich bin ein unglücklicher Mann, den widrige Verhältnisse zu diesem Leben zwangen.« So läßt Wilhelm Hauff einen Räuber sich in seinen damals erschienenen Spessart-Geschichten vorstellen. Das Mitleid ist ihm gewiß und ein bißchen Nervenkitzel beim Betrachter. Aber die Welt bleibt heil bei soviel kriminellem Edelmut.

50 Jahre später die pfälzischen Kurfürsten, dann die Grafen von Sponheim, die Markgrafen von Baden, die Grafen von Leiningen-Hardenburg, 1535 übernahm der Herzog von Zweibrücken die Burg, schließlich der Markgraf von Baden-Baden. Fast jede Adelsfamilie im weiteren Umkreis war also hier einmal zu Hause. 1635 ruinierte ein Feuer die Burg, entfacht »durch Ohnvorsichtigkeit der kayserlichen Partheyen, so darinnen Posto gefasst«, heißt es in einer Chronik aus der Zeit des Dreißigjährigen Krieges.

Die Ringmauer, ein Oval mit vielen Ecken, ist nach Süden zum ›hohen Mantel‹ verstärkt. Dahinter ragt, noch heute 17 m hoch, der *Bergfried* auf, ein Fünfeck auf monumentalem siebeneckigem Grundriß, aus Buckelquadern mit Randschlag gefügt, fensterlos und einst nur durch einen hochgelegenen rundbogigen Eingang zu erreichen. In das Fünfeck ist quadratisch das Turminnere eingepaßt. Dadurch liegen vor der Innenwand nach Süden, zur Angriffsseite also, wie ein Schild meterdick zwei Außenmauern, an denen die Geschosse des Feindes abprallen sollten.

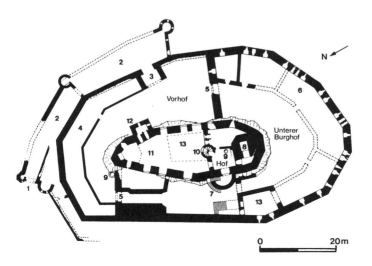

Burg Gräfenstein, Grundriß
1 *Zugang*
2 *Zwinger*
3 *Torturm*
4 *Stallungen*
5 *Eingänge*
6 *Wohn- und Wirtschaftsräume*
7 *Aufgang*
8 *Bergfried*
9 *Brunnen*
10 *Treppenturm*
11 *Palas*
12 *Abortturm*
13 *Keller*

Eng ist der *Burghof* hinterm Bergfried, der *Palas* schließt sich an, dessen Umfassungsmauern noch fast in voller Höhe erhalten sind. An die Südwand lehnt sich ein Treppenturm an mit einer Verbindungsmauer zum Bergfried, die den Burghof in zwei Hälften teilt. In der Nordostecke befanden sich – stockwerksweise versetzt – *Aborterker*. Sie wurden im 15. Jh. mit einem rechteckigen Turm ummantelt.

Am Westende von Merzalben gabelt sich die Straße um den Ofenberg. Die südliche folgt Merzalb und Rodalb nach **Rodalben.** Hier stehen als *katholische Pfarrkirche* ein gotisches Kirchlein und ein barocker Saalbau von 1735 gleichsam über Kreuz, das heißt östlich an den Saal schließt der gotische Chor an, westlich an den Saal der alte Turm. Im Chor (heute Sakristei) wurden Wandmalereien freigelegt, im Gewölbe unter anderem Flügelwesen mit Hundsköpfen, an Nord- und Ostwand Apostelgestalten in dunklen, trikotähnlichen Gewändern mit weißen Ringen.

Entdeckungen hinterm Wald

Ein Apostel und kunstsinnige Herzöge
Hornbach und Zweibrücken

Westlich von Pirmasens bietet die Pfalz landschaftlich wieder etwas Neues. Eine leicht abfallende Hochfläche, in welche die Bäche tiefe, gewundene Kerben geschnitten haben. Auf der Höhe scheint das Land unbesiedelt, die Dörfer liegen unten in den Tälern, zum Teil in Hangwäldern versteckt. Auf dem baumlosen Schrägplateau breiten sich die weiten Ackerfluren aus.

Im äußersten Südwestwinkel der Pfalz liegt **Hornbach:** »Damit uns Speis' und Trank gedeih', Sankt Pirmins Hand sie benedei'!« heißt es noch heute im Pirminsland um Hornbach. Feldscheunen, Silos, zuweilen auch noch ein dampfender Misthaufen vorm Haus, Lothringerkreuze, Kriegsgräber – weit schweift der Blick über die flachen, breiten Rücken. Kriegsbedingt, heißt es, sei 1940 der Abbruch von mehr als der Hälfte aller Häuser von Hornbach gewesen, jenes Ortes, den »Pirminius, Bischof und Christi Bekenner, heilige«, so der gelehrte Rabanus Maurus, in der ersten Hälfte des 9. Jh. Abt in Fulda und Erzbischof von Mainz. Pirmin hatte um 740 in Hornbach ein Kloster gegründet. Er ist dort 753 gestorben, sein Grab war rechtzeitig zur 1200-Jahrfeier entdeckt worden.

Ein vornehmer Mann aus altem fränkischen Geschlecht, Wernharius, hatte Pirmin eingeladen, auf seinem Territorium nach der Regel des hl. Benedikt ein Kloster zu errichten. Zu jenem Zeitpunkt hatte Pirmin bereits das getan, was ihm den Titel ›Apostel der Alemannen‹ eintrug. Seine Vita zählt eine Reihe von Klostergründungen im Rechtsrheinischen auf. Freilich hat er keine Heiden mehr bekehrt, sondern als Repetitor der

Hornbach, Überreste des ehem. Klosters

Getauften gewirkt, als Politmissionar, der das politisch zum fränkischen Reichsverband gehörende Alemannien auch kirchlich einzugliedern hatte.

Das 1012 geschriebene ›Liber de miraculis sancti Pirminii‹ erzählt vom Wundertäter. Ein Bruder des späteren Kaisers Konrad II. war gestorben. Als die Leiche nach Hornbach überführt wurde, erloschen die Kerzen des Trauerzuges im Wind. Aber die Schilde der Männer im Troß wirkten wie Brennspiegel, bündelten die Sonnenstrahlen und ließen die Lichter wieder aufflammen – der tote Knabe war somit unter die Seligen aufgenommen.

Mehr als 800 Jahre ruhten die Gebeine Pirmins im Hornbacher Kloster, dann zogen die Innsbrucker aus ihnen gegenreformatorische Kraft. Wer konnte als Schutzpatron besser geeignet sein für jene Eiferer, die Menschen aus ihren Verstrickungen im Irrglauben befreien und von ihren religiösen Vergiftungen heilen wollten. Da kam nur Pirmin in Frage, der Missionar, der einst durch seine Klostergründung die Insel Reichenau im Bodensee »vom giftigen Gewürm des Teufels« erlöst hatte.

☐ Stadtbesichtigung

Feindliche Kugeln konnte Pirmin nicht ableiten. Noch heute sieht der 1841 erbaute Turm der neuen *Klosterkirche* aus wie eine Schützenscheibe. Friedrich Gerhard Wahl, der herzoglich-zweibrückische Baumeister, hatte die Kirche 1784–86 errichtet, einen Saalbau mit zweigeschossiger Fensterordnung und einem klassizistischen Pilasterportal an der Südseite.

Ihr Fundament überdeckt das südliche Querschiff und einen Teil des südlichen Seitenschiffs der Kirche des einst bedeutendsten Benediktinerklosters zwischen Speyer und Metz, einer elfjochigen, dreischiffigen, flach gedeckten Pfeilerbasilika des 11. Jh. Um 1150 wurde an sie ein Querhaus mit Vierungsturm sowie eine halbkreisförmige Apsis mit Vorjoch angefügt. Anfang des 13. Jh. kamen im Westen zwei Türme und eine Vorhalle mit Empore dazu. 71 m war diese monumentale Kirche lang. Zu den wenigen übriggebliebenen Bauteilen zählt der Stumpf des Nikolausturmes im Nordwesten, ein Quadrat aus Rotsandsteinquadern, die mit jeder Mauerlage etwas kleiner werden. Der

Hornbach, Klosterkirche, Türsturz

Ostteil der Kirche hatte bis Ende des 18. Jh. noch als reformierte Kirche gedient, war dann aber wegen Baufälligkeit abgerissen worden.

Über dem 1953 entdeckten Pirminsgrab wurde eine Grabkapelle mit Zeltdach errichtet. Drinnen ist die Grabkammer des Klostergründers zu sehen sowie Reste der Apsis des Vorläuferbaus zur romanischen Kirche aus der Karolingerzeit. An der Nordseite des Areals schloß sich ein in spätgotischer Zeit erneuerter Kreuzgang an. Dessen Nordflügel wurde 1559 unter dem Zweibrücker Herzog Wolfgang (er führte die Reformation ein und hob das Kloster auf) zur ›schola illustris‹ umgebaut, dem Ursprung des Zweibrücker Gymnasiums.

Vor den sechs spitzbogigen Arkaden des Westflügels dieses gotischen Kreuzgangs liegt eine zweischiffige, zweijochige Kapelle mit Altarnische in der Ostwand. Der Bau, der ursprünglich wohl kreuzgratgewölbt war, stammt aus dem 12. Jh. und dient heute als Lapidarium, als Sammlung wertvoller Relikte aus Stein. Schönstes Stück: der Türsturz mit der Darstellung eines Meerweibchens in einem Medaillon, auf das zwei geflügelte Drachen zufauchen, eine Steinmetzarbeit aus der ersten Hälfte des 12. Jh.

Nach Süden hin liegt das ehemalige **Stift St. Fabian,** Kirche, Kreuzgang, Stiftsgebäude, unterschiedlich gut erhalten. In Hornbach wurden Reliquien des Märtyrerpapstes Fabian (236–250) aufbewahrt. Ein Kirchenbau ist für 1012 bezeugt. Vor 1150 entstand ein Neubau, der zur Zeit renoviert wird, ein Schiff, quadratische Vierung mit Turm, quadratischer Chor, das Ganze streng und schlicht. Die Quader sind sorgfältig behauen, Fischgrätenmuster überziehen die Oberfläche. An der Ostwand des Querschiffs und am Chor verläuft unterm Dachgesims ein Sägezahnfries. Kleine rundbogige Fenster lassen wenig Licht in den gedrungenen Bau. Gegen Ende des 12. Jh. wurden an der Westseite des Langhauses niedrige Bandrippengewölbe mit einer Empore darüber eingefügt. Getragen wird die Konstruktion von drei niedrigen Säulen und einer gedrungenen Figur im Mönchsgewand. Barfuß steht sie auf zwei Löwen. Weit in die Schulter hereingezogen ist unter der Last der hochgestemmten mehrschichtigen Kämpferplatte der Kopf des Glaubensmannes.

Im Norden von St. Fabian schlossen sich die Stiftsgebäude an. Sie waren um einen kleinen Kreuzgang gruppiert. Dort sind zwei in den Felsen gehauene Gräber mit Kopfnischen zu sehen sowie ein Sarkophag.

Bis auf 1 m Entfernung an St. Fabian herangerückt ist ein kleiner romanischer Bau aus dem 12. Jh., bis zum Zweiten Weltkrieg als Scheune genutzt. Er wird immer wieder *Michaelskapelle* geheißen, ein Grund dafür ist nicht bekannt. Wahrscheinlich handelt es sich um den ehemaligen Chor einer einschiffigen Kirche. Über einem Sockel mit attischem Profil gliedern Lisenen die stehengebiebenen Mauern in Felder, die ein mit Wellenranken geschmücktes Gesims begrenzt. In der Ostwand sind zwei rundbogige Nischen mit je einem kreisförmigen Fenster aus einem Quader gehauen. Die Nordwand sieht aus wie ein Giebel, dem in späterer Zeit vielleicht ein Satteldach aufgesetzt worden war. In der Mitte ist ein großes rundbogiges Fenster zu erkennen mit eingelegtem Rundstab.

Wenige Gehminuten östlich von Hornbach steht am Hang zwischen alten Bäumen im Zentrum eines Friedhofs der *Turm von St. Johann,* Rest einer Kirche aus dem 13. Jh. im gleichnamigen Ort, den es seit dem 15. Jh. nicht mehr gibt. Süd-, Nord- und Ostseite des Turmobergeschosses haben gekuppelte, rundbogige Schallarkaden. Die gebauchten Säulen mit einfacher Basis und Würfelkapitell sind jeweils aus einem Stein gemeißelt. Vor dem Kämpfer der Öffnung im Osten sitzt der Kopf eines nicht identifizierbaren Tieres (stark verwittert), vor dem an der Nordseite ein Pferdekopf mit Zaumzeug. Aus dem Steinhelm springen nach allen vier Himmelsrichtungen Gauben hervor ebenfalls mit gekuppelten Rundbogenfenstern direkt über den Schallarkaden im Stockwerk darunter.

Von der Stadtbefestigung (Kaiser Karl IV. hatte Hornbach 1352 die Stadtrechte verliehen) sind nur noch spärliche Mauerreste und Teile des Grabens übriggeblieben. Das *Obertor* entstand erst ausgangs des 18. Jh. Weit älter ist im Kern der *Steisserhof,* ein dreigeschossiger Wohnbau an der Innenseite der Mauer, das *Rathaus* ein Renaissancebau des 16. Jh. Es war im Lauf der Zeit katholische Pfarrkirche, Simultankirche, Pfarrkirche der Reformierten, Fruchthalle.

»Mit Ihro Hochfürstl. Durchlaucht zu Pfalz-Zweibrücken gnädigst ertheilten Privilegio« war im September 1793 die Nummer eins des ›Zweibrücker Wochenblattes‹ erschienen. An oberster Stelle, unter »Sachen so zu verkauffen in und ausser der Stadt«, wurde »um billigen Preiß« ein »Vom Closter Hornbach Erbbeständliches, Schatzung und Frohnfreyes Gut« angeboten. Rund 1000 Jahre nach seiner Gründung war Hornbach nur noch eine Okkasion.

Zweibrücken, seit 1352 Stadt, benannt nach einem nicht so ganz leichten Zugang zu der um 1150 angelegten Wasserburg des Grafen Simon I. von Saarbrücken, erlebte im 18. Jh. seine glanzvollste Zeit. Für die Jahrhunderte davor genügen Stichworte: Simons Sohn Heinrich nannte sich Graf von Zweibrücken, die kleine Grafschaft wurde verpfändet, 1385 an Kurpfalz verkauft. Als die Kurpfälzer 1410 ihr Land aufteilten, fiel Zweibrücken

Zweibrücken, historischer Blick auf die Stadt

dem Pfalzgrafen Stephan (1410–59) zu. Alexander (1489–1514) pilgerte ins Heilige Land, und weil er heil zurückkehrte, baute er eine stattliche spätgotische Kirche, die Alexanderkirche. Ludwig (1514–32) führte als erster unter den deutschen Fürsten den neuen Glauben Luthers ein. Das 17. Jh. brachte vermehrt Durchzug von Heeren und somit Verheerung, vor allem 1635 (Kroaten) und 1677 (Franzosen).

Dann aber begann etwas, was endlich einmal Gelegenheit bietet, Goethe zu zitieren. Zweibrücken besitze »ein Verhältnis in die Ferne«, meinte der 21jährige Betrachter auf der Durchreise 1770. Er hatte recht. 1681 sollte das Herzogtum in den Besitz des Schwedenkönigs Karl XI. (aus der Linie Zweibrücken-Kleeburg) übergehen, doch hatten die feindlich gesonnenen Franzosen noch die Hand drauf. Erst Schwedenkönig Karl XII. (1697–1718) stellte das »Verhältnis in die Ferne« her, schickte Gabriel Oxenstierna als Statthalter – er selber hielt sich ja vornehmlich auf Schlachtfeldern auf. Einige Zeit später, 1714, schickte er auch einen erlauchten Pensionär, noch jung an Jahren. Ihn, den Wojewoden von Posen, Stanislas Leszcynski, hatte er zum polnischen Polenkönig wider den sächsischen Polenkönig August wählen lassen. Als aber nach der Schlacht von Poltawa 1709 Karls XII. Macht dahinschwand, war es mit der Protektion des königlichen Schwächlings vorbei. Karl konnte Stanislas nur noch das Asyl Zweibrücken zuweisen. Der Pole ließ sich von einem Schweden, Jonas Erikson Sundahl, etwas Türkenähnliches

ENTDECKUNGEN HINTERM WALD

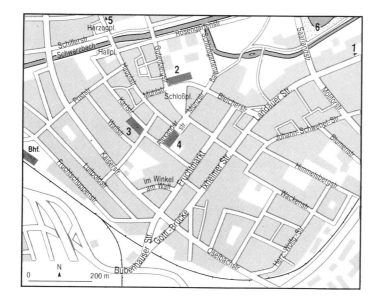

Zweibrücken
1 Tschifflik
2 Schloß (heute Oberlandesgericht)
3 Karlskirche
4 Alexanderkirche
5 Herzogvorstadt
6 Rosengarten

ins Schwarzbachtal bauen, *Tschifflik* geheißen, eine ›maison de plaisance‹ aus Holz mit verspieltem Drumherum. Zu sehen ist kaum mehr etwas davon. Und mit dem Tod Karls endete die schwedische Protektion in Zweibrücken. Der Pole begab sich in die französische Ludwigs XV., der sein Schwiegersohn wurde.

Gabriel Oxenstierna und sein Nachfolger Henning von Stralenheim hatten aus dem Trümmerhaufen Zweibrücken ein Städtchen entstehen lassen, Tiroler Baumeister nach Plänen des Schweden Haquinius Schlag die Karlskirche im Auftrag des Schwedenkönigs Karl in den Jahren 1708–11 erbaut. Nach Plänen des Schweden Jonas Erikson Sundahl entstand 1720–25 das Schloß für Gustav Samuel, den Nachfolger Karls (1718–31).

☐ Stadtbesichtigung

Alexanderkirche, Karlskirche, Schloß – Zweibrückens Sehenswürdigkeiten sind genannt. Sie sind heute wieder zu sehen, verändert, vereinfacht, das Alte ist neu in der westpfälzischen Stadt, denn am 14. März 1945 hatten feindliche Bomber die einstige Residenz verwüstet. Die Stadt habe aufgehört zu existieren, so kabelte wenige Tage später ein Kriegsberichterstatter seiner Zeitung in Amerika.

Zweibrücken ist wiedererstanden. Zunächst als Notdach überm Kopf, dann als Versuch, auf alten Fundamenten Neues zu erbauen.

Das *Schloß*, in den 60er Jahren wiedererrichtet, ist der größte profane Barockbau der Pfalz, dreigeschossig, 83 m (= 21 Fensterachsen) lang und 23 m breit. Mit Sandstein verblendet und von Pilastern gegliedert sind der Mittelrisalit mit Segmentgiebel

(Farbabb. 30) und die Eckrisalite mit flachen Dreiecksgiebeln. Steinerne Vasen und Trophäen waren auf der Balustrade aufgestellt, Göttergestalten nach Art der Rokoko-Antike bevölkerten die Giebel. Der einstige Prunkbau ist heute Oberlandesgericht.

Bis auf Reste der Umfassungsmauern war die *Karlskirche* zerstört. Der rechteckige, durch Lisenen gegliederte Saalbau mit den abgeschrägten Ecken entstand neu, aus dem hohen Dach mit den Luken in drei Reihen ragt der schlanke verschieferte Turm heraus. Das Nordportal wird vom schwedischen Wappen bekrönt. In der Eingangshalle erhebt sich über einem Säulenstumpf der Feuervogel ›Phönix‹, von Gernot Rumpf aus Lachen-Speyerdorf modelliert und in Bronze gegossen.

Frankfurter Domschule, wohl ein Werk des Philipp von Gmünd, war die unter Herzog Alexander um 1490 begonnene Hof- und Stadtpfarrkirche, die *Alexanderkirche*. 1677 sprengten die Franzosen den Westturm. Als er zusammenstürzte, schlug er auch große Teile des Langhauses ein. Christian Ludwig Hautt baute 1755/56 einen neuen Turm, das Langhausgewölbe entstand Anfang dieses Jahrhunderts neu. Aus der Ruine des Zweiten Weltkrieges wurde erneut eine wenn auch sehr vereinfachte spätgotische Kirche. Einzig die Vorhalle des Nordportals erinnert noch an den einstigen Prachtbau, einen Kubus mit dreiseitiger Apsis und Westturm, den reicher Architekturschmuck – Strebepfeiler, Maßwerkfenster, Maßwerkbrüstungen am Dach, durchbrochene Ecktürmchen – glie-

Zweibrücken, Schloß

derte und belebte. Die Raumaufteilung, drei Schiffe zu sechs Jochen unter einem Dach, blieb erhalten, darüber ist heute eine flache Decke gelegt. Unwiederbringlich dahin ist das vielgliedrige Gewölbe, sind die Emporen mit Maßwerkbrüstungen, die an drei Seiten den Raum umzogen.

Zweibrücken liegt mitten in Europa und doch nicht im Zentrum des Geschehens. Die Stadt muß um wirtschaftlichen Erfolg mehr kämpfen als verwöhnte Kommunen in günstigerer Lage. Dabei war Zweibrücken im 18. Jh. das einzige blühende kulturelle Zentrum der linksrheinischen Pfalz, möglich gemacht durch Ehrgeiz und Geschick zweier Herzöge. Schöpferisch gewirkt hat unter Christian IV. (1735–75) aus der Linie Zweibrücken-Birkenfeld-Bischweiler sowie unter Karl August (1775–95) vor allem »der Bezug auf Paris« – auch den hatte der durchreisende Goethe registriert.

Mit allen Musen ist Christian IV. liiert, eine Tänzerin – hieß sie Marianne Camasse? Marianne Fontevieux? – wird seine Gemahlin, wird Gräfin von Forbach. Das aber halten die beiden geheim, führen – wiewohl heimlich verheiratet – lieber eine Ehe zur linken Hand. Hofgärtner ist Johann Ludwig Petri, der auch den Gartenplan für das Schwetzinger Schloß bei Heidelberg entworfen hat, Hofarchitekt Christian Ludwig Hautt, Hofmaler Konrad Mannlich. Dessen Sohn, *Johann Christian Mannlich* (1741–1822) wird Maler, Theaterregisseur, Architekt, Museumsdirektor, Kunsterzieher, Memoirenschreiber. Allein die Musik war nicht das Fach dieses Multitalents, wiewohl er gerne der Schwiegersohn Christoph Willibald Glucks geworden wäre. Mannlichs Zweibrücker Biographie ist zugleich die Beschreibung der Künste am Hof der beiden Herzöge.

An der kurfürstlichen Zeichenschule in Mannheim durfte er lernen. Dreimal durfte er sich in Paris aufhalten und bei Boucher weiterlernen. Fünf Jahre währte sein Studium in Rom: Christian IV., sein Mäzen, war befreundet mit Ludwig XV. und Madame Pompadour. Der Pompadour-Bruder vermittelte Mannlich den Zugang zur französischen Akademie in Rom.

Dem Maler widerfuhr es mehrfach, daß seine Bilder für das Werk anderer ausgegeben wurden. Ein Mannlich-Porträt der Gräfin von Forbach wurde Antoine Pesne zugeschrieben. Meister Boucher signierte Arbeiten seines Schülers. Mannlichs ›Venus und Vulkan‹ hing einst als ein Boucher im Louvre.

Johann Christian Mannlich porträtierte wie sein Vater, malte Tiere wie Daniel Hien, wagte sich – wenn auch mit geringem Erfolg – an die Historienmalerei. Die kleine Begebenheit und nicht das große Ereignis, die Genremalerei also war eher sein Fach. Früh schon entstanden zum Beispiel Bilder, die Szenen aus Philidor-Opern festhalten, ›Blaise der Flickschuster‹ oder ›Der Holzfäller‹.

Aus Rom zurückgekehrt, wurde Mannlich Akademiedirektor, leitete die herzogliche Zeichenschule, in der jeder Zweibrücker, wenn er nur zwölf Jahre alt war, kostenlos zwischen 17–19 Uhr zum Unterricht in Mannlichs Haus kommen konnte. Mannlichs Ausbildung hatte den Herzog viel Geld gekostet. Sie sollte sich nun dort auszahlen, wo es um die Geschmacksbildung der Untertanen ging. Aber auch die herzoglichen Pensionäre, die Hofmaler, sollten weiterkommen. Mannlich hatte dafür zu sorgen. In Madame

Forbachs Theater wurden ›Mascarades dialoguées et mêlées de Musique‹ aufgeführt. Mannlich lieferte Ideen, baute Kulissen und malte, zusammen mit Georg Friedrich Meyer und Maler Müller, Bühnenbilder, entwarf Kostüme. Das kleine höfische Gesellschaftstheater mauserte sich, der Raum in der Orangerie reichte nicht mehr aus.

Wer allein konnte ein neues Theater bauen, ohne Architekt zu sein? Johann Christian Mannlich. Zusammen mit Karl Kasper Pitz hat er es auch ausgemalt. Und 1776 machte Herzog Karl August den gelernten Maler zum Baudirektor und entließ den gelernten Architekten Christian Ludwig Hautt. Der ungelernte Chefarchitekt bekam den Auftrag, auf dem Karlsberg bei Homburg ein neues Schloß zu bauen, die größte »Landresidenz Europas«.

Doch nicht nur ein Versailles auf der grünen Wiese entstand, wenn auch nur für 20 Jahre. 1777 legte Mannlich eine Bauordnung für öffentliche und private Bauten vor, »welche selbst Türen und Fenster in einfachen klassizistischen Formen vorschrieb« (Berthold Roland). Der ›Polyartist‹ kümmerte sich um alles. Das meiste gelang, das wenigste überdauerte. Auch die Gemäldegalerie blieb nicht erhalten. Schon 1772, unter Herzog Christian, war Mannlich Inspekteur der herzoglichen Bildersammlung geworden. Er blieb es unter Christians Nachfolger, den er vom Banausen zum Kunstbesessenen verwandelte, dessen ›Auge‹ er war, dessen Gutachter. 1785 baute er auf dem Karlsberg eine Gemäldegalerie. Vier Jahre später schon mußte sie erweitert werden. Nach weiteren vier Jahren war es mit jeglicher Herrlichkeit der Kunst hier vorbei. Die Bildersammlung wanderte nach Mannheim, später nach München. Johann Christian Mannlich wurde »Director über sämmtliche unserer Malerey-Gallerien, Kabinette und Kupferstichsammlungen« in München, wohin ihn Maximilian Joseph, Herzog in Zweibrücken, Kurfürst in Mannheim, bayerischer König, geholt hatte.

Zweibrücken war abgeschminkt, die Kulissen waren verbrannt, die Kostüme zerrissen, Kostbarkeiten deportiert. Fürs plötzliche Ende der höfischen Vorstellung hatten die Truppen der Französischen Revolution gesorgt. Hofmaler Karl Kaspar Pitz hielt den wilden Tanz um den Freiheitsbaum vorm Schloß in Zweibrücken am 11. Hornung 1793 fest. Das Gemälde hängt heute im Heimatmuseum.

Was blieb? Pferdewiehern. Christian IV. paarte englische Vollblutstuten mit arabischen Hengsten. Auf einem Schimmel aus Zweibrücken galoppierte Napoleon später in die russische Katastrophe. Erinnerung bleibt, daß eine Baulotterie – viele Nieten, ein paar Gewinne nur – die *Herzogvorstadt* entstehen ließ, ein sehenswertes Architekturensemble. Daß Christoph Willibald Gluck das Hoforchester dirigierte; daß Zweibrücker für die amerikanische Unabhängigkeit gekämpft hatten: 1781 stürmten Soldaten des französischen Fremdenregiments ›Royal Deux-Ponts‹ die Schanzen von Yorktown in Virginia; daß Herzog Karl August auch ein verschwendungssüchtiger Misanthrop war, der einer Hofdame einmal einen Finger abbiß und einen Koch jämmerlich verprügeln ließ, weil er den Fasan gespickt serviert hatte.

Seit 1914 gibt es in Zweibrücken den *Rosengarten*. Da leuchten schleierzart weiß und samtschwer rot, seidengelb und seidenrosa die erfolgreichsten Kreationen internationaler Rosenzüchter. Unverwechselbar duften sie, die einfachen fünfblättrigen Schalen, die Rosetten und die dichtgesteckten Blütenwunder. Wen wundert es beim Spazierengehen durch den 50 000 m² großen Garten, daß die Römer geradezu rosensüchtig waren. Daß sie, so beklagt es der Dichter Horaz, lebenswichtige Feldfrüchte nicht mehr anbauten, um Platz zu schaffen für ihre dornigen Lieblinge. 14 Rosensorten kannten sie. 30 beschrieb ein Katalog, der gegen Ende des 18. Jh. in Frankreich erschien. Und 2000 blühen jedes Jahr in Zweibrücken.

Deine Seele fliegt hoch
Auf dem Weg zu Franz von Sickingen

Ein romanischer Turm, aus nicht verputzten Sandsteinquadern gefügt, wurde um 1200 gebaut, das gotische vierjochige Langhaus etwa 100 Jahre später. Unter einem steilen Pultdach sind drei Schiffe vereinigt, das nördliche Seitenschiff ist schmaler als das südliche. Der Bau zählt zu jener sehenswerten Gruppe ländlicher Hallenkirchen auf der Sickinger Höhe. Der Dreißigjährige Krieg hinterließ ein paar Schadspuren, der Turm wurde 1755 erhöht, die Sakristei 1878 abgerissen, Fenster wurden um 1900 spitzbogig vergrößert.

Von der *evangelischen Pfarrkirche* in **Großbundenbach** ist die Rede, 10 km nordöstlich von Zweibrücken gelegen, der Gottesacker von einer Mauer umgeben. Die »Fund- und Restaurierungswelle mittelalterlicher Fresken«, von der Wilhelm Weber, ehemals Direktor der Pfalzgalerie in Kaiserslautern, sprach, erreichte Großbundenbach erstmals im Jahr 1908 und wieder Ende der 50er, Anfang der 60er Jahre. Heute bietet der Chor im Untergeschoß des Turmes Malereien aus der Zeit um 1330–40, die Wilhelm Weber »zum Besten« zählt, »was sich in mittelalterlichen Wand- und Deckenmalereien im Gebiet der Pfalz erhalten hat«.

Ihre Ikonographie: Von den Bildern des vierteiligen Gewölbes sind nur die in der Ost- und Nordkappe erhalten. Eine Maiestas Domini gen Osten, der thronende Christus, umgeben von Symbolen der Evangelisten (der Engel für Matthäus, der Löwe für Markus, für Lukas der Stier und für Johannes der Adler). Die Symbole wiederum erscheinen in Gesellschaft von Anbetern in kleiner Gestalt und mit biblischen Spruchbändern drapiert.

Zweigeteilt ist die Nordkappe: Die linke Hälfte schmückt eine Himmelfahrt Christi, die rechte die Ankunft des Heiligen Geistes zu Pfingsten. Im oberen Teil der Nordwand ist die Auferstehung Christi wiedergegeben sowie Christophorus und eine weitere männliche Gestalt mit Schale und Stab. Über Christophorus kann man ein Rundbild mit dem Haupt Christi erkennen. Christus (zum dritten) und Johannes der Täufer erscheinen in der Wandbild-Etage darunter, weitere Figuren sind weitgehend zerstört, weil Grabplatten in die Wand eingelassen worden sind.

Großbundenbach, ev. Pfarrkirche, Fresken im Chor

Im Gewände des Nordfensters treten Ecclesia (mit Buch) und Synagoge (mit Bockskopf) auf. Gegenüber an der Südwand des Chores blieben die Fresken nur schemenhaft erhalten. Im Fenstergewände links ist ein Kreuzritter abgebildet, rechts im Mönchsgewand der hl. Bernhard von Clairvaux.

Bernhard, Ordensheiliger der Zisterzienser, Inspirator des zweiten Kreuzzuges und – den oberen Bildstreifen der Ostwand beherrschend – zwei Reiterfiguren, links der hl. Georg, rechts der hl. Martin, diese drei stehen im Zusammenhang. Der hl. Martin, Schutzherr der Ritter, war Kirchenpatron in Großbundenbach. Der hl. Georg, hoch zu Roß als Kreuzritter gemalt (Schild, Lanze und Schabracke des Pferdes tragen das Kreuz des Deutschritterordens, der auch in der Westpfalz Komtureien unterhielt), stößt die Lanze ins Maul des Drachens, sein Pferd galoppiert über das Untier hinweg. Der christliche Ritter bezwingt den heidnischen Drachen, eine Erinnerung wohl an den Kreuzfahrer Graf Ludwig von Saarwerden, der 1206 dem neu gegründeten Zisterzienserkloster Wörschweiler im Saarland die Großbundenbacher Kirche zu ewigem Besitz übereignet hatte. (An der Südostecke der Kirche fallen tiefe Wetzrillen auf, entstanden wohl, als Ritter ihre Waffen weihten.)

Unter Martin und Georg hoch zu Roß sind links und rechts vom Fenster je vier sitzende Apostel dargestellt. Im Gewände des Chorfensters nach Osten findet sich rechts eine Marienverkündigung (Maria betend, der Heilige Geist in Gestalt einer Taube und Ritter Hugo Schlump von Bundenbach kniend). Gegenüber im Gewände schweben zwei Engel auf Zacharias zu und hängen ihm, dem Vater des Johannes, die Stola um. »Fürchte dich nicht, Zacharias! denn dein Gebet wird erhört, und dein Weib Elisabeth wird dir einen Sohn gebären, des Namen sollst du Johannes heißen«, lautet der Bibeltext im 1. Kapitel des Lukas-Evangeliums für diese Illustration.

Auf dem Weg nach Landstuhl, zu einem der letzten Ritter, Franz von Sickingen, liegt **Wiesbach.** Seine *evangelische Pfarrkirche* ist ein zweischiffiger Hallenbau aus der ersten Hälfte des 14. Jh. mit schönen Maßwerkfenstern. Auch bei dieser Kirche liegen Hauptschiff und südliches Seitenschiff unter einem Dach, sind durch hohe Spitzbogen auf achteckigen Pfeilern getrennt. Ans Hauptschiff schließt ein einjochiger Chor mit ⅝-Schluß an.

Ein paar Kilometer östlich von Wiesbach liegt in einer Kerbe der Sickinger Höhe **Labach.** Die Straße schlängelt sich hinunter, steigt einen Nordhang hinauf zum *Friedhof* mit der *Pfarrkirche*. Heckenrosen ranken sich über einem gotischen Torhäuschen, auf dem Friedhof stehen fast nur einfache Holzkreuze. Die Kirche aus der ersten Hälfte des 14. Jh. hat ein Hauptschiff und – wegen der Lage am Steilhang – nur ein südliches, halb so hohes Seitenschiff unter demselben Dach. Ans Hauptschiff schließt sich in gleicher Breite der Chor an, ans Seitenschiff ein Nebenchor. Der Turm ist im Unterbau fünfeckig, darüber achteckig, eine ländliche Imitation der Stiftskirche in Kaiserslautern.

Gestufte Scheidbogen spannen sich über kämpferlosen Pfeilern, trennen die beiden Schiffe voneinander. Birnstabrippen durchlaufen die Gewölbe und enden in verschiedenerlei Konsolen. Kaum 50 Jahre nach dem Kirchenbau, um 1480, ist die Muttergottesfigur auf einem Seitenaltar entstanden.

Die Sickinger Herren hatten das Land südlich des Landstuhler Bruchs einst durch Lose aufgeteilt, in jedem Jahr wurden sie neu vergeben. Dieses Majorat verhinderte die Parzellierung des Landes, aber, so läßt August Becker die Gerhardsbrunner lamentieren: »Es wäre ein schreiendes Unrecht, einem Kind auf Kosten der anderen alles zu geben.« Das Unrecht wurde beseitigt, jedes Kind bekam seinen Teil, die Folge waren lamentierende Kleinbauern. Die meisten zogen fort, übriggeblieben sind ein paar wirtschaftliche Familienbetriebe. Angebaut werden Getreide, Roggen und Gerste für die Brauereien und Kartoffeln. In den Tälern steht schwarzbuntes Niederungsvieh. Woher aber stammte einst das Winterfutter für die Tiere? Vom Schnaps. 1813 wurde in **Gerhardsbrunn** die erste Kartoffelbrennerei eingerichtet. Bald zählte die Sickinger Höhe die meisten landwirtschaftlichen ›Verschlußbrennereien‹ Deutschlands. Deshalb war sie beileibe kein Wodkaland. Das Destillat wurde – der Zoll registrierte jeden hochprozentigen Tropfen – als Weingeist verkauft. Das Abfallprodukt, die Schlempe, diente als Viehfutter.

2 km hinter Gerhardsbrunn erreicht man eine Kreuzung. Von dort liegt ein ganzes Stück nach Westen an den Ausläufern der Sickinger Höhe Vogelbach, ein paar Steinwürfe nach Norden Langwieden.

Wormser Schule repräsentiert die *Simultankirche St. Philipp und Jakob* in **Vogelbach.** Dombaumeister vom Rhein haben im 12. Jh. auch in weit abgeschiedener Gegend ihr Können gezeigt. Erhalten sind von ihrer Arbeit die Apsis, der eingezogene Chor und das Langhaus. Besonders die Apsis ist ein kleines Meisterwerk. Durch drei Lisenen wird sie gegliedert, in deren Kanten feine Wülste und Kehlen gemeißelt sind. Dieses Profil setzt sich auch am Rundbogenfries fort. Das Ganze ist ebenso einfache wie souveräne Architektur.

Ebenfalls aus dem 12. Jh. stammt die *evangelische Pfarrkirche* von **Langwieden.** Das kleine mittelalterliche Gotteshaus wurde im 14. und 19. Jh. verändert. Der Saal aus unverputzten Quadern ist flach gedeckt. Drei Geschosse hat der Turm an der Nordseite des quadratischen und nachträglich eingewölbten Chores.

Von Langwieden ist **Mittelbrunn** nicht weit. Nur noch Ruine ist die ehemals der hl. Verena geweihte *Kirche* im Ort, nach Großbundenbach, Wiesbach und Labach die vierte im Bund frühgotischer Hallenkirchen auf der Sickinger Höhe. Außer Spitzbogenarkaden zwischen Haupt- und südlichem Seitenschiff sind lediglich Grundmauern geblieben.

Landstuhl, Ruine Nanstein, Stahlstich von J. Poppel

Auf einem Felssporn über **Landstuhl** liegt die *Ruine Nanstein*. Im Blickfeld von oben Hochhäuser im Wald auf einem Bergkamm, ein US-Hospital, das trocken gefallene Landstuhler Bruch, Teil jener 35 km langen Strecke zwischen Blies und Kaiserslautern, der Potzberg jenseits des einst unwegsamen Moores und – nach Nordosten, bei Ramstein – der größte NATO-Flugplatz des Kontinents.

Auf dem Parkplatz im Wald unterhalb der Burg drängen sich amerikanische Straßenkreuzer, GIs spielen Baseball – Soldaten mit kaum noch begründbarem europäischem Sicherheitsauftrag verbringen manchmal die freie Zeit im Bannkreis jenes das Faustrecht übenden ›Lohnkämpfers‹ *Franz von Sickingen*.

»Deine Seele fliegt hoch«, sagt Götz von Berlichingen, der Mann mit der eisernen Kunsthand, in Goethes berühmtem Schauspiel zu Sickingen. Ferdinand Lassalle schrieb 1859 ein Sickingen-Stück, in dem Ritter Franz als Vorbild revolutionärer Aktivisten auftritt – beim Freilichtspiel auf der Ruine Nanstein gerät sein Streben zum Rührstück eines Tapferen, in lauen Sommernächten aufgeführt.

Geträumt hat Franz von Sickingen von einem einigen, starken deutschen Reich, in dem die Ritter das Sagen haben, die machtgierigen Territorialherren schweigen müssen und der Kaiser wieder unumstrittener Titelheld ist. Sickingen, der Provinz-Condottiere, der Wallenstein des 16. Jh., lehrte zwar viele das Fürchten, doch die historische Entwicklung ließ sich von diesem waffenrasselnden Träumer nicht aufhalten. Die Landesfürsten dominierten, das Bürgertum begann sich stark zu machen.

Landstuhl, Pfarrkirche St. Andreas, Grabmal des Franz von Sickingen

Ein Ideal aus längst vergangener Zeit und zugleich unersättliche Machtgier trieben Franz von Sickingen in die Anarchie, drei Landesfürsten betrieben schließlich militärisch seine Exekution. So ging er dahin, als der »letzte glänzende Vertreter seines Standes, dessen alte Lebensform und Lebensbedingungen sich überlebt hatten« (K. Brandi).

Geboren wurde Franz im Jahr 1481 auf der Ebernburg an der Nahe als Sohn Schweickers des Jüngeren und Margaretes von Hohenburg, jener Burg im Elsaß. Zeitlebens organisierte er Söldnertruppen, die Recht nach den Gesetzen des Stärkeren erfochten. Als sich ein Diener des Gra-

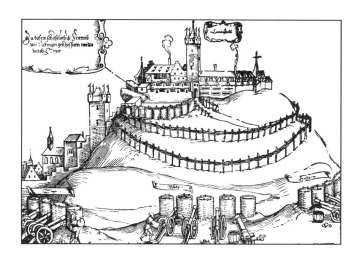

Belagerung der Burg Nanstein, Holzschnitt um 1530

fen von Zweibrücken schlecht behandelt fühlte, wandte er sich an Franz. Der warf den Fehdehandschuh. Das genügte, damit jener Vasall zu seinem Recht kam. Als der Wormser Bürger Balthasar Schloer Franz um Rechtsmittelbeistand per Schwert gegen seine Heimatstadt am Rhein erbat, belagerte der Ritter die Kommune mit mehreren tausend Soldaten. Der Kaiser verhängte daraufhin über den selbstherrlichen Händelhelfer die Reichsacht. Doch der Geächtete blieb begehrt. Schließlich brauchte ihn sogar sein Ächter, Kaiser Karl V., im Kampf gegen Ulrich von Württemberg. Der war allerdings noch mit Sickingen im Bunde. Die Reichsacht wurde aufgehoben. Franz half Karl später auch gegen Franz den Franzosenkönig. Obwohl schwer gichtkrank, brach er dafür seine Kur in Wildbad ab, trommelte ein Heer zusammen (unter anderen 15 000 Fußknechte), zog mit der martialischen Masse gen Westen, vereinigte sich mit einem zweiten Heer, das der Graf von Nassau befehligte. Franz zerstritt sich bald mit dem Nassauer. Die gemeinsam geplante Attacke gegen Frankreich schlug daraufhin fehl. Der Kaiser war sauer, blies alles ab – und der Sickinger blieb auf 96 000 Gulden Anwerbekosten sitzen.

Franzens Ruf als Desperado für jedermann hatte jedoch nicht gelitten. Als Sprecher der Ritter wurde er weiterhin dringend gebraucht. 600 kamen im August 1522 in Landau zusammen, gründeten einen Ritterbund, dem Fürsten und Städte beitreten konnten, nicht aber geistliche Herren. Zu ihrem Vorsitzenden wählten sie den Sickinger. Der Bund war nichts anders als Vergangenheitsverherrlichung, denn Ritter als eine in glänzender Rüstung steckende Verkörperung der Reichsidee gab es nicht mehr. Es gab sie nur noch als Lohnkämpfer für unterschiedliche Rechte im Angebot. Dagegen hatten die neuen Territorialherren die besseren Trümpfe. Gegen Franz stachen sie, als er gegen den Erzbischof von Trier zu Felde zog. Der suchte sich Bundesgenossen und fand sie schnell: den hessischen Landgrafen und Kurfürsten Ludwig V.

Die Folgen sind ebenfalls rasch berichtet. Die Truppen der drei belagerten und beschossen Nanstein. Franz wurde schwer verwundet. Ein Geschoß hatte einen Balken getroffen »mit solcher Gewalt, daß ein Stück davon an Franzens Seite schlug und ihn tödlich verwundete« (Peter Gärtner). Sterbend lag der Sickinger im Keller. Seine drei Bezwinger traten näher und hörten sich gelassen die letzten Worte des Gladiators gegen die neue Zeit an: »es sollte anders ausgehen«. Der Priester wollte ihm noch die Beichte nach dem alten Glauben abnehmen. Dem allerdings hatte der Sickinger neuzeitlich abgeschworen. Nicht jene Thesen, die Martin Luther Ende Oktober 1517 an die Tür der Schloßkirche von Wittenberg pinnte, haben Sickingens Denken revolutioniert. Es war vielmehr die Empörung über den Kölner Dominikaner Jakob von Hochstraten, der als Ketzermeister dem Humanisten Johannes Reuchlin den Glaubensprozeß gemacht hatte wegen Verrats an den sakrosankten Lehren der Kirche. Und es war der fränkische Ritter Ulrich von Hutten, der auf der Ebernburg seine Streitschrift gegen Rom verfaßt und sich bei den Sickingern an der Nahe in einer wahren ›Herberge der Gerechtigkeit‹ gefühlt hatte.

Daß seine Festung jemals erstürmt werden könnte, hatte Franz total ausgeschlossen. Burg Nanstein – älter als die Urkunde von 1189, die sie zum erstenmal erwähnt – war im 14./15. Jh. in verwirrend vieler Herren Besitz. Ein Viertel der Festung erbten die Sickinger 1482. Franz machte aus dem geerbten einen Viertel vier und baute die Burg für seine Begriffe uneinnehmbar aus. Das ›große Rondell‹ war einer der stärksten Geschütztürme jener Zeit. Als 1523 seine Feinde, Erzbischof, Kurfürst und Landgraf, ihre Kanonen auf Nanstein richteten, protzte Franz mit den von ihm errichteten monströsen Wehrmauern. Doch sie hielten der Kanonade nicht stand. Die Burg fiel in Trümmer, Franz überlebte nicht diesen Fall. Erst 19 Jahre später, 1542, durften die Söhne des Verlierers nach Nanstein zurückkehren. Enkel Reinhard baute sie Ende des 16. Jh. mächtig wieder auf. In der zweiten Hälfte des folgenden Säkulums ließ sie der Kurfürst jedoch schleifen, und die Franzosen steckten 1689 die Reste in Brand.

In der katholischen *Pfarrkirche St. Andreas* – sie wurde an Stelle einer gotischen Marienkapelle in der Mitte des 18. Jh. errichtet – steht das Grabmal des Haudegens Franz. Wenige Jahrzehnte nach seinem Tod 1523 ist es entstanden. Umgeben von Wappen steht der Ritter überlebensgroß in der Rüstung betend auf einem Löwen. Nach der Verstümmelung während der Französischen Revolution wurde das Grabmal 1860 wiederhergestellt. Die vor einiger Zeit frisch aufgetragene Farbe läßt den Ritter einer Gestalt aus dem Wachsfigurenkabinett ähnlich sehen.

Der Ritter hatte Landstuhl zur ersten evangelischen Gemeinde der Pfalz gemacht. Es war Hauptort eines reichsunmittelbaren Territoriums, lag samt seiner Burg hinter einer Mauer. Vor der Burg stand die ehemalige Kirche St. Andreas aus dem 15. Jh. Ihr Langhaus wurde 1805 abgerissen – die Steine wurden Baumaterial für Napoleons Kaiserstraße. Der Chor, zwei Rechteckjoche mit dreiseitigem Schluß, ist unversehrt geblieben. Aus der Zeit nach der Erbauung sind Malereien erhalten, vor allem der Zyklus eines Marienlebens in klar aufgeteilten Feldern. Drei sogenannte ›Sickinger Würfel‹ liegen auf dem Alten Markt. Die Legende sagt, sie seien in der Nacht vor der Entscheidung vom wütenden Burgherren ins Tal geschleudert worden, weil sie kein Glück verhießen. Die Sandsteinklötze sind jedoch Reste des Grabmals für einen im Winterlager gestorbenen römischen Offizier.

Eich sein vun Kusel, eich sein nit stolz
Rund um dem Remigiusberg

Amerikaner in der Pfalz, Pfälzer in Amerika – und keineswegs nur dort. Einer der ersten, die auswanderten, war Balthasar Schloer, jener Wormser Bürger, der Franz von Sickingen in einer Auseinandersetzung mit seiner Heimatstadt um militärischen Beistand gebeten hatte und hernach des Ritters Geheimschreiber und Berater war. Er flüchtete nach dem Tod seines Herrn nach Riga, ging später nach Finnland, wo Nachkommen von ihm noch heute leben.

Pfälzer siedelten am Niederrhein (Pfalzdorf, Louisendorf), im Braunschweiger Land, bei Rosenheim in Oberbayern (Großkarolinenfeld), in der spanischen Sierre Morena, in

Republikanischer Elefant von T. Nast

Esel als Symbolfigur der Demokratischen Partei von T. Nast

Irland und Dänemark. Vor allem aber zogen Menschen vom Rhein nach Südosteuropa, von Maria Theresia und Joseph II. ins Erschließungsland der Donaumonarchie gerufen und von Zarin Katharina und Zar Alexander zur Landkultivierung nach Rußland.

Etwa 100 000 Pfälzer wagten die Auswanderung in eine ›neue Welt‹ jenseits des Atlantischen Ozeans. Die Armut trieb sie fort oder die Abenteuerlust – sie gingen aber auch, weil sie etwa als Revolutionäre des Jahres 1848 zu Hause nur noch im Untergrund hätten leben können.

Einer der bekanntesten Auswanderer ist *Thomas Nast,* geboren 1840 in Landau, gestorben 1902 als amerikanischer Generalkonsul in Ecuador. Thomas Nast gilt als der Begründer der politischen Karikatur in den Vereinigten Staaten. Er zeichnete den Esel als Symbolfigur für die Demokraten und den Elefanten für die Republikaner. Die beiden stürmen noch heute bei jedem Wahlkampfspektakel in die Manege.

Gleich hinter Landstuhl geht es ein kurzes Stück auf die Autobahn nach Trier. Die verlasse man bei Glan-Münchweiler, fahre die Straße, die am Glan entlangzieht, bis Gimsbach, schlage von dort einen weiten Halbkreis um den 562 m hohen Potzberg mit den Stationen Reichenbach, Bosenbach und Altenglan.

Genau östlich von Gimsbach liegt in 8 km Entfernung **Reichenbach.** Die Malereien im Chorgewölbe der heute *evangelischen Kirche* stammen wohl aus der Zeit vor 1300. In diesem Jahrhundert mußten sie nach zwei Restaurierungen auch noch eine dritte über sich ergehen lassen. Jedes Gewölbefeld ist beherrscht von einer sitzenden Figur: Christus, Maria mit Kind, Johannes der Täufer und Abraham. Christus in der Mandorla ist umgeben von vier Tiermenschen, zusammengesetzt aus Evangelist und Evangelistensymbol. Erzvater Abraham hält wie einen Schiffsrumpf ein Tuch vor sich hin, in dem die Seligen geborgen sind. Und Mauern, Tore, Türme bilden die Kulisse – Bauteile des Himmlischen Jerusalem.

Dem Reichenbach folgt die Straße bis Nieder-Staufenbach. Nordöstlich davon liegt **Bosenbach.** Westlich vom Ort, an der Straße nach Altenglan, steht ein frühgotischer Chorturm, *Wolfskirche* genannt, der eine verwitterte, falsch interpretierte Löwenplastik den Namen gab. Vom Bosenbacher Friedhof umgeben, ist sie das Überbleibsel eines untergegangenen Dorfes. Anfang der 50er Jahre wurde im quadratischen Untergeschoß mit Kreuzrippengewölbe eine fast vollständige Ausmalung entdeckt, wohl aus der ersten Hälfte des 14. Jh. stammend.

Im Gewölbe ist der Weltenrichter dargestellt mit erhobenen Armen und auf einem Regenbogen thronend. Von seinem Mund gehen zwei Schwerter aus (Osten); der Einzug in Jerusalem, bei dem Christus schon die Siegesfahne trägt, die sonst erst bei der Auferstehung zu sehen ist (Westen); bei einem Turm stehen ein Mönch und ein Bischof (Süden); von einem gemalten Band getrennt sind zwei Figuren, die eine kniend, die andere stehend (Norden).

An der Ostwand treten links vom Fenster die Seligen auf, die ein Engel zum Himmelstor führt. Rechts davon schleppt der Teufel die Verdammten in die Hölle. Auf den beiden Feldern darunter ist kaum noch etwas zu erkennen. Die Abendmahlsszene an der

Blasen für gutes Geld

Ständig unterwegs, aber keine Emigranten waren die Bläser, Streicher und Trommler aus dem Musikantenland nördlich des Landstuhler Bruchs, jener Armeleutegegend im Dreieck zwischen den Flüssen Lauter und Glan. Nachdem Friedrich Blaul aus Speyer die Gegend durchstreift hatte, notierte er in seinem Buch ›Träume und Schäume vom Rhein‹, das vor mehr als 150 Jahren erschien, erschütternde Dinge: Er habe »noch keinen lauten Gesang auf dem Felde gehört, ein Zeichen, daß dem Volke der echte Frohsinn und die Rührigkeit und Beweglichkeit abgeht ... Mich haben diese stillen Angesichter immer gerührt, der stille Schmerz verwundeter Herzen, die an den Mühen des Lebens verbluten, schien auf ihnen zu liegen.« Zwar habe er allenthalben gehört, daß die Menschen »glücklich und zufrieden« seien, gesehen hingegen, wie der Branntwein seine »verwüstenden Spuren« auf den Gesichtern der Menschen zurückläßt. »Wie eine Seuche, die bereits epidemisch geworden, und die Hartnäckigkeit eines chronischen Übels angenommen, hat sich der Genuß dieses mörderischen Getränkes in dem Westen Rheinbayerns verbreitet. Branntwein heißt der Sorgenstiller, Branntwein die Quelle, aus welcher für Tausende alle Lust und Seligkeit fließt; Branntwein trinkt die Mutter, die eben geboren, Branntwein das Kind, das die ersten Worte stammelt.«

Um aus dem Elend herauszukommen, wurden viele zu Musikanten. Mit der Pauke auf dem »Buckel« und der Trompete »an de Gosch« zogen sie los, »während die Frauen daheim den Rübenacker hackten, die Geiß molken und Kinder großzogen, die in kurzem Urlaub gezeugt worden waren«, schrieb Heinrich Kraus in ›Die Pfalz. Impressionen einer Landschaft‹.

Im Heiratsregister von Schwedelbach erscheint im Jahr 1799 der Spielmann Johann Georg Schaumlöffel. Aber gleich, ob die Spielmänner aus Schwedelbach, Rodenbach, Kottweiler-Schwanden oder Ramstein kamen, der Name Mackenbacher galt für sie alle. Von 1000 Einwohnern Mackenbachs nordöstlich von Landstuhl war im Jahr 1913 jeder fünfte Musiker. Die Mackenbacher bildeten Zirkuskapellen, spielten auf, wo immer sie engagiert wurden, kamen sogar bis nach Südafrika.

1885 zum Beispiel bildete Philipp Maurer aus Mackenbach eine neun Mann starke Kapelle, kaufte Noten, Uniformröcke und Mützen und machte »einen Schiffsakkord bei dem Agenten Kranz in Landstuhl«, wofür er »62 Mark ab Landstuhl bis Newyork mit Gepäck und Verpflegung« zahlte. Die Band blies für gute Gage, man war zufrieden und beklagte nur eines: »in manchen Gegenden war nämlich Temperenz, da gab es nichts zu trinken und das ist sehr schlimm, besonders für einen Musiker«.

Zweieinhalb Jahre zog die Kapelle durch Amerika, dann kehrte Philipp Maurer heim. Einige Zeit später will er wieder über den Teich, seine Frau läßt ihn nicht, so geht er erst einmal mit einem ›Spezialtheater in Mainz‹ auf Tournee. Später spielt er doch wieder in Kapstadt und erneut in Amerika, geht mit einem französischen Zirkus pleite, spielt bei Hagenbeck und Sarrasani.

Südwand wurde durch den späteren Einbau eines Fensters ruiniert. Die Malereien an der Nordwand haben ebenfalls bis zur Unkenntlichkeit gelitten.

5 km sind es noch nach Altenglan. Von Mühlbach im Süden zweigt die Straße ab, die zum **Potzberg** hinaufführt, jenem riesigen Fladen Wald, gesäumt von Äckern und Wiesen. Vom Potzberg schaut man hinein ins ›bucklige‹ Land mit den vulkanischen Kuppen.

Petersberg wurde der Potzberg einst genannt. Michelsberg der heutige **Remigiusberg** am linken Glanufer, Teil jener von Steinbrechern angenagten Melaphyr-Rippen. Einst waren sie Wodans- und Donarsberg, aber St. Michael bezwang Wodan, St. Peter den anderen Germanengott Donar.

Remigiusberg, Remigiusland, der Name kam aus Reims herüber. Ein fränkischer Königshof und viel dazugehöriges Land am Glan waren Besitz des Bischofs von Reims und – im 10. Jh. – des Klosters St. Rémy in Reims. Frankenkönig Chlodwig, 496 in Reims als Gelübdechrist getauft, nachdem er gegen die Alemannen das Kriegsglück auf seiner Seite gehabt hatte, galt als der großzügige Stifter. Er war es nicht, wohl eher ein Merowinger im 7. Jh.

Aus Reims kamen Benediktiner, denen trotz aller Schutzbriefe das asketische Leben schwer gemacht wurde. 1124 ist in einer Urkunde die Rede von bestätigten Freiheiten und Rechten einer Benediktiner-Propstei auf dem Remigiusberg. Schirmvögte waren

Remigiusberg, Stahlstich von Frommel-Winkles

die Grafen von Veldenz. 1259 starb Graf Gerlach V. von Veldenz, ein Erbstreiter baute prompt den Mönchen die Michelsburg aus Holz vor die Nase. Nach ausgestandenem Streit sollte sie abgerissen werden, was auch geschah – doch nur, damit sie 1260 aus Stein und größer wieder errichtet werden konnte. Schutzbereitschaft der Vögte und Schutzbedürfnis der Mönche stießen oftmals waffenklirrend aufeinander. Die Michelsburg ist heute Ruine, erst vor ein paar Jahrzehnten sind ihre Relikte vor totalem Verfall bewahrt worden.

Das Kloster Remigiusberg wurde 1526 aufgehoben. Der Herzog von Zweibrücken, Erbe der Herren von Veldenz, hing dem neuen Glauben an, wollte kein Kloster mehr. Die ehemalige Klosterkirche, beherrschend an der Spitze des Bergrückens gelegen, ist heute *Pfarrkirche*. Die dreischiffige Pfeilerbasilika mit Querhaus und Turm im Winkel von Chor und nördlichem Kreuzarm entstand noch im frühen 12. Jh. Um 1300 wurden die Kreuzarme und die Seitenschiffe entfernt, wurde das Langhaus auf drei Joche verkürzt und mit einer gotischen Fassade versehen (Kleeblattbogenportal), der Chor mit einem Gewölbe (Birnstabrippen über Säulendiensten) und ⅝-Schluß. Aus einer einst stattlichen Klosterkirche wurde eine Kapelle.

Schon einmal, 1214, hatten die Mönche gegen einen Burgenbau der Grafen von Veldenz protestiert. Die Schirmherren hatten auf Klostergrund anderthalb Wegstunden westlich vom Remigiusberg gebaut. Die Mönche bekamen recht, die **Burg Lichtenberg** sollte, so der Spruch des kaiserlichen Hofgerichtes in Basel, geschleift werden. Sie blieb stehen, erst ein Brand im letzten Jahr des 18. Jh. machte sie zur Ruine und zum Bauhof für die Umgebung. Das änderte sich auch nicht, als der Wiener Kongreß dem Herzogtum Sachsen-Coburg-Gotha ein Fürstentum Lichtenberg zugeschlagen hatte, als Lichtenberg, 1834 an Preußen verkauft, dessen größte Burg war.

Als Bauherr ohne Genehmigung betätigte sich um 1200 Gerlach III. von Veldenz. Im Verlauf der Jahrhunderte entstand, vor allem unter Georg I. (1297–1347), ein halber Kilometer Bollwerk von Ost nach West, entstanden Halsgräben, Zwinger, Zugbrücken, Schildmauern, Bergfriede – und Bauten für friedliche Zeiten. Die Zweibrücker Herzöge waren Burgherren von 1444–1792. Dann rückten die Truppen der Französischen Revolution an. Der Feind kam, wie jeder Besucher heute auch, von Osten durch das mit gotischem Spitzbogen ausgestattete erste Tor (1580). Nach rechts führt der Weg zu der hufeisenförmigen *Ostbastion* mit fast 5 m dicken Mauern. Das Bollwerk wurde 1620 in Tag- und Nachtarbeit von 200 fronenden Bauern und der Garnison erbaut zum Schutz gegen eine spanische Streitmacht unter Heerführer Spinola, die von Kreuznach her anrückte.

Die bulligen Kanonenschießscharten sind so gerichtet, daß das ganze Vorgelände unter Feuer genommen werden konnte. Am *äußeren Halsgraben* vorbei, der aus dem Felsen herausgestemmt werden mußte, erreicht man das zweite Tor mit einem Wehrgang darüber. Dahinter erstreckt sich der *innere Halsgraben,* der von den beiden Zwingertürmen, der eine im Norden, der andere im Süden, verteidigt wurde. Nur über eine Zugbrücke war einst das dritte Tor zu erreichen, an das sich südlich die ehemalige *Land-*

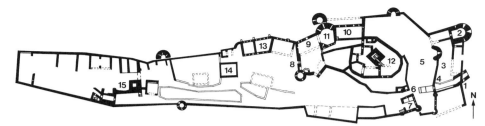

Burg Lichtenberg, Grundriß 1 1. Tor 2 Ostbastion 3 äußerer Halsgraben 4 2. Tor 5 innerer Halsgraben 6 3. Tor 7 Landschreiberei (Gaststätte) 8 4. Tor 9 Westpalas 10 Ostpalas 11 Bastion 12 Bergfried der Oberburg 13 Zehntscheuer (Museum) 14 Burgkapelle (ev. Kirche) 15 Schildmauer mit Bergfried der Unterburg

schreiberei anschließt, heute Gaststätte. Der Eckturm des Gebäudes ist mit einem gut erhaltenen Bogenfries unter dem oberen Stockwerk verziert.

Leicht bergan führt der Weg durch ein viertes Tor in den unteren Burghof der Oberburg. Zur Linken steht ein Turm, an den Richtung Norden eine Schildmauer anschließt, von der ein Teil Außenwand des *Westpalas* (1425) ist. Zwischen ihm und dem *Ostpalas* (1325, mit Rittersaal samt Altarnische im Erdgeschoß) ist in die Nordflanke eine *Bastion* eingepaßt.

Sechs Stockwerke hatte einst der aus Buckelquadern gefügte *Bergfried* aus der Zeit um 1270. Ende des 19. Jh. wurde er um 10 m kürzer gemacht, mißt heute aber noch immer stattliche 18 m.

Westlich der Oberburg reihen sich auf dem Kamm noch mehrere, heute verfallene Gebäude. Rechts liegt die *Zehntscheuer,* in der ein Museum eingerichtet ist. Es gibt Auskunft über die Geschichte des Quecksilberbergbaus in der Gegend. Außerdem erinnert es an die Wandermusikanten – in Bild und Ton.

Als Friedrich Blaul Burg Lichtenberg besuchte, schwärmte er: »Wenn der Schullehrer den Wert seiner Aussicht, namentlich aus dem Erkerfenster, zu seiner Besoldung schlägt, kann er sich einen reichen Mann nennen.« Nur die Aussicht als Lohn hatte von 1794 an für ein paar Jahre Anton Froehlicher, ein katholischer Geistlicher. Für 1000 Reichstaler hatte er 1789 für die Nichte des Wormser Domdechanten, ein Fräulein Klumpé, die noch heute erhaltene Landschreiberei der Burg erworben. Er klärte auch auf, daß 1794 das Städtchen Kusel zwischen Lichtenberg und Remigiusberg von den Franzosen wegen einer schlimmen Namensverwechselung niedergebrannt wurde.

In **Kusel** seien gefälschte Assignaten (Papiergeld) gedruckt worden. Und mit Falschgeld hätten die Kuseler die Freilassung von Geiseln bezahlen wollen. Eines stimmt: Sie haben mit Falschgeld bezahlt. Aber dies geschah, ohne daß die Kuseler es wußten. Die Blüten stammten aus Kasel. Dort hatten Engländer sie gedruckt, um die französische Währung zu schwächen. Auf Befehl der Franzosen wurde Kusel vernichtet, nur drei Häuser und zwei Scheunen überstanden das Inferno. Anton Froehlicher haben die

Kuseler es zu verdanken, daß Napoleon zur Wiedergutmachung zehn Jahre keine Abgaben von ihnen verlangte. Daß er ihnen Bauholz zum Wiederaufbau schenkte und zum Zweck der Arbeitsbeschaffung sogar ein Tribunalgebäude in Kusel errichten ließ.

Die Stadt war vor 200 Jahren ›civitas rasa‹. Der vordem dicht bebaute, kreisförmige Kern wurde danach fast unverändert wiederhergestellt.

> *»Eich sein vun Kusel*
> *Mei Vadder iss e Huterer,*
> *Mei Mutter raacht e erde Gips;*
> *Eich sein nit stolz.«*

»Eich sein nit stolz«, behauptet der Kuseler von sich. So steht es jedenfalls auf dem *Hutmacherbrunnen* seines Städtchens. Glaubensflüchtlinge hatten einst mit der Herstellung von Kopfbedeckungen begonnen. Aber eine rechte Industrie ist daraus nicht geworden. Das Land um Kusel lag lange abseits der Verkehrswege. Als die Autobahn gebaut war, hat sich daran ein bißchen was geändert.

Französische Gotik in deutscher Gestalt
Die ehemalige Klosterkirche von Offenbach

Die Talhänge des Glan sehen stellenweise aus wie stark überhöhte Kurven einer grünen Bobbahn. Auf baumbestandener Anhöhe bei **Ulmet** ragt ein fünfgeschossiger Kirchturm des 12. Jh. auf. Die Stockwerke verjüngen sich, die beiden unteren sind aus Quadern gefügt, am zweiten sitzt eine steinerne Maske, ins oberste sind Schallarkaden mit Mittelsäulchen eingelassen. Das Kirchenschiff, ein dreiseitig geschlossener Saal, entstand 1737.

Wie die evangelische Pfarrkirche von Ulmet hat jene von **St. Julian** glanabwärts einen Turm aus dem 12. Jh. An der Südwestecke sind Quader mit Reliefs aus der Römerzeit vermauert. Aus dem 13. Jh. stammt der massive Chorturm der evangelischen Kirche von Niedereisenbach. Das kurze Schiff entstand 1336, wurde aber einige Male umgebaut.

Die Straße folgt dem Fluß auf dem linken Ufer. Vor Offenbach aber geht es über eine Brücke in den Ortsteil **Hundheim** und von dort zum alten Friedhof eines untergegangenen Ortes, Hirsau oder Hirschau geheißen. Der Name hat weder mit Hirse noch mit Hirschen zu tun, hier lag einst Hurnuzauwa, eine Hornissenaue. Auf ihr wurde von einem Hundo Gericht gehalten, der wieder Hundheim seinen Namen gab. Fränkische Gaue waren in Hundertschaften eingeteilt, ein ›centenarius‹, ein Hundertschaftsrichter, stand ihnen vor, einer davon eben in Hundheim. Und den Namen seiner Thingstatt trägt noch heute eine der eindrucksvollsten Dorfkirchen der Pfalz, die *Hirsauer Kapelle*.

Eine Kastanienallee führt durch den alten Friedhof zum Eingang an der Seite. Der wuchtige Chorturm mit Satteldach stammt aus der Mitte des 13. Jh. In seiner Ostwand

Hundheim, Wandmalereien in der Hirsauer Kapelle

wurde ein frühgotisches Maßwerkfenster eingelassen, darüber öffnen sich rundbogige und gekuppelte Schallarkaden. Nur aus einem Schiff bestand ursprünglich das Langhaus. Ein nördliches Seitenschiff kam im frühen 16. Jh. dazu, wurde im darauffolgenden Jahrhundert abgerissen und 1894 wiedererrichtet. Spätgotischer Zeit zuzuordnen sind die Fenster in der südlichen Langhauswand. Dort wurde auch eine Spolie vermauert, ein Reliefstein aus römischer Zeit, der einen Gladiator mit wehendem Mantel zeigt.

Um 1250 dürften die prächtig restaurierten Malereien in dem mit kräftigen Kreuzrippen überwölbten Chor entstanden sein: ein thronender Christus, die Mandorla von Engeln gehalten, im östlichen Gewölbesegment; im westlichen Christus und Maria, auf einer Thronbank sitzend; im südlichen und nördlichen je sechs Apostel. In den Zwickeln der Gewölbefelder sind Engel zu sehen, die zur Ankündigung des Jüngsten Gerichts die Posaune blasen. Überm Chorbogen im Westen ist Maria als strahlende Mater ecclesiae dargestellt, als Fürbitterin und Mittlerin zwischen Gott und den Menschen. Heilige kommen, dem Bogenlauf folgend, auf sie zu, links unten stiehlt sich ein Teufel mit einem Menschen auf dem Rücken davon. Durch Ornamentbänder sind Nord-, Ost- und Südwand in drei Zonen aufgeteilt. In der oberen von Nord- und Südwand erscheint jeweils ein Engel mit Zepter und Schale. Überm Fenster der Ostwand ist das Opfer Kains und Abels wiedergegeben als eine Vorwegnahme (Präfiguration) des Opfers Christi. Die beiden Brüder werfen sich vor Gott nieder (»Wenn du fromm bist, so bist du angenehm;

bist du aber nicht fromm, so ruhet die Sünde vor der Tür«). Die mittlere sowie die untere Zone schmückt ein Leben-Jesu-Zyklus, zu dem zwölf Stationen zählen, von Mariä Verkündigung bis zur Himmelfahrt. Teilweise durch den Einbau eines Sakramentshäuschens zerstört wurde die Darstellung der Kreuzigung an der Nordwand (links) mit dem verdrehten Körper des Gequälten und seinem bejammernswerten Leidensgesicht. Teilweise erhalten blieb an der Nordwand (rechts) die Kreuzabnahme. Da wird mit monumentaler Zange der Nagel, der die linke Hand durchbohrte, gezogen. Ganz zerstört ist die Himmelfahrt an der Südwand.

Die Christusdarstellungen auf diesem Zyklus machen den Wandel des Erlöserbildes deutlich. Hier erscheint nicht mehr der unnahbare, hoheitsvolle Herrscher, sondern die Leidensgestalt, der grauenvolle Qual zugefügt wird.

Am linken Glanufer flußabwärts in **Offenbach** liegt die ehemalige Propsteikirche St. Maria, heute *evangelische Pfarrkirche*. Wie eine kleine Benediktinerpropstei eine solch große und bedeutende Kirche bauen konnte, darauf gibt es keine Antwort. Schwierig war das Unternehmen, der Bau entstand in Etappen. Ein Ritter Reinfridus hatte dem Kloster St. Vincent in Metz, in dem sein Sohn als Mönch lebte, Güter am Glan geschenkt, was der Erzbischof von Mainz 1150 bestätigte. Dies war die Voraussetzung für die Gründung der Propstei. 1257 stiftete Gerlach von Veldenz eine ewige Lampe für den Marienaltar der Kirche – es muß das Gotteshaus also in Teilen schon gegeben haben. Mit dem Bau begonnen worden war nach 1225.

☐ Baubeschreibung

Im ersten Bauabschnitt entstanden die drei Apsiden, Vorchor und die beiden östlichen Vierungspfeiler. Vermutlich ist der Baumeister aus der Maulbronner Bauhütte hervorgegangen. In den zweiten Bauabschnitt gehören das südliche Querschiff, der südwestliche Vierungspfeiler und der südliche Vierungsbogen. Baumeister dafür könnte ein Lothringer gewesen sein, das Fenster in der Fassade des südlichen Querschiffs gleicht einem solchen in der Kirche von Cheminot in Lothringen. In einem dritten Bauabschnitt wurde das südliche Querschiff gewölbt, entstanden das nördliche Querschiff, der nordwestliche Vierungspfeiler sowie der nördliche und westliche Vierungsbogen. Das Fenster in der Fassade des nördlichen Querschiffs ist vergleichbar den Fenstern am Langhaus des Straßburger Münsters. Dort wieder hatten die Architekten ihre Vorbilder in Reims und St. Denis gefunden. Das Langhaus war bis ins Jahr 1300 wohl vollendet, der Vierungsturm erst im frühen 14. Jh. Das Ende des Klosters, für das noch im 13. Jh. der deutsche Kaiser die Schirmvogtei übernommen hatte und ab 1474 der Herzog von Zweibrücken, kam im 16. Jh., als die Zweibrücker Lutheraner wurden. Allmählich verfiel die Kirche, im 19. Jh. wurde das Langhaus auf Abbruch verkauft. Ein Pfeilerstumpf steht noch heute auf dem Platz vor der Kirche. Was sich heute wie ein Zentralbau aus gelben Sandsteinquadern präsentiert, ist, so Manfred Fath, »eines der bedeutendsten Denkmäler der frühen Gotik in Deutschland. An diesem Bauwerk, das von der kunstgeschichtlichen Forschung zu Unrecht noch kaum beachtet wurde, läßt sich der Integra-

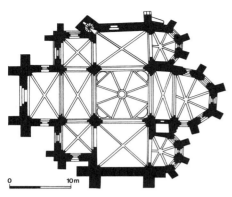

Offenbach, ev. Pfarrkirche, Grundriß

tionsprozeß des französisch-gotischen Formengutes in die deutsche Kunst und seine Mischung mit der heimischen Tradition in allen Phasen ablesen.«

An das dreijochige Querhaus schließen sich im Osten drei Apsiden mit ⅝-Schluß an. Vor die mittlere, aus der Hauptachse verschobene Apsis ist ein querrechteckiges Chorjoch gesetzt. Über der Vierung ragt ein stattlicher achteckiger Turm auf. Vom einstigen dreischiffigen, dreijochigen Langhaus ist nur noch das südöstliche Seitenschiffjoch erhalten. Das gegenwärtige Aussehen des Westteils der Kirche geht auf den Wiederaufbau ausgangs des 19. Jh. zurück.

Strebepfeiler mit Wasserschlaggesimsen, die sich nach oben verjüngen, von kleinen Giebeldächern bedeckt und von Kreuzlilien oder steinernen Knaufen bekrönt, rahmen nördliches und südliches Querschiff und gliedern die mehreckigen Apsiden. In den Wandfeldern der Apsiden sitzen wie im Vorchor Spitzbogenfenster, von schlanken Säulen mit massigen Knollen- oder Adlerkapitellen gefaßt.

Die Fassade des südlichen Querschiffs ziert, von einem Rundbogen überfangen, ein dreiteiliges Staffelfenster. Vor den Pfosten stehen Säulchen mit je zwei Schaftringen. Spitzbogig ist das Fassadenfenster des nördlichen Querschiffs: Aus zwei zweibahnigen Teilen mit Fünfpaß darüber ist es zusammengesetzt sowie einem Ring, gefüllt mit sechs Kreisen um einen Dreipaß. Das Portal darunter, spitzbogig mit Dreipaß, hat ein reich profiliertes Gewände.

Hoch ragt der achteckige Vierungsturm auf. Sein auffälliges Kennzeichen: Maßwerkfenster im unteren Teil in Form sphärischer Dreiecke. Das abgetragene Langhaus hatte ein Figurenportal. Zwei Figuren stehen in der Vorhalle der katholischen Kirche.

Im Innern dominiert das vielgliedrige System gebündelter und einfacher Dienste. Schaftringe gliedern die Säulendienste in den Apsiden, ein Gesims, profiliert wie die Kämpfer dieser Dienste, schließt dort die polygonalen Wände ab. Darauf ruht ein Gewölbe mit weiß verputzten Kappen. Den schmalen Riegel des Vorchors trennen kräftige gebündelte Dienste von der Hauptapsis.

Offenbach, ev. Pfarrkirche, Gewölbe ▷

Fast quadratischen Grundriß hat das südliche Querschiff, rechteckigen das nördliche. Das stark gebuste Gewölbe des südlichen ruht wie das nördliche an den Außenecken auf Dreifach-Diensten. Auffallend auch hier die stark profilierten Kämpfer.

Besonders eindrucksvoll schließlich die gebündelten Dienste der Vierungspfeiler. Nur noch die östlichen weisen eine horizontale Gliederung durch Schaftringe auf. Es ist deutlich, wie zur vertikalen Gliederung in den zuerst entstandenen Bauteilen noch der Gegenwert der Horizontalen (Schaftringe, Gesimse) kommt. Bei den westlichen Vierungspfeilern ist die aufstrebende Linie nicht mehr unterbrochen. Und im Vorchor ist gar erkennbar, daß das schon gestaltete Gesims später weggemeißelt wurde.

Der Baubeginn der Kirche lag in spätromanischer Zeit, Formen der Gotik kennzeichnen die weiteren Phasen. Dieser Übergang hat auch seine Wirkung im plastischen Schmuck. Den älteren Bauteilen vorbehalten sind Drachen-, Adler- und Palmettenkapitelle. Meist vereinigen sich zwei Drachenkörper in einem Kopf, mal bedrohen sie eine menschliche Gestalt, mal haben sie sich in Gesicht oder Körper eines Menschen verbissen, mal in sich selber, mal hängt ihnen eine Palmette aus dem Maul. Auf dem Schlußstein des Vorchors sind vier Drachen wie mit Schwanzschellen aneinandergekettet. Auf dem Schlußstein der Hauptapsis umschließen Palmettenringe ein Kreuz mit Dreipaß-Enden. Die Knospenkapitelle des ersten Bauabschnitts haben runde, zuweilen polygonale Kelche. Mehrfach variieren die Knospenformen, teilweise sind sie durch Tier-

Offenbach, ev. Pfarrkirche, plastischer Schmuck im Inneren: Drachen- und Menschenköpfe

und Menschenköpfe ersetzt. In der späteren Bauphase werden die Kapitelle schlanker. Schließlich schmückt naturalistisches Blattwerk Kapitelle und Konsolen. Im Tympanon über der Innenseite des Portals im nördlichen Querschiff ist ein Lamm Gottes dargestellt.

Eine Fahrt ins ›Reich‹ verläuft von Offenbach nach Süden über Nerzweiler, Hinzweiler nach Eßweiler und von dort um den *Königsberg* nach Osten, nach **Wolfstein** im Lautertal. Nach der fränkischen Landnahme- und anschließenden Landvergabezeit war nur noch ein Strich um Kaiserslautern und weiter nach Nordwesten zur Lauter und zum Glan als Königs- oder Reichsland übrig. Davon hat der Königsberg seinen Namen und auch die Gegend. Sie hieß noch immer das ›Reich‹, als sie längst zur Kurpfalz gehörte.

»Glanzpunkt des ganzen Tals« nannte Friedrich Blaul den Ort Wolfstein an der Engstelle des Lautertales, von Obstbäumen umstanden. Als Reichsfeste und Straßensperre wurde im 12. Jh. *Alt-Wolfstein* am bewaldeten Osthang des Königsberges gegründet, 1319 an die Grafen von Sponheim verpfändet, später an die Kurpfalz. Seit 1504 ist die Burg Ruine. Weiter südlich und etwas tiefer am Hang entstand im 13. Jh. *Neu-Wolfstein.* Diese Burg war in die Stadtbefestigung des Ortes einbezogen. Auch von ihr sind nur Trümmer geblieben.

Bis 1967 wurde im Innern des Königsberges Kalkstein gebrochen. Heute können Besucher – Helm auf dem Haupt, ein bißchen Gruseln im Leib – mit der Grubenbahn 270 m weit durch die gewundenen Stollen fahren, die in die vor Jahrmillionen entstandenen Felsklüfte geschlagen wurden.

Zwischen Wolfstein und **Rutsweiler** liegt direkt an der Straße eine *evangelische Pfarrkirche,* Zweikirche genannt, einziger Rest des untergegangenen Ortes Allweiler. An einen Westturm mit Satteldach schließt ein Langhaus aus dem 12. Jh. an (mehrfach verändert), und daran ein dreiseitig geschlossener Chor vom Ende des 15. Jh. mit steilem Dach, das höher aufragt als das Dach des Langhauses. Im Chor sind Malereien aus der Zeit um 1500 erhalten. Etwas älter sind die Bilder an der Nordwand des Langhauses. Erheblich älter ist das Stifterbild an der Ostwand des Langhauses. Hier überreicht eine Heilige seit dem 14. Jh. einem Bischof ein handtellergroßes Kirchenmodell.

Von Wolfstein in die kleine Residenzstadt Meisenheim gibt es einen direkten Weg: erst die Lauter entlang bis Lauterecken und dann weiter am Glan. Oder es gibt den Umweg durchs Odenbachtal mit Wiesenhängen und Waldkuppen, Stille und Natürlichkeit. Eine in der Pfalz seltene *Wasserburg* hat sich auf künstlich angeschüttetem Hügel in **Reipoltskirchen** erhalten. Noch gut erkennbar sind die Gräben, die bei Bedarf mit Wasser aus dem Odenbach geflutet werden konnten, wenn Feinde anrückten. Fast komplett ist die ovale Ringmauer erhalten. Fast 3 m dick sind die Mauern des Bergfrieds, die untere Partie aus Buckelquadern im frühen 13. Jh. gefügt, die obere um 1500 aus Bruchsteinen, allerdings mit glatt behauenen Eckquadern. Spitzkonsolen tragen einen Rundbogenfries. Jeweils in der Mitte einer Turmseite springen die Konsolen deutlich vor. Sie trugen einst Erker, aus denen senkrecht an der Wand herunter der anstürmende Feind mit Pech begossen werden konnte.

Kleinod am Glan

Doppeltes Netz überm Kapellenboden
Steinmetzkunst in Meisenheim

Die Kommune am Glan gehört strenggenommen nicht mehr zur Pfalz. Dennoch sei sie hier ein paar Buchseiten lang eingemeindet. 1315 war Meisenheim, Besitz der Grafen von Veldenz, Stadt geworden, 1444 erbten die Zweibrücker den Ort. Er war deren zweite Residenz, Witwensitz und bisweilen sogar Rivale Zweibrückens. Die von den Franzosen 1689 geplante Vernichtung konnte herzerweichendes Flehen der Pfalzgräfin Carola Friedrike verhindern. Der Wiener Kongreß erkärte das Oberamt Meisenheim zur Exklave der Landgrafschaft Hessen-Homburg. Es gehörte 1866 ein paar Monate zu Hessen-Darmstadt und wurde dann preußisch. Meisenheim blieb im Unterschied zu den meisten pfälzischen Städten unversehrt, wenn man einmal davon absieht, wie mit Riffelglas in heutiger Zeit das Fachwerk der alten Häuser verschandelt wird – und das in einem Ort, der im 18. Jh. einen ›Türenschmidt‹ hatte, einen kunstfertigen Türentischler.

☐ **Stadtbesichtigung**

Das Zentrum liegt wie eine Leiter aus Obergasse (Adelshöfe) und Untergasse (stattliche Bürgerhäuser) mit nicht ganz geraden Sprossen auf der hochwasserfreien Hangterrasse am Glan. 1815 hatte Meisenheim 2000 Einwohner, heute ist es ein Tausender mehr.

Ludwig der Schwarze von Zweibrücken-Simmern-Veldenz (1459–89) hatte den Reichsapfel halten dürfen, als Karl der Kühne von Burgund in Trier belehnt wurde. Er vertrat – offiziell – den nachmaligen Kaiser Maximilian im Brautbett der schönen Maria von Burgund in Brügge. Vom bösen Vetter Fritz (Kurfürst Friedrich I.) ließ er sich allerdings wiederholt besiegen. Ein Frankfurter Steinmetz mit Namen Philipp von Gmünd baute in seinem Auftrag die Meisenheimer *Schloßkirche*, heute evangelische Pfarrkirche. Baubeginn für die dreischiffige, spätgotische Hallenkirche war 1479, die Weihe im Jahr 1504 erlebte Ludwig nicht mehr. Entstanden war eine architektonische Kostbarkeit aus gelbem Sandstein, benutzt als Hof-, Grab- und Pfarrkirche, aber auch als Ordenskirche der Johanniter.

Baudirektor Wahl schrieb 1791 von einem Monument, »das nach arabischem, sonst gothisch, auch deutsch genanntem Geschmack aufgestellt wurde, das durch seine Stärke und Schönheiten noch mehreren Jahrhunderten unserer Nachwelt sich darstellen wird, wie weit es Deutsche in dieser Art Kunst gebracht hatten«. Protestantische Innenarchitekten hatten sie jedoch längst für den neuen Glauben umgerüstet. Im Namen von ›Freiheit, Gleichheit, Brüderlichkeit‹ wurde sie dann 1794 Heumagazin, diente das Gestühl als Brennmaterial, wurden die Grabmäler als Schießscheiben mißbraucht, und wurde die letzte Ruhestätte der fürstlichen Familie zur Wachstube.

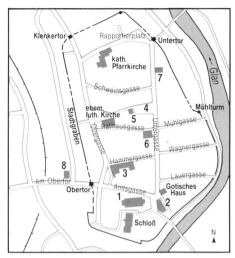

Meisenheim 1 Schloßkirche 2 ›Gelbes Haus‹ (ehem. Johanniterkomturei) 3 Hunolsteiner Hof 4 Marktplatz 5 Mohrenapotheke 6 Rathaus 7 Haus des Syndicus Thayn 8 Rischmannsches Haus

Die Kirche besteht aus drei selbständigen Bauteilen: dem 52 m hohen Turm im Westen, dem Langhaus und dem vieleckigen Chor. Auf dem quadratischen Unterbau des *Turms* (Sockel, Haupt- und Obergeschoß) sitzt ein achteckiger Mittelteil und auf diesem eine Helmpyramide. An den Ecken der Westseite ragen Strebepfeiler auf. Wie ein Baldachin erscheint das zweiteilige Portal mit Pfeilern, die sich in Türmchen (Fialen) fortsetzen, sowie einem geschweiften Kielbogen, auf dem eine steinerne Kreuzblume wächst. Die neugotische Kreuzigungsgruppe von 1870 wirkt glatt und langweilig.

Haupt- und Obergeschoß beherrschen schmalhohe Spitzbogennischen, im Maßwerkfenster des ersten haben Mittelaltereiferer des 19. Jh. ein Johanniterkreuz eingepaßt. Mit einem Gesims schließt dieses quadratische Turmsegment ab. Zweigeschossig ist der achteckige Mittelteil, achtseitig die Pyramide, an den Kanten mit Krabben besetzt. Sie endet in einer vierseitigen Laterne, die wie von einem Mastkorb umgeben ist. Auf ihr thront eine Kreuzblume. Der Kunsthistoriker Karl-Heinz Drescher merkt an, die filigrane Pyramide sei am schönsten, »wenn der dahinter stehende Vollmond seine Strahlen durch das steinerne Gegitter schickt«. Architekturkritiker sagen, die Pyramide sei im Verhältnis zum übrigen Turm einfach zu klein geraten.

Schlicht präsentiert sich das *Langhaus*. Unter einem hohen Satteldach sind drei Schiffe vereinigt. Das mittlere geht in einen quadratischen Vorchor über, das nördliche in die Sakristei, das südliche in die Grabkapelle. Eleganter als die Strebepfeiler des Schiffs sind die vieleckigen des Chors mit Zeltdach. Sie sind schlank, gehen nach dem zweiten Knick in einen Dreikantteil über, auf dem zierliche Giebel sitzen. Zwischen den Pfeilern sind feingliedrige, extrem schmalhohe Fenster eingelassen.

Durch die Turmhalle, die überwölbt ist von einem vierstrahligen Sterngewölbe, betritt man die lichte gotische Halle. 1,5 m beträgt der Höhenunterschied zwischen Mittelschiff (mit fünf rechteckigen Jochen) und den Seitenschiffen (hier sind die Joche quadratisch), er ist mit bloßem Auge jedoch nicht zu erkennen. Die zylindrischen Pfeiler stehen auf achteckigen Sockeln und tragen statt Kapitellen achteckige Trommeln. Der letzte, östliche Pfeiler fehlt als Stütze des fünften Jochs. Dafür sind Achtkantprismen vor einem steinernen Band an die Wand des Vorchors geheftet. Und statt eines westlichen Pfeilerpaares ragen rechteckige, abgekantete Stützen auf. Sie tragen eine Empore, die

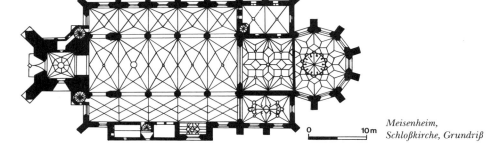

Meisenheim, Schloßkirche, Grundriß

im 18. Jh. vergrößert worden ist. Bei den Restaurierungsarbeiten vor einiger Zeit wurde sie jedoch wieder auf ein Maß reduziert, das den Eindruck der lichten gotischen Halle nicht beeinträchtigt.

Über dem Mittel- und über dem nördlichen Seitenschiff spannt sich ein Sterngewölbe, ein steinernes Netz über dem südlichen Seitenschiff.

Als ›Dunkelzone‹ zwischen Schiff und Chor wirkt der fensterlose *Vorchor*. Kunstvoll ist sein Gewölbe. Weit in die sonst kahlen Wände reichen die Dienstbündel herab, die Rippen treffen sich an der Decke zu einer Figur aus Quadraten und Rhomben mit einem achteckigen Stern in der Mitte. Auf dem Schlußstein an der Decke des Vorchors erscheint das Haupt Joahnnes' des Täufers (der Henker »trug her sein Haupt auf einer Schüssel«, heißt es im Markus-Evangelium). Der Enthauptete war Patron der Johanniter, er hat, so die Apostelgeschichte, mit Wasser getauft, »ihr aber sollt mit dem Heiligen Geist getauft werden«.

Als *Chor* wurden sieben von zehn Seiten eines Zehnecks gebaut, drei gingen gleichsam im Vorchor verloren. Auf der im Zenith von einem Rippenstern umgebenen Schlußstein-Rosette waren zehn Apostelplätze zu vergeben. Die letzten zwei der zwölf Sendboten Christi erscheinen an der Rückseite des Gurtbogens, der Chor und Vorchor trennt. Auf die Taufe mit Wasser durch Johannes folgt im Chor die Taufe mit dem Heiligen Geist beim Pfingstfest. Sein Symbol ist die weiße Taube im Zentrum der Rosette.

Ende der 60er Jahre dieses Jahrhunderts bekamen die sieben Chorfenster von Künstlerhand neues Glas, darauf sind in Rot, Gelb und Blau biblische Szenen wie im Kaleidoskop durcheinandergeschüttelt. Und was »weder vorausgesehen noch gewollt war« (Karl-Heinz Drescher): Die neuen Fenster verdunkeln den Chor, obwohl die Baumeister der späten Gotik das Gegenteil beabsichtigt hatten. Licht sollte durch die sieben Fenster fallen und im Kontrast zum fensterlosen Vorchor den Chor hell erstrahlen lassen. Das erste Fenster von links beginnt mit der Schöpfungsgeschichte. »Es werde Licht«, heißt es dort, aber im Chor wurde es durch die Umsetzung des Bibelwortes dunkler. Dunkler wurde es auch durch den Sündenfall, die Vertreibung aus dem Paradies, den Turmbau zu Babel, durch Johannes den Täufer, das Kreuz des Erlösers, durch Auferstehung, Pfingsten und Apokalypse.

Eine schmiedeeiserne Pforte an der Chor-Südseite öffnet sich zur berühmten *Grabkapelle*. Die großen Fenster im Osten und Süden sind mit feinem Maßwerk geschmückt, die Fenster zum Vorchor vermauert. Zum südlichen Seitenschiff öffnet sich die Kapelle in einem hohen, mit steinernen Lilien besetzten Spitzbogen. Darin ist, ein Prachtstück der Schmiedekunst, ein 3,5 m hohes Gitter eingelassen mit gekreuzten Stäben und geschweiften Spitzbogen.

Architektonischer Höhepunkt der Schloßkirche ist das *Gewölbe* der Kapelle (Umschlagrückseite). Hier wurden Steine kunstvoll gefügt und wie Schnüre elegant ineinander verschlungen zu einem doppelten Netz hoch überm Boden. Das eine ist an die Gewölbekappe geheftet, das andere schwebt frei im Raum. Das untere steinerne Geflecht wirft außerdem ein Schattengebilde an die Decke, so daß Schein und Wirklichkeit kaum noch auseinanderzuhalten sind. Mit Reliefs geschmückt sind die Knoten, das heißt die Schlußsteine. Im Zentrum des freischwebenden Netzes erscheint Maria mit dem Kind. Ringsum sind Engel, Löwe, Stier und Adler zu erkennen, die Erkennungssymbole der vier Evangelisten. Von den sechs Schlußsteinen an der Decke bilden je drei eine Einheit: nach Osten erscheint der Gekreuzigte zwischen Maria und Johannes, nach Westen sind die Wappen der Erbauer zu sehen.

Meisenheim, Schloßkirche, Grabmal des Herzogs Wolfgang und seiner Gemahlin

»Harnische, kunstvoll gekettelte Panzerhemden, Faltenröcke und Spitzenkrägen, dazu das heraldische Getier auf großen und kleinen Wappen, kann man in Meisenheim mit einer Naturwahrheit gemeißelt sehen, um derentwillen heute noch der glätteste Techniker den Hut vor den alten Steinmetzen abziehen wird.« Dies schrieb Wilhelm Heinrich Riehl im vergangenen Jahrhundert. Es war jedoch ein solcher glatter Techniker, der die 1794 von den Franzosen abgeschlagenen Häupter und Hände 100 Jahre später neu gemeißelt hat.

An der Nordwand dominiert das *Grabmal von Herzog Wolfgang* (†1569) *und seiner Gemahlin Anna* (†1591). Das fast 7 m hohe Werk aus Tuffstein, geschaffen von Johann von Trarbach, wurde 1575 aufgestellt. Der Bildhauer war beliebt an den linksrheinischen Fürstenhöfen der Renaissance. An diesem Monument hat er drei Jahre gearbeitet und erhielt 510 Gulden – ein gutes Honorar. Lebensgroß knien Wolfgang und Anna unter dem Gekreuzigten. Unter ihnen sind Schiefertafeln angebracht, auf denen ihre Biographien zu lesen sind. Wolfgang, so heißt es, hat unter anderem den »päpstlichen Götzendienst« abgeschafft, Anna hat 13 Kinder geboren.

Als Herzog Karl, Wolfgangs jüngster Sohn, im Jahr 1600 »dieses vergängliche Leben mit der himmlischen und ewigen Herrlichkeit« vertauscht hatte, schuf Michael Henckhell aus Bergzabern »für 360 Gulden, 10 Ohm Wein und freie Station« sein 8 m hohes Prunkgrab. In einer Muschel steht, breitbeinig wie ein Condottiere, den Feldherrnstab in die Hüfte gestemmt, der Herzog. Doch die martialische Pose paßt so gar nicht zu einem Menschen, der fromm und friedliebend war.

Ein Jahrhundert später entstand das Epitaph für die 1712 verstorbene Pfalzgräfin Carola Friedrike, eine Schriftplatte, von Wappen, Sprüchen und Allegorien umgeben. Auffällig ist, daß sich dieses Memorial stilistisch kaum von jenen unterscheidet, die Generationen davor entstanden waren – die Macht der Tradition hat hier wohl dem unbekannten Steinmetze die Hand geführt.

Den Steinmetzen der Renaissance künstlerisch Paroli geboten haben Rokoko-Könner namens Schmidt. Ihr Werkstoff war das Holz. Das Meisterwerk der Schreinerwerkstatt Johann Christoph Schmidt und Söhne in der Wagnergasse 6 ist die *Schloßkirchenkanzel* von 1769. Fein durchgestaltete Figuren und gekonnte Schnörkel schmücken den geschwungenen Eichenkörper mit Nußbaumfurnieren. Über ihm, auf dem Schalldeckel blüht seit mehr als 200 Jahren ein elegant geschnitzter Blumenstrauß.

Meisenheim, Fachwerkhäuser und Kirchturm

Wer in den ›Mastkorb‹ des Schloßkirchenturms steigt, hat unter sich das Städtchen. Das ›*Gelbe Haus*‹, Amtsgasse 12, ist die ehemalige Johanniterkomturei. Auf einem Erdgeschoß aus Bruchsteinen sitzt Fachwerk, darüber ein verschieferter zweigeschossiger Giebel, von einem Krüppelwalmdach bekrönt. Der älteste erhaltene Fachwerkbau der Gegend ist jedoch seit Jahrhunderten verputzt. Von den Adelshöfen der Obergasse vor allem zu nennen ist der *Hunolsteiner Hof* (Ecke Ober- und Hammelsgasse) mit dem schönen Erker. Nicht das *Rathaus,* sondern die *Mohrenapotheke* beherrscht den *Marktplatz,* ein dreistöckiger Renaissancebau mit sieben Achsen zur Front, Pillendrehanstalt seit 1705. Auffällig in der Untergasse: das *Haus des Syndicus Thayn* aus Nürnberg, den Herzog Wolfgang zum Berghauptmann seiner Silbergruben berufen hatte. Amtsgasse 1 lautet die Adresse des *Rischmannschen Hauses* von 1761: zwei Geschosse, sieben Fensterachsen, doppelstöckiges Mansarddach – ein prächtiges Gebäude.

Wer heute durch Meisenheim bummelt, kann sich ohne Überanstrengung seiner Phantasie hineinfinden ins 18. Jh. – und sich durchaus dort wohlfühlen.

Im Bannkreis des Donnersberges

Wo Teufel Schwerstarbeit verrichten
Burgen und Bilderbibeln beiderseits der Alsenz

Pfälzer aus den Weinregionen, das heißt ›vun draiße oder drunne‹, finden selten hierher. Fremde sind da ganz anders. Die machen schon mal Station in **Obermoschel,** der kleinsten pfälzischen Stadt mit 1000 Einwohnern an der Landsburg. Hier, im einst drittgrößten Quecksilberrevier Europas, wurde das begehrte Flüssigmetall geschürft und nach England und Holland verkauft, was den Herren von Pfalz-Zweibrücken stattliche Gewinne brachte.

Ein Schnitzwerk ›Mann mit Schachthut‹ am 400 Jahre alten *Schuckschen Fachwerkhaus* erinnert an die Fleißigen unter Tage aus dem winzigen Montanstädtchen von einst. Ausgangs des 18. Jh. ließ der zweibrückische Baudirektor Friedrich Wahl den klassizistischen Saalbau mit Westturm der *evangelischen Kirche* errichten.

Auf einem bewaldeten Porphyrkegel liegt die *Landsburg,* auch Moschellandsburg geheißen. Ihre Bauherren waren im 12. Jh. die Grafen von Veldenz. Nach dem Tod des letzten Chefs aus dieser Dynastie wurde sie zweibrückisch – und 1693 von den Franzosen zerstört. Ein Kupferstich von Matthäus Merian dem Älteren aus den 30er Jahren des 17. Jh. zeigt, vieltürmig und noch völlig intakt, Ober- und Unterburg. Zu den ältesten Bauteilen gehören der Bergfried und die Schildmauer. Die wurde im 16. Jh. mitsamt der davor gezogenen Zwingermauer verstärkt durch einen halbrunden Geschützturm. Die Zugbrücke im Südosten (nicht mehr vorhanden) führte auf einen Torturm zu (Fundamente noch erkennbar) und von dort in die Vorburg (wenige Reste), vorbei an einer Mauer mit seltenem Megalith-Mauerwerk aus groben Quadern. Diese Mauer stammt vielleicht schon aus dem 11. oder gar 10. Jh. und wäre somit zyklopisches Relikt eines Vorgängerbaus, über den wenig bekannt ist.

Nördlich von Obermoschel, hinter Hallgarten in einem Seitental der Nahe, liegt die **Burg Montfort.** Auch sie haben Grafen von Veldenz um 1200 errichtet. Als Ganerbenburg war sie eine Immobilie, verteilt auf viele Besitzer (17 Adelsfamilien wurden im Jahr 1444 registriert). Sie wurde weder von rebellischen Pfälzer Bauern niedergemacht noch von zerstörungslüsternen Franzosen erobert, sondern von Kurfürst Friedrich im Jahr 1456 niedergeschossen. Die Umfassungsmauern von sieben der bis zu fünf Geschosse hohen Ganerbenhäuser sind eindrucksvoll gut erhalten. Das kleine Museum beschert Einblick in 800 Jahre Burggeschichte.

In Sichtweite der Moschellandsburg erhebt sich bei Niedermoschel höchst außergewöhnlich auf einem künstlich aufgeschütteten Buckel im Tal, einer Motte, **Burg Löwenstein.** Aus Weidewiesen ragt heute nur noch der Stumpf des Turms auf sowie ein Rest des Ritterhauses.

Nicht Bergmänner wie die Obermoscheler, sondern Steinhauer waren die Bewohner von **Alsenz,** dem Ort am Fluß gleichen Namens. Heute ist auch das vorbei. Der Renaissancebau des alten *Rathauses* aus der zweiten Hälfte des 16. Jh., Fachwerk über einem steinernen Erdgeschoß, eine einstige offene Markt- und Gerichtshalle, ist heute Museum. Es zeigt Werke der Steinmetzkunst und beherbergt die Nordpfalzgalerie.

Die *evangelische Pfarrkirche* hat einen dreiseitig geschlossenen Chor aus der zweiten Hälfte des 15. Jh. mit feinen Maßwerkfenstern. Als großer Barockbau mit Mansarddach präsentiert sich das ehemalige Nassau-Weilburgische *Amtshaus*. Die Nazizeit überdauert hat die bescheidene *Synagoge* von 1765.

Ein Abstecher von Alsenz nach Osten via Kalkofen führt nach **Münsterappel.** Die ehemals St. Gangolf geweihte Kirche (heute *evangelische Pfarrkirche*) gehörte zu einer Benediktinerpropstei. Erhalten geblieben ist ein sehr schöner sterngewölbter Chor mit ⁵⁄₈-Schluß vom Ende des 15. Jh. Das schlichte Langhaus stammt aus dem frühen 18. Jh., an der Nordseite ist eine Sakristei mit Fachwerk-Obergeschoß angefügt. Vor mehr als 30 Jahren wurden im Chorgewölbe Malereien aus der Erbauungszeit vom Putz befreit: Um den östlichen Schlußstein – er zeigt den hl. Maximilian von Trier – ranken sich Blumen, die jedoch stark ergänzt wurden.

Nach Süden, den Appelbach talaufwärts, liegt **Gaugrehweiler.** Auffällig hier: die stattlichen barocken Häuser mit Mansarddächern und doppelläufigen Treppen, das Ambiente einer Residenz im Kleinformat. Die wollte sich, weltfremd wie er offenbar war, und den Großen seiner Zeit nacheifernd, Graf Carl Magnus in der Abgeschiedenheit des Nordpfälzer Berglandes schaffen, nachdem er sein Schloß Rheingrafenstein verloren hatte.

Ein bombastischer Prunkbau sollte aus der Erde wachsen, dreiflügelig und mit Ehrenhof. Einen Hofstaat sollte es geben mit Hofprediger, Hofkellermeister, Hofschranzen und sogar einer Armee von 14 Mann Paradestärke. Das alles hatte jedoch nur eines zur Folge: Es riß tiefe Löcher in die Hofkasse. Da die Gläubiger von Carl Magnus ihr Geld nicht eintreiben konnten, trieben sie den Größenwahnsinnigen ins Gefängnis. Vom Schloß blieben zwei Kellergewölbe.

Oberndorf, Fresken in der Simultankirche St. Valentin

Zurück vom Appelbachtal ins Tal der Alsenz. Denn dort liegt **Oberndorf** mit der *Simultankirche St. Valentin* und den darin vor etwas mehr als 30 Jahren freigelegten und recht gut erhaltenen Wandmalereien vom Ende des 15. Jh. Die Ostwand des Langhauses über dem Chorbogen füllt in ganzer Breite die Darstellung des Jüngsten Gerichts. Schwert und Lilie gehen vom Mund des Erlösers aus, der in der Mitte thront. Und so sehr kleine Teufel sich auch mühen, den Höllenrachen mit verderbter Menschenware zu stopfen, die Seligen, von einem Engel in den Himmel geleitet, bleiben in der Mehrzahl. Posaunenengel zu beiden Seiten des Erlöserhauptes machen die Backen prall, Maria und Johannes der Täufer erscheinen als Fürbitter, klein und ergeben sind die Gestalten der Stifter gemalt. Was sich da am Jüngsten Tag ereignet, ist auf lateinisch noch einmal auf einer Liste unter dem Wandbild kommentiert.

Gemalte Ranken scheinen aus dem Chorbogen herauszuwachsen, über einem kleinen Durchgang zum Chor treten vier Heilige auf. Eine Figur hält ein Schwert. Vielleicht ist es Katharina von Alexandrien, jene gelehrte Königstochter von Zypern, die, so ihre Legende, Gelehrte für Christus begeistern konnte und später 200 Ritter. Doch ihr Tun erregte den Mißfallen von Kaiser Maxentius. Er ließ sie foltern und enthaupten. An der Südwand des Langhauses ganz links ist das Gleichnis von den klugen und törichten Jungfrauen illustriert. Den klugen weist Christus die geöffnete Pforte zum Heil, für die törichten bleibt es verschlossen. Eine der Dummen holt sich sogar der von Flammen umzingelte Feuerteufel.

Auf dem Bild darunter wird Johannes enthauptet, Salome hält die Schale mit der grauenvollen Trophäe. Rechts daneben, zwischen den beiden Fenstern in der Südwand, stirbt Maria, darüber treten in drei Feldern Heilige auf. Ganz oben links tötet Georg den Drachen, daneben, schlecht erhalten, gibt es eine Gruppe, vielleicht Anna Selbdritt, das heißt Mutter (Anna), Tochter (Maria) und das Kind. Darunter ist eine nicht mehr identifizierbare Gestalt zu sehen, daneben ein Bischof, daneben Eustachius, Nothelfer für schwierige Lebenslagen, sowie ein Ritter. Unter diesem Bildfeld erscheinen eine Heilige mit Kreuz, wieder Katharina mit Schwert, dann Barbara, die Nothelferin der Sterbenden, und ein Bischof.

An der Nordwand ist nur noch wenig zu sehen. Lediglich ein Heiliger mit Hellebarde und Buch sowie ein Bischof, der einer vor ihm knienden Gestalt die Hand auflegt, haben die Jahrhunderte überdauert.

An den Wänden des Chors haben sich Malereien nur bruchstückhaft erhalten. Bilderreich ist das Gewölbe, dessen Rippen sich wie behaarte Fliegenbeine unterm Mikroskop präsentieren: In den Feldern dazwischen erscheinen symbolisch die vier Evangelisten, außerdem Propheten (Jonas, Jesaja, Hesekiel), Engel mit Notenblättern sowie, alle von Spruchbändern umschlungen, David, Salomo und der Engel, der Maria verkündet, daß sie ein Kind empfangen wird. In einem Feld jagt ein Hund einen Hasen. Blumengeschmückt ist der Schlußstein mit dem Wappen der Herren von Randeck.

Rockenhausen hat wohl Rocko, ein Franke, der hier einst einen Hof besaß, seinen Namen geschenkt. Heute leben hier viele Menschen davon, daß es andere im Flugzeug oder im Auto bequem haben. Sie produzieren Sitzgelegenheiten.

Aus Rockenhausen stammen die Vorfahren von Daniel-Henry Kahnweiler, des berühmten Kunsthändlers und Verlegers, eines Förderers Picassos und Ehrenbürgers der Stadt. Als er 1979 im Alter von 94 Jahren starb, hatte er längst testamentarisch verfügt, daß seine deutsche Bibliothek im Ort seiner Väter aufzubewahren sei. Eine Stiftung betreut den Nachlaß, organisiert Ausstellungen und verleiht einen Kunstförderpreis.

Nein, es ist wirklich nicht so, daß man glauben muß, seine Sinne nicht mehr beisammen zu haben. Denn was im sterngewölbten Chor der evangelischen Kirche von Münsterappel zu sehen war, erscheint hier tatsächlich wieder: Im gestirnten ›Himmel‹ überm Chor der *katholischen Kirche* von **Imsweiler** treten Lukas, Matthäus, Johannes und Markus in Gestalt ihrer Symbole auf und sind den Konterfeis von Münsterappel zum Verwechseln ähnlich. An einem Schlußstein im Sterngewölbe brennt es seit der Zeit um 1500: Da züngeln im Kreis gemalte Flammen.

Österreichs Kaiser unterwegs als Graf von Falkenstein
Rokoko aus Austria und Erz aus der Weißen Grube

Völlig überraschend taucht in dieser Gegend ein zierlicher Rokokobau auf, der mit viel Geschmack renoviert wurde. Es ist die *katholische Kirche* von **Schweisweiler.** Der berühmte Balthasar Neumann sei ihr Baumeister, heißt es immer wieder, stimmt aber nicht. Der unbekannte Architekt kam wohl aus Vorderösterreich. Denn von dort stammten die Herren von Falkenstein und somit von Schweisweiler.

Einfach ist das Äußere dieses Saalbaus mit dreiseitig geschlossenem Chor und dem Westturm mit konkav, also nach innen geschwungenen Flanken. Die Kirche gleicht einer Druse, einem Stein, außen unscheinbar, doch innen voller Glanz.

Die Wände sind auf kurze Mauerzungen reduziert. Davor sitzen Pilaster, über denen Bandrippen kreuzweise das Gewölbe überspannen. Die Ausstattung – der Hochaltar, Gewölbemalereien in Stuckkartuschen – stammt aus der Zeit der Erbauung, nur die Orgelempore ist erst in jüngster Zeit eingesetzt worden.

Auf der Alsenzbrücke in Schweisweiler steht eine steinere Figur aus der Mitte des 18. Jh. Sie zeigt *Johannes von Nepomuk,* jenen christlichen Helden, der in der Nacht zum 21. März 1398 gefesselt von der Steinernen Brücke in Prag in die Moldau geworfen wurde und ertrank. Sein Tod machte ihn zum Märtyrer. Die aus Österreich hierhergekommenen neuen Herren von Falkenstein setzten ihm ein Denkmal als Brückenheiligen, was in dieser Gegend selten ist.

Schweisweiler, hl. Nepomuk auf der Alsenzbrücke

Ein Johannes von Nepomuk steht auch auf der Alsenzbrücke in **Winnweiler.** Die heute *evangelische Kirche* ist wie die katholische in Schweisweiler ein Saalbau mit dreiseitig geschlossenem Chor, die Ausstattung stammt wie dort ebenfalls noch aus dem 18. Jh. Winnweiler war Sitz des Oberamtes der habsburgischen Grafschaft Falkenstein. Und der berühmteste Falkensteiner hieß Kaiser Joseph II. Wann immer der Sohn Maria Theresias inkognito zu reisen beliebte, nannte er sich Graf von Falkenstein. Maria Theresias Gemahl, Franz Stephan von Lothringen, hatte die kleine Grafschaft mit in die Ehe gebracht.

25% Steigung hat die Straße hinauf zum kleinen Ort und **Burg Falkenstein,** fast senkrecht steht der Fels über dem Ort.

Sigbold war der erste, der als Burgmann von Falkenstein genannt wird. Sein Name taucht in einer Urkunde von 1135 auf. Gebaut hat die Reichsfeste auf dem Felsen am nördlichen Grenzpunkt des Reichslandes von Lautern jedoch wahrscheinlich Werner von Bolanden ein paar Jahre vor Sigbold. Zu Lehen erhielt sie als Begründer des Falkensteiner Geschlechtes Philipp von Bolanden, der auch Reichstruchseß war (verantwortlich für Hofhaltung und Küche) und die Kleinodien der Kaiser auf dem Trifels hütete. 1398 wurden aus den Falkensteinern Grafen. Der letzte des Geschlechtes hieß Johann. Nach seinem Tod brach auf der Burg Besitzerchaos und Belagerernot aus, 1745 erheirateten schließlich die Habsburger die Grafschaft. Zwei Jahre später ruinierten die Franzosen die hochmittelalterliche Burg. »Jetzt ist das Alles so vernichtet«, schrieb der Historiograph der bayerisch-rheinpfälzischen Schlösser, der Peter Gärtner aus Iggelheim.

Selten jedoch geschieht es, daß eine einzige kaputte Wand mit Fensterlöchern so zur Attraktion geworden ist. Es ist die das Tal beherrschende Südseite des Palas, zu der man ehrfürchtig hinaufschaut.

Von einem kaiserlichen Hauptmann, der von Falkenstein aus zur Jagd aufbrach, geht die Sage, er sei in einen Rehbock verwandelt und von einer silbernen Kugel getroffen worden. Das Land hier war erfüllt vom Raunen der Berggeister, von Sagen über verborgene Schätze und geheimnisvolles Pochen in den Tiefen des Gesteins. Da blinkte es im Wurzelwerk eines vom Sturm ausgerissenen Baumriesen, wies eine häßliche Kröte den Weg zu Kobalt und Silber. »So durchädert diese wilden Berge die Sage wie das Erz«, bemerkte Pfalz-Porträtist August Becker im vergangenen Jahrhundert.

Was die Erzschmelzen von Winnweiler verhütteten, wurde bei **Imsbach** geschürft. ›Grüner Löwe‹, ›Katharina‹, ›Eisernes Tor‹ und ›Weiße Grube‹ heißen die Stollen der einstigen Erzbergwerke an der Südflanke des *Donnersberges*. Bis 1911 wurden die verschiedensten Schätze gefördert, Kupfer und Kobalt, Eisen, Mangan und Silber. Noch einmal, im Ersten Weltkrieg, malochten Frauen und Mädchen als Hauer und Steiger. Möglich, daß hier schon in vorgeschichtlicher Zeit Erze abgebaut wurden. Bestimmt haben das die Römer getan, mit besonderem Erfolg dann im 18./19. Jh. die Freiherren von Gienanth. Sie haben den Berg ausgebeutet und den Menschen in diesem abgelegenen Landstrich Arbeit gegeben – hinreichend Brot konnten sich die Armen unter Tage kaum dafür kaufen. »Herr v. Gienanth soll sich über diesen Punkt schon öfters dahin geäußert haben, daß diese Leute, auch bei erhöhtem Lohne, dennoch eben so arm bleiben würden, und von mehr als einer Seite hörten wir bestätigen, daß sie in kürzester Frist in Saus und Braus durchbrächten, was sie zufällig einmal mehr erhielten als gewöhnlich«, schrieb Friedrich Blaul, Pastor aus der Vorderpfalz, in seinem Buch ›Träume und Schäume vom Rhein‹.

Lohnerhöhungen? Dagegen stand die Überzeugung der Herren Unternehmer, daß mehr Geld nur den Charakter der Arbeiter verderbe – der frühe Kapitalismus gedieh auch in der größten Abgeschiedenheit. Die armen Schlucker waren dankbar, schuften zu dürfen und verehrten die reichen Herren. Hippolyt August Schaufert aus Winnweiler schrieb ein Lustspiel ›Schach dem König‹, das 1869 am Burgtheater in Wien preisgekrönt aufgeführt wurde. Von seinem ›Trauerspiel aus dem vierten Stand‹, für das seine Heimat eine Menge Anschauung geboten hatte, wurde dagegen wenig Aufhebens gemacht.

In der ›Weißen Grube‹ glitzert, von Scheinwerfern bestrahlt, das erzhaltige Gestein an den Stollenwänden. Auf dem 300 m langen Weg in die Unterwelt, den Besucher heute gehen können, wird deutlich, wie die Bergmänner mit Hammer und Schlägel geschuftet haben, um vorzudringen zum edlen Metall. Um 1750, so steht es in alten Dokumenten, wurden aus dieser Grube pro Woche etwa 100 Pfund Kobalterz ans Tageslicht gehievt. Dafür machten sich vier Hauer, zwei Anschläger, zwei Waschkinder und ein Setzer krumm. Als Lohn für die Knochenarbeit bekamen die Bergmänner zwei Gulden und 20 Kreuzer die Woche.

In der alten Schule von Imsbach ist heute ein *Gesteins-Museum* eingerichtet. Sehenswert im Ort sind außerdem die Malereien des Johann Georg Engisch aus Kirn in der *evangelischen Pfarrkirche* von 1729.

2 km weit ist es von Imsbach zum 546 m hohen *Beutelsfels*. Der Weg führt durch eine stille grüne Schlucht, in der auch an Sonnentagen Frische herrscht und beinahe immer Dämmerung. Um so eindrucksvoller ist der Blick vom Felsen weit hinüber zu den Höhen des Pfälzer Waldes. Wo die *Ruine Hohenfels* lag – die Burg wurde bereits 1351 zerstört –, entdeckte man erst in den 30er Jahren unseres Jahrhunderts wieder. Lebendig blieben auch hier gruselige Geschichten. Silberne Treppen hätten vor Zeiten zum Hohenfelser Turm hinaufgeführt, noch heute seien unermeßliche Schätze in tiefen Kellern verborgen – aber auch Wein, nur noch von Weinsteinkrusten umhüllt, da die Fässer längst verfaulten.

Münchweiler, ev. Kirche, Sandsteinepitaph Friedrichs von Flörsheim

Ein Stück von Imsbach nach Süden jenseits der B 40 liegt **Münchweiler.** In der *evangelischen Pfarrkirche,* ein Saalbau vom Ende des 16. Jh., steht unter der Orgelempore ein vorzüglich skulptierter Sandsteinepitaph. Dargestellt sind Friedrich von Flörsheim und seine Gemahlin Anna von Weingarten, eines der frühen Werke der Renaissancebildhauerei in der Pfalz. Leider wurden die Häupter der beiden Figuren abgeschlagen, auch der Kopf der Taube überm Kreuz fiel grabschänderischen Barbaren zum Opfer. Sehr lebendig ist die Szene ums Kreuz, die kleinen Figuren sind teilweise vollplastisch ausgebildet. Besonders attraktiv: der Reiter an der rechten Seite.

Fumeus und in gantz Europa beschreyt: der Donnersberg
Besuch auf dem höchsten Gipfel der Pfalz

Zurück zur B 40. Auf 6 km zwischen Langmeil und der Abzweigung nach Steinbach ist die einstige Kaiserstraße wie mit dem Lineal gezogen, gleicht auf der Karte einer Tangente zum **Donnersberg.** Dessen Anblick ändert sich auf der gesamten Strecke nicht, es hat den Anschein, als laufe der Berg mit, vorbei an Wiesen und rotgründigen Feldern, jedes Tempo mithaltend.

Erste Station von Steinbach hinauf zum Gipfel ist *Dannenfels,* das ein Kranz alter Edelkastanien umgibt und das weite Ausschau in die Ebene nach Osten und Süden bietet. Wie ein viel zu hoch abgesägter Stubben mit einem noch immer austreibenden Ausleger Richtung Straße – so sieht die älteste Kastanie der Pfalz aus. Autofahrer müssen einen respektvollen Bogen um den Methusalem fahren.

Dann windet sich der Weg bis in 687 m Höhe. »Absonderlich liegt in dieser Herrschaft der fumeuse und in gantz Europa beschreyte Berg: Mons Jovis, der Donners- oder vulgo der Dohrberg, quasi tonantis Mons genannt. Welcher Berg sonderlich berühmt ist wegen seiner großen Höhe, Menge des groß- und kleinen, roth- und schwartzen Wildpretts, stattlichen Anzeigungen zu allerhand Bergwerken, heilsamen Kreutern und Wurtzeln, welche die Botanici zu rechter Zeit in großer Menge colligieren und einsammeln, denen auch Sebritzius und andere in ihren Kräuterbüchern rühmlich gedenken. Dieser Berg ist hiebevor umgeben und quasi enclavirt gewesen mit 5 alten Berg-Vestungen als gegen Süd Dannenfels, gegen West Willenstein und ohnfern davon Hohenfels, gegen Nord Falkenstein und gegen Ost Ruprecht-Ecken, davon jetzt keiner mehr als Falkenstein.«

Der Donnersberg, den Philipp Erasmus Kramer in seiner Beschreibung von 1657 so »absonderlich« fand und um den seit einigen Buchseiten die Beschreibung kreist, ist nicht ein Vulkanbrocken im Gemenge von mehreren. Er liegt da ganz allein und zieht aus allen Himmelsrichtungen die Blicke auf sich. Mal erscheint er schwarz, mal diesig grau, mal ist er zum Greifen nah und dann wieder unnahbar entrückt. Er versteckt sich in den Wolken oder erscheint in Tuchfühlung mit dem Himmel.

Noch im vergangenen Jahrhundert trug der mächtige Buckel eine Tonsur. ›Ramba‹, Verballhornung von französisch ›rempart‹, sagen die Einheimischen, wenn vom keltischen Ringwall die Rede ist. Der Donnersberg war eine natürliche Festung, auf dem die keltischen Treverer ein 8 km langes Wallsystem anlegten, ein Hauptwerk samt Vorwerk, eine Erweiterungsanlage über die wellige ›Königsdelle‹ hinweg. 3–4 m hoch war die Mauer, hinter der vom letzten vorchristlichen Jahrhundert bis in die frühe römische Kaiserzeit mehrere tausend Menschen gelebt haben.

›Keltenweg‹ heißt die Wanderroute, auf der Info-Tafeln jene Zeit vor 2000 Jahren näherbringen. Ein Stück vom Wall wurde aus Holz, Stein und Erde rekonstruiert. Es zeigt, wie sich die Menschen von damals vor ihren Feinden schützten.

»Allerhöchste Genehmigung« hatte der Bayernkönig Ludwig erteilt, damit der 1865 vollendete Aussichtsturm seinen Namen tragen durfte. Von ihm schweift der Blick weit aus der Pfalz heraus, aber auch weit in sie hinein. Ein eiserner Bogen überspannt eine Kluft des Moltkefelsens. Darauf hockt, die Flügel weit ausgebreitet, der deutsche Adler, den nationale Begeisterung nach dem Sieg über die Franzosen 1871 ausgebrütet hat. Heute dominiert eine 200 m hohe Sendenadel aus Stahlbeton den ›Berg-Berg‹. So heißt er, wenn man den ersten Teil seines Namens, der keltischen Ursprungs ist, übersetzt. Daraus machen Heimatschwärmer den Berg der Berge, was zumindest nach Pfälzer Maßstab stimmt.

Mehrere Burgen lagen um den Donnersberg. Alle verdanken sie ihre Entstehung einer Familie: den *Bolanden*. Hohenfels war – wohl im 13. Jh. – als bolandische Burg erbaut worden, die Herren von Falkenstein stammten aus dem Geschlecht der Bolanden. Burg Wildenstein haben jene Reichsministerialen gebaut (im 12. Jh.), desgleichen Tannenfels (im 13. Jh.). Von allen Burgen sind nur Mauerkrümel geblieben, allein Falkenstein bietet mehr.

Wer aber waren jene Bolanden? Von ihrer Geschichte ist viel mehr bewahrt als von ihren wehrhaften Behausungen. Namensgeber war der Ort Bolanden. Die Reichsministerialen zählten um 1200 zu den mächtigsten Herren am Mittelrhein. Ein Werner von Bolanden begleitete Friedrich Barbarossa ins Land der Glaubensfeinde, einen anderen Werner bestellte Kaiser Friedrich II. zum Vormund seines kaiserlichen Sohnes. Mit dem Ende der Staufer kam aber auch das Ende für die Bolanden. 1280 erbte Graf Heinrich I. von Sponheim Burg Tannenfels samt Umgebung, Graf Heinrich II. kaufte die Herrschaft Stauf (benannt nach jener Burg im Wald über Göllheim) mit Eisenberg und Göllheim dazu, zog von Tannenfels nach Kirchheim zwischen Kaiserslauterner Senke und Mainzer Becken und verschaffte dem kleinen Dorf im Jahr 1368 die Stadtrechte.

Kleine Residenz von großem Reiz
Kirchheimbolanden am Fuß des Donnersberges

Aus dem Bolanden-Besitz Kirchheim war eine Stadt der Sponheimer geworden, wurde ein Erbe Graf Philipps I. von Nassau-Saarbrücken, 1574 ein Erbe der Linie Nassau-Weilburg und blieb es bis 1797. 60 Jahre zuvor waren die Nassau-Weilburger in den Reichsfürstenstand erhoben worden und hatten den kleinen Ort im Bauernland in eine veritable Residenz verwandelt – Duodez am Fuß des Donnersbergs. Erst im 19. Jh. legte sich der Ort einen Doppelnamen zu, nannte sich fortan **Kirchheimbolanden,** im Volksmund Kärchem oder – neudeutsch abgekürzt – Kibo.

»Kirchheim die Stadt ist der Hauptort und hochgrfl. Residenz, liegt fast im Centro dieser Herrschaft an einem bequemen gesunden fruchtbaren Ort, hat ... neben sich auf beyden Seiten lustige Heyden, darauf Crametsvögel und ander Geflügel zur Saison in großer Menge gefangen werden, vor sich die nützlichen mit allerhand zur menschlichen Nothdurft nöthigen Erdgewächse und mit fruchtbaren Obstbäumen gezierten Gärten, sodann fruchtbare Äcker und Wiesenfeld« (Philipp Erasmus Kramer, 1657).

Es macht Spaß, durch diese kleine Stadt zu spazieren, Häuser anzuschauen, Treppen, Türme und Kirchen. Hier gehört alles noch zusammen, stehen Sehenswürdigkeiten nicht wie Fremdkörper aus vergangener Zeit herum. Die Zeit ist nicht stehengeblieben in Kirchheimbolanden, nur haben die Zeiten, die auf das 18. Jh. folgten, hier wenig Spuren hinterlassen. Gäbe es keine Autos, keine elektrische Straßenbeleuchtung, in Kirchheimbolandens Innenstadt könnte man einen Film aus dem 18. Jh. drehen, ohne daß Kulissenbauer gebraucht würden.

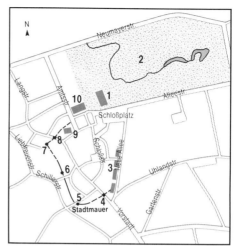

☐ **Stadtbesichtigung**

Mit dem bescheidenen Titel ›kleine Residenz‹ schmückt sich der Ort heute. Unter Carl August und Carl Christian erlebte es eine Blütezeit als Duodez-Städtchen, in dem alles auf die fürstliche Hofhaltung ausgerichtet war. Guillaume d'Hauberat,

Kirchheimbolanden 1 ehem. Schloß 2 Schloßpark 3 Kavaliershäuser 4 Vorstadtturm 5 Roter Turm 6 Grauer Turm 7 Gefängnisturm 8 Stadthausturm 9 Kirche St. Peter 10 Schloßkirche St. Paul

Architekt des Mannheimer Schlosses, baute für Carl August (1685–1753) die eines Reichsfürsten würdige Behausung, ein nach Süden offenes, im Grundriß hufeisenförmiges *Schloß*, von dem nur noch ein vergammelter rosafarbener Flügel erhalten ist. Doch nach dessen deprimierendem Anblick gibt es nur noch Wohlgefälligkeiten. Das fängt an mit dem *Schloßpark*. Er wurde im 19. Jh. pflegeleicht verwandelt, um die Kosten für Gärtner zu sparen. Nicht länger sollte alles mit der Heckenschere nach Menschenlaune zurechtgestutzt sein, sondern frei und natürlich zwischen Rasenrabatten wuchern dürfen. Unter alten Bäumen (zu denen eine ehrfurchtgebietende Atlaszeder zählt) steht ein Denkmal, an jene aufmüpfigen Pfälzer des Jahres 1849 erinnernd, die in aussichtslosem Freiheitskampf von der 4. Division des I. Preußischen Armeekorps niederkartätscht wurden. Richtung Süden verläuft die Neue Allee mit würdevollen barocken Wohnbauten auf der rechten Seite. Sie leiden unter Ruß und Staub, Autogestank und -lärm zwingt einen, schnell daran vorbeizuhuschen, statt den Anblick dieser *Kavaliershäuser* aus dem 18. Jh. zu genießen.

◁ *Kirchheimbolanden, Mozartstraße*

Rechts um die Ecke baut sich der mittelalterliche *Vorstadtturm* auf. Als Kirchheimbolanden 1368 Stadt geworden war, hatte es auch das Recht bekommen, sich zu verschanzen hinter Graben und Mauer. Davon ist ein attraktiver Teil erhalten. Wer hinterm Vorstadtturm mit der später aufgesetzten barocken Haube am Römerplatz bergauf spaziert, kommt zum *Roten Turm,* von dort zum *Grauen Turm,* zum *Gefängnisturm,* zum *Stadthausturm.* Zwischen diesen steinernen Drohgebärden gegen Feinde erstreckt sich von außen betrachtet eine unverputzte Bruchsteinmauer, die alle Unebenheiten des Hanggeländes nach oben gleichsam weitergibt. Dem Wall sitzt ein Dach auf, das streckenweise aussieht wie eine Treppe. Stadtseitig stehen hohe, 3 m weite Spitzbogen an der wehrhaften Wand. Darüber zieht sich der Wehrgang hin. Wer auf ihm entlanggeht, kann der Idylle in die Fenster schauen.

Zwei Kirchen liegen zu beiden Seiten der Amtstraße einander schräg gegenüber, Peterskirche und Paulskirche. *St. Peter* war einst dem hl. Remigius geweiht, dem Bischof von Reims, von dem berichtet wird, daß er an Weihnachten des Jahres 498 den Frankenkönig Chlodwig zum christlichen Glauben bekehrte. Von der romanischen Kirche, wohl Ende des 12. Jh. begonnen, ist der querrechteckige Chorturm mit dem ehemaligen Altarraum erhalten. Lisenen und Rundbogenfriese gliedern die unteren Geschosse des Turms. An der Südostecke hockt über einem Lisenenkämpfer mit Palmettenfries wohl zur Abwehr von Dämonen ein unbekleidet Männlein aus Sandstein auf einer widerlich das Maul aufreißenden Echse. An der Südwestkante des Turms zeigt seit über 800 Jahren eine Sonnenuhr Zeit und Stunde. Es ist das älteste Chronometer dieser Art in der Pfalz. Glockengeschoß und Haubendach des Turms wurden im 18. Jh. erneuert.

Kirchheimbolanden, Kirche St. Peter, Männlein auf dem Drachen

Das im Kern spätgotische Langhaus wurde in der zweiten Hälfte des 17. Jh. umgebaut. In den einfachen Saal sind an Nord- und Westseite Emporen eingebaut mit Brüstungsfeldern, in denen der Maler den Steinmetz ersetzte und die Illusion von Marmor mit dem Pinsel erzeugte. Der erste Rang für die Gläubigen stützt sich auf geschwellte Holzsäulen mit Kapitell und hohem Kämpfer. Aus der Westempore ragt ein dreiseitiger Mittelbalkon hervor. Dahinter erscheint wie hineingeklemmt zwischen Decke und Empore die barocke Orgel. Eindrucksvoll ist die Kanzel, deren achteckiger Predigerkorb unter pompösem Baldachin auf einer ›Korkenziehersäule‹ steht.

Im Jahr 1738 versprach der lutherische Fürst Carl August der damals jungen reformierten Gemeinde Kirchheimbolandens die Peterskirche als Gotteshaus. Allerdings sollte sie dafür 3000 Reichstaler bezahlen, die in die Baufinanzierung der *Paulskirche* gesteckt wurden.

Baute Guillaume d'Hauberat das Schloß, überließ er die Architektur dieser Schloßkirche für den Hof und die 219 lutherischen Familien der Stadt Julius Ludwig Rothweil. Entstanden ist ein quergerichteter Saal mit niedrigen Anbauten an den Längsseiten, ohne Turm, ohne Fassaden, mit einem wuchtigen Walmdach, ein Gotteshaus mit einfachen Plätzen im Parkett für die Bürger und Logenplätzen in der Beletage für die adelige Familie – ein Theater für Aufführungen des rechten Glaubens.

Ein Muldengewölbe überspannt den Saal, dessen weißgraue Farbe und Stukkatur ein Werk der Restauratoren ist, entstanden in den 60er Jahren dieses Jahrhunderts – die Kirche im hessischen Weilburg an der Lahn diente zum Vorbild der gelungenen Imitation. In einer Loge mit verschließbaren Fenstern, unter einem Stuckmedaillon mit Moses, der das Volk Israel auf die rettende Macht des Herrn hinweist, hatte einst der Fürst am Gottesdienst teilgenommen. An der Querwand gegenüber ragt der reich ausgestattete Kanzelaltar auf, dem die Orgel wie eine Krone aufsitzt. Nicht länger als eine Dreiviertelstunde, so hatte der Fürst es angeordnet, durfte der Pfarrer auf der Kanzel predigen, eine Sanduhr auf der Brüstung zeigte an, wie die Zeit verrann.

Kirchheimbolanden, Schloßkirche, Stumm-Orgel

Moses und Johannes der Täufer stehen als vergoldete Gestalten auf den Säulen, die den Kanzelaltar flankieren; zwischen ihnen die christlichen Tugenden, die Putten Friede und Freude (mit Zweigen), Glaube (mit dem Kelch des Heils), Liebe (mit brennender Kerze), Hoffnung (mit Anker und brennender Fackel).

Auswechselbar sind je nach der Zeit im Kirchenjahr die Verkündigungsbilder an der Kanzelrückwand. Ob Christian Seekatz aus Grünstadt sie gemalt hat, steht nicht fest.

»Ich hab' in allem zwölfmal gespielt und einmal auf Begehren in der lutherischen Kirche auf der Orgel, und habe der Fürstin mit vier Sinfonien aufgewartet, und nicht mehr als sieben Louisdor in Silbergeld bekommen.« Mit wenigstens acht

> **Stumms edle Pfeifen**
>
> Johann Michael Stumm, 1683 geboren, war Schmied, wurde Goldschmied, ging auf Wanderschaft, kam zurück nach Rhaunen, reparierte Orgeln, baute Orgeln, begründete eine Orgelbauer-Dynastie. Sie lieferte für Dorfkirchlein, Stadtpfarrkirchen und Schloßkirchen ihre Instrumente und schlug sogar das Angebot der Zarin Katharina aus, die Werkstatt nach St. Petersburg zu verlegen. Das größte Werk der Stumms ist die Orgel der Benediktinerabtei in Amorbach.

Louisdor hatte der 22jährige Wolfgang Amadeus Mozart schon gerechnet. Die Fürstin Karoline hatte ihn eingeladen, mindestens einmal hat er, im Januar 1778, auf der Orgel der Schloßkirche musiziert. Diese Orgel mit drei Manualen des Johann Michael Stumm aus Rhaunen ist eines der ganz wenigen originalen Instrumente des 18. Jh., ausgestattet mit 45 Registern und 2830 Pfeifen.

Steine, wie für die Ewigkeit gefügt
Romanische Kirchen im Halbkreis um Kirchheimbolanden

Zum Ursprung der Bolanden ist es 2 km weit in Richtung Süden. Dort liegt der Ort, der dem Geschlecht, das aus Unfreien hervorging, den Namen gegeben hat. Dort lag eine vor 1100 gebaute Wasserburg (keine Spuren mehr vorhanden). Dort liegen Reste der Anfang des 13. Jh. errichteten Burg Neubolanden (die unteren Teile des Ringwalls blieben übrig). Wie sie vor der Zerstörung im Jahr 1689 ausgesehen hat, zeigt das Bild von Anton Mirou aus der Frankenthaler Malerschule, das heute im Museum in Speyer hängt.

Der Grund, nach **Bolanden** zu fahren, ist die *Kirche* des ehemaligen Augustiner-Chorherrenstifts Hane, von Werner I. von Bolanden Anfang des 12. Jh. gegründet, Jahrzehnte später ein geistlicher Hort der Prämonstratenser und vom Heimatverein vor einigen Jahren stimmungsvoll restauriert für Festgottesdienste und Konzerte.

Die Kirche am Ortsanfang, von Bauerngehöften und einem Garten an der Südwand umgeben, aus dem zwei mächtige Wacholder aufragen, war einst eine dreischiffige Pfeilerbasilika, umgebaut in spätgotischer Zeit. Damals wurde aus Mittelschiff und nördlichem Annex ein Raum, das Seitenschiff im Süden mußte verschwinden. Zu sehen sind jedoch wie Zitate aus der Romanik die in die Wand eingemauerten Arkadenbogen. Bei jenem Umbau von Kloster Hane entstand auch der etwas erhöht liegende Chor, ein Joch, ⅝-Schluß. Das Gewölbe ist zerstört, doch blieben die schlanken Runddienste, die es einst trugen, mit ihren schönen Füßen erhalten.

In den letzten Kriegstagen des Zweiten Weltkrieges gesprengt wurde der 30 m hohe, im Jahr 1874 vollendete *Eisenbahnviadukt* der einstigen Strecke Marnheim–Kirchheimbolanden. Geblieben sind davon zwei gigantische Pfeiler mit drei Stützbogen dazwischen mitten auf der Wiese. Und ganz oben steht die Schandparole ›Wählt DRP‹ und verwittert nicht.

An einer Nebenstraße von Kirchheimbolanden Richtung Nordwesten liegt im Wiesbachtal hinterm Ortsteil Haide der **Rothenkircherhof,** ein Gut mit 60 ha Land und einem großen, gut erhaltenen Gerümpel-Gebäude aus der Zeit vor fast 800 Jahren. So profan wird der kurz vor 1200 errichtete ehemalige Speisesaal (Refektorium) des 1160 von Werner II. von Bolanden und seiner Gemahlin Guda gegründeten Augustinerstifts genutzt (Inschrift überm Eingang), in das Jahrzehnte später wie in Hane Prämonstratenser einzogen und in unserer Zeit die Kühe standen.

Einen knappen Meter ist der Boden angehoben, die Basen der aus Gründen der Hygiene für das Vieh weiß gekalkten Sandsteinsäulen stecken unterm Pflaster. Die Kapitelle über den nach oben sich verjüngenden Säulenschäften sind mit breitlappigen Blättern geschmückt sowie mit Eckvoluten und palmettengefüllten Zwickeln. Im dritten Joch der Halle mit Kreuzrippengewölbe und zwei Schiffen zu sechs Jochen ist eine Vorlesernische eingelassen. »... durch die Freuden des Wortes wirst du besser genährt als durchs Brot«, verkündet eine zweite lateinische Inschrift überm rundbogigen Portal.

Orbis, Portal der ev. Pfarrkirche

Von Haide aus liegt **Orbis** nicht weit, der kleine Ort auf langgestrecktem Höhenrücken. Besonders sehenswert an der *evangelischen Pfarrkirche,* einem Saalbau mit ungegliedertem Turm aus der Zeit bald nach 1200, ist das Portal in der Westwand, vergleichbar der Steinmetzkunst am Westchor des Wormser Doms. Volutenkapitelle, wie sie wiederum das Refektorium auf dem Rothenkircherhof schmücken, schließen Pfeiler und Säulen ab. Darüber spannt sich ein profilierter Bogenlauf. Über den inneren Halbring dieser Archivolte läuft eine Zickzacklinie, über den äußeren ein Schachbrettmuster.

Von Orbis geht es über Morschheim nach **Ilbesheim.** Einzigartig in der Pfalz ist der Westturm der beiden großen Konfessionen dienenden *Simultankirche St. Johann Baptist* aus dem 12. Jh.: Hoch ragen über einem rechteckigen Unterbau drei achteckige Geschosse auf, von gekuppelten Schallarkaden mit Mittelsäulen gegliedert.

Die *Pfarrkirche zur Hl. Dreifaltigkeit* in **Stetten** hat einen Westturm aus der Zeit um 1150. Der dreiseitig geschlossene Chor und das Schiff (ursprünglich dreiteilig und im 18. Jh. zu einem beinahe quadratischen Saalbau verwandelt) stammen aus dem 14. Jh. Dreigeschossig ist der Turm aus unverputzten Bruchsteinen gemauert. Er wurde einst, wenn Feinde anrückten, als Zufluchtsstätte genutzt und besaß einen unterirdischen Zugang. Gekuppelte Rundbogenblenden, je zwei an drei Seiten des Viereckbaus, sitzen auf Konsolen, deren Relieffiguren stark verwittert sind. Eine klare Deutung ist nicht mehr möglich. Dreifach gekuppelt sind die Klangarkaden im Glockengeschoß, die Säulchen enden in Würfelkapitellen.

Im Tympanon über dem geraden Türsturz am Südportal des Turms ist eine Kainsdarstellung zu erkennen. An der nördlichen Innenwand des Chores wurden vor drei Jahrzehnten Malereien aus dem 15. Jh. freigelegt: Auf 35 kleinen Bildfeldern ist wie auf Schautafeln das Leben Jesu dargestellt. Erste Szene in der obersten Reihe (vier Felder sind dort ruiniert): die Anbetung der Könige. In der dritten Reihe beginnt der Leidensweg. Nach Kreuzigung, Kreuzabnahme, Beweinung und Grablegung schließt der Zyklus in der untersten Reihe mit der Auferstehung, der Begegnung Christi mit Magdalena und dem Weltgericht. Danach folgen noch Szenen vom Martyrium eines Heiligen.

Gut 1150 urkundlich belegte Jahre hinter sich hat **Gauersheim.** Erst auf ein Zehntel davon hat es die Platane im Hof des früheren Gutes der Herren von Wallbrunn gebracht, aber ihr Umfang beträgt dicke 5 m. Hinter einer Mauer neben dem breit hingelegten Dorfgemeinschaftshaus (Fachwerk auf steinernem Sockel) ragt die *evangelische Kirche* auf. Sie hat einen dreigeschossigen Chorturm aus der Zeit um 1300 mit barockem Aufsatz. Kreuzrippengewölbe überspannen den Altarraum. Dort steht der Grabstein des 1459 verstorbenen Friedrich Steben von Einselthum. Gläubig faltet der Ritter die Fäustlinge seiner Rüstung zum Gebet. Die Figur unter wappengeschmückter Pilasterarkade trägt die Initiale ›C. F.‹. So zeichnete der Bildhauer des Huttenaltars zu Steinheim. Daneben ist das Epitaph für Wolf von Oberstein († 1602) und seine Gemahlin Maria Horneck von Weinheim zu sehen. Vielleicht hat es Michael Henckhell aus Bergzabern geschaffen. Zu dieser Vermutung Anlaß gibt ein Vergleich mit der Arbeit des Meisters in der Meisenheimer Schloßkirche. Der adeligen Dame hat einst ein Soldat die betenden Hände abgeschlagen.

An den Hängen des Leiselbachs haben Gauersheimer Winzer ihre Reben gepflanzt. Riesling und Müller Thurgau gedeihen gleichsam an einer Wein-Nebenstrecke zur Nebenstrecke Pfrimmtal, die wiederum von der Hauptstrecke Deutsche Weinstraße nach Westen abzweigt. Die Weine aus dieser nordpfälzischen Region sind nicht in aller Munde – ein ›Heiligenborn‹ aus Albisheim oder ein ›Schwarzer Herrgott‹ aus Zell ist was für Kenner.

Bubenheim, Kirche St. Peter, Bildnis von Godefriedus   *Gauersheim, ev. Kirche, Epitaph für Wolf von Oberstein und seine Gemahlin*

Jenseits des Tals der Pfrimm, das wie eine breite Mulde das waldarme Land durchzieht, liegt **Bubenheim.** Im alten Kirchhof, über dessen dicke Mauern der Efeu kriecht, erhebt sich, von hohen alten Bäumen umstellt, eine der wenigen ohne viel spätere Architekturzutat erhaltenen romanischen Dorfkirchen. Obendrein ist auch noch ihr Baujahr genannt: Am nördlichen Chorbogenpfeiler heißt es, Godefridus habe die *Kirche St. Peter* 1163 errichten lassen. Das Bild des Bauherrn ist unmittelbar unter der Inschrift in die Wand geritzt.

Als sei der quadratische Chor aus dem einschiffigen Langhaus und die runde Apsis aus dem Chor jeweils wie ein kleines Haus aus einem größeren ein Stück herausgeschoben worden, so mutet der turmlose Bau von außen an, dem als einzige Ergänzung im 18. Jh. ein Dachreiter aufgesetzt wurde. Einschiffig ist das Langhaus, eingebaut eine ehemals turmbekrönte Vorhalle, deren Giebel von Lisenen und Rundbogenfriesen gliedert wie die Apsis. Das Schiff ist flach gedeckt, das Chorjoch wurde im 15. Jh. mit einem Kreuzrippengewölbe überspannt, über die Apsis ist eine flache Tonne gestülpt. Durch die kleinen Rundbogenfenster mit schräger Laibung fällt nur spärlich Licht in den Raum, so daß so etwas wie eine zeitlose Stimmung zwischen Hell und Dunkel entsteht.

Hell und dunkel, das heißt gelb und rot, bestimmen auch den Wechsel der Sandsteinquader von Chor- und Apsisbogen.

Zu den kleinen Architekturkleinoden aus romanischer Zeit, mit denen diese Region reichlich gesegnet ist, gehört auch die *evangelische Pfarrkirche* von **Rüssingen**. Genau gesagt: gehört das Portal an der Südseite des Langhauses mit Hausnummer 23 aus dem späten 11. oder frühen 12. Jh. Unter einem rechteckig gerahmten Entlastungsbogen, aus dessen Zenit ein Widderkopf herausragt, liegt ein reich skulptierter Türsturz, allerdings eine Nachbildung. Das Original ist im Museum in Speyer ausgestellt. Das Relief zeigt im Zentrum ein Kreuz, Tauben zu beiden Seiten sowie einen Löwen links und einen Drachen rechts außen. Unter dem Ungeheuer schleicht sich ein Mann an und attackiert es mit dem Schwert.

Die Deutung solcher mittelalterlicher Ikonographie ist schwierig. Zwar steht das Kreuz eindeutig für den Opfertod Christi. Die Tauben verkörpern wohl Gläubige, der rechten Lehre zugetan, aber von dämonischen Mächten bedrängt. Und der Drache als Sinnbild des Bösen wird wie ein gefährliches Raubtier bekämpft. Doch was soll der Löwe? Erscheint mit ihm Gefahr oder Erlösung? Sicher ist nur eines. Den Menschen, die vor 900 Jahren unter diesem Stein hindurchschritten, waren diese Bilder vertraut wie uns heute der Vorspann zur Tagesschau im Fernsehen.

Ein kleines Stück weiter im Süden liegt **Biedesheim**. Auch die *evangelische Pfarrkirche* dieses Ortes stammt aus romanischer Zeit, wurde jedoch mehrfach umgebaut. An einen langen rechteckigen Saal schließt sich ein eingezogener rechteckiger Chor an. In den 60er Jahren wurden im Langhaus Malereien des 14./15. Jh. freigelegt und restauriert, allerdings mit zu vielen willkürlichen Ergänzungen. Links oben an der Ostwand ist ein Verkündigungsengel zu erkennen, darunter ein Diakon, rechts oben stehen in zwei Reihen Apostel, weitgehend aus der Phantasie des Restaurators Arthur Kalbhenn geboren.

Unten rechts ist eine Kreuzigung dargestellt. Große Bildfelder beherrschen die Nordwand, auch sie von Kalbhenn ohne Scheu weitgehend neu bepinselt mit Szenen aus der Passion. Allerdings: Von Flächen, auf denen gar keine Motivreste erhalten waren, hat auch der Restaurator die Finger gelassen. An die Passionsszenen schließen sich nach Osten das Bild des hl. Jakobus mit der Muschel an, darüber die hl. Katharina mit Schwert und Kirchenmodell sowie Leidenswerkzeuge in einem gemalten Spitzbogen. In den Gewändern der beiden vermauerten Fenster stehen Heiligenfiguren. Um welche Heiligen es sich handelt, läßt sich nicht deuten.

In keinem anderen Ort dieser Gegend wurde so viel Geschichte ›gemacht‹ wie in **Göllheim**. Hier, am Hasenbühl fand Anfang Juli 1298 eine Schlacht von epochaler Bedeutung statt. Einander gegenüber standen: Adolf von Nassau, deutscher König und Nachfolger des 1291 gestorbenen Rudolfs von Habsburg, und sein Herausforderer Albrecht von Österreich, Rudolfs Sohn.

Adolf war ein Landsknecht, arm an Besitz, reich an Kindern und jedermann zu Diensten. Zum König gewählt worden war er, weil die Mehrheit des Wahlkomitees der Kur-

Göllheim, Stadttor

fürsten aus Angst vor einer habsburgischen Erbmonarchie Albrecht von der Krone fernhalten wollte. Doch Adolf machte so gut wie alles falsch. So diente er sich zum Beispiel den Franzosen an und scheute gleichzeitig nicht, mit ihren erbitterten Feinden, den Engländern, zu kungeln.

Die Kurfürsten wollten ihren ungeratenen König vor ein Gericht stellen und ihm den Prozeß machen. Als Adolf nicht erschien, erklärten sie ihn für abgesetzt. Da witterte Albrecht seine Chance. Bei Straßburg sammelte er eine Streitmacht und marschierte Richtung Mainz. Adolfs Truppen rückten von Speyer aus nach Norden. Bei Göllheim prallten die beiden Heere aufeinander, in denen wohl ausschließlich Ritter kämpften. Entschieden war die Schlacht, als Adolf bei einem Handgemenge mit seinem Streitroß stürzte und getötet wurde. Als sich die Sonne senkte, lagen vor allem Pferdekadaver auf der Walstatt. Die Tiere zu töten, war die Taktik der Soldaten auf beiden Seiten. Denn ohne sein Roß war ein Ritter hilflos und aus dem Kampf. Da es an jenem Julitag sehr heiß war, sei so mancher ehrbare Streiter in seinem eisernen Panzer vom Hitzschlag dahingerafft worden und nicht vom Schwert des Feindes, berichten die Chronisten.

Adolfs Leichnam wurde ins nahe Kloster Rosenthal getragen und dort beigesetzt. Erst nachdem Albrecht gestorben war, bekamen beide gemeinsam ihre letzte Ruhestätte im Dom zu Speyer. Adolfs Gemahlin ließ auf dem Schlachtfeld ein Sühnekreuz errichten.

IM BANNKREIS DES DONNERSBERGES

Über dem stark verwitterten Sandsteinkruzifix entstand 1836 zum Schutz eine Kapelle, heute ist sie von hohen Bäumen umstanden.

Knapp 100 Jahre nach jener Schlacht fiel Göllheim an Nassau-Zweibrücken. Bereits damals hatte der Ort Stadtrechte, war schon der Turm der heute *evangelischen Pfarrkirche* erbaut. Aus rotem Sandstein sind fünf Geschosse gemauert, darauf sitzt eine barocke Haube. Die unteren Geschosse verstellt das 1786 quer davor gebaute *Rathaus,* der Kirchturm, so scheint es, ist der Rathausturm. Der Architekt hat diese optische Einheit, die 400 Jahre überspannt, offenbar gewollt. Aus dem gotischen Kirchenschiff wurde ein querrechteckiger Saalbau, ein Mittelrisalit mit einem Giebel darauf schmückt die Westseite. Im Innern gleichen die Stützen der Orgelempore Palmenstämmen mit den Kerben, die abgefallene Blätter hinterlassen. Auf dorischen Säulen sitzt die an den Seiten umlaufende Empore für die Gemeinde.

Von Göllheim sind es auf der B 47 nur ein paar Kilometer nach Wattenheim. Dort geht es auf die Autobahn – und Frankenthal ist nicht mehr weit. Doch erst einmal sollte man einen interessanten Bogen um die Stadt schlagen. Nordwestlich von Frankenthal, zwischen B 9 und A 61, liegt **Kleinniedesheim** mit dem *Maudraischen Schloß.* Der kurkölnische Geheime Rat von Steffné hat in den 30er Jahren des 18. Jh. hier ein Wohnhaus errichtet. Zur langgestreckten, zweigeschossigen Anlage samt dreistöckigem Turm mit Mansarddach an der Ecke wurde es durch den Freiherrn von Gagern umgebaut, dessen Sohn Hans Christoph Ernst von Gagern 1766 hier geboren wurde, jener vehemente Gegner napoleonischer Herrschaft über die linksrheinischen Territorien.

Heute wird das Gebäude mit der doppelläufigen Freitreppe für Konzerte und Ausstellungen genutzt. Der einst im englischen Stil angelegte Schloßgarten ist heute Weinberg. Im Norden steht ein kleiner zweigeschossiger Pavillon. Er erscheint wie ein Ableger vom Pantheon in Rom.

1,5 km weiter im Süden liegt **Großniedesheim,** an dessen *evangelische Pfarrkirche* aus der Mitte des 18. Jh. sich ein romanischer Turm anlehnt. Auf vier mittelalterliche Stockwerke – das vierte ist mit einem Rundbogenfries verziert – wurde ein barockes mit Doppelhaube aufgesetzt.

Noch ein paar Steinwürfe näher an Frankenthal liegt **Beindersheim** mit seiner dreiseitig geschlossenen *Saalkirche* – ebenfalls aus der Mitte des 18. Jh. Aus jener Zeit stammen auch die schön geschnitzte Kanzel und das Kirchengestühl.

Gegen den Lauf des Rheins

Seide und Spielkarten, Puder und Porzellan
Die ›Fabriquen‹ des Kurfürsten in Frankenthal

Einen schweren Kopf machte einst die ›Frankenthaler Sonne‹: So nannte man das Produkt der früheren Frankenthaler Zuckerfabrik, mit dem die pfälzischen Winzer der Natur nachhalfen, wenn unser Heimatstern ihren Trauben nicht hinreichend Beachtung geschenkt hatte. Frankenthal ist eine Industrie- und Arbeiterstadt. Aber vergleichbar Wolfsburg oder Wilhelmshaven oder dem benachbarten Ludwigshafen ist es nicht. In einer Urkunde von 772 ist bereits von dem Ort die Rede. In Frankenthal werden Pumpen und Turbinen, Druckmaschinen, Kompressoren und Kronkorken hergestellt – Seide, Strümpfe, Silberfäden, Spielkarten, Puder, Stärke und Kölnische Schmierseife wurden in den ›Fabriquen‹ des 18. Jh. produziert.

Auch für Frankenthal war 1689 ein Katastrophenjahr. Die Bürger flüchteten vor den Mordbrennern Ludwigs XIV., der Rat der Stadt mußte in Hanau tagen (den von Speyer hatte es ja nach Frankfurt verschlagen). Jahrzehnte später genoß die Kommune die nachhaltige Gewerbeförderung des Kurfürsten Carl Theodor. Unter »sicheren, sich ausgebetteten Bedingnussen« hatte er im Mai 1755 die Errichtung einer »Fabrique durchsichtigen Porcellains« genehmigt. Ein Fürst, der etwas auf sich hielt, wollte in jener Zeit das Arkanum, das Geheimnis des ›weißen Goldes‹, besitzen, und obendrein sollte das Geheimnis sich gut verzinsen.

»Um in den Besitz des Arkanums zu gelangen, schienen alle Mittel erlaubt. Diebstahl und Raub, Betrug und Erpressung begegnen uns ebenso häufig wie die milderen Formen der Abwerbung erfahrener Kräfte durch das Versprechen höherer Löhne und selbständiger Stellung, verbunden mit einflußreichen Hofämtern. Die fürstlichen Agenten nützten Rivalität, Neid und Gewinnsucht der Arkanisten, um den Wissenden das Geheimnis zu entlocken. Abenteuerlust und ein Hang zu Hochstapelei, Trunksucht und Spielleidenschaft fehlten kaum einmal, wenn insgeheim die Preise für den Verrat der Rezepte ausgehandelt wurden. An den Höfen überschnitten sich wirtschaftliche Spekulationen mit dem Ehrgeiz fürstlicher Repräsentation und einer ehrlichen Begeisterung für die neue Kunst, die zudem durch den Verkauf die leeren Kassen des Landes aufzufüllen versprach. Erst nach der Jahrhundertmitte ging dieses Ringen um das Arkanum zu Ende« (Ludwig W. Böhm).

Jetzt erst ließ Carl Theodor den Elsässer Paul Anton Hannong in einer leerstehenden Dragonerkaserne die Produktion jener Luxusware mit dem so umständlich zustandegekommenen Namen aufnehmen. Das Wort Porzellan stammt vom lateinischen ›porcella‹, Ferkel. So heißt auch ihrer Form und Glätte wegen eine Schneckenart. Sie wurde in China als Zahlungsmittel verwendet. Als Europas China-Entdecker Marco Polo im Reich

GEGEN DEN LAUF DES RHEINS

Frankenthal, Lithographie von W. Beier nach einer Zeichnung von L. Schmidt

der Mitte die schönen Becher und Schüsseln aus Kaolin, Feldspat und Quarz sah, erinnerte er sich des Glanzes der Schneckenhäuser und gab dem Geschirr den Namen ›porcellana‹.

Tee, Kaffee und Schokolade (›Milch der Greise‹) wurden ausgangs des 17. Jh. in Europa bekannt. Es wurde Mode, sie aus Porzellantassen zu trinken. Porzellan war außerdem der Werkstoff, mit dem das Rokoko seine Formspielereien in kleinen Größen verwirklichen konnte. Freilich erst, nachdem Johann Friedrich Böttger zu Beginn des 18. Jh. entdeckt hatte, was die Chinesen schon seit tausend Jahren kannten und verwendeten.

Diderot und d'Alembert loben in ihrer Enzyklopädie das »porcelaine de Franckendal«, loben die Werke des ›weißen Corps‹ (Dreher, Former, Bossierer) und der ›Malerstube‹ wie jene aus Meißen und Sèvres. Joseph Adam Hannong, Sohn des Manufakturgründers, preist – zur Verkaufsförderung – auch noch den »Vortheil der Billigkeit« seiner Produkte, »denn die Preise sind mehr als ein Drittel niedriger als die der sächsischen und französischen Porzellane«. 1762 verkaufte er dem Kurfürsten die Manufaktur. Unternehmerische Fehlentscheidungen, schlechtes Betriebsklima, ständige Nähe zum Konkurs kennzeichnen die 44jährige Firmengeschichte. Dennoch: In der Preisliste von 1777 sind über 800 Figuren und Gruppen aufgeführt, dazu kamen 25 Geschirrmodelle.

☐ **Stadtbesichtigung**

Im *Erkenbert-Museum* an dem von Platanen beschatteten Rathausplatz ist Frankenthaler Porzellan heute ausgestellt. Es ist eine neue Sammlung. Von der alten, während des Krieges ausgelagert, gingen kostbare Stücke in Scherben oder wurden auf nicht mehr nachvollziehbare Weise zur Wertsteigerung mancher Kollektion in Europa und Amerika verscherbelt.

Der erste Modellmeister war Johann Wilhelm Lanz. Er kam mit Hannong aus Straßburg. ›Liebespaar in der Laube‹ heißt eine Komposition von ihm, die auf eine Kupferstichvorlage von Johann Esaias Nilson zurückgeht. In der Pfalz heißt sie auch ›Herbst‹, weil sie mit Wein zu tun hat und weil hierzulande das Weinlesen ›Herbsten‹ heißt. Auf einem Hocker in der Mitte, der sich aus dem Sockel herausbildet, steht eine mit Trauben gefüllte Schale. Die Verliebte streckt einen Pokal dem Krug entgegen, den ihr Galan zum Einschenken hochhält und dabei das Mädchen schmachtend ansieht.

Johann Wilhelm Lanz modellierte aber auch Handwerker und Landleute, so ›Die wurststopfende Magd‹: Eine alte Frau – Flügelhaube, Kneifer und verkniffener, besonders roter Mund – steht hinter einem niedrigen Tisch, darauf ein bulliger weißer Henkeltopf, mit Fleischteig überrandvoll gefüllt. Mit dem Zeigefinger der rechten Hand preßt die Frau das Brät in den Wurstdarm.

Lanz schuf außerdem die wunderlichen Gestalten antiker Mythologie, Allegorien, verspielte Putten, musizierende Mädchen und Chinesen, die Personen der Commedia dell'arte sowie Waidmänner und Waidfrauen.

Johann Friedrich Lück kam aus Meißen an den Rhein, wohin er 1764 auch wieder zurückkehrte. Er bevorzugte höfische Szenen und vernachlässigte Handwerker, Bauern und Chinesen in seinem Figurenkatalog, oder er stellte sie als Karikaturen dar. Einer der ›Fünf Sinne‹ ist der ›Geschmack‹. Eine Porzellandame und ein Porzellankavalier üben ihn am Kaffee aus Porzellantassen, vielleicht auch an Schokolade. Unterm Tischchen

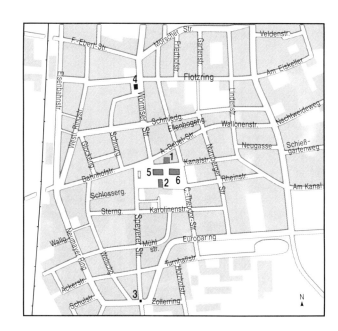

Frankenthal
1. *Erkenbert-Museum*
2. *ehem. Augustiner-Chorherrenstift*
3. *Speyerer Tor*
4. *Wormser Tor*
5. *Dreifaltigkeitskirche*
6. *Zwölf-Apostel-Kirche*

›Göttin Diana‹ und ›Wurststopfende Magd‹ von Lanz

›Der Geschmack‹ von Lück

streckt die Dame kokett wie eine Ballerina den rechten Fuß, der Kavalier, à la mode gekleidet, serviert, den Dreispitz unter den Arm geklemmt.

Franz Conrad Linck war der Sohn eines Bildhauers aus Speyer. Als Bildhauer durchschnittlich, schuf er als Modellmeister Werke von höchster Originalität. Er griff tief hinein in den Fundus der antiken Götterwelt. Die Gruppe ›Meleager und Atalante‹ ist komponiert aus zwei nackten Körpern, einem knorrigen Baumstamm, einem Putto und dem Kopf eines Ebers. Meleager, Sohn des Oineus, des Königs von Kalydon, hatte das Untier getötet und das Fell, so berichtet Ovid in den ›Metamorphosen‹, Atalante, der arkadischen Jägerin, geschenkt. Linck beläßt es bei der Geschichte zweier Verliebter, denn der Fortgang war grausig. Meleagers Onkel rauben Atalante die borstige Trophäe, worauf Meleager die beiden tötet. Seine Mutter Althaia, wütend auf den Sohn, erinnert sich einer Weissagung, wonach Meleager sterben werde, sobald das Feuer im Herd alles Holz verzehrt habe. Damals hatte Althaia die Flamme gelöscht und alles Holz versteckt. Jetzt wirft sie Scheit um Scheit in die Flamme – und Meleager stirbt unter Qualen. Doch von solch grauenvollem Ende will die Rokoko-Antike gar nichts wissen. Franz Conrad Linck widmete sich nur dem Paar, das sich verliebt in die Augen schaut.

Karl Gottlieb Lück (der Bruder von Johann Friedrich) war der ›Meister der Kleinfiguren‹. Er läßt eine enthemmte Frau mit Rute und wutverzerrtem Gesicht auf den Ehemann losgehen, läßt sie wild den Armen am Revers packen und ganz schlimm aus der Façon bringen. ›Verheiratet‹ nannte der Meister diese Schöpfung. ›Die gute Mutter‹ heißt eine andere. Von drei Kindern ist die Fürsorgliche in Beschlag genommen, vom Säugling an der Brust, dem Kleinkind, dem der Brei zuwider ist, und von dem daumenlutschenden Kummerjungen, der den Kopf an ihre Schulter legt.

Adam Bauer hat am wenigsten zum Ruhm der Frankenthaler Manufaktur beigetragen, um so mehr hat das Johann Peter Melchior getan. Bauers ›Veritas‹ und ›Prudentia‹ sind dralle Weiber, der Meister hätte der Verkörperung von Wahrheit und vorausschauender Klugheit durchaus mehr Anmut angedeihen lassen können.

In den Kompositionen Melchiors herrschen so etwas wie die Leiden des jungen Werthers, findet sich Empfindsamkeit, sind frohe Farben elegischem Weiß gewichen. Die Sockel der Figuren sind nicht mehr geschwungene Rocaillen, die sich wie Meereswellen überschlagen: ›Die Schäferin im Turm‹ ruht in einer Ruine auf schroffem Felsen. Die Szene strahlt Trauer aus, erinnert an das Geschehen von Gethsemane, an Passion.

Im Sommer 1799 stellte die Manufaktur ihre Produktion ein. Die zierlichen Geschöpfe des Rokoko wichen neuen Kunstprodukten und sind heute Raritäten. Schaustücke Frankenthaler Porzellans verschwanden im Krieg und tauchten teilweise bei neuen Besitzern wieder auf.

Als 1562 das Frankenthaler Augustiner-Chorherrenstift aufgehoben wurde, gelangte die wertvolle Stiftsbibliothek nach Heidelberg. Als Tilly im Dreißigjährigen Krieg Heidelberg erobert hatte, machte Maximilian von Bayern dem Papst diese ›Bibliotheca Palatina‹ mit allen bibliophilen Kostbarkeiten aus Frankenthal zum Geschenk. 1632 holte sie der päpstliche Bibliothekar ab, seitdem zählen Codices aus Frankenthal zur Vaticana.

1119 hatte Erkenbert, ein Edelmann aus Worms, im nahen Frankenthal ein *Kloster* gegründet und es den *Augustiner-Chorherren* übergeben. 1125 wurde die Kirche der hl. Maria Magdalena geweiht, ein Neubau 1181, nachdem das Gotteshaus zehn Jahre zuvor niedergebrannt war. Die Pfeilerbasilika war flachgedeckt, das dreischiffige Langhaus erstreckte sich über sechs Joche, daran fügten sich – der klassische Grundriß – Querhaus und Chor, der wiederum mit einer Apsis abschloß und schmale Nebenchöre an seiner Seite hatte. Über den letzten Seitenschiffjochen waren Türme vorgesehen, nur der südliche wurde nach 1171 vollendet und ist heute Grundstock für den Glockenturm der Zwölf-Apostel-Kirche aus dem frühen 19. Jh. Von der Abteikirche St. Maria Magdalena sind nur noch Teile der Umfassungsmauern erhalten sowie das meisterhafte Westportal, stilistisch verwandt mit dem Nordportal des Wormser Domes.

Unter einem weitgespannten Bogen rahmt ein Säulengewände das Kirchentor, darauf ein Tympanon, über dem sich das Gewändeprofil im Halbkreis fortsetzt. Es ist zweifach gestuft, in die Stufen sind Säulen eingefügt, die von attischen Basen aufsteigen. Die Kapitelle sind mit steinernen Akanthusblättern verziert, Vögel, vielleicht sind es Adler, mit weit geöffneten Schwingen heben sich daraus hervor. Kapitelle und die Kämpferplatten darüber bilden einen durchlaufenden Fries.

Das Tympanon ist von einer reich skulptierten Schmuckleiste umgeben. Das Basisband trägt einen schmalen Palmettenfries. Darauf erscheinen sechs Drachen, von denen jeweils zwei die Schwänze ineinander verschlungen haben. Im Zenith des Palmettenbogens ist ein Kranich zu erkennen, der mit seinem Schnabel dem Wolf in den Rachen stößt. Hier diente eine Fabel des antiken Dichters Äsop dem Steinmetz als Vorbild. Es ist die Geschichte vom Undank: Dem Wolf war beim gierigen Fressen ein Knochen im Schlund steckengeblieben. In seiner Not bat er den Vogel um Hilfe und versprach ihm hohen Lohn, wenn er ihn von dem Knochen befreien würde. Für den Kranich mit seinem langen Schnabel war das ein Leichtes. Doch der zugesagte Lohn blieb aus. Zynisch sagte der Wolf zu seinem Lebensretter: »Du hast unversehrt den Kopf aus meinem Schlund gezogen – ist das etwa ein kleiner Lohn?«

Der Gewändebogen überm Tympanon ist von einem Band mit üppigem Palmettendekor umspannt. Die Bogenwülste waren einst mit mehreren Figuren geschmückt. Erhalten blieb rechts außen eine Maus sowie links eine menschliche Gestalt. Kunstkritiker deuten sie als Dornauszieher. Das Motiv vom sitzenden Knaben, der sich einen Stachel aus der Sohle zieht, war in hellenistischer Zeit sehr beliebt und wurde später christlich umgedeutet als Symbol der Überwindung des Bösen durch den rechten Glauben.

Die Augustiner-Chorherren mußten 1562 Frankenthal verlassen. Es kamen reformierte Glaubensflüchtlinge aus den habsburgischen Niederlanden. Mit Erlaubnis Kurfürst Friedrichs III. durften sie sich hier am Rhein niederlassen. In einer ›Kapitulation‹ wurden die Rechte und Pflichten der Neubürger geregelt, Frankenthal war eine Zeitlang eine niederländische Stadt mit Tuchmachern, Gobelinwirkern, Gold- und Silberschmieden. Emigrierte Maler zeichneten die Kartons für die Teppichwirker. Gillis van

Coninxloo, Anton Mirou, Pieter Schoubroeck bilden, was man heute Frankenthaler Malerschule nennt. Gemälde im Erkenbert-Museum zeigen die Hinwendung der Künstler zur Landschaftsdarstellung.

Im Jahr 1600 zählte Frankenthal 1200 Einwohner, die Stadt (Stadtrechte hatte sie seit 1577) wird zur linksrheinischen Hauptfestung der Kurpfalz ausgebaut, einem zehneckigen Stern. Und wie es in Landau in der ehemaligen Festung der Franzosen ein Deutsches und ein Französisches Tor gibt, so existiert hier in der kurpfälzischen ein *Speyerer* und ein *Wormser Tor*. Die aber ließ erst Carl Theodor in den frühen 70er Jahren des 18. Jh. errichten. Über quadratischem Grundriß baute Nikolaus von Pigage eine wuchtige Anlage gen Süden, die Einfahrt von toskanischen Doppelsäulen flankiert (die Sandsteinlöwen, die einmal draufsaßen, stießen französische Revolutionäre herunter). Das Wormser Tor entstand als Rechteckbau unter Leitung von Bauinspektor Mayer. Hier rahmen je ein paar rustizierter Pilaster die Einfahrt von Norden her.

In den Jahren 1709–32 errichtete Hauptmann Villiancourt die stattliche *Dreifaltigkeitskirche* für eine winzige Kirchengemeinde von knapp 300 Seelen. Der Saalbau mit gerundeter Chornische und einer Fassade mit Volutengiebel brannte 1943 völlig aus, wurde aber bald nach dem Krieg wiederaufgebaut. Zerstört und wiederaufgebaut (mit neuer Raumaufteilung) wurde auch die nach Plänen des Königlichen Distrikts-Baukondukteurs Mattlener 1820–23 entstandene *Zwölf-Apostel-Kirche*, ein klassizistischer Bau mit tempelartiger Säulenfront nach Osten.

Reizvolles Rokoko bietet die dem hl. Cyriakus geweihte *katholische Pfarrkirche* in **Eppstein**, einem Vorort von Frankenthal im Süden. An den zu Beginn der 60er Jahre des 18. Jh. errichteten Bau lehnt ein spätgotischer Kirchturm. Fast lebensgroß steht die Figur des Heiligen, der als Teufelsaustreiber und Weinpatron geschätzt wird, auf dem rechten Seitenaltar.

Von Eppstein führt eine Nebenstrecke nach Süden. An der Kreuzung geht es dann links nach Oggersheim und rechts über die Autobahn hinweg nach Maxdorf und weiter nach **Fußgönheim** zum *Schloß*, für den Freiherrn Jakob Tilmann von Hallberg, einen kurpfälzischen Minister, 1728–31 erbaut.

Die Toreinfahrt durch einen langgestreckten einstöckigen Bau mit hohem Walmdach führt in den Innenhof, der einst allseitig umbaut war, dessen Nord-

Frankenthal, Dreifaltigkeitskirche, Wappen über dem Portal

flügel jedoch mittlerweile fehlt. Das Schloß (zweistöckig) steht im Osten. Mit zwei Seitenflügeln, die eine Terrasse einfassen, ragt es in den Garten hinein. Die ehemalige Schloßkirche, um 1740 erbaut, schaut mit rundbogigen Fenstern und einem Dreiecksgiebel überm Portal zum Innenhof. Auf dem Dach sitzt ein achteckiger verschieferter Turm.

Das Schloß war Zigarrenfabrik, Kriegsgefangenenlager und Raiffeisenmagazin. Heute ist in dem fein restaurierten Gebäude ein Heimatmuseum mit Utensilien bäuerlicher Kultur vergangener Jahrhunderte eingerichtet.

Dr. Schmidt, Dr. Kohl und die BASF
Im Dunstkreis der Chemiestadt Ludwigshafen

Zurück nach **Oggersheim,** dem Wohnsitz von Kanzler Kohl. Der Ort gehörte bis ins 10. Jh. dem Kloster Weißenburg im Elsaß, tauchte 1316 in einer Urkunde als Stadt auf, die Leininger verkauften sie 1326 an die Pfalzgrafen und späteren Kurfürsten. Erbprinz Joseph Karl – er starb 1729 – ließ in Oggersheim ein Schloß bauen und begründete eine Wallfahrt. Er imitierte jene nach Loreto in der italienischen Provinz Ancona, wo der Legende zufolge die Santa Casa, das Heilige Haus der Heiligen Familie, in einem Lorbeerhain (Lauretum) aufgestellt worden sei. Engel hätten den Transport vom Heiligen Land nach Dalmatien und weiter nach Italien besorgt. Über der Santa Casa in Loreto wurde 1468 unter Mitarbeit berühmter Meister mit dem Bau einer eindrucksvollen Kirche begonnen. 1729–33 entstand auch in Oggersheim eine Loretokapelle.

Vom *Schloß* in Oggersheim, das fast 20 Jahre, von 1774–93 Elisabeth Auguste als Ruhesitz diente, sind nur noch Reste vorhanden. Die Gemahlin Kurfürst Carl Theodors war Bauherrin der ehemaligen Schloßkirche, heute katholische Pfarrkirche und *Wallfahrtskirche Mariae Himmelfahrt*. In den 70er Jahren des 18. Jh. wurde das Bauwerk von Peter Anton von Verschaffelt über der Loretokapelle errichtet.

Schmalhoch ragt sie über rechteckigem Grundriß auf, die beiden Türme an der Rückfront sind dem Blick des Besuchers, der auf die Fassade zugeht, entzogen. Je zwei kolossale Pfeiler gliedern die strenge Frontansicht, darüber liegt ein Gebälk, das sich an den Längsseiten fortsetzt. Gekrönt wird sie von einem dreieckigen Giebel ohne plastischen Schmuck. Für die beherrschende Pilastergliederung fand Peter Anton von Verschaffelt seine Vorbilder in den Bauten des italienischen Hochbarock (zum Beispiel Carlo Rainaldis Fassade von Santa Maria Maggiore in Rom), vergleichbare Architekturen sind im deutschen Barock nicht bekannt.

Korinthische Pilaster und Flachnischen mit Rundbogen gliedern die Innenwände (Farbabb. 33), darüber spannt sich ein hölzernes, von Gurtbogen getragenes Tonnengewölbe mit Stuckkassetten. Die Ausstattung der Kirche – Altäre, Orgelempore, Kanzel – erfolgte nach Plänen des Baumeisters. Die Fassade der Loretokapelle umkleidete Verschaffelt mit farbigem Marmor. Die Tabernakelnische mit dem Gnadenbild wird flan-

Oggersheim, Wallfahrtskirche Mariae Himmelfahrt

Inkognito in Oggersheim

Nicht als kniefälliger Wallfahrer, sondern auf der Flucht vor seinem Landesherrn kam 1782 ein Dr. Schmidt nach Oggersheim, wohnte zwei Monate (Oktober, November) im Gasthaus ›Zum Viehhof‹ (heute eine Gedenkstätte in der Straße, die seinen wahren Namen trägt), schrieb an einem ›republikanischen Trauerspiel‹ und an einem ›bürgerlichen Trauerspiel‹,

Schiller in der Dorfherberge zu Oggersheim

an der ›Verschwörung des Fiesco zu Genua‹ und an ›Kabale und Liebe‹. Es war Friedrich Schiller. Mit der glanzvollen Uraufführung der ›Räuber‹ in Mannheim hatte für den Dichter das Jahr 1782 begonnen, als Dr. Schmidt kam er inkognito nach Oggersheim, als Dr. Ritter mußte er sich zum Jahresende ein neues Versteck suchen.

---

kiert von zwei Engeln, Werke des Mannheimer Bildhauers Paul Egell (um 1725). Die Votivtafeln des 18./19. Jh. lesen sich wie schreckliche Leidensgeschichten mit wundersamer Heilung, diktiert von inbrünstigen Gläubigen.

Franz Wilhelm Rabaliatti hatte Mitte des 18. Jh. in einem anderen Ludwigshafener Vorort, in **Maudach** im Südwesten, die *katholische Pfarrkirche St. Michael* gebaut, einen Saalbau mit geschlossenem Chor, an den sich ein spätgotischer Turm und ein dreiseitig geschlossener ehemaliger Chor (heute Sakristei) anfügen.

Die Wallfahrtskirche in Oggersheim, die Kirche in Maudach, viel mehr ist es nicht, was Ludwigshafen an eingemeindeten sehenswerten Architekturen aus vergangener Zeit zu bieten hat.

Ludwigshafen, 21. September 1921, 7.32 Uhr. »Da – ein dumpfer sekundenlanger Stoß in der Erde, ein weithin vernehmlicher Knall und ein zweiter Stoß, der das lähmende Entsetzen des ersten minutenlang zur verzweifelt-angstvollen Atemlosigkeit werden ließ. Was war geschehen, ein Erdbeben, das dergestalt die Häuser in ihren Fundamenten erzittern, Wände bersten und die Scheiben der Fenster klirrend in Scherben gehen ließ? ... Nach und nach verbreiteten sich aufklärende Gerüchte, unter denen eines mit immer größerer Bestimmtheit wiederkehrte: Das Werk Oppau der Anilinfabrik ist in die Luft geflogen.«

Mehr als 500 Menschen wurden bei dieser Explosion getötet, mehr als 7000 obdachlos. Wo das Salz Ammonsulfatsalpeter produziert, wo es gelagert worden war, hatten sich zwei Krater gebildet. Wie es zur Explosion kommen konnte, blieb den Experten ein Rätsel. Sie versuchten deren Imitation im kleinen Maßstab, um Erklärungen für die Katastrophe zu finden – sie schafften es nicht.

Ludwigshafen, Stadt der Chemie. Wer sie besucht, riecht sofort, wovon diese pfälzische Großstadt lebt, wo die meisten ihrer 180 000 Bewohner arbeiten. Hier war »das ganze Mittelalter hindurch ein Stück sumpfiger Rheinniederung, durchzogen von Flußarmen und Altwassern, ein Gelände voll feuchter Wiesen und Moore, voll Erlenbruch und undurchdringlichem Auwald, von Straßen gemieden, von Menschen nur dünn besiedelt« (Hans Löber). Im Jahr 1606 ließ Kurfürst Friedrich IV. Mannheim als Festung Friedrichsburg erbauen, ein Stück Friedrichsburg entstand als Vorwerk auf dem linken Rheinufer. Unter Kurfürst Carl Philipp (1716–42) wurde das Vorwerk zu einer »tête de pont de Manheim«, zu einem Brückenkopf, Rheinschanze genannt, verstärkt. Ludwigshafen war bis 1799 lediglich ein Stück Verteidigungsbereitschaft Mannheims. Der dreizackige Festungssporn wurde dann von einem Speyerer Kaufmann, Johann Heinrich Scharpff, und dessen Schwiegersohn als ein Handelsplatz mit Zukunft entdeckt. Die bayerische Regierung beschloß, »diesen Platz durch Ausdehnung in administrativer, politischer und industrie-commerzieller Hinsicht zu einer förmlichen Gemeinde zu gestalten und nach und nach zu einer Stadt zu erheben«. Den Namen Ludwigshafen bekam der Platz 1843, seit 1853 war er selbständige Gemeinde, Stadt seit 1859 und schon 1862 nach Köln und Mannheim der größte Rheinhafen.

Die jüngste und größte pfälzische Stadt hat einen Anker im Wappen – sie hätte noch besser ein Reagenzglas. Dabei wollte man, was da knallte und stank und Dreck machte, zunächst gar nicht haben. Gegen Industriebetriebe hatte niemand etwas, wohl aber gegen solche der chemischen Industrie. Die bayerische Verwaltung könne doch nicht zugeben, daß in der Nähe einer prächtigen Kirche »mephytische Dämpfe nach allen Richtungen weithin über die Jungstadt und die zur Verschönerung und zum Gedeihen ersehenen Plätze sich verbreiten«, heißt es in einer Protestnote von Honoratioren. Man war stolz auf die 1858–62 nach Plänen von Heinrich Hübsch, Baumeister auch fürs West-

GEGEN DEN LAUF DES RHEINS

werk des Speyerer Domes, errichtete *katholische Pfarrkirche St. Ludwig*, eine neoromanische, kreuzförmige Säulenbasilika mit Türmen beiderseits des Chors. Doch der bayerische König hatte nichts dagegen, daß weit von seiner Residenz entfernt gigantische Hexenküchen entstanden, nachdem er gerochen hatte, was ihm Justus Liebig probeweise aufs Heufeld bei München und vor die Nase gestellt hatte.

Zwar hatten die Giulinis schon 1851 eine Schwefelsäure-, Vitriol- und Alaunfabrik errichten dürfen (die Arbeiter trugen zum Schutz ihrer Kleidung Leinenkutten und hießen deshalb im Volksmund die ›Schwefelkuttler‹), aber der wirtschaftliche Erfolg verlangte Ausweitung, und die würde Giulini und anderen lange versagt.

Am 20. April 1865 hieß es dann in der Zeitung: »Eine freudige Kunde durcheilt unsere Stadt; die Gründer der badischen Anilin- und Sodafabrik haben in der Nähe der Hemshöfe ca. 30 Morgen Land, zum Zwecke der Errichtung ihrer Fabrik auf diesem Platze,

*Ludwigshafen, Stahlstich
von C. Mayer um 1850*

angekauft.« 30 Mitarbeiter zählte die *BASF* damals, bereits 1914 waren es über 10 000. Rasant stiegen binnen weniger Jahrzehnte die Produktionsziffern, die Zahl der Angestellten in dieser und den anderen Fabriken vermehrte sich und dadurch auch die Zahl der Einwohner dieser jungen Stadt. Ludwigshafen glich zu allen Zeiten einem gigantischen Bauplatz, das »originelle Fragment einer Großstadt« wurde sie einmal genannt. Zwar hatte Paul von Denis, jener Ingenieur, der die Bahn durch den Pfälzer Wald gebaut hatte und somit eine Verbindung zwischen saarländischem Kohlerevier und dem Hafen am Rhein, einen Bebauungsplan gezeichnet. Denis sah ein Viereck vor, von breiten Straßen im rechten Winkel durchzogen (am anderen Stromufer lag die barocke Planstadt Mannheim als Vorbild). Doch Grundstücksspekulanten, Bauwut, die Mißachtung von Menschenwürde und menschlichen Bedürfnissen, die Vernachlässigung jeglicher Ästhetik zugunsten hemmungsloser Gewinnmaximierung hatten Ludwigshafen zu

einer Scheußlichkeit werden lassen. »Selten hatte man die Wirklichkeiten und Ideale des Industriezeitalters so nahe beisammen«, schreibt der Philosoph Ernst Bloch, der Ludwigshafener. Hier wirkte keine Tradition hemmend auf pseudomodernistische Ausschweifung, war alles, was geschah, neu, zerstörte ja auch nichts Altes. Die Fabriken wuchsen, die Stadt wucherte, Wachstumsraten schienen schier grenzenlos. Aber die Stadt, die Fabriken sind nicht mehr die alten. Von einem in Schmutz, Lärm und schlechter Luft blühenden Gemeinwesen waren nach den Jahren des Zweiten Weltkrieges 2 Mio. m³ Bauschutt geblieben.

Die neue Stadt ist nicht schön, aber sie ist zum Wohnen und Arbeiten viel besser geeignet als vor dem Krieg. Über 50% aller Beschäftigten Ludwigshafens, dazugezählt 50 000 Pendler, arbeiten in der Industrie, zu 75% ist die Ludwigshafener Industrie chemische Industrie. Aus der BASF ist längst ein ›Multi‹-Konzern geworden, mit Tochter- und Beteiligungsgesellschaften auf vier Kontinenten und weit über 100 000 Mitarbeitern. Aber Kernstück des Unternehmens ist immer noch das Werk Ludwigshafen, das sich an 5,5 km Rheinufer entlangstreckt.

Auffällige Architekturen in Ludwigshafen, das sind Werke aus Stahl, Beton und Glas: ein kreisrundes *Kaufhaus*, die neue *Kurt-Schuhmacher-Brücke*, die ältere *Konrad-Adenauer-Brücke*, der vierstöckige *Bahnhof*, dessen Teile an Trossen und an einem Pylon hängen, der *Pfalzbau*, die *Friedrich-Ebert-Halle*.

Einen ausführlichen Besuch wert ist das neue *Wilhelm-Hack-Museum* am Marktplatz. Erst 1979 wurde es eröffnet. Benannt ist es nach seinem Stifter, einem Sammler aus Köln. Berühmt wurde es durch seine Außenwand. Sie hat, 55 m lang und 10 m hoch, der Spanier Joan Miró entworfen. Fliese um Fliese realisiert hat sie dessen Landsmann Joan Gardy-Artigas. Doch entstanden ist dabei nicht nur eine bunte Eintragung ins Guiness-Buch der Rekorde, sondern ein Kunst-Manifest in Grün, Gelb, Rot und Blau. Ein Dokument, bei dem man an ›I. G. Farben‹ denkt und an den Doppelsinn des Wortes ›Kunststoff‹. Vor allem aber an Leuchtkraft, die dieser Stadt abging, als ihr Chemiehimmel noch diesig und verpestet war.

Hier in dieser jungen Stadt glänzt ein Museum mit Schätzen aus vielen Jahrhunderten. Mit Funden aus einem Gräberfeld in Gondorf an der Mosel. Dort haben Kelten, Römer und Franken ihre Toten bestattet und ihnen Kostbarkeiten für den Weg ins Jenseits beigegeben: Schwerter und Lanzen, Gefäße aus Keramik und Glas, Ketten aus gläsernen Perlen, Gürtelschnallen und Fibeln.

Es glänzt mit christlicher Kunst des Mittelalters, darunter der ›Rautenstrauch‹-Madonna samt Kind vom Ende des 13. Jh. (den Namen trägt sie nach dem Vorbesitzer dieses Prachtstücks). Die 80 cm große, stehende Frauenfigur, aus Nußbaumholz geschnitzt, verkörpert das neue, in Frankreich aufgekommene Marienbild, anmutig und zierlich.

200 Jahre jünger ist das Ölbild vom ›Sündenfall‹, wahrscheinlich ein Werk aus der Schule des niederländischen Meisters Hugo von der Goes. Zu beiden Seiten des Baumes der Erkenntnis stehen Adam (mit langem Haar, aber hoher Stirn) und Eva (hellhäutig

Ludwigshafen, modernes Kreishaus

und mit roten Locken). Lilien blühen im Vordergrund, im Hintergrund zeigt sich, halb Eidechse, halb Frauengestalt, die Verführerin. Hinter einem Buch spitzelt löwenköpfig der Satan hervor.

Von einem elsässischen Meister aus jener Zeit stammt ein Passions-Triptychon, das stark an das Werk in der Alsterweiler Kapelle bei Maikammer erinnert: An Festtagen war links von der Kreuzigung eine Kreuztragung zu sehen, rechts die Beweinung. Die Außenseiten der Bildflügel zeigen die Geißelung an der Martersäule sowie Pilatus, der in Unschuld seine Hände wäscht.

Vor allem sind in diesem neuen Museum der Chemiestadt bedeutende Werke von Künstlern des 20. Jh. zusammengetragen. Klassische Moderne hat Wilhelm Hack gesammelt, Bilder aus einer neuen Vorstellungswelt, schreibt Manfred Fath im Vorwort des umfangreichen Museums-Katalogs, »in der Kunstwerke ohne Anlehnung an die Phänomene der sichtbaren Welt möglich wurden und in der die Natur, der Gegenstand, der Mensch oder der zentralperspektivisch konstruierte Raum keine Funktion mehr hatten«. Picasso und Braque haben diese Entwicklung vorbereitet, Kandinsky, Delaunay, Kupka, Macke, Balla haben sie weitergeführt und Malewitsch mit seinen russischen Künstlerfreunden sowie die Künstler der holländischen Stijl-Bewegung mit Piet Mondrian als ihrem bedeutendsten Vertreter haben sie zu einem ersten Höhepunkt gebracht. Die Stadt selber hat Werke von Klassikern des Expressionismus beigesteuert, Ernst-Ludwig Kirchner, Max Pechstein, Karl Schmidt-Rottluff, Nolde, Hofer und Barlach.

In diesem noch so jungen Museum ist die Maler-Elite des 20. Jh. fast vollständig vertreten. Und immer wieder haben die Künstler ihrem Werk den Titel ›Komposition‹ gegeben. Giacomo Balla hat es getan, Christ Hendrik Beekman, Carl Buchheister, Theo van Doesburg, César Domela-Nieuwenhuis, Alexandra Alexandrowna Exter, Sam Francis, Otto Freundlich, Hans Hartung, Auguste Herbin, Adolf Hoelzel, Rudolf Jahns, Iwan Wasilewitsch Kljun, Michail Larionow, August Macke, Alberto Magnelli, Kasimir Sewerinowitsch Malewitsch, Piet Mondrian, Llubow Sergejewna Popowa, Jean-Raul Riopelle, Alexander Michailowitsch Rodschenko, Franz Wilhelm Seiwert und Georges Valmier. Diese abstrakten ›Zusammensetzungen‹ haben – die Künstler würden dies wahrscheinlich weit von sich weisen – etwas mit Chemie gemeinsam, mit der ›Kunst‹, aus den Elementen und ihren Verbindungen hochkomplexe Substanzen zu bilden.

Wo die Rheinschnook regiert
Von der Stadt am Rhein ins Schnakenland am Strom

»Altripp ist ein Welscher Name / von den Römern herkommen / die vor langen zeiten diesen Flecken Altam ripam haben genannt.« So steht es in der Mitte des 16. Jh. in Basel erschienenen ›Kosmographie oder Beschreibung alle Länder‹ des Sebastian Münster. Auf dem sicheren Hochufer liegt der Ort mitnichten, sondern auf einer halbinselartigen Landzunge, die der Rhein im Süden, Osten und Norden umfließt – und in vergangenen Jahrhunderten so oft überschwemmte. Gegen Westen versperrt halbmondförmig der Neuhöfer Altrhein den Zugang. Wohlhabende Bauern blickten einst von den flutsicheren Hochterrassen herab auf jene Hungerleider, die buchstäblich im Wasser saßen.

Altrip bekam beim Jahrhundertbau der Rheinregulierung, einem Kunstwerk der ganz besonderen Art, nur den 18., den letzten Durchstich, fast 80 Jahre nach Beginn der Aktion 1817, die der badische Obristleutnant und Wasserbauingenieur Johann Gottfried Tulla in Gang gebracht hatte. Sein Rektifikationsplan sah vor, die Landzunge östlich des Ortes zu durchstechen und den Strom dann in möglichst geringer Krümmung zwischen den Flußinseln Prinz-Karl-Wörth und Krappenwörth hindurchzuführen, beziehungsweise die beiden zu durchschneiden. Freilich wurde dem Strom das neue Bett nicht vollständig gebaut, sondern nur ein etwa 20 m breiter künstlicher Leitgraben gelegt. Geöffnet wurde er im Mai 1866, das Wasser sollte nun den Rest der Arbeit selber besorgen. Es hielt sich an die Anweisung, schob gigantische Sandmassen stromabwärts. Schon im Sommer fuhren die ersten Schiffe auf der neuen Strecke. Probleme gab es jedoch mit der Kurskorrektur am Prinz-Karl-Wörth. Schweres Geröll, das dort gestapelt war, ließ sich einfach nicht von der Flut bewegen. So scherte das Wasser aus dem Leitgraben scharf nach links aus. Die Blockadesteine hatte in Jahrtausenden der Neckar herangeschleppt, der noch im frühen Mittelalter hier in den Rhein mündete und erst später seinen Lauf weiter nach Norden verlegte. Da blieb nur noch die Radikallösung: den willkürlichen Lauf absperren, um so den Wassermassen den geplanten Lauf aufzuzwingen. Ende Januar 1873 schritten die Wasserbauer zur Tat. Nach drei Wochen war das Werk vollbracht, kurz darauf brach es unter enormer Wasserwucht wieder zusammen. Neue Anstrengung, neue Barriere. Die hielt. Und die Flut rauschte mit solcher Macht durch ihr von Menschenhand vorgegrabenes Bett, daß sie schließlich auch die großen Brocken mit sich riß.

Mit dumpfem Knall brach im Jahr 1891 ein steinernes Hindernis im neu geschaffenen Strombett auseinander. Bayerische Pioniere hatten einen Bau aus der Römerzeit gesprengt, der zum Schiffahrtsrisiko geworden war. Es handelte sich um eine der drei spätrömischen Sicherheitsanlagen von Alta Ripa, im Jahr 369 n. Chr. von Kaiser Valentinian zum Schutz gegen Germanen-Attacken errichtet. Die anderen: eine im Grundriß trapezförmige Kaserne unter dem heutigen Ortskern sowie ein Burgus (Grenzfestung) mit Schiffsanleger am gegenüberliegenden Ufer bei Neckarau. Der Geschichtsschreiber Ammianus Marcellinus schrieb:»Valentinian unternahm Großes und Nützliches; er befestigte den Rhein in seinem ganzen Laufe von der Grenze Rätiens bis zum Ärmelkanal durch große Befestigungen, errichtete Lager und Kastelle und eine fortlaufende Reihe von Türmen an besonders geeigneten Orten längs der gallischen Grenze; öfter schob er auch die Grenze gegen die Barbaren vor, indem er jenseits des Stromes Befestigungen anlegte.«

Seit Mitte des vorigen Jahrhunderts wurde nach Spuren des Römerkastells geforscht. Vor allem der *Steingarten der Witwe Hock* in der heutigen Reginostraße war eine reiche Fundstätte. Münzen wurden gefunden, Sandsteinquader, Meilensteine, Säulentrommeln, Inschriftentafeln. Heute weiß man: Das Trapez mit 132 × 72 × 68 × 72 m Seitenlänge war von einer 3 m starken Mauer geschützt. Knapp 500 Mann waren hier stationiert – und bald nach 400 ist das Kastell nach einem Brand in Schutt und Asche gefallen. Die Soldaten waren wahrscheinlich zuvor schon abgezogen. Denn für eine kriegerische Eroberung des Kastells gibt es keine Indizien, wohl aber dafür, daß sich ein fränkischer Häuptling hier niedergelassen hat.

Im Jahr 762 wird eine Nebenstelle des Klosters Prüm in der Eifel urkundlich erwähnt, um 840 wurde in Altrip Regino geboren, später Abt in Prüm, eine der bedeutendsten Kirchenpersönlichkeiten des frühen Mittelalters. Sein Hauptwerk, 908 vollendet, ist die erste in Deutschland verfaßte Weltchronik.

Kiesgruben sind Goldgruben, wenn die Bauwirtschaft boomt. Zwar darf im Strom keine Fracht aus den Alpen mehr herausgeholt werden, dafür aus den Altrheinarmen und den Niederungen am Ufer. So kommt es, daß künstliche Seen den Stromlauf begleiten. Eine aufgelassene Kiesgrube bedeutet dann einen Badeweiher oder ein Angelgewässer mehr.

Die Bauern im Bannkreis des Chemie-Giganten BASF decken viele Hektar ihres Landes mit Folie zu, damit das Gemüse darunter besser heranwächst. Sie haben einen *Beregnungsverband* gegründet, damit ihre Spezialkulturen – Frühkartoffeln, Salat,

Kurfürst Carl Theodor

Spargel oder Rettich – nicht vertrocknen. Über kilometerlange Pipelines wird Wasser aus dem Altrhein zu den Feldern gepumpt und dort versprüht.

Aus der Luft ist zu erkennen, wie das Land neuerdings mit riesigen grauen Kleeblättern übersät ist, Autobahnverteiler allerorten. Auch **Mutterstadt** hat jetzt sein doppelspuriges Vierblättriges. Der Ort hat sich auf Sonderkulturen spezialisiert und macht überregional Schlagzeilen durch seine besonders starken Männer. Sie stemmen mit aufgeblasenen Backen zentnerschwere Hanteln in Rekordhöhe.

Die Gemeinde, seit 1331 zur Kurpfalz gehörend und seit 1556 reformiert, war im Dreißigjährigen Krieg vernichtet und für Jahre aufgegeben worden. Dann siedelten Menschen aus aller Herren Länder hier. Kurfürst Carl Theodor beauftragte Mitte des 18. Jh. seinen Hofbaumeister Franz Wilhelm Rabaliatti mit dem Neubau einer *Kirche,* die sich an den massiven Westturm eines früheren Gotteshauses anschließt. Im außen schlichten Saalbau, fünfseitig geschlossen, steht auf der sanft geschwungenen Empore eine Orgel, die Johann Michael Stumm aus der bekannten Orgelbauerfamilie aus Rhaunen im Hunsrück 1786 geschaffen hat.

Jenseits der Autobahn im Westen liegt **Dannstadt.** Dort wurde das bedeutendste *Hügelgräberfeld* der Hallstatt- und Latène-Zeit in der Pfalz entdeckt. Aus jener Epoche fünf Jahrhunderte vor der christlichen Zeitrechnung stammten weit über 100 kreisförmige, oft mehr als 10 m im Durchmesser zählende Grabhügel. Viele sind mittlerweile planiert und verschwunden.

Auf einem Acker bei **Schifferstadt** wurde 1835 jener ›*Goldene Hut*‹ gefunden, der heute im Museum in Speyer ausgestellt ist. Die Kostbarkeit, ein kegelförmiges Kultgerät aus getriebenem Goldblech, 29,6 cm hoch und 17,3 cm im Durchmesser am unteren, hutkrempenartigen Rand, wird von Experten in die mittlere Bronzezeit datiert, die Epoche zwischen 1400 und 1200 v. Chr. Vergleichbar, wiewohl weniger gut erhalten sind Funde aus Etzelsdorf bei Nürnberg sowie Avanton in Westfrankreich. Vermutlich handelt es sich um Grabbeigaben für einen Fürsten, sicher ist es nicht.

Der Ort, von dessen Namen die Namensforscher nur wissen, daß er nichts mit den Rheinschiffern zu tun hat, entstand aus einem fränkischen Königshof, war salischer Hausbesitz (Gut der Kaiserin Gisela, Gemahlin Kaiser Konrads II.), gehörte dem Speyerer Hochstift mehr als 500 Jahre bis 1798. Das einstige *Rathaus* von Schifferstadt ist ein Fachwerkbau über gemauertem Erdgeschoß (1558) mit Rundbogenfenstern. Das Obergeschoß stammt von 1685. An der Nordseite hat es eine überdachte Freitreppe, über deren Podest ein kleines Haubendach aufragt.

Unter dem Treppenlauf liegt die ›Betzenkammer‹, ein finsteres und enges Loch, das als Gefängnis diente. Die Brüstungsfüllungen des langgestreckten Fachwerkbaus zeigen im Obergeschoß geschweifte Andreaskreuze, im Giebel geschweifte, mit Nasen versehene Zierhölzer.

Auf dem Giebeldach und nicht auf der Freitreppe sitzt die Haube des *Fachwerk-Rathauses* von **Iggelheim** aus dem Jahr 1569 (auch Museum). In dem schon kurz vor der Jahrtausendwende erstmals urkundlich genannten Ort wurde einst Färberröte angebaut. Aus den Wurzeln dieser Pflanze ließ sich kräftiges Krapprot gewinnen zum Einfärben von Stoffen. Eine Schwarz-, Blau- und Schönfärberei im Museum erinnert an jene längst ausgestorbenen Kulturtechniken.

In der Gillergasse Nr. 11 steht **Haßlochs** schönster *Fachwerkhof,* am Kellereingang auf das Jahr 1599 datiert und ebenfalls Heimatmuseum. Der ausladende und

›*Goldener Hut*‹ *von Schifferstadt*

prima erhaltene Renaissancebau hat gedrungenes stabiles Fachwerk und zwei Vordächer in der Giebelzone. Zu beiden Seiten der Giebelfenster sitzt ein Andreaskreuz über geschweifter Raute.

Haßloch ist bislang nicht Stadt geworden, weil es sich Deutschlands größtes Dorf nennen möchte. Jährlich strömen 1,5 Mio. Menschen in den ›Holiday Park‹, ein Familienbetrieb in der mittlerweile dritten Generation. Mit Erna Schneider fing vor mehr als 20 Jahren alles an. Die Direktorin eines Liliputaner-Circus ließ sich hier nieder und baute nach dem Motto ›Menschen, Tiere, Sensationen‹ ein pfälzisches Disneyland auf. Da gibt es ein Kino mit monumentaler 180-Grad-Leinwand, ein Variété-Theater, eine Wasserski-Show, den Donnerfluß, auf dem man in knallgelben Gummireifen den Nervenkitzel einer Wildwasserfahrt klitschnaß erlebt. Da schaut man bei den alten Rittern auf Burg Falkenstein in die Kemenaten, wo Puppen, von Druckluft geheimnisvoll bewegt, Burgenherrlichkeit vorgaukeln. Und auf dem Superwirbel einer supermodernen Achterbahn hat ein Amerikaner vor einigen Jahren 6400 km am Stück zurückgelegt, nur um ins Guiness-Buch der Rekorde zu gelangen.

Haßloch hält noch einen Rekord, nämlich den, der deutscheste aller Orte in Deutschland zu sein. Einkommen, Schulbildung, politische Meinung, Autos, Hobbys – alles ist hier durchschnittlich, rein statistisch gesehen. In Haßloch testet die Industrie ihre Produkte, erfährt hier, ob sie sich damit auf den ganzen deutschen Markt wagen kann.

Harthausen, nicht weit vom Holiday Park jenseits der B 39 gelegen, hat sich dem Tabakanbau verschrieben. Vor mehr als 400 Jahren hat Pfarrer Anselm Anselmann aus dem nahen Hatzenbühl von geistlichen Brüdern in Frankreich ›nicotiana tabacum‹ bekommen und in seiner Heimat eingeführt. Die Harthausener warteten noch ein paar lange Generationen, bis sie mitmachten und Tabak anpflanzten. Doch bis heute haben sie nicht damit aufgehört. Der jetzt heimatmuseumsfähig restaurierte große *Tabakschuppen* von 1852 ist ein Geschenk des bayerischen Landesherrn dafür gewesen, daß die Harthausener nicht vom revolutionären Fieber gepackt worden waren. Damals, als die französische Revolution von 1848 auch die deutschen Lande erfaßte, machten die Tabakbauern des Ortes nicht mit, blieben stur bayernkönigstreu, blieben ›Königskinder‹, wie die Speyerer abschätzig sagten, die besonders begeistert die neuen Ideen der Demokratie aufgenommen hatten. Als die Revolution niedergeschlagen war, bekamen die Harthausener ihren Königskinderlohn: Der bayerische Prinzregent Luitpold stiftete einen Tabakspeicher nach neuestem Stand der Technik, eine dreischiffige Ständerkonstruktion fast wie eine Kirche zum Trocknen jener samtenen Blätter, die qualmmachende Leidenschaft befriedigen.

Auf halber Strecke zwischen Rhein und westlichem Rand des Rheingrabens, schon etwas südlich von Speyer, liegt **Freisbach.** Dort hat der Speyerer Baumeister Johann Georg Hotter 1754 eine Pfarrkirche nach protestantischen Architekturgrundsätzen, entsprechend der Dreifaltigkeitskirche in der Kaiserstadt, errichtet. Im dreiseitig geschlossenen Saalbau blieb eine reizvolle Rokoko-Ausstattung erhalten.

Von Freisbach geht's zurück an den Rhein nach **Germersheim.** Dort hat auch eine monumentale Trotzgebärde der Bayern die Zeit nicht aufhalten können.

Das Städtchen wurde zu allen Zeiten heimgesucht von Schnaken, jenen scheinbar gewichtslosen Peinigern, die einem aufreizend um die Ohren sirren, ehe sie erbarmungslos zustechen. Bereichert wird Germersheim seit einigen Jahrzehnten von sprachgewandten Studentinnen und Studenten des Dolmetscher-Instituts, neudeutsch ›Fachbereich Angewandte Sprachwissenschaft‹ geheißen.

Zwei Daten sind in der inzwischen mehr als 900jährigen Geschichte des Ortes dick unterstrichen: Am 25. Juli 1674 ließ der französische Marschall Turenne den Ort niederbrennen. Nur drei Familien harrten, so die Chronik, in den rußschwarzen Ruinen aus. Am 10. Oktober 1834 wurde der Grundstein für eine gigantische steinerne Drohgebärde gelegt. Der ›Deutsche Bund‹ hatte zur Sicherung seiner Mitgliedsstaaten den Bau von Festungen in ›neupreußischer‹ Manier beschlossen. Der Bundesstaat Bayern erfüllte diesen Auftrag in Germersheim. Friedrich Ritter von Schmauß war der Architekt für einen der letzten großen Festungsbauten in Deutschland. Bis zu 10 m hohe und mehr als 3 km lange Wälle entstanden am Rheinufer. Im Umkreis von 11 km diesseits und jenseits des Stromes ergänzten zehn Vorwerke die Bayernburg.

Zwei Jahre nach Baubeginn sah der schriftstellernde Pfarrer Friedrich Blaul aus Speyer das wachsende Verteidigungsmonster. In seinem Buch ›Träume und Schäume vom Rhein‹ schrieb er, er fühle sich »in das alte Ägypten versetzt, und das Volk eben in Masse versammelt, um an den riesigen Tempeln und Pyramiden zu bauen«. Fast drei Jahrzehnte lang wurde geklotzt. 7000 Soldaten, so die Planer, sollten 40 000 anrennenden Feinden widerstehen können. Doch als das Werk schließlich vollendet schien, war es nicht mehr zu gebrauchen. Denn mittlerweile waren Geschütze mit gezogenem Rohr und somit größerer Reichweite kriegstechnischer Standard geworden. Gegen sie hatte Ritter von Schmauß seine Wälle und Wehren jedoch nicht gemauert und aufgeschüttet.

Der Abwehrstern mit den Zacken aus Ziegel und Sandstein war nie ›im Krieg‹ und mußte, so schrieb es der Vertrag von Versailles nach dem Ersten Weltkrieg vor, geschleift werden. Geblieben ist die *Fronte Beckers*, eine von sechs etwa 500 m langen Festungsabschnitten (Fronten) mit Glacis, Contrescarpe, Graben, Contregarde, Kaponniere und Kurtinentraverse. Unter dieser Traverse verläuft unterirdisch und bombensicher eine Poterne, ein Durchgang aus dem Innern der Festung zu den Stellungen für potentielles Kampfgeschehen. Das Verteidigungswerk von einst präsentiert sich heute jedoch nicht mehr als Mahnmal verbissenen Wettrüstens, sondern als lauschiger Park, der sehr zum Spazierengehen einlädt.

Im Osten der Stadt ragt das *Weißenburger Tor* auf mit seinem 45 m langen Tunnel in die Stadt. Im Komplex des alter romanischer Baukunst nachempfundenen *Ludwigstores,* überlebensgroß flankiert von Bayernkönig Ludwig I. und Ritter von Schmauß, ist ein Heimatmuseum eingerichtet. Es ist an jedem 1. Sonntag im Monat geöffnet.

Ein blinder Fleck war seit Jahren der *Königsplatz.* Jetzt hat der Bildhauer Jürgen Goertz, geboren 1939 in Posen und an der Hochschule für Bildende Künste in Karlsruhe ausgebildet, Hand angelegt. Da soll man schauen, fühlen, riechen – einfach erleben. ›*Flügel der Phantasie*‹ heißt sein Brunnen, bevölkert vom skurrilen ›Erdling‹ aus Bronze, dem ›blauen Engel‹ oder der Taube. Und verführerisch duften dazu Rosen und Lavendel.

Weiter nach Süden führen mehrere Wege. Einer nach **Hördt.** Wer dort, im *Naturschutzgebiet Hördter Rheinaue,* wandern will, sollte nicht vom vorgegebenen Weg abkehren – man setzt sich im Museum ja auch nicht auf jeden Stuhl, der einem gut gefällt. Hier ist es still. Waldmeister duftet im Frühsommer, manchmal weht ein Hauch von wildem Knoblauch heran. Waldreben klettern an einer abgestorbenen Silberpappel empor. Und stets dümpelt irgendwo ein ›Wasserhinkel‹, wie Pfälzer die gefiederten Schwimmer mit den Flossen zwischen den Krallen nennen.

Nächste Station ist **Rheinzabern.** Hier, in Tabernae Rhenanae, produzierte einer »der bedeutendsten keramischen Großbetriebe des Altertums – mit Sicherheit die größte keramische Fabrikationsstätte für Tafelgeschirr in den nördlichen Provinzen des römischen Reiches« (Otto Roller). Terra Sigillata wird der Exportschlager jener *Römer-Manufaktur* heute genannt, die Antike hatte keinen Namen für solcherlei Tongeschirr. Die geformten und dann in der Luft getrockneten Gefäße wurden vor dem Brand in eine mit Pflanzenasche versetzte Tonbrühe getaucht. Bei etwa 900 °C bildete sich daraus ein glänzender Film über den irdenen Näpfen, Schüsseln und Bechern.

*Germersheim,
Königsplatz,
Kopf des ›blauen Engels‹
am ›Flügel der Phantasie‹*

Jockgrim, Fachwerkhäuser

Die Sigillata entstanden entweder auf der kreisenden Töpferscheibe, oder der Ton wurde in speziellen Formschüsseln gepreßt. Die trugen an der Innenseite quasi als Negativ Medaillons oder Muscheln, die Darstellung von Kriegern oder wilden Tieren. Der Schmuck prägte sich in den noch weichen Ton ein und ergab umlaufende Bildbänder. Für die Gestaltung der Formschüsseln – es handelte sich ja nicht um Kunst, sondern um Manufaktur – standen außerdem Punzen zur Verfügung, Bilderstempel aus Holz oder Metall.

Der erste Töpfer in Rheinzabern war ein gewisser IANVS. Er kam um 140 n. Chr. aus Heiligenberg im Elsaß in die Südpfalz. »Da in Rheinzabern mehrere Werkstätten zu gleicher Zeit gearbeitet haben, lassen sich«, so Otto Roller, »Produktionsziffern erschließen, die an eine Million Stück pro Jahr heranreichen.« Zu den umsatzstärksten Betrieben zählen CERIALIS, VICTOR, REGINVS und COMITIALIS. Sie lieferten ihre Gefäße bis nach Britannien, Österreich und Ungarn, ja sogar Rumänien und Bulgarien. Eine Besonderheit der auf der Drehscheibe entstandenen Teller und Schüsseln ist die Verzierung mit Tonschlickornamenten, in der Fachsprache ›en barbotine‹ genannt.

Etwa 100 Jahre lang stand die römische Manufaktur Rheinzaberns in Blüte. Anfang des 3. Jh. war es damit vorbei. Erst Ziegeleibesitzer Wilhelm Ludowici hat vor einem Jahr-

Jockgrim, Zehnthaus, Madonna in der Nische

hundert das Werk der Töpfer von Rheinzabern erforscht. Im Historischen Museum zu Speyer sind viele schöne Fundstücke ausgestellt, ebenso im kleinen *Terra-Sigillata-Schauraum* neben der Kirche von Tabernae Rhenanae. Dort sind auch zwei freigelegte Öfen zu sehen, bei denen eine viellöchrige Platte Feuer- und Brennkammer trennt.

Fachwerkhäuser prägen das Ortsbild von Rheinzabern, drei Varianten stehen in der Hauptstraße nebeneinander: Links ein giebelständiges Gebäude mit geschnitzten Eckständern (Einfahrt an der Flanke). Im Mansarddach des mittleren sitzt ein Zwerchhaus. Mitten durchs Haus geht es zum Hof beim Anwesen zur Rechten.

Über eine zweiläufige Rokokotreppe gelangt man in den Kirchgarten mit alten Grabkreuzen und einer Kreuzigungsgruppe von 1737. Hoch ragt der spätgotische Turm der *katholischen Pfarrkirche St. Michael* auf. 1786 war noch ein Geschoß hinzugekommen sowie eine Kuppel mit Laterne. Der Saalbau entstand ebenfalls im späten 18. Jh.

Nach **Jockgrim** obwohl so nahe am Rhein in breiter Ebene gelegen, geht's bergan. Man muß das Hochufer des Stroms in Schlangenlinien hinauffahren, um dann direkt auf das ehemalige *Zehnthaus* von 1718 zu stoßen. In dessen Fachwerkgefüge ist eine barocke Figurennische eingepaßt, darin thront Madonna mit dem Jesuskind auf dem linken Arm. Darüber beherrschen Andreaskreuze wie bizarr geschwungene X die weiß gekalkten Mauerfächer.

Wer aus der Niederung der Ackerbürgergärten, die reich an Gemüse- und Beerenbeeten sind, zu Fuß eine Rampe entlang der alten Ziegelmauer (Befestigung aus dem 16. Jh.) emporsteigt, gelangt in eine Gasse mit solidem Fachwerk zu beiden Seiten. Auf den Hoftorportalen hockt, Dauerhaftigkeit verheißend, mit dicken Blättern Sempervivum.

Von Clowns und Gauklern, Akrobaten, einem kläffenden Köter und einem Pinguin wird der Besucher des alten *Bahnhofs* von Jockgrim begrüßt. Die muntere Truppe schmückt als Wandbild den Eingang zu einer Haltestelle der Phantasie, des Zirkus und der schönen Illusion, die der Künstler Karl-Roland Ziellenbach geschaffen hat. Alljährlich veranstaltet er hier in Jockgrim ein Festival des Variétés. Dann hat auch Ziellenbachs

Marionettentheater ›Polchinella‹ Heimspiel, mit dem er von Zeit zu Zeit durch die Lande zieht.

Konjunktur? Was sich im 19. Jh. in Ludwigshafen zutrug, wiederholt sich nun ein paar Rheinkilometer aufwärts in **Wörth**. Die Gemeinde, 1306 als Werde (Insel) in einer Urkunde erstmals genannt, ist die Neureiche am Altrhein. Binnen weniger Jahrzehnte schoß hier eine Boomtown aus einsamen Wäldern hervor. Die Menschen arbeiten im größten Lkw-Werk Europas, in Deutschlands größter Raffinerie oder den anderen, ums Auto und ums Benzin gescharten Betrieben. Viele leben in vielstöckigem Beton mit geschmäcklerischen bunten Balkons.

Was hat bloß diesem Wirtschaftswunderwesen den Namen ›Malerdorf‹ gegeben? Als es hier noch nichts gab außer einer kleinen Siedlung in der Rheinaue mit geduckten Häuschen, in denen Fischer, Schiffer und Bauern daheim waren, da erschien kurz vor der Jahrhundertwende sommers Heinrich von Zügel mit Pinseln und Palette und brachte seine Schüler mit, Max Bergmann, Otto Dill, Emanuel Hegenbarth, Hans von Hayeck, Fritz Urschbach. Alle waren hingerissen vom Pleinair in der Einsamkeit am Rhein. Sie verliebten sich in diese amphibische Auenwelt mit silbrigem Pappelblatt und flirrender Luft, verewigten den barfüßigen Hütebuben, die Schafherde und das Ochsengespann im schweren Joch. Das Fischerdorf entwickelte sich damals neben Worpswede bei Bremen und Dachau nördlich von München zur dritten Künstlerkolonie in Deutschland. Im klassizistischen *Alten Rathaus,* das der Karlsruher Baumeister Friedrich Weinbrenner errichtet hat, hängen ein halbes hundert Bilder aus jener Wörther Malschule unter freiem Himmel.

Weiter auf der B 9 nach Süden geht es nach Neulauterburg, dem südöstlichsten Winkel der Pfalz, und Lauterbourg, den nordöstlichsten im Elsaß. Nach Westen hin erstreckt sich der **Bienwald,** einsamer Niederungswald an der Grenze. Ihn ›Minen‹wald zu nennen, war nach dem Zweiten Weltkrieg viel treffender, denn er hatte seinen hochexplosiven Untergrund aus Kriegstagen behalten. Unter ständiger Lebensgefahr räumten ihn Minensucher, gaben das Gebiet erst nach einiger Zeit frei für Pilzsammler und Menschen mit Spazierstock und Wanderlust.

»Den Wildschützen des Bienwaldes ist nicht gut zu begegnen. Da fand man schon manchen Grenzjäger erschossen im Waldgrund, manchen Forstgehilfen an den Baumästen, manchen Gendarmen zerhackt oder mit dem Kopf in einem Ameisenhaufen gehängt. Der Bienwald zieht oft gar schreckliche Menschen und kein Forstmann, der je hier Dienst versah, verließ ihn ohne ein Abenteuer gehabt zu haben, das ihn dem Tode nahe brachte.« Das schrieb August Becker vor bald 140 Jahren. Bienwald, Gruselwald? Das ist Vergangenheit. Was soll, so lange nach dem Krieg, noch geschmuggelt werden, was soll noch die nächtliche Flucht über die Grenze, um in der Auffangstation der Fremdenlegion in Weißenburg (Wissembourg) zu landen? Mancher deutsche Bauer hat Auslandsäcker und -weinberge, man spricht drüben und herüben fast dieselbe Sprache, und griesgrämige oder ultrascharfe französische Grenzposten, die besser schikanieren konnten, weil sie kein Wort deutsch sprachen, die gibt es auch nicht mehr.

Mitten drin auf einer Rodungsinsel liegt **Büchelberg,** das Wörth unter seine kommunalen Fittiche genommen hat. Unter Sonnenkönig Ludwig XIV. wurde die Kolonie im einsamen Bienwald begründet. Namen wie Korneille, Mouliet oder Nicola finden sich auf den Grabsteinen. Es waren zur Fron in die Freiheit gelockte Galeerensträflinge, die Holz liefern sollten für Vaubans ehrgeizigen Festungsbau in Landau.

Kandel (›Kannel‹ sagen die Pfälzer) an der Nordspitze des Bienwald-Dreiecks besteht fast nur aus einer Straße, aber die ist 4,5 Kilometer lang. 1460 haben kurpfälzische Truppen den Ort eingeäschert. Schon bald danach wurde die heute *evangelische Pfarrkirche St. Georg* neu gebaut. Den zweijochigen Chor mit ⅝-Schluß überspannt ein Netzgewölbe. Das Langhaus ist ein Bau des 19. Jh., entstanden nach Plänen August von Voits. Weithin sichtbar im flachwelligen Land ragt der spätgotische Westturm auf (1501–09), der mit dem der Landauer Stiftskirche zu vergleichen ist. Auf drei quadratischen Geschossen sitzt ein achteckiges, darüber die barocke Haube. Auffällig das Gewölbe im Erdgeschoß: Von der Öffnung fürs Glockenseil strahlen Rippen ab, mit Tartschen (kleinen Rundschildern) belegt, die in Tier- und Menschenköpfen auslaufen.

Auffällig auch das Fachwerkhaus Mittlere Hauptstraße 73 mit dem ›Dampfnudeltor‹. So nennen es die Einheimischen, weil der Torbogen mit einer umlaufenden Reihe von Halbkugeln aus Sandstein verziert ist, die aussehen wie eine Pfälzer Leibspeise: Hefeteignudeln, im Eisentopf auf Schweineschmalz herausgebacken (Farbabb. 25).

Westlich des so sehr langen Städtchens liegt **Minfeld.** Sein Name hat nichts mit den widerlichen Sprengkörpern aus Kriegszeiten zu tun. Als ›Mundiveld‹ erscheint der Ort bereits 982 in einer Schenkungsurkunde Kaiser Ottos II. an das Speyerer Domstift. Auf einem Hügel, davor eine vielhundertjährige Ulme, steht die *evangelische Pfarrkirche,* ein romanischer Saal mit rechteckigem Chor, der um 1500 eingewölbt und mit Maßwerkfenstern versehen wurde. Bei diesem Ausbau wurden Wandmalereien vom Ende des 13. Jh. beschädigt, auf der Chorbogenwand sind drei Bildzonen fragmentarisch erhalten. Oberer Streifen: Anbetung der Könige, Jordantaufe, Vesuchung Christi; mittlerer Streifen: Auferstehung, Abstieg in die Vorhölle, Begegnung mit Magdalena, mit den Aposteln; unterer Streifen: Gruppe der klugen Jungfrauen, Auferstehung der Toten. Ikonographisch nicht mehr zu bestimmen ist ein Fragment an der Südwand; es zeigt allerdings, daß sich der Zyklus um den Chorbogen auf den übrigen Chorwänden fortsetzte. An der Südwand und im Gewölbe sind indes Malereien aus der Zeit um 1500 (der Zeit des Ausbaus) zu finden, Propheten mit langen Spruchbändern vor allem, ein Motiv, das im nahen Billigheim besonders auffällig gestaltet ist.

Auf dem Weg nach Schweigen sind Freckenfeld und Schaidt die nächsten Orte. Zwischen **Schaidt** und **Steinfeld** kann man auf wenigen Quadratkilometern rund 150 *Bunker* zählen, zerteilen Betonhöcker der Panzersperren brutal die Flur, sind aus den Panzergräben Angelgewässer geworden. Hier verlief die Linie I des Westwalls, 1938 aus Kriegs- und Unbezwingbarkeitsfanatismus erbaut. Sehenswürdigkeiten im Grenzland.

◁ *Kandel, Blick auf den Turm der Pfarrkirche St. Georg*

Ein letztes Mal in die Reben

Zu Landeck auf der Feste saß König Dagobert
Vom Weintor nach Leinsweiler

Denkmal der Grenzlandförderung durch die Nazis aus den 30er Jahren ist die **Deutsche Weinstraße,** die in Schweigen beginnt und in Bockenheim endet. Im Jahr 1985 ging es darum, den 50. Jahrestag dieses ideologisch mißbrauchten Monumentes zu begehen. Dabei wurde nicht nur geschichtsignorant das Schoppenglas gestemmt, sondern auch darüber nachgedacht, was es bedeutet, mit einem Erbe aus der Nazizeit fremdenverkehrspolitische Erfolge zu haben. Johannes Nosbüsch hat die Ereignisse von damals im Heimat-Jahrbuch des Landkreises Südliche Weinstraße zusammengefaßt.

1934 hatten Pfälzer Winzer – der Winter war mild, das Frühjahr frostfrei, der Frühsommer sehr warm und der August hitzig – eine Rekordernte eingefahren. Aber es gab nicht mehr die jüdischen Händler, die den Wein für sie verkauften. Josef Bürckel, der braune Gauleiter, hatte demagogisch die Vermarktungswege gesperrt: »Wer mit Juden handelt, macht immer ein schlechtes Geschäft.«

Als der Haudegen aus Lingenfeld im Juli 1935 einmal mit seinen Kumpanen im ›Bayerischen Jäger‹ in Schweigen zechte, entwickelte er eine Weinwerbungs-Strategie für das Land im Abseits. Seine Parole lautete: ›Deutsche Weinstraße‹. Am 20. Oktober desselben Jahres begann Bürckel seine Promotionstour an der elsässischen Grenze. Reichspresse, so gut wie gleichgeschaltet und somit verbreitungswillig, war zahlreich dabei, sogar der Rundfunk sendete live. Bockenheim, das andere Weinstraßenende in 80 km Ferne, hat der sturzbetrunkene Josef an jenem denkwürdigen Tag jedoch nicht mehr gesehen – lange zuvor hatte sich der Gauleiter seinem Vollrausch ergeben.

Das *Weintor* entstand erst im Jahr darauf, und zwar in Maurer-Rekordzeit. Erster Spatenstich: Anfang August; Einweihung: Ende Oktober. Der 20 m hohe Koloß stand, die ›Pforte ins Reich‹ hieß er auch, und ein Singspiel mit dem Titel ›Das Tor der Freude‹ wurde zu seinem Ruhm komponiert. Diesmal hielten der Gauleiter und seine braunen Schluckspechte die Triumphfahrt bis Bockenheim durch.

Im Krieg wurde das Bauwerk zur Ruine geschossen, aber sehr schnell wieder aufgebaut und schon im September 1950 wieder eröffnet. Weinpoeten wie Leopold Reitz fanden die Reime von früher mühelos wieder, und selbst der anwesende französische Attaché sagte ›in vino unitas‹. An dem groben Klotz prangt noch immer der Brutalo-Adler und hält in seinen Krallen einen Kranz, in dem einst das Hakenkreuz nistete.

Gleich hinter dem Weintor verläuft der Strich, der 1919 gezogen wurde, den es zwischen 1871 und 1919 nicht gab, aber schon einmal vom frühen 19. Jh. an bis zum deutsch-französischen Krieg.

Jenseits dieses Strichs liegt, wie ein kleines Straßburg prächtig herausgeputzt mit Stadtwall, Patrizierhäusern, Rathaus und St. Peter und Paul, **Weißenburg** (Wissembourg). Von dort stammt Otfrid. Im *Kloster Weißenburg* entstand um 870 seine ›Evangelienharmonie‹, ein berühmtes geistliches Gedicht. Otfrid hat es dem Karolinger Ludwig dem Deutschen gewidmet: »Vbar Fránkono lant so gengit éllu sin giuualt«, Ludwigs Macht erstrecke sich übers Land der Franken. Doch das Frankenreich Karls des Großen war längst geteilt, Ludwig gehörte nur noch der Osten. 876 drang Ludwig ohne Erfolg nach Westen vor, dies war die erste Feindseligkeit zwischen ›Deutschen‹ (Franken) und ›Franzosen‹ (Franken).

In dieser Gegend erinnert man sich jedoch viel mehr eines Merowingers, Dagobert. Er soll das Kloster in Weißenburg gegründet haben und auch das Kloster im nahen Klingenmünster. Zwangsweise zum Priester geweiht und nach Irland verbannt, kehrte er 676 als Thronprätendent zurück, herrschte, bis einer seiner Söhne ihn auf der Jagd erschlug.

Erster Halt auf dieser letzten Etappe: **Oberotterbach.** Wer hat schon einmal deftigen ›Handkäs mit Musik‹ an antiken Gestaden, umgeben von Reigentänzern im Mondschein gevespert? In Oberotterbach gibt es eine ehedem zweibrückische Rentei aus dem 18. Jh. ›Schlössel‹ heißt das Amtshaus, das heute eine Gastwirtschaft ist. Und in der Gaststube blieb aus der Zeit nach 1800 eine französische Papiertapete erhalten, auf der im Graudruck fremde Szenerien nach Empire-Geschmack zu bestaunen sind.

EIN LETZTES MAL IN DIE REBEN

Dörrenbach, Blick vom Kirchgarten auf das Rathaus

Was man bei dem Vesper, zu dem ein ausgereifter Weißburgunder aus der Gegend gehört, erfahren kann? Daß der Gemahl der englischen Königin eine Pfarrerstochter aus Oberotterbach zur Vorfahrin hat. Salomea Schweppenhäuser heiratete einen französischen Unteroffizier, der in polnische Dienste trat, der geadelt, dessen Sohn russischer Kriegsminister wurde. Des Kriegsministers Tochter wurde Hofdame der Zarin, heiratete einen Hessenprinzen, wurde Gräfin von Battenberg. Und aus dieser Linie, so ist auf einer Tafel am evangelischen Pfarrhaus zu lesen, stammt Prinz Philip.

Biegt man auf halbem Weg nach Bad Bergzabern nach links ab in ein Tal, ist es nicht mehr weit nach **Dörrenbach** am Fuß des Stäffelsberges – in das Dorf, das sich mit wenigen anderen nur darum streiten kann, das schönste in der Pfalz zu sein. Ein jedes Gefach zwischen den alten Fachwerkbalken der Häuser ist frisch geweißt, Geranien und Fuchsien blühen. Doch im Dorf, das allzeit auf den Sonntag geputzt scheint, kann's auch noch urig nach Schweinestall riechen. Im letzten Kriegswinter zerstörte Häuser wurden wie alt neu aufgebaut. Die bewehrte Kirchhofmauer ranken Rosen hinauf. Die Mauer verläuft im Rechteck und wird von vier runden Ecktürmen bewacht. Zwei sind nicht ursprünglich, die Nordmauer wurde um 1900 weggerissen, weil man Platz brauchte für neue Gräber.

Was den Toten letzte Ruhestätte ist, bot den Lebenden einst Zuflucht und Schutz, wenn Feinde das Tal heraufzogen. Im 14. Jh. wurde dieser *Wehrfriedhof* gebaut, erneuert nach 1460 und noch einmal nach 1528.

Mittendrin, auch sie mit Blumen dekoriert, steht die *Simultankirche St. Martin*. Der Chorturm stammt aus der Zeit um 1300, das Langhaus wurde wie das obere Turmgeschoß 200 Jahre später gebaut. Die Malereien der Chorwände entstanden im frühen 14. Jh., die im Gewölbe (Evangelistensymbole) Ende des drauffolgenden Jahrhunderts. An der Nordwand befinden sich unter gemalten gotischen Arkaden vier Apostel, Petrus und Paulus innen. An den Seiten des Ostwandfensters haben drei von vier Heiligengestalten überdauert, im Gewände des Fensters stehen eine Heilige (rechts) und ein Ritter (links). In den vier Zwickeln des Kreuzrippengewölbes erscheinen die Symbole der vier Evangelisten, und um jedes schlängelt sich ein Band mit seinem Namen.

Auch das Langhaus war einmal ausgemalt. Von einem Passionsfries an der Nordwand sind der Einzug in Jerusalem, Christus am Ölberg sowie Judaskuß und Geißelung noch zu erkennen (spätes 15. Jh.).

Vom Kirchgarten aus sieht man fast nur Dächer, keine Häuser. Lediglich das *Rathaus* (Farbabb. 31), ein Renaissance-Juwel, ragt heraus. Als zweibrückisches Amtshaus wurde es 1590 erbaut. Das gemauerte Untergeschoß ist eine in Rundbogen sich öffnende Halle, die Decke wird von einer Steinsäule in der Mitte abgestützt. Drei Geschosse liegen darüber, die Pfosten, die Brüstungen, die Streben sind mit Schnitzereien verziert. An die Nordseite, dem Wehrfriedhof zugewandt, ist eine überdachte Freitreppe angefügt. Das Brüstungsfach am Fenstererker ist mit mehrfach sich überschneidenden Andreaskreuzen gefüllt. Da sie außerdem mit Nasen besetzt sind, ergibt sich im Zentrum eine Figur, die Kartenspieler ›Schippe‹ nennen. Um dieses Brüstungsfach sind Sechsstern und Rosette in die Eiche geschnitzt, Zeichen des Wachstums und der Fruchtbarkeit.

 Mit dem Blasrohr auf Pirsch

Wenn es um Bergzabern geht, muß zuerst von Vogeljägern berichtet werden. Jeder Schuß ein toter Vogel, hieß die Devise in harten Wintern, wenn aus dem hohen Norden die Böhämmer (Bergfinken) gekommen waren und des Nachts zu Tausenden eng aneinandergerückt auf den Ästen im Wald saßen. Dann machte sich eine gespenstische Prozession auf den Weg, gegen die Kälte vermummte Gestalten mit Glutpfannen und einem langen Rohr. Wer mit diesem Blasrohr auf Vogelpirsch ging, brauchte wohlgeformte Murmeln aus Ton, kräftige Puste und meisterliche Treffsicherheit. Scharf schoß die kleine Kugel aus dem langen Rohr, traf einen Bergfinken aus der engen Reihe, der Vogel fiel vorn- oder hintenüber vom Ast. War er nicht tödlich getroffen, stimmte er ein höllisches Gezeter und Gekreisch an, die ganze Warmhaltekolonie flog auf und davon – und die Jagd war zu Ende. Entstand aber lautlos eine Lücke, wurde sie von den schlafenden Böhämmern sofort wieder geschlossen. Der Schütze konnte eine neue Lücke schießen. Bis zu 100 solcher begehrten Leckerbissen holte ein guter Jäger pro Nacht aus dem Geäst.

EIN LETZTES MAL IN DIE REBEN

Dörrenbach gehörte den Herren von Guttenberg, ihre *Burg* – ein Opfer des Bauernkrieges – liegt 5 km südwestlich vom Ort im Wasgau. 1559 waren die Zweibrücker Herren in Dörrenbach geworden. In **Bergzabern** waren sie es schon lange zuvor.

Eine Wasserburg des Grafen von Zweibrücken wird 1180 genannt, mit einer ›Kaltwasseranstalt‹ begann ausgangs des 19. Jh. der Versuch, dem Städtchen Bergzabern, das schon 600 Jahre alt und bar jeglicher wirtschaftlicher Standortgunst war, die Existenz zu sichern. Der Versuch gelang. Aus dem einstigen Wohnsitz einer herzoglich-zweibrückischen Witwe wurde 1964 offiziell Bad Bergzabern, das sich immer weiter ins enge Tal, ins ›Kurtal‹, geschoben hat.

Aus der Wasserburg wurde ein *Schloß*, Zweibrücker Herzöge ließen im 16. Jh. daran bauen. Der Südflügel hatte als ältester Teil Herzog Ludwig II. zum Bauherrn (ab 1527), die Herzöge Wolfgang und Johann I. veranlaßten zwischen 1561 und 1579 den Bau der drei anderen. 1676 äscherten die Franzosen das Schloß ein. Unter Herzog Gustav Samuel entstand 1720–25 die Vierflügelanlage neu mit den beiden mächtigen Türmen an der Südwest- und Südostecke.

Fünfseitig springt an der Hofseite des Südflügels der Treppenturm vor, das Portal trägt die Jahreszahl 1530 und das Wappen Ludwigs II. Die Hofseite des Westflügels

Bad Bergzabern, Schloß

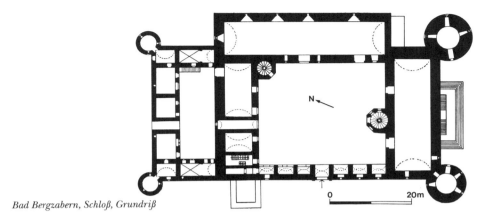

Bad Bergzabern, Schloß, Grundriß

beherrschte einst ein Glockenturm. Zwei Giganten in Rüstung, gestauchte, kraftstrotzende Massen (ein Werk Michael Henckhells?) tragen den Portalaufbau über der Einfahrt des Westflügels (Wolfgangsbau). Im Schloß, in dem Herzogin Caroline, Witwe Christans III., 34 Jahre lang hofgehalten hatte, befindet sich heute das Heimatmuseum.

Wenn man, vor der Südseite des Schlosses stehend, nach Westen schaut, erblickt man das eindrucksvollste Bauwerk Bergzaberns, einen ehemaligen *Adelshof,* heute Gasthaus ›Zum Engel‹. Nicht weil in der Renaissance so wenig entstanden ist oder so wenig aus dieser Zeit überdauert hat, kann man diesen Bau als das schönste Renaissancehaus der Pfalz bezeichnen. Er ist dreigeschossig mit schiefwinkeligem Grundriß, die Giebelaufsätze geschweift und mit Obelisken und Voluten verziert. Vor den Giebelecken sitzen Prunkerker.

Von der Stadtbefestigung sind noch ein Stück Mauer, der *Dicke Turm* und der *Storchenturm* zu sehen. Wehrturm war der freistehende *Glockenturm der evangelischen Marktkirche,* der im 14. Jh. aufgestockt worden war, auf den erst 1772 Glockenstock und Schieferhaube kamen. Die 1879 erbaute *katholische Pfarrkirche* birgt einen gemalten Flügelaltar (um 1470): Christi Himmelfahrt wohnen Ägidius und der Schutzpatron der Wollenweber, Severus, bei.

Als lutherische Schloßkirche (mit Fürstengruft) wurde die *evangelische Bergkirche* 1720–30 erbaut. Wahrscheinlich nach Plänen von Jonas Erikson Sundahl, der in Zweibrücker Diensten stand und dort das Schloß erbaut hat. In den Saal mit $5/10$-Schluß führen Säulenportale im Osten und Norden. Besonders zu beachten sind die zinnernen Totentafeln.

So viele Kirchen Bergzabern heute auch hat, bis 1321 war **Pleisweiler** der Pfarrort der Bergzaberner. Von der alten Vorgängerkirche im kleinen Weinstraßenort ist noch der freistehende Turm erhalten. Die heutige *katholische Pfarrkirche* wurde erst Mitte des 18. Jh. nach Plänen des kurpfälzischen Hofbaumeisters Franz Wilhelm Rabaliatti gebaut.

Bad Bergzabern, Wirtshausschild am ›Engel‹

Durch ein Portal mit Rokokorahmen und einer Figur des hl. Michael tritt man ein. Geweiht ist das Gotteshaus zwei Aposteln, Simon dem Eiferer und Judas Thaddäus. Vergoldet stehen die Patrone zu beiden Seiten des Hochaltars (um 1780), der eine mit einer veritablen Bandsäge (damit wurde er zum Märtyrer gemacht), der andere mit einer Keule wie Herkules. Überm Chorbogen halten zwei Löwen das kurfürstliche Stuckwappen, die Apostelbilder an den Wänden haben Stuckkartuschen.

Westlich von Pleisweiler liegt eine ehemalige *Waffenschmiede*. Hugenotten, Ende des 16. Jh. aus Frankreich vertrieben, haben sie erbaut. Noch in den 50er Jahren dieses Jahrhunderts war sie in Betrieb.

Wie eine Achterbahn führt die Straße durch Rebenhügel hinauf und hinunter. Nächste Station vor den Wasgaubergen ist Klingenmünster. Der Weg hinaus in die Ebene hat Billigheim und **Rohrbach** zum Ziel.

Ludwig ›der Große‹ heißt der französische Sonnenkönig auf der Steinkanzel der *Rohrbacher Simultankirche,* einem spätgotischen Bau aus rotem Sandstein. Unter Ludwigs XIV. Regentschaft war 1693 das Simultaneum eingeführt worden. Ältester Bauteil ist der Turm (1459) an der Nordseite des dreiseitig geschlossenen Chors mit Sterngewölbe und schönen Maßwerkfenstern (1484). Das Langhaus (1513) ist flach gedeckt. Es sollte eingewölbt werden, was aber nie geschah.

Aus einer Stadt wurde wieder ein Dorf. Das Recht, Stadt zu sein, bekam **Billigheim** im 15. Jh. Damals erhielt es auch das Jahrmarktsrecht. Den Gallusmarkt im Oktober nennen die Billigheimer ›*Purzelmarkt*‹ (Farbabb. 20, 21). Er ist ein uriges Volksfest mit allerlei Belustigung und Grund, das Schoppenglas kreisen zu lassen. Von der Stadtmauer steht nur noch das 1468 unter Kurfürst Friedrich I. errichtete *Obertor,* der Auslaß nach Westen. Innerhalb der Mauer lag ein Ortsstern, strahlenförmig gehen die Straßen vom Markt aus. Wappentier ist noch heute der Pelikan. Schon im 16. Jh. findet er sich neben dem Pfalzlöwen und den kurpfälzischen Rauten auf dem Wappen. Der Vogel mit dem Sack unterm Schnabel kam wohl durch eine falsche Deutung des Ortsnamens (Billigheim = Pelikansheim) dorthin. Doch von Bolinchaime (Bolos Zuhause) ist bereits in einer Urkunde von 693 zu lesen.

An der Südseite des Marktes steht die *evangelische Pfarrkirche*. Auffallend die reich gegliederten Strebepfeiler, vor allem aber der massige Turm an der Nordseite des Chors, dem vor ein paar Jahrzehnten ein riesiges Stück Mauer ausgebrochen ist. Aus romanischer Zeit stammt noch der Unterbau des Turms, später kamen ein Glockengeschoß und eine wuchtige barocke Haube darauf. Im 14. Jh. wurde der einjochige Chor mit ⅜-Schluß gebaut, am Westportal des Langhauses steht die Jahreszahl 1522. Das Langhaus ist eine dreischiffige Stufenhalle (das Mittelschiff wesentlich höher, aber fensterlos), vierjochig, spitze Scheidbogen sitzen auf achteckigen Pfeilern. Das Mittelschiff ist jetzt flach gedeckt, vom ursprünglichen Kreuzrippengewölbe sind die Rippenansätze noch erkennbar. Die Seitenschiffe haben Netzgewölbe.

Die Wandmalereien im Chor sind um 1400 entstanden, Ende des vorigen Jahrhunderts kamen durch die Restauratoren leider einige hinzu. Propheten, Apostel, Heilige, Engel, Szenen aus der Bibel sind in jeweils drei Zonen der Chorwände dargestellt. Apostel und Propheten halten geschwungene Spruchbänder mit Bibeltexten und Bibelnamen. Insgesamt geht es um die Erläuterung des Glaubensbekenntnisses. Das wird besonders deutlich auf dem westlichen Feld der Südwand, das nicht unterteilt ist: Christus lehrt die Apostel das Vaterunser. Von ihm laufen die Spruchbänder auf die Apostel zu, gegenläufige Bänder enthalten die Apostelantworten. Und zwischen Lehrer und Belehrten steigen weitere Spruchbänder mit den sieben Bitten des Vaterunsers nach oben.

Durchs Obertor von Billigheim geht es nach Appenhofen und **Heuchelheim** mit dem schönen *Renaissance-Rathaus* (vergleichbar dem von Dörrenbach) und der *evangelischen Pfarrkirche* (ehemals St. Oswald), deren Chor aus der Zeit bald nach 1300 ebenfalls Gewölbe- und Wandmalereien zieren. Im sechzehnteiligen Gewölbe – dunkelblauer Grund, darauf Sternchen – erscheinen Evangelistensymbole, umgeben von musizierenden Engeln. Diese Bilder entstanden im frühen 16. Jh. Aus der gleichen Zeit stammen überm Chorbogen das Schweißtuch der Veronika mit dem Antlitz Christi; eine stehende Gestalt am östlichen Teil der Nordwand sowie heilige Männer und Frauen beiderseits der Südfenster (Barbara, Katharina, Antonius, ein Mönch). Älter, in die Zeit um 1400 datierbar sind: an der Westwand (unterhalb der Schweißtuch-Darstellung) Veronika (links) und ein Bischof (rechts). Sie zählen zu der Runde, die den gesamten Chor umzog: Apostel an der Nordwand (Thomas mit der Lanze, Bartholomäus mit dem Riesenmesser und Andreas mit zwei Balken, die wie ein Klappkreuz aussehen); schließlich an der Ostwand Heilige, zu jeder Fensterseite drei.

Von Heuchelheim führt der Weg wieder hinauf an den Wasgaurand nach **Klingenmünster**. Hier entstand eines der ältesten Klöster in Deutschland. Es lag auf dem ›Plidinfeld‹ (oder ›Blidenfeld‹), einer Insel, entstanden durch die Umleitung des Klingbachs. Der Name ist jedoch nicht gedeutet. Vielleicht war der Merowinger Dagobert im Jahr

Klingenmünster, Reste des ehem. Kreuzgangs

626 der Gründer. Mönche aus der Gemeinschaft des irischen Missionars Columban zogen ein in das Schwesterkloster von Weißenburg. Dessen überragende Bedeutung hat die geistliche Zelle auf dem Plidinfeld allerdings nie erlangt. 1491 verwandelte sich das Kloster in ein Chorherrenstift. Dessen Ende kam 1565.

Vom ältesten Kirchenbau aus karolingischer Zeit blieb nichts erhalten. Neu gebaut wurde um 1100. Es entstand eine romanische Säulenbasilika (kreuzförmig, dreischiffig) mit turmüberragter Westfront samt Vorhalle. Sie wiederum wurde zum größten Teil in den 30er Jahren des 18. Jh. geopfert und abgerissen, um Platz zu schaffen für das Werk des Heidelberger Baumeisters Kaspar Valerius.

Aus romanischer Epoche überdauert haben von der *Kirche* die Umfassungsmauern des südlichen Schiffs, die beiden westlichen Halbsäulen des Langhauses sowie die Stümpfe der beiden Türme mit den Wendeltreppen und dem zweistöckigen Verbindungsbau dazwischen. Darüber erhebt sich heute ein einfacher Barockturm.

Architektonisch am wertvollsten ist die Emporenhalle über der tonnengewölbten Vorhalle. Sie ist dem hl. Nikolaus geweiht. Den fast quadratischen Raum überspannt ein Kreuzrippengewölbe, getragen von Ecksäulen mit attischen Basen und Würfelkapitellen. Um 1430 war die Gräfin Loretta von Zweibrücken-Bitsch gestorben. Ihr Grabmal wurde in späterer Zeit als Straßenbaumaterial verwendet. Unterm Pflaster hat man die Bruchstücke hervorgeholt und neu zusammengesetzt.

Das Eckhaus an der Brücke mit dem Erker über einem rosettengeschmückten Sockel bezeichnet den Westrand des einstigen Klosterbezirks. Dieser ehemaligen Stiftsschaffnei gegenüber liegt das *Geburtshaus August Beckers,* des pfälzischen Schriftstellers, 1828 geboren, 1891 in Eisenach gestorben. »Wandern und arbeiten, das wäre mein Leben in der Pfalz«, schrieb er einmal. Die Pfälzer wollten von diesem Mann, der ihre Monographie ›Die Pfalz und die Pfälzer‹ geschrieben hat, lange Zeit nur wenig wissen.

Mitten in den Weinbergen, hohe Bäume schützen die Nordflanke, steht die *Nikolauskapelle,* ein Juwel staufischer Baukunst, errichtet zwischen 1215 und 1225. An den einschiffigen Hauptraum (zwei Joche, längsrechteckig) ist ein Rechteckchor angefügt, durch einen Triumphbogen zu begehen. Über der Trennwand zwischen Langhaus und Chor erhebt sich der Turm mit Ecklisenen und Rundbogenfriesen, bekrönt von einer barocken Zwiebelhaube, der einzigen Zutat aus späterer Zeit.

Zugang zur Kirche gewähren zwei Rundbogenportale im Süden. Beim westlichen der beiden fällt auf, daß die Profile der Laibung sich ohne Unterbrechung durch Kämpfer in der Archivolte fortsetzen. Außerdem zieht sich das Sockelprofil des Baus wie ein Rahmen um das Gewände. Die Südwand weist ein rundbogiges Fenster auf, fensterlos ist die Nordwand. Die Westwand schmückt ein Rundfenster mit Vierpaß.

Das Schiff ist durch einen breiten Gurtbogen zweigeteilt und von zwei Kreuzgewölben überspannt. Die Rippen liegen auf Eckdiensten auf. Die westlichen Ecksäulen haben einfache Kelchblock-Kapitelle, die Kapitelle der Säulen im Osten sind mit Palmettenblattwerk sowie Diamantbändern geschmückt.

Der Chor hat ebenfalls ein Kreuzrippengewölbe. Die Kapitelle der Ecksäulen, welche die Rippenenden tragen, entsprechen jenen im Schiff: glatt blieben die im Westen, Blatt- und Diamantwerk zieren ihre Pendants im Osten. Rundbogig sind die drei Chorfenster geschlossen.

Hinunter geht der Blick von der Nikolauskapelle ins Dorf in der Mulde vor dem Klingbachtal. Hinauf geht er zur **Burgruine Landeck.** Der Weg dorthin ist steil. Dort

> *»auf der Feste saß König Dagobert,*
> *Auf seinem Haupt die Krone, in seiner Hand das Schwert,*
> *In seinem Aug' die Strenge, in seinem Mund das Recht:*
> *So harret seinem Urteil das fränkische Geschlecht.«*

So dichtete August Becker. Doch niemals könnte König Dagobert auf Burg Landeck über Klingenmünster gesessen haben. Denn im 7. Jh. gab es diese Festung noch gar nicht. Eine mächtige, wiederhergestellte *Brücke* überspannt den Halsgraben. Hoch ragt der mit Buckelquadern verkleidete *Bergfried* auf. In beträchtlicher Höhe liegt der Zugang, an den eine hölzerne Gangway angelegt war, die bei Gefahr verschwinden konnte. Man saß dann in wehrhafter Höhe über dem Verlies, das kein Loch im Fels ist, sondern eine Art Hochkeller unter den einzelnen Geschossen des Turmes.

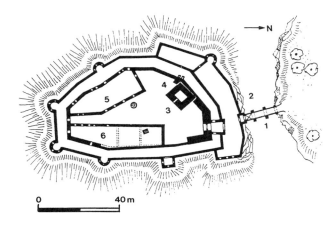

Burg Landeck, Grundriß
1 Brücke
2 Halsgraben
3 Bergfried
4 Schildmauer
5 romanischer Palas
6 ›Beuminhaus‹

Nach links und rechts erstreckt sich die 10 m hohe *Schildmauer*. Sie ist zugleich Teil der Ringmauer, die den gesamten Burgbezirk umschließt. Im Südwesten war der dreistöckige romanische Palas an die Ringmauer herangeschoben. Vom Mittelgeschoß sind noch stichbogig überfangene Doppelfenster erhalten mit Sitzbänken in den Nischen.

1407 ist das ›*Beuminhaus*‹, das Bäumehaus, errichtet worden, ein Fachwerkbau dem Palas gegenüber. Davon stehen noch Teile von Süd- und Westmauer. Anfang des 15. Jh. wurde die Anlage auch um einen Zwinger erweitert, verstärkt mit fünf Halbrundtürmen, in die gotische Schießscharten wie riesige Schlüssellöcher für die Armbrustschützen eingelassen sind. Außerdem wurde am Fuß der Schildmauer noch ein wuchtiges Vorwerk errichtet.

Die Landeck ist eine der eindrucksvollsten Burgen aus der Stauferzeit. Ab 1210 saßen hier die Grafen von Eberstein aus dem Nordschwarzwald zu Lehen. Das Recht der Zugbrücke ging in den Jahrhunderten danach auf vielerlei Besitzer über. Die Leininger fühlten sich droben über Klingenmünster sicher und wie zu Hause, Emich IV. vor allem, der Gründer von Landau (1274). Ein Ochsensteiner aus dem Elsaß namens Otto, Vetter Rudolfs von Habsburg, residierte dort oben, nachdem Emichs Sohn ohne Nachfolger gestorben war. Doch verfügte Otto nur über die halbe Landeck, den anderen Teil besaßen die Grafen von Bitsch-Zweibrücken.

Eine Hälfte ihrer Hälfte gaben die Ochsensteiner an das Bistum Speyer ab (1404), die andere fiel, als die Ochsensteiner ausstarben, an die Abtei drunten vor dem Treitelsberg und wurde von dort an die Kurpfalz weitergegeben.

Bauernkrieg, Dreißigjähriger Krieg waren für die Landeck kein Problem. Erst im Pfälzischen Erbfolgekrieg wurde sie demoliert. Heute sitzt man im Garten der Burgschenke, blickt hinunter, hinaus in die Ebene und schaut vom Bergfried hinein ins Bergland: In der Achse des Tals erscheint der Abstkopf und weiter die Ruine Lindelbrunn, Reichsburg auch sie wie die nahe Madenburg über Eschbach.

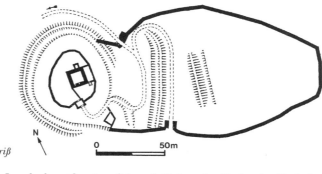

›Schlössel‹, Grundriß

30 Gehminuten von der Landeck entfernt, auf dem östlichen Ausläufer des Treitelskopfes liegt die Ruine des ›**Schlössels**‹. So nennen die Einheimischen eine frühmittelalterliche Fliehburg, eines der seltenen Beispiele frühromanischer Wohntürme in Deutschland. An deren Nordwestende wurde Mitte des 11. Jh. eine Motte, ein Erdhügel, angeschüttet und darauf eine Turmburg errichtet von 13 × 13 m Seitenlänge mit 2,5 m dicken Mauern und einem Abortschacht an der Nordseite.

In einige der Quader sind Masken geschnitten, die vermutlich Böses abwehren sollten. An den Ecken sind Zierschläge in Form von Ähren und Fischgräten zu erkennen. Vermutlich hatte Bischof Benno von Osnabrück, Architekt des Salierkaisers Heinrich IV. in Speyer, die Bauleitung. Einige Zeit danach wurde eine Ringmauer um den Turm gezogen.

Steil ist auch der Weg von Eschbach die **Madenburg** hinauf. Strahlend war der Morgen, die Menge strömte wie 1832 aufs Hambacher Schloß hierher. Da kam der große Platzregen, der Fluchtweg den Berg wieder hinunter wurde glatt, bei vielen setzte die nationale Begeisterung aus, als sie triefnaß auf dem Hosenboden saßen. So ging 1843 eine Feier zum tausendjährigen Bestehen des Deutschen Reiches buchstäblich baden, wurde zur ›Eschbacher Rutschpartie‹. Den Vertrag von Verdun im Jahr 843, der die Tei-

Madenburg, Grundriß

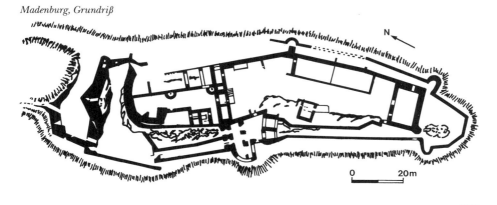

lung des Karolingerreiches besiegelte, wollten die Gutmeinenden hochleben lassen, die Tatsache, daß Ludwig der Deutsche, den auch Otfrid von Weißenburg in seiner Evangelienharmonie ehrte, den östlichen Teil bekommen hatte. Als Festplatz der Geschichte kann die Madenburg mit dem Hambacher Schloß nicht konkurrieren. Desto besser kann sie es mit ihrer schönen Aussicht ins Land.

Schon im 11. Jh. wurde das ›castrum beatae Mariae‹, die Marien-, Maiden-, Madenburg, erbaut. Es gab einen Fürsten namens Dietmar als Burgherrn, der für den Papst war und gegen den Kaiser. Eine Fürstenversammlung sollte 1076 dort oben bei Dietmar stattfinden und Heinrich IV. daran teilnehmen. Der Kaiser verlegte jedoch das Meeting in die Nähe von Darmstadt, weil er wußte, daß er, der Herrscher im Kirchenbann, auf der Madenburg von seinen politischen Gegnern gefangengenommen worden wäre.

Nachdem salische und später staufische Herren auf der Reichsburg residiert hatten, schafften es im 13. Jh. die Grafen von Leiningen, aus der Madenburg einen persönlichen Besitz zu machen. Zum Ende des folgenden Säkulums wurde sie Ganerbenburg, das heißt eine Immobilie, deren Besitz sich mehrere Eigner teilten. Bauern hatten sie 1525 geplündert und verwüstet. Der Speyerer Bischof Philipp von Flörsheim hat sie wieder aufbauen lassen. So wurde – die einst rebellischen Bauern mußten dafür fronen – die innere Ringmauer erhöht und die äußere neu angelegt mit Vorwerk, Flankierungstürmen und Torbastei. Außerdem entstand, 12 m hoch, 5–7 m dick, im Norden die mit Geschützkammern versehene Schildmauer.

Leinsweiler, Dorfbrunnen mit Rathaus

Die monströse Wand, das wehrhafteste, was auf Pfälzer Burgen je gemauert wurde, schreckte den Feind dennoch nicht ab. Mitte des 16. Jh. schlugen die Rotten des Margrafen Albrecht von Brandenburg alles kurz und klein. Bischof Eberhard von Dienheim war der Restaurator in den Jahren 1593/94. Er verwandelte die Mittelalter-Festung in ein Schloß mit komfortablen Wohngebäuden. Vor allem die beiden Treppentürme im Stil der Renaissance sind sein Werk. Doch Ludwig XIV. wollte 100 Jahre später Trümmer auf dem Rothenberg sehen. Danach verfiel das château, war Bauhof für jedermann, bis sich 1870 der Madenburgverein um die Ruinen zu kümmern begann.

Allerletzte Station ist **Leinsweiler.** So heißt der Foto-Liebling der Südpfalz. Kaum ein Dorf muß in der Weinwerbung

Die Madenburg

häufiger ran als der kleine Ort am Fuß des Sonnenbergs. Genau genommen ist es ein einziges Motiv: das *Rathaus mit dem Brunnen* davor. Der plätschert seit 1581 von Trog zu Trog. Wenige Jahrzehnte jünger nur ist das Rathaus mit Sandsteinhalle im Erdgeschoß, Fachwerk darüber und Außentreppe an der Rückfront. Ringsum wird gastfreundlich in mehreren Wirtschaften pfälzisch gebrutzelt.

Ein steiler Pflasterweg führt bergan. Von ihm aus zweigt eine lange Treppe ab zum Friedhof mit der *Martinskirche,* einer Dreifaltigkeit aus Turm, Langhaus und aus der Achse verschobenem Chor. Das kleine Spitzbogenfenster an der Südseite der Langhausmauer (heute vermauert) verrät, daß dieses Gotteshaus im 13. Jh. errichtet wurde, die Rundbogenfenster entstanden erst bei der Renovierung 1803.

An dieser Südseite zeigt eine Sonnenuhr von 1596 die Stunden an, eine ›Gemeinsuhr oder schlagstundt‹, wie die Leinsweilerer sagten, als sie ihre zweibrückischen Herren einst um die Anbringung eines solchen Sonnenchronometers baten.

Um 1490 entstand der Chor mit zwei Fensterachsen sowie einem Chorschluß aus zwei Seiten eines Sechsecks. Zweimal abgesetzt sind die rechteckigen Strebepfeiler, die spitzbogigen Fenster ziert Fischblasenmaßwerk.

In jener Zeit wurde auch das Langhaus um ein nördliches Seitenschiff erweitert, in das zwei von einem Pfeiler getrennte Arkaden führen. Nach der Renovierung der Kirche in den 60er Jahren ist das Langhaus von einer Holztonne überwölbt, und im Chor spannt sich wieder ein steinernes Netz auf durchlaufenden Diensten.

Aus Beton gegossene Serpentinen am flurbereinigten Rebenhang enden unter Kastanien vorm *Neukastel,* einem im 19. Jh. errichteten Meierhof. August Becker schreibt über ihn in seinem Buch ›Die Pfalz und die Pfälzer‹: »Wo die Weinberge schon aufgehört haben, beginnt an den Halden des Berges um den Meierhof her das Ackerland, das seinen steinigen roten Grund zeigt und hier auf solcher Höhe allen Wettern und Winden aus der Ebene und den Vogesenklüften ausgesetzt ist. Die Aussicht, bei der man hier sein Glas Wein trinkt, läßt einen jedoch das vergessen.«

Das Gut Neukastel erwarb kurz vor Ausbruch des Ersten Weltkriegs der Maler *Max Slevogt*. Hier starb dieser berühmteste Pfälzer Künstler im September 1932 an den Folgen einer Angina-pectoris-Attacke. Hier wurde er begraben. Und hier hat er – al secco – Wände und Decken seiner Bibliothek und seines Musikzimmers ausgemalt, hat Meisterwerke geschaffen in Räumen, bei deren Errichtung die Bauleute einst hemmungslos pfuschten, und die von den Nachfahren des großen Meisters nur lieblos und phantasiearm verwaltet werden.

Da sind die Deckenbalken im Musikzimmer in Wirklichkeit mit Sperrholz verkleidete Eisenbahnschienen. Da kroch aus einem Schweinestall die Gülle hoch und ätzte Siegfried fast von der Wand. Da stehen angestaubte Kunstblumensträuße herum, ist Billigparkett aus der Nachkriegszeit verlegt, und hält der Guide eine von der Decke baumelnde billige Korblampe an das wunderschöne Bild ›Nina auf der Mauer‹. Max Slevogt hat es besser verdient. Doch den Blick für seine Wandgemälde können solche Unzulänglichkeiten nicht trüben.

Seine Bibliothek malte der Meister im Jahr 1929 mit seinen Helden der Dichtung aus: mit Macbeth, von dessen Händen das Blut tropft, mit Märchengestalten aus Tausendundeiner Nacht, mit Lederstrumpf und mit Hektor und Achill, den mythischen Machos von Troja.

Wenige Jahre zuvor hat er im Musikzimmer seine Heroen der Oper auf die Wände gebannt: Richard Wagners ›Siegfried‹ und die ›Rheintöchter‹; Carl Maria von Webers ›Wolfsschlucht‹ aus dem ›Freischütz‹ sowie Gestalten aus Mozarts ›Don Giovanni‹ und der ›Zauberflöte‹.

»Das Naturkind Papageno«, schreibt Berthold Roland, »hockt vor seinem Vogelkäfig, spielt seinen Vögeln auf der Panflöte vor, im Hintergrund die drei Damen der Königin der Nacht. Übereck, versetzt, kriechend, lauschend die ›krumme Natur‹ Monostatos. In einem schmaleren Feld, kontrapostisch, die Herrin von Monostatos, die Königin der Nacht, die mit dem Vollmond und in Gewölk drohend-prächtig am Nachthimmel schwebt.«

Der Maler Max Slevogt hat hier in der Pfalz Weltkunst geschaffen. Ein Maler und Dichter, Friedrich Müller, der 1777 von Mannheim einen Herbstausflug nach Leinsweiler gemacht hat, schrieb im Vollbesitz damals in Mode gekommener Empfindsamkeit und im Überschwang seiner Gefühle:

»O ihr Gebirge und Gefilde, ihr seid glücklich. Ja, diese Gegenden sind allein vom Schöpfer beseligt, in denen Freundschaft und Schönheit wohnet; o was werdet ihr mir sein, wenn ich nun künftig an euch zurückdenke! O wenn ich wieder von Felsen herab auf dich blicke, kleines Dörfchen, wie angenehm, wie schätzbar wirst du nun für mich und mein Herz sein!«

Das war die schiere Übertreibung Friedrich Müllers. Doch hat er dabei gelogen?

Gut Neukastel des Malers Max Slevogt

Literatur (Auswahl)

Burgen in der Pfalz in Luftaufnahmen, Landau 1989

Gassen, Richard W.: Romanik in der Pfalz, Landau 1991

Moersch, Karl: Geschichte der Pfalz, Landau 1987

Die Pfalz – Impressionen einer Landschaft, Landau 1989

Der Pfälzerwald – Porträt einer Landschaft, hrsg. von Michael Geiger, Günter Preuß und Karl-Heinz Rothenberger, Landau 1987

Der Pfalzführer, Landau, 2. Auflage 1989

Post, Rudolf: Pfälzisch – Einführung in eine Sprachlandschaft, Landau 1990

Der Rhein und die Pfälzische Rheinebene, hrsg. von Michael Geiger, Günter Preuß und Karl-Heinz Rothenberger, Landau 1991

Weinmann, Fred: Fachwerk und Fachwerkbauten in der Pfalz, Speyer 1990

Die Weinstraße – Porträt einer Landschaft, hrsg. von Michael Geiger, Günter Preuß und Karl-Heinz Rothenberger, Landau 1991

Abbildungsnachweis

Farb-Abbildungen
Karlheinz Schmeckenbecher, Landau Farbabb. 1–35, Umschlagklappe vorn, Umschlagrückseite
DuMont, Buchverlag, Köln Umschlagvorderseite

Abbildungen im Text
Karlheinz Schmeckenbecker, Landau
Abb. S. 10, 11, 13, 17, 19, 21, 36, 40, 41, 45, 46, 49, 50, 65, 68, 71, 80, 81, 89, 92, 93, 97, 104, 108, 110, 112, 115, 117, 119, 121, 126, 128, 132, 136, 141, 143, 169, 177, 180, 181, 187, 190, 191, 192, 206, 207, 211, 215, 218, 228, 231, 232, 237, 238, 241, 243, 245, 248, 250, 251, 253, 255, 257, 262, 265, 267, 273, 280, 281, 282, 284, 287, 288, 290, 292, 294, 298, 301, 304, 315, 321, 326
Antiquariat Buchholz, Köln (Leihgabe)
Abb. S. 55, 63, 98, 100, 107, 299
Archiv für Kunst und Geschichte, Berlin
Abb. S. 2/3, 18, 24, 25, 29, 32, 38, 73, 75, 90, 176, 219, 268, 270/71

Historisches Museum der Pfalz, Speyer
Abb. S. 14/15, 36, 52/53, 76, 77, 78, 82, 86/87, 174, 188, 200/201, 277
Stadtmuseum Ludwigshafen am Rhein, Stadtarchiv und Städtische Lichtbildstelle, Ludwigshafen Abb. S. 33, 276
Stadtverwaltung Pirmasens Abb. S. 203

Alle nicht einzeln aufgeführten Abbildungen sind aus den Archiven von Autor und Verlag

Der Abdruck der Grundrisse auf S. 102 und 204 erfolgte mit freundlicher Genehmigung vom Philipp Reclam jun. Verlag, Ditzingen b. Stuttgart; die Genehmigung zum Abdruck der Grundrisse auf S. 105, 125, 226, 236, 296 und 279 erteilte der Deutsche Kunstverlag, München.

Karten und Pläne: DuMont Buchverlag, Köln (Neuzeichnung der Stadtpläne nach Vorlagen der Planungs- und Bauämter bzw. der Verkehrsämter)

Bitte schreiben Sie uns, wenn sich etwas geändert hat!

Alle in diesem Buch enthaltenen Angaben wurden von dem Autor nach bestem Wissen erstellt und von ihm und dem Verlag mit größtmöglicher Sorgfalt überprüft. Gleichwohl sind – wie wir im Sinne des Produkthaftungsrechts betonen müssen – inhaltliche Fehler nicht vollständig auszuschließen. Daher erfolgen die Angaben ohne jegliche Verpflichtung oder Garantie des Verlages oder des Autors. Beide übernehmen keinerlei Verantwortung und Haftung für etwaige inhaltliche Unstimmigkeiten. Wir bitten dafür um Verständnis und werden Korrekturhinweise gerne aufgreifen: DuMont Buchverlag, Postfach 10 10 45, 50450 Köln.

Praktische Reiseinformationen

Wer alles was über die Pfalz weiß
Adressen und Telefonnummern . . 306

Die Pfalz für Eilige
Vorschläge für Kurzaufenthalte . . 306

Da kam doch was zusammen
Museen in der Pfalz 307

Wo wann was los ist
Pfälzer Festkalender 311

Öchsle und Eselshaut
Pfälzer Wein 314

Vun Nudle gibt's kän brääde Hinnere
Pfälzer Küche 320

Alla, vergeß emol dei Red nit
Die Sprache der Pfälzer 322

Roter Balken, grünes Kreuz
Wanderwege in der Pfalz 324

Strampeln, daß es nur so Freude macht
Radfahren im Wald und in den Weinbergen 325

Festgekrallt in roten Wänden
Klettern im Dahner Felsenland . . 326

Und wie man sich bettet ...
Tips fürs Übernachten 327

PRAKTISCHE REISEINFORMATIONEN

Wer alles was über die Pfalz weiß
Adressen und Telefonnummern

Alle Städte oder Gemeinden wie Dahn oder Speyer, Deidesheim oder Zweibrücken haben Verkehrsämter, die – über die Auskunft (›Stadtverwaltung X‹, ›Gemeindeverwaltung Y‹) ermittelt – gerne Auskunft geben. Außerdem gibt es überregionale Informationsstellen sowie Touristenbüros der Kreise.

Fremdenverkehrsverband Rheinland-Pfalz
Löhrstraße 103–105
56068 Koblenz
✆ 02 61/3 10 79

Fremdenverkehrsverband Rheinland-Pfalz
Geschäftsstelle Pfalz
Martin-Luther-Straße 69
67433 Neustadt/Weinstraße
✆ 0 63 21/24 66

Kreisfremdenverkehrsamt
Philipp-Fauth-Straße 11
67098 Bad Dürkheim
✆ 0 63 22/96 10

Kreisverwaltung Germersheim
Referat Fremdenverkehr
Luitpoldplatz 1
76726 Germersheim
✆ 0 72 74/5 32 32

Kreisverwaltung Kaiserslautern
Referat Fremdenverkehr
Postfach 3580
67623 Kaiserslautern
✆ 06 31/7 10 53 28

Donnersberg-Touristik-Verband
Uhlandstraße 2
67292 Kirchheimbolanden
✆ 0 63 52/17 12

Tourist Information Kuseler Musikantenland
Trierer Straße 41
66869 Kusel
✆ 0 63 81/42 42 70

Südliche Weinstraße
Zentrale für Tourismus
Postfach 2124
76811 Landau
✆ 0 63 41/38 01 48

Kreisverwaltung Pirmasens
Büro für Touristik
Postfach 2265
66930 Pirmasens
✆ 0 63 31/80 91 26

Die Pfalz für Eilige
Vorschläge für Kurzaufenthalte

Eines muß man bedauern: Der Pfälzer Helmut Kohl bot seinen Staatsgästen – zum Beispiel Bush oder Gorbatschow – viel zu wenig Pfalz. Zwei, drei Stunden, was ist das schon. Das reicht doch gerade für einen Schnellauf durch den Speyerer Dom oder einen Saumagen-Schnellimbiß etwa in Deidesheim plus An- und Abreise.

Fremder, kommst Du in die Pfalz, nimm Dir viel Zeit.

Wer aber nur einen Tag hat? Der sollte sich bescheiden mit dem intensiven Besuch der Domstadt **Speyer.** Oder mit einem Waldspaziergang zum Erwerb von Lust auf

Leberknödel und einen Schoppen Riesling. Oder mit einmal Weinstraße hin und nicht zurück.

Wer bei Karlsruhe den Rhein überquert, fängt die Schlängeltour durch Reben und Winzerdörfer am besten am Weintor an. Wer per Autobahn anrauscht, kurvt dann ab Grünstadt nach Süden. Dabei wird einem widerfahren, daß irgendwo unterwegs ein Weinfest gefeiert wird, auf dem hängenzubleiben sich nicht nur der Bratwurstdüfte wegen lohnt.

Solchen Eintagsfreuden frönen kann jedoch nur, wer aus Baden kommt, aus Rheinhessen, dem Saarland oder dem Elsaß und es also nicht weit hat in die Pfalz. Die Anreise ist kein Problem, die Heimkehr lange vor Mitternacht möglich. Allerdings: Wer am Steuer sitzt, genieße nur Land, Leute und Leberwurst (das ist eine Menge) und lasse die Finger vom Schoppenglas.

Eintägigen Genuß kann jeder haben, der hier, von woher auch kommend, auf der Durchreise Station macht. Doch zwei Tage sind besser, drei schon ein pfälzischer Crash-Kurs mit bleibenden Erinnerungen. Und eine Woche mag in manchem die Sehnsucht wecken, immerfort in der Pfalz leben zu wollen. Was freilich nicht geht, aber immerhin dazu führt, daß man Jahr für Jahr wiederkommt, im Frühling, im Sommer, im Herbst.

Ein Kunst-Erlebnistag geht außer für Speyer mindestens drauf

- für den **Donnersberg**
- **Meisenheim** und das **Glantal**
- **Kusel** und **Kaiserslautern**
- **Hornbach** und **Zweibrücken**
- **Pirmasens** und den **Wasgau**
- die **Weinstraße** vom Weintor bis Leinsweiler
- **Landau** und Umgebung
- die **Südpfalz**
- **Neustadt** und Umgebung
- **Bad Dürkheim** und Umgebung
- **Frankenthal** und Umgebung
- für die **Pfalz nördlich von Grünstadt**.

Für zwei, drei oder mehr Tage kann man aus der Eintagsliste wählen und dann noch stunden-, tage-, wochenweises Wandern dazumischen, am Donnersberg, im tiefen *Pfälzer Wald*, im Wasgau, an den Rebhängen der *Haardt* oder in den *Rheinauen*.

Am ersten Abend ist zur Wiederkehr der Körperkraft *Saumagen* angesagt, am zweiten noch einmal zum Vergleichen. Und danach? Kein Problem. Es steht ja auf Pfälzer Speisekarten nicht nur Helmut Kohls Leibgericht.

Da kam doch was zusammen
Museen in der Pfalz

Gemessen an dem, was in der Pfalz über Jahrhunderte so alles zertrümmert und in Brand gesteckt wurde, gemessen daran, wie Armut vielerorts zu Bescheidenheit zwang und Prunkentfaltung schlicht verbot, ist das Land durchaus nicht arm an Sammelstätten für das Alte und Schöne, das Kostbare und Kuriose. Drei große Museen zählt die Pfalz, das *Historische Museum* in **Speyer,** die *Pfalzgalerie* in **Kaiserslautern** und – ein Zentrum der Moderne – das *Wilhelm-Hack-Museum* in **Ludwigshafen.** Und sie zählt viele kleine, liebevoll eingerichtete ›Schaubuden‹ heimatlicher Originalität. Hier eine Auswahl:

PRAKTISCHE REISEINFORMATIONEN

In prunkvollen Nachbildungen sind die Reichskleinodien, Krone, Zepter, Reichsapfel und Schwert, auf dem *Trifels* über **Annweiler** ausgestellt. Die mittelalterlichen Originale befinden sich in der Wiener Hofburg.
(Tägl. 9–17.30 Uhr; Okt.–Apr. bis 16.30 Uhr; Dez. geschl.; ✆ 0 63 46/84 70)

Das *Heimatmuseum* im ehemaligen Schloß von **Bad Bergzabern** hat Erinnerungsstücke an den Schriftsteller August Becker und die Dichterin Martha Saalfeld gesammelt. Zinnfiguren in stattlicher Zahl kann der Bergzaberner Buchhändler Wilms vorzeigen.
(Mi u. sa 16–18 Uhr; ✆ 0 63 43/9 34 00)

Wer sich für Steine, Fossilien, Pflanzen und Tiere interessiert, sollte im *Pflanzenmuseum für Naturkunde* in **Bad Dürkheim** vorbeischauen.
(Tägl. 10–17 Uhr; mi bis 20 Uhr; mo geschl.; ✆ 0 63 22/9 41 30)

Die jüngste Sammlung der Pfalz hat Markus Stritzinger in seinem *Ofenmuseum* im kleinen Winzerdorf **Burrweiler** zusammengetragen.
(Di–so 14–18 Uhr; Weihnachten–10. Jan. geschl.; ✆ 0 63 45/34 55)

Die alte Burgenherrlichkeit, die so prächtig gar nicht war wie immer besungen, wird im *Museum* der Ruine **Altdahn** gegenwärtig.
(Öffnungszeiten erfragen unter ✆ 0 63 91/58 11)

Mit gleich drei Schausammlungen hat der Weinort **Deidesheim** aufzuwarten: einem *Museum für moderne Keramik*
(Fr, sa, so 10–12, 14–17 Uhr; mi 18–20 Uhr und n. V.; Febr. und Juli geschl., z. Z. geschlossen – Stand: Herbst 1994; ✆ 0 63 26/12 22),

einem *Museum für Weinkultur* im Rathaus (Mi–sa, so und feiertags 16–18 Uhr und n. V.; Jan. geschl.; ✆ 0 63 26/61 40, 7 02 14)

sowie einem *Haus für Geschichte der Kino- und Fototechnik*.
(Mi–so und feiertags 16.00–18.30 Uhr, auch Gruppenführungen n. V.; ✆ 0 63 26/65 68 und 88 34)

Vor dem Verfall gerettet ist seit über einem Jahrzehnt Ludwigs I. von Bayern königliche Sommervilla über **Edenkoben**. Aber so richtig Leben kam dabei nicht in diese hinreißend schön gelegene Residenz.
Dennoch: Die *Ludwigshöhe* zu besuchen ist für jeden Pfalzfreund ein Muß wegen der Sammlung von Gemälden und Graphiken des berühmten Max Slevogt.
(1. 4.–30. 9. von 9–13, 14–18 Uhr; 1. 10.–31. 3. von 9–13, 14–17 Uhr; mo geschl., Dez. geschl.; ✆ 0 63 23/31 48)

Zeugnisse der Eisenindustrie in römischer Zeit werden im kleinen *Heimatmuseum* von **Eisenberg** (›Haus Isenburg‹) aufbewahrt.
(Öffnungszeiten n. V.; ✆ 0 63 51/40 70)

Dem gebrannten weißen Gold des Rokoko ist die Porzellan-Sammlung des *Erkenbert-Museums* im Obergeschoß des alten Rathauses von **Frankenthal** gewidmet. Was an Schaustücken der 1755 gegründeten kurpfälzischen Manufaktur den Zweiten Weltkrieg überdauerte, funkelt hier verspielt und virtuos.

(Di u. do 11–18 Uhr, mi 14–20 Uhr, fr, sa, so 14–18 Uhr, mo geschl.; ✆ 0 62 33/89–3 95)

Das *Heimatmuseum* des Rheinstädtchens **Germersheim** ist im Ludwigstor der Festung aus dem 19. Jh. untergebracht. (Jeden 1. So 10–12, 14–17 Uhr; ✆ 0 72 74/4 96 00)

Das *Heimatmuseum* von **Haßloch** beherbergt das älteste Fachwerkhaus am Ort, der nie Stadt sein wollte, um sich größtes Dorf der Republik nennen zu können. (1. und 3. So im Monat 9.30–12.30, 15–17 Uhr; ✆ 0 63 24/5 99 24 86)

Kaiserslauterns *Pfalzgalerie* ist ausführlich beschrieben auf S. 136 f. (Tägl. 10–17 Uhr; di auch 19–21 Uhr; mo geschl.; ✆ 06 31/3 64 72 01)

Einen stimmungsvollen Hof mit mächtiger Kastanie im Zentrum umgibt das *Theodor-Zink-Museum*. Dort wird nichts unterschlagen, was in ›Lautre‹ interessant ist und überdauert hat. Unter anderem wirbt ein gewisser Daniel Weber für seine Passagen nach ›New York und New Orleans – mehrfach wöchentlich‹. (Di–fr 9–17 Uhr; sa, so 10–18 Uhr; mo geschl.; ✆ 06 31/3 65 23 27)

Mozart weilte in **Kirchheimbolanden.** Daran erinnert ein Raum im *Heimatmuseum* der kleinen Residenzstadt. Daß Georg Neumayer, der Begründer der Antarktisforschung, ein Sohn der Stadt war, wird ebenfalls gebührend gewürdigt. (Mai–Okt. so 10–12 Uhr und n. V.)

An den großen Tenor Fritz Wunderlich erinnert das *Heimatmuseum* in seiner Geburtsstadt **Kusel.** (Di–so 14–17 Uhr und n. V.; ✆ 0 63 81/25 64)

Womit Schausteller auf Jahrmärkten ihr Publikum lockten, ist in **Lambrecht** im *Schaustellermuseum* zu besichtigen, Karussells und Schießbuden, nachgebildet im Maßstab 1:10. (Di, mi, fr, so und feiertags 10–12, 13–18 Uhr und n. V.; ✆ 0 63 25/88 73)

Landau präsentiert in der *Villa Streccius* schräg gegenüber der mächtigen Marienkirche auf Dauer Pfälzer Künstler – und im Wechsel zusätzlich beachtliche Ausstellungen. (Do 17–19 Uhr; fr, sa, 15–18 Uhr; so 14–18 Uhr; ✆ 0 63 41/1 31 76)

Im ›Haus Mahla‹, ein paar Schritte davon entfernt, ist das *Heimatmuseum* zu Hause. (Mo–do 8.30–12, 14–16 Uhr; do bis 18 Uhr; fr geschl.; ✆ 0 63 41/1 31 55)

Hinterm Rathausplatz wurde im *Frank-Loebschen-Haus* (Kaufhausgasse 9) zum Gedenken an die Juden dieser Stadt eine eindrucksvolle Begegnungs- und Erinnerungsstätte geschaffen. (Di–fr 10–12, 14–17 Uhr; sa, so 10–13 Uhr; mo geschl.; ✆ 0 63 41/8 64 72)

Überm Weindorf **Leinsweiler** residierte bis zu seinem Tod 1932 der Maler Max Slevogt. Bibliothek und Musikzimmer von *Neukastel* hat er mit sehenswerten Wand- und Deckengemälden ausgeschmückt. (Tägl. 11.15 und 13.30 Uhr; sa, so zusätzl. 16.00 Uhr; ✆ 0 63 45/36 85)

PRAKTISCHE REISEINFORMATIONEN

55 m lang ist die vom berühmten spanischen Maler Joan Miró entworfene Fassade des *Wilhelm-Hack-Museums* in **Ludwigshafen**. Dessen Schätze sind auf S. 272 ff. vorgestellt.
(Di und do 10–20 Uhr, mi, fr, sa, so 10–17.30 Uhr, mo geschl.;
☎ 06 21/5 04 34 11)

Einer der Schwerpunkte des **Neustadter** *Heimatmuseums (Museum der Stadt Neustadt)* in der Villa Böhm bildet die Sammlung zum Hambacher Fest von 1832.
(Mo, di, do, fr 9–12, 15–17 Uhr; auch Sonderführungen; ☎ 0 63 21/85 52 69)

Pfälzische, bayerische, badische und württembergische Eisenbahngeschichte wird lebendig in einem *Museum,* das in einem Original-Lokomotiv-Schuppen untergebracht ist.
(Sa, so und feiertags 10–16 Uhr und n. V.; ☎ 0 63 21/3 03 90)

Motorradfahrer brausen nach **Otterbach**. Dort hat Heinz Luthringhauser, einst Deutscher Meister im Motorradgespannfahren, in der ehemaligen evangelischen Kirche ein *Museum* für heiße Öfen eingerichtet. Ältestes Stück: eine ›Minerva‹ von 1901.
(So und feiertags 10–12, 14–17 Uhr und n. V.; ☎ 0 63 01/23 67)

Die Wallonenstadt **Otterberg** stellt sich in ihrem *Heimatmuseum* vor.
(So 10–12 Uhr und n. V.; Weihnachten–Anfang Apr. geschl., doch Öffnungszeiten n. V.; ☎ 0 63 01/36 30)

Schuhe, ›Schlappe‹, aller Herren Länder und einheimische Gehhilfen sind im *Schuhmuseum* von **Pirmasens** zu sehen.

Die *Bürkel-Galerie* (wie die Schuhsammlung im Alten Rathaus untergebracht) zeigt Werke des berühmten Malersohns der Stadt (s. S. 202).
(Do 15–18 Uhr; so 10–13 Uhr, ☎ 0 63 31/84 23 63)

Historische Turmuhren hat **Rockenhausen** aufzubieten.
(Mitte März–Dez. do und jeden 1. Sa 15–17 Uhr und n. V.; ☎ 0 63 61/15 71)

Nach Umbau, Anbau und lang hinausgeschobener Wiedereröffnung ist das *Historische Museum der Pfalz* in **Speyer** vor ein paar Jahren neu erstanden. Das ist keine beliebige Ansammlung von Überbleibseln aus alter Zeit. Da sind Bronzekostbarkeiten wie in der Schmuck-Boutique einer Großstadt edel präsentiert, erscheinen Römerreste im Spotlight und Barockmöbel gebührend gewürdigt wie auf einer exklusiven Antiquitätenmesse (s. S. 74 ff.).
(Di–so 10–18 Uhr, mi bis 20 Uhr, mo geschl; ☎ 0 62 32/1 32 50)

Zur Erinnerung an seine beiden großen Malersöhne hat Speyer Gedenkstätten eingerichtet: Das *Feuerbachhaus*
(Mo–fr 16–18 Uhr; so 11–13 Uhr; ☎ 0 62 32/7 04 48) und das *Purrmannhaus*.
(Di–fr 16–18 Uhr; sa, so 11–13 Uhr und n. V.; ☎ 0 62 32/7 79 11 oder 7 33 81 oder 1 43 85)

Phantasieorden, -kappen, -uniformen – auch die *Narren* aus Baden und Pfalz haben ihr *Museum* in der Domstadt.
(Mi 9–12, 14–17 Uhr; jeden 2. So 9–12, 14–17 Uhr und n. V.; ☎ 0 62 32/4 19 40)

Seit 1991 gibt es das *Technikmuseum* gleich jenseits der Straße, die von der Rheinbrücke zum Dom führt. Auf einem aufgelassenen Fabrikgelände kommen die Fans von Loks und Cabrios auf ihre Kosten, können eine Ju 52 bestaunen, die im hohen Norden während des Krieges beschossen und Jahrzehnte im Eis versunken war, sowie ein Orchestrion, das für 1 DM seine Blasebälge elektrisch prall macht. (Tägl. 9–18 Uhr; ✆ 0 62 32/7 88 44)

Quecksilberbergbau und die Tradition des Musikantenlandes der Westpfalz dominieren im *Museum in der Zehntscheune* auf **Burg Lichtenberg.**
(Tägl. 10–12, 14–17 Uhr; ✆ 0 63 81/84 29)

Das 18. Jh. vor allem regiert im *Stadtmuseum* **Zweibrücken,** die Zeit einer prunkvollen Nachahmerresidenz von Versailles, von der so ziemlich alles in Trümmer ging. (1994 geschlossen; Neueröffnung Anfang 1995 mit veränderter Konzeption; ✆ 0 63 32/87 13 76)

Wo wann was los ist
Pfälzer Festkalender

Von den Pfälzern wird verdammt viel verlangt. Manchmal möchte man fast ein wenig Mitleid mit ihnen haben. Denn jedes Wochenende müssen sie die schwere Entscheidung fällen, welches Wein-, Folklore- oder Kirchweihfest sie denn besuchen sollen und welches andere sie dadurch versäumen.

Wenn sie schließlich irgendwo mitgefeiert haben, finden sie hernach immer einen Grund, darüber zu klagen, daß es dort auch nicht mehr so gemütlich sei wie früher. »Do kamma ach nimmi higehe«, dorthin könne man auch nicht mehr gehen, sagen sie dann – um im Jahr darauf prompt wieder zu erscheinen.

So sehr Pfälzer griesgrämig über die vielen Feste daherreden, sie bleiben im Feiern unübertreffbarer deutscher Meister. Und die Besucher aus nah und fern tragen alljährlich zu dieser Rekordhalterei bei. Am meisten natürlich auf dem *Dürkheimer Wurstmarkt.* Am zweiten und dritten – verlängerten – Wochenende im September wird gefeiert. Zum ersten Mal war Wurstmarkt Anfang des 15. Jh. Aus einer Wallfahrt mit Verpflegung auf den Michelsberg wurde ein Volksfest und später das größte Weinspektakel der Welt. Der Schluckrekord liegt bei ¼ Mio. l Müller-Thurgau, Riesling und Silvaner, aufgestellt im Jahr 1975. Zu dieser kollektiven Ausschweifung auf dem 45 000 m² großen Festplatz gehören das Dubbeglas (das Halbliterfüllgerät mit den eingeschliffenen Punkten), viel Wurst und nimmermüde Schunkelbereitschaft. So mancher verläßt als schwankende Gestalt die Stätte, an der er einen wunderschönen Abend verbracht hat, von dem er am nächsten Morgen so gar nichts mehr weiß.

In **Bad Dürkheim** hockt man ›bei de Schubkärchler‹, im Reich jener Wirte mit Kneipen ohne Tür und Fenster, die einst auf einrädrigen Karren Weinfässer herantransportierten und es heute zu Festbeginn noch immer tun, wenn auch nur, um der Tradition zu genügen.

In **Neustadt** sitzt man ›in de Haiselcher‹, zum Weinausschank extra zurechtgezimmerten Holzhütten um den Saalbau beim Bahnhof. Sie werden zum *Deutschen Weinlesefest* (Farbabb. 22) Anfang Oktober er-

PRAKTISCHE REISEINFORMATIONEN

Unbekümmertes Feiern in der Pfalz

richtet, wenn aus dem Kreis der Winzertöchter von den deutschen Weinbaugebieten eine zur Weinkönigin erkoren wird. Die Erwählte muß dann ein Jahr lang zu vielerlei Anlässen eine Ansprache und in der Hand ein Weinglas halten. Am Ende jedes werbewirksamen Auftritts für deutsche Rebenerzeugnisse hat sie dann die Pflicht, mit Nachdruck ›Prosit‹ zu sagen.

Zum Schluß des Weinlesefestes wälzt sich Deutschlands größter Winzerfestzug mehrere Stunden lang durch Neustadts Innenstadt – eine rustikale Mischung aus Erntedank, Folklore und Weinpropaganda.

Die braune, handwarme, rauschende Brühe, der Federweiße, läßt am dritten Wochenende im Oktober Kenner wie Arglose auf den neu gestalteten Rathausplatz nach **Landau** strömen. Dort wird ausgeschenkt, was noch nicht Wein ist, sondern erst werden will; was fast noch wie Traubensaft schmeckt, aber längst wie Wein wirkt und schon so manchem Genießer schamlos das Gleichgewicht entzogen hat.

Doch nicht nur die großen Feste sind es, die locken. Jeder Ort hat sein Ereignis, feiert ein historisches Datum, eine jahreszeitliche Besonderheit, Kirchweih (›Kerwe‹) oder einfach den Wein. Da ist Ende März in **Gimmeldingen** *Mandelblütenfest,* weil die Bäume entlang der Rebenzeilen ganz in der Gunst des Pfälzer Klimas stehen und schon im frühen Frühjahr weißrosa explodieren. Da ist unterhalb des Patriotenschlosses von **Hambach,** auf dem sich einst die Aufmüpfigen gegen die Unverbesserlichen erhoben, das *Andergasser Fest.* Da ist *Heimat- und Blütenfest* in **Rhodt,** *Weinfest* in **Birkweiler,** *Stadtmauerfest* in **Freinsheim** – und und und ...

Die Vereinigung ›Rheinpfalz-Weinpfalz‹ in Neustadt (✆ 0 63 21/8 30 80) gibt jährlich einen langen Weinfest-Kalender heraus. Was wo wann außerdem stattfindet – hier eine unvollständige Liste:

Altrip
Fischerfest im Juni

Bad Bergzabern
Böhämmerfest im Juli

Billigheim
Purzelmarkt, auch Gallusmarkt genannt, mal im Oktober, mal im September, seit 1450 (Farbabb. 20, 21)

Bockenheim
Winzerfest am dritten Sonntag im Oktober; tags zuvor der Mundartdichter-Wettstreit

Dahn
Burgenfest im August

Deidesheim
Geißbockversteigerung am Dienstag nach Pfingsten

Dudenhofen
Spargelfest im Juni

Erfweiler
Köhlerwoche im Mai

Forst
Hansel-Fingerhut-Spiel am Sonntag Lätare

Freinsheim
Altstadtfest am ersten Wochenende im Juni

Grünstadt
Unterhaardter Weinwettstreit am ersten Sonntag im Oktober

Imsbach
Bergmannsfest um die ›Weiße Grube‹ im Mai

Kirchheimbolanden
›Drei Sommertage in der Kleinen Residenz‹ am zweiten Wochenende im August

Klingenmünster
Landeckfest am letzten Sonntag im Juni

Lustadt
Handkäsfest am 1. Mai

Pirmasens
Heimatfest ›Seitze Gaade‹ im Juli

Rockenhausen
Nordpfälzer Herbstfest am zweiten Sonntag im September

St. Martin
Martinsfest mit Martinsritt am 11. November

Schifferstadt
Rettichfest am ersten Wochenende im Juni

Speyer
Brezelfest am zweiten Wochenende im Juli

PRAKTISCHE REISEINFORMATIONEN

Steinfeld
Heidelbeerfest am letzten Sonntag im Juni

Walhalben
Konradsritt mit Pferdesegnung am ersten Sonntag im Mai

Zweibrücken
Rosentage am dritten Wochenende im Juni

Vom Pfälzischen Verkehrsverband (67433 Neustadt an der Weinstraße, Martin-Luther-Straße 69, ✆ 0 63 21/24 66) kann man den jeweils aktualisierten Veranstaltungskalender bekommen.

›Burgspiele‹, in denen Franz von Sickingen die dominierende Rolle spielt, finden im Juni und Juli auf der Ruine **Nanstein** über Landstuhl statt. Auch die **Hardenburg** bei Bad Dürkheim wird im Sommer zur Theaterkulisse, desgleichen die **Villa Böhm** in Neustadt.

Sommer-Serenaden erklingen im (neuen) Kaisersaal des **Trifels,** auf der Ruine **Limburg** bei Bad Dürkheim, auf dem **Hambacher Schloß,** im ehemaligen Herrenhof in **Wachenheim** sowie in der stimmungsvollen Zisterzienser-Klosterkirche in **Eußerthal.**

Öchsle und Eselshaut
Pfälzer Wein

Der Trollschoppen aus dem ›Dubbeglas‹, dem Halbliterhumpen mit den eingeschliffenen kreisförmigen Vertiefungen, kommt in jeder Dorfgaststätte auf den Tisch, wenn man sich endlich anschickt, nach Hause zu gehen. In Wirklichkeit beginnt dann lediglich ein Ritual zur erfolgreichen Hinauszögerung des Aufbruchs, das jeder durchschaut – und bei dem jeder mitspielt. Das Glas macht die Runde, bis es geleert ist. Wer zuletzt am Zug war, bestellt ein neues und so fort.

Der ›Pfiff‹ wird allein im Weinort Rhodt unter der Rietburg als ganzer Liter ausgeschenkt und ist andernorts ein ehrliches Achtel und nicht etwa ein der Bestellung völlig unwertes Zehntel. Was andernorts folkloristisch Schoppen heißt, aber tatsächlich nur 0,2 l mißt, ist in der Pfalz kompromißlos ein Halber, und zwar deutlich über dem Eichstrich eingeschenkt. Beim Wein gelten in der Pfalz eherne Gesetze.

›In vino veritas‹, im Wein sei Wahrheit, heißt es. Die Wahrheit von 1 l Wein (vergorenem Traubenmost) sind 800–880 g Wasser und 56–133 g Alkohol. Zu 95% also könnte man Wein unter dem Wasserhahn herstellen, mit einfach zu beschaffender Zutat. Es kommt jedoch vor allem auf die restlichen paar Prozente an, die restlichen 20–30 g. Das sind: Mineralstoffe, Farb-, Geruchs- und Geschmacksstoffe, Zucker und Säure. Sie sind der Grund dafür, daß es Weine gibt und nicht nur Wein. Was für Wein, dafür sorgen die Natur, die Winzer und das Weingesetz.

Auf fast 23 000 ha Land stehen in der Pfalz Rebstöcke. Sie alle zusammen haben einen durchschnittlichen Ertrag von ¼ Mrd. l Wein. Das sind 25% der gesamten deutschen Weinernte. Das **Winzerland,** Buntsandstein, Lehm und Letten, dazwischen Muschelkalk-, Basalt-, Porphyr- und Schieferinseln, ist etwa 6–10 km breit und 80 km lang, ist wellig, beginnt

Zwei Genießer im Winzerkeller

südlich von Worms und hört auf an der Grenze zum Elsaß. Früher hieß der Streifen von Norden her Unter-, Mittel- und Oberhaardt, heute wird er zweigeteilt in die Bereiche *Mittelhaardt – Deutsche Weinstraße* (nördlich von Neustadt) und *Südliche Weinstraße* (südlich davon). Freilich zählt auch die Südliche Weinstraße zur Deutschen Weinstraße, jener vor mehr als 50 Jahren von regionalen Nazigrößen erfundenen ›via triumphalis‹ zum besseren Absatz von Riesling und Silvaner in der Pfalz. Sie reicht von Bockenheim bis Schweigen. In den zwei Bereichen gibt es heute 26 Groß- und 337 Einzellagen.

Wie eine perfekt gedrillte Riesenarmee stehen Zeile an Zeile fast 100 Mio. Rebstöcke, dünne, borkige Stämmchen (die knorrigen alten mußten längst weichen); zwei Äste, wie Wünschelruten an einen Zeilendraht gebunden, die anderen daran rankend; eine dichte Blätterkrone; unscheinbare Blüten, das ›Geschein‹, im Frühjahr, daraus hellgrüne Stecknadelköpfe wachsen, die sich zu prallen, mehr oder weniger süßen Trauben entwickeln.

Die **Weinlese** heißt ganz einfach ›Herbst‹ (Farbabb. 17, 18, 19). Beim Herbsten wandern die vom Stock abgeschnittenen Trauben in kleine Kübel, von dort in die Hotte und weiter in die Bütte. Die steht auf einem Fuhrwerk am Weinbergrand. Ist sie gefüllt, kann ein Teil der Ernte eingebracht werden. Größere Weinbaubetriebe durchkämmen jedoch heute mit dem ›Vollernter‹ die Rebzeilen, der mechanisch die

Trauben von den Stöcken trennt. Früher stand im Weinberg ein Mischsatz, wuchsen alle erdenklichen Rebsorten durcheinander: Wenn die eine der Frost erstarren ließ, gab es noch die andere; wenn die der Hagel zerschlagen hatte, gab es noch die dritte und so fort. Keine einzige Rebsorte widerstand aber der aus Amerika kommenden Reblaus, die ab Mitte des 19. Jh. wie eine Pest Europa überrannte, viele Winzer das Fürchten lehrte und manche in den Ruin trieb. Nur amerikanische Reben widerstehen der gierigen Wurzelfresserin. Auf die ›Amerikaner‹ propft man seitdem mit einem Fruchtauge die europäischen Edelreben. Das macht freilich nicht der Winzer. Der kauft seine Pflanzen in der Rebschule.

Nur eine Sorte wächst heute in einem Weinberg, nur Müller-Thurgau beispielsweise (Gesamtanbaufläche in der Pfalz: 22,3%); nur Riesling (17,3%); nur Kerner (11,3%). Der Kerner ist die erfolgreichste Neuzüchtung. Sie hat den Silvaner, der einst den Anbau beherrschte, aus dem Weinberg fast verdrängt. Der Silvaner-Anteil ist auf 7,9% geschrumpft.

In den Rebversuchsanstalten wurde in diesem Jahrhundert eine Serie neuer Sorten gezüchtet. Hier eine Auswahl:
Morio-Muskat (5,9%)
Scheurebe (5,8%)
Huxelrebe (3,2%)
Bacchus (2,1%)
Faber (1,7%)
Ortega (1,5%)

Viele finden das nicht gut. Es sind jene Kenner und Genießer, die Riesling und Silvaner über alles schätzen, die zuweilen gerne einen Ruländer (2,6%), Gewürztraminer (1,6%) oder Weißburgunder (1,1%) trinken, die Neuzüchtungen mit dem starken Bukett aber »die anderen« goutieren lassen.

Rotwein, der in der Pfalz früher eine große Rolle spielte und sie dann verspielte, ist wieder im Kommen. 8,9% Marktanteil hat der Portugieser. Bereits auf 1,7% hat es der Dornfelder, eine Neuzüchtung, gebracht.

Das **Weingesetz** erlaubt, daß aus all diesen Sorten nicht der allerbeste Wein entsteht. Es schreibt aber auch vor, wie guter Wein sein muß.

Die Trauben wandern in die Traubenmühle und dann in die Kelter. Was dort herausfließt, ist eine braune, lehmige, süße Brühe. Wenn sie leicht warm wird, rauscht und gärt, dann ist sie bereits Federweißer, der so scheußlich aussieht, aber so gut schmeckt und so heimtückisch berauschen kann.

Traubensaft kommt in Proben auf die Mostwaage, die ein Pforzheimer Physiker namens Öchsle schon im vorigen Jahrhundert entwickelt hat. Sie zeigt an, um wieviel schwerer als Wasser eine Zuckerlösung ist: Hat der Most zum Beispiel ein spezifisches Gewicht von 1,085, dann bedeutet es, er hat 85° Öchsle, 85° Öchsle entsprechend 11,4 Vol.-% natürlichen Alkoholgehaltes, 45° Öchsle entsprechend 5,2%, 120° Öchsle 16,9%.

Sage und schreibe 326° Öchsle hatte im Jahr 1971 der Most von neuerdings kaum noch angebauten Siegertrauben. Das ist seit 20 Jahren nicht gebrochener Weltrekord. Nur: Was Emil Bauer in Nußdorf bei Landau damals geerntet hatte, fing nie an zu gären. Aus der fast honigzähen Kostbarkeit wurde bis heute kein Wein. Dafür hat sie sich selber bestens konserviert und ist, in ein Ballonglas gefüllt, im Kelterhaus des Weinguts zu bestaunen.

Natürlicher Alkoholgehalt? Das ist der Gesamtalkohol vor jeder Anreicherung mit Zucker.

Gesamtalkoholgehalt? Das ist die Summe des tatsächlich vorhandenen und des potentiellen Alkoholgehaltes (die natürliche Restsüße nach der Gärung).

Hat der Most zu wenig Öchslegrade, darf *Zucker* dazukommen, das ist – nach vorgeschriebenem Maß – erlaubt. Erlaubt war, in Ausnahmefällen bis 1979, in Wasser angerührten Zucker dazuzugeben und dadurch gleichzeitig die Säure zu reduzieren und die Flüssigkeitsmenge zu vergrößern.

Verbesserter Wein, gezuckerter Wein – das klingt wie Schimpf und Schande und läßt an Schädelmarter nach dem Erwachen am anderen Morgen denken. Indes: »Die in ungünstigen Witterungsverhältnissen oder schlechten Jahren gewachsenen Reben haben nicht genügend Sonne bekommen. Dadurch ist die Zuckereinlagerung in den Trauben etwas geringer. Durch gesetzlich genau geregelte Zuckerzugaben zum Most oder Jungwein wird diese ungünstige Witterung wettgemacht. Diesen Zucker verarbeitet die natürliche Hefe bei der Gärung des Weines genauso zu Alkohol wie den aus den Trauben gewonnenen Zucker. Die Bekömmlichkeit des Weines leidet darunter keineswegs, denn es ist ja derselbe Alkohol, der bei dem Gärprozeß entsteht. Eine richtig gehandhabte Zuckerung ist eine tatsächliche Verbesserung« (Theo Becker).

Das Weingesetz ist ein EG-Gesetz, es unterscheidet Tafelwein und Qualitätswein. Und nur deutsche Winzer können ›Qualitätswein mit Prädikat‹ erzeugen, Kabinett, Spätlese, Auslese, Beerenauslese, Trockenbeerenauslese, Eiswein. Bei keinem Prädikatswein darf gezuckert werden, um über die Gärung mehr Alkohol im Wein zu erhalten.

Deutscher Tafelwein muß nach dem Anreicherungsverfahren einen vorhandenen Alkoholgehalt von mindestens 8,5 Vol.-% (= 66 g pro l) haben, darf einen Gesamtalkoholgehalt von höchstens 11,5% (= 91 g pro l) aufweisen. Er muß zu 100% aus deutschen Trauben hergestellt sein. Sechs deutsche Tafelweinbaugebiete sind festgelegt. Steht ›Rhein‹ auf dem Etikett, darf nur Wein aus diesem Gebiet in der Flasche sein, keiner aus Franken oder Baden. Ist ein Jahrgang genannt (1991er), eine Rebsorte (Müller-Thurgau), muß das zu 85% wahr sein. Ist ›Südliche Weinstraße‹ angegeben, dann muß der Wein zu 85% aus diesem Bereich stammen. Der Name einer Großlage (›Bischofskreuz‹ zum Beispiel) kann darauf stehen, wenn es wiederum zu 85% stimmt. Von einer Einzellage (›Herrenberg‹ oder ›Kaiserberg‹) kann ebenfalls die Rede sein.

Erlaubt sind bei Tafelwein durchaus auch klingende, nichtssagende Phantasienamen wie ›Pfälzer Sonnenschein‹. Der Phantasie indes bleibt nichts überlassen, wenn es sich um *Qualitätswein* handeln soll. Der Winzer muß einer Prüfstelle Proben einreichen, dort muß der Wein eine analytische und eine organoleptische, eine Geschmacksprüfung, bestehen. Auf dem Etikett eines Pfälzer Qualitätsweins muß ›Rheinpfalz‹ stehen, das ist eines der 13 Qualitätsweinbaugebiete im Unterschied zu den sieben Tafelweinregionen. Der Wein darf nur aus der Rheinpfalz stammen. Ein 89er Kallstadter Saumagen Riesling muß zu 85% 89er Kallstadter Saumagen (Großlage) Riesling sein. Er kann ein Kallstadter Kirchenstück (Einzellage) sein. Der Most muß ein Mindestgewicht von 62° Öchsle gehabt haben (7,5 Vol.-% natürlichen Alkohol). Beim Wein, der daraus entsteht (verbessert oder unverbessert), muß die Mindestmenge an vorhandenem Alkohol (56 g pro l) garantiert sein und 9% als Mindestmenge an Gesamtalkohol.

Bei ›Qualitätswein mit Prädikat‹, der immer unverbessert ist, muß das Prädikat vermerkt sein. Es ergibt sich aus den amtlich festgesetzten Mindestmostgewichten an natürlichem Alkohol: 76° Öchsle für Kabinettwein, 150° für Trockenbeerenauslese. Verschnitten werden dürfen Prädikatsweine nur noch innerhalb eines Bereiches (Südliche Weinstraße; Mittelhaardt – Deutsche Weinstraße). Was sonst auf dem Etikett steht, muß wiederum zu 85% stimmen. Aber nicht nur das Alkoholgewicht sorgt für das Prädikat, ein Wein muß bei Fachleuten auch Punkte für Farbe, Klarheit, Geruch und Geschmack sammeln. Nach dem Punkte-Schema der DLG benötigt ein Qualitätswein anderthalb von fünf möglichen Punkten.

›Trocken‹ darf ein Wein genannt werden, besonders trocken ist ein Wein für Diabetiker, Wein für Kenner. Dieser darf nicht mehr als 4 g unvergorenen Zucker enthalten, sein Alkoholgehalt darf 94,8 g pro l (12 Vol.-%) nicht übersteigen. Obendrein darf maximal nur 150 mg schweflige Säure gemessen werden.

Vom Zuckern, das allein zur Steuerung des Alkoholgehaltes gelten darf, war die Rede. Die *Süßung* ist etwas ganz anderes.

Früher stoppte man den Gärprozeß, damit der Zucker nicht völlig in Alkohol verwandelt wurde. Heute gibt man vor der Abfüllung dem Wein Traubensaft der gleichen Qualitätsstufe hinzu. Somit läßt sich aus ein und demselben Gebinde Wein abfüllen, der ›trocken‹ ist (bis 9 g Restzucker pro l), ›halbtrocken‹ (bis 18 g) oder ›lieblich‹ (ab 19 g). »Wenn sich der Most auch ganz absurd gebärdet, es gibt zuletzt doch noch 'nen Wein«, sagt Mephisto in Goethes ›Faust‹ – und macht es sich leicht damit.

Andererseits: soviel Önologie, Wissenschaft vom Wein – ob das nicht erheblich den Genuß vermindert? Sicherlich nicht. Denn mehr vom Wein zu wissen, erleichtert auch die richtige Wahl zwischen Bockenheimer Klosterschaffnerei oder Sausenheimer Honigsack; zwischen Freinsheimer Oschelskopf oder Dürkheimer Nonnengarten; zwischen Deidesheimer Maushöhle oder Wachenheimer Gerümpel; zwischen Forster Jesuitengarten, Gimmeldinger Mandelgarten, Mußbacher Eselshaut, Rhodter Rosengarten, Birkweiler Kastanienbusch, Ranschbacher Seligmacher, Wollmesheimer Mütterle, Oberotterbacher Sonnenberg oder Schweigener Sonnenberg.

Es gibt Pfälzer Weine, die nirgendwo in der Pfalz getrunken werden, weil schon der Most in einen Tanklastzug gepumpt, zu irgendeiner Großkellerei verfrachtet und zu einem Tröpfchen x gemacht wird. Doch auch um einen Qualitätswein auf den Markt bringen zu können, muß viel zusammenfließen.

Schließlich sind da noch die Kreszenzen, die nur an einem Ort, bei einem Winzer oder in einer Gaststätte zu bekommen sind. Ein Betrieb in Birkweiler, der seinen

91er Kastanienbusch Silvaner, ein anderer in Kirchheim, der seinen 90er Geißkopf Riesling ›ausbaut‹, kann diesen Wein nur in sehr begrenzter Menge liefern. Er hat ein paar gute Kunden, und die holen ihre Flaschen meist selbst vom Hof.

Eine Lektion des guten Geschmacks ist eine **Weinprobe**. Im kleinen Winzerkeller, in der guten Stube oder gar in der Küche probiert man, ehe man kauft. Bei großen Weingütern, bei Genossenschaften kann man sich – allein oder als halbe Hundertschaft – zu Weinproben anmelden.

Eine Weinprobe kann zu einem Ereignis wie ein glanzvoller Theaterbesuch werden. Mehr noch: Bei der Weinprobe muß man seine sämtlichen fünf Sinne beisammen haben. Die Klarheit eines Weines im Glas sieht man, am Klang des gefüllten Glases hört man, ob der Wein nicht zuviel Kohlensäure hat. Blume und Bukett entfalten sich, wenn man das Glas leicht schwenkt. Die Duftstoffe steigen dann besser in die Nase. Die Lippen spüren, ob der Wein die richtige Temperatur hat, keine Eigenart bei zu niedriger Temperatur ›eingefroren‹ oder bei zu hoher schon verflogen ist. Aber entscheidend ist der Geschmack, wenn Wein über die Zungenspitze rollt, durch den ganzen Mund gespült, ›gebissen‹ (schlürfend durch die Zähne gezogen) wird. Ist er ›artig‹, ›bissig‹, ›harmonisch‹, ›rassig‹, ›stahlig‹, hat er einen ›Schwanz‹? All das sind Fachtermini. Man kann sie lernen. Und sollte wissen, daß es beim Öffnen einer Flasche keinen Knall geben darf (wehe, wer einen Öffner mit Preßluft benutzt, der den Wein geradezu erwürgt), daß ein Weinglas nicht bunt sein darf, daß es sich nach oben verjüngen, einen Stil haben muß.

Weintrinken kann Ritual sein, ausschweifend fröhlich machen, aber auch elegisch. Wenn man nicht mehr einfach lieblichen Wein bestellt, um alkoholisch süßen Saft zu trinken, wenn man einen Müller Thurgau vom Silvaner unterscheiden kann, einen Deidesheimer Silvaner gar vom Schweigener Silvaner, dann darf man sich zu den Kennern zählen. Es soll sogar Leute geben, die, ohne aufs Etikett zu schielen, sagen: Das ist ein 1987er Ungsteiner Weilberg Gewürztraminer Spätlese – und das ist ein 1986er Rhodter Rosengarten Ruländer Kabinett.

Wer sich vom Fachmann in die Geheimnisse der Önologie, der Wissenschaft von Rebe und Wein, einführen lassen möchte, besuche den **Geilweilerhof.** Dort, mitten in den Weinbergen bei Siebeldingen liegt die ›Bundesanstalt für Züchtungsforschung im Wein- und Gartenbau‹. Vier bis sechs Wochen vorher muß man sich anmelden, als Gruppe, nicht kleiner als zehn Personen (✆ 0 63 45/4 10). Und am dritten Sonntag im September ist auf dem Geilweilerhof ›Tag der offenen Tür‹.

Auch die Werbegemeinschaft ›Rheinpfalz – Weinpfalz‹ in **Neustadt** (✆ 0 63 21/ 8 30 80) veranstaltet Weinseminare, die ebenso lustig wie informativ sein können.

In **Deidesheim** werden Weinseminare mit Vorträgen, Führungen durch Weinberge und Weinkeller veranstaltet. Sie dauern drei Tage übers Wochenende oder eine Woche. Auskunft erteilt das Amt für Fremdenverkehr (✆ 0 63 26/50 21).

Eine Woche lang kann man sich auch in **St. Martin** zum Weinkenner ausbilden lassen. Informationen beim Verein Südliche Weinstraße, Zentrale für Tourismus in Landau (✆ 0 63 41/38 01 48).

PRAKTISCHE REISEINFORMATIONEN

Vun Nudle gibt's kän brääde Hinnere Pfälzer Küche

Wenn früher vor einem Gasthaus am langen Stock eine Saublase baumelte, dann war Schlachtfest, ›Metzelsupp‹. Morgens um 11 Uhr kam Kesselfleisch aufs Brett (nicht auf den Teller), als besonderer Leckerbissen der Schnüffel vom geschlachteten Schwein.

Auch wenn heute nur auf einer Reklame-Schiefertafel an der Tür mit Kreide geschrieben steht, daß »Heute Schlachtpartie« ist, sollte man hineingehen, Wurstsuppe essen oder eine Schlachtplatte.

Es soll in der Pfalz Leute geben, die sich einen genauen Metzelsupp-Kalender zusammengestellt haben. Dann müssen sie montags ins ›Deutsche Haus‹ nach x-ingen, dienstags in den ›Löwen‹ nach y-dorf, mittwochs in die ›Zehntscheuer‹ nach z-feld, bleiben donnerstags ausnahmsweise einmal zu Hause, um zum Wochenende wieder regelmäßig borstenviehisch zu leben.

Die Pfälzer Küche ist einfach und deftig. ›Saumagen‹ heißt ein Wein aus Kallstadt, vor allem bedeutet Saumagen ganz genau das, was der Name sagt und ist die Pfälzer Spezialität schlechthin. Bundeskanzler Helmut Kohl hat mit ihm mehrfach und politisch erfolgreich den Härtetest der Kaldaunen von Machthabern dieser Erde gemacht.

Beilagen werden zum Saumagen spärlich gereicht, grob geschnittenes Sauerkraut und ein Kanten Brot vom Sechspfünder-Laib. Sauerkraut gibt's auch zu Bratwürsten (die groben sind die besse-

> Ein gut gereinigter Saumagen wird gewässert und dann gefüllt. Mit ¾ kg magerem Schweinebauch (ohne Schwarte), ebensoviel magerem Schweine-Vorderschinken (ohne Knochen, versteht sich), ebensoviel Kartoffeln, alles in Würfel geschnitten. Außerdem kommen 1 kg Bratwurstbrät, 2–3 eingeweichte Brötchen, 4–6 Eier, Salz, Pfeffer, Muskat und Majoran, Thymian und Koriander hinein. Drei Öffnungen hat der Magen, die werden mit dünner Schnur gut zugebunden. Und dann muß die nicht zu prall gefüllte Wampe in 80° heißem Wasser 3–4 Stunden garen. Dampfend kommt das Monstrum auf den Tisch, wird in dicke Scheiben geschnitten, die Endstücke sind die besten.

ren), zu Nußdorfer Cervelat (Siedwürste, mit viel Knoblauch gewürzt).

Wenn auf dem Dorf ein Familienfest gefeiert wird, kommt häufig ein *Kalbsnierenbraten* mit breiten Nudeln auf den Tisch. Auffällig an Pfälzer Braten: Die Saucen sind dünnflüssig, aber gehaltvoll.

Eine Kalorien-, Fett- und Eiweißlust, die vielleicht einmal den Saumagen verdrängen könnte, ist das ›Kunschdhäwwelflääsch‹, wörtlich falsch übesetzt mit Kunsttopffleisch. Gemeint ist ein üppiges Stück gepökelter Schweinekamm. Er wird in einem mit Wein übergossenen Bett aus Zwiebeln, Lorbeerblatt, Nelke, schwarzem Pfeffer und Majoran im ›künstlichen‹ Topf, der aus Alufolie geformt ist, stundenlang sanft gegart.

›Flääschknepp‹, Fleischklöße also, sollte man probieren, desgleichen ›Lewwerknepp‹,

Beim ›Loschter Handkeesfescht‹ in Lustadt

vor allem aber einmal ›Dampfknepp‹ (Dampfnudeln), aus Hefeteig faustgroß geformt und im eisernen Topf mit Schweineschmalz herausgebacken. Dazu kann man Gulasch essen, aber auch – wenn in katholischen Gegenden der fleischlose Freitag angesagt ist – Weinsauce. Auseinander gehen die Meinungen, ob Dampfknepp auf zwei Seiten oder nur auf einer eine Kruste haben sollen.

Wenn Zwetschgenzeit ist, steht – meist am Samstag – eine ebenso kuriose wie vorzügliche Kombination auf dem Tisch: ›*Quetschekuche und Grumbeersupp*‹, Zwetschgenkuchen mit Kartoffelsuppe, die natürlich mit frischem Rahm angereichert wird. Ein Bissen Kuchen, ein Löffel Suppe, in dieser Reihenfolge wird gegessen.

Speckmehlwaffeln, Schneckenudle oder *Kerscheblotzer* (ein Gebäck, in dem Kirschen teigversunken eine Rolle spielen) passen zwar nicht zum Wein, aber man sollte sie unbedingt versuchen.

Bei vielen Spezialitäten bleibt die Küche kalt. Wo so oft Metzelsupp ist, gibt's guten *Schinken, Hausmacher Leber- und Griebenwurst,* gibt es *Schwartenmagen*. Auch *Kuttelsalat* sollte man nicht verachten oder *Ochsenmaulsalat* und schon gar nicht den *Handkäs*. In Lustadt feiert man, wenn die Maiglöckchen dagegen anduften können, im Wald das Fest der kleinen Scheibe mit dem großen Geschmack. Zum kleineren Appetit paßt *Weißer Käs,* das ist Quark, mit Rahm, Zwiebel, Pfeffer, Salz und Paprika angemacht, mit Schnittlauch bestreut.

Frischer Spargel von den Feldern der Vorderpfalz gehört im Mai oder Juni auf den Tisch. Im Herbst lohnt es sich, im Pfälzer Wald nach *Pfifferlingen* zu suchen oder am Rand der Haardt nach Kastanien. ›Keschde‹ sagen die Pfälzer. Sie sind, geröstet oder in Salzwasser gekocht, mehligwohlschmeckende Beigaben zum Federweißen. Und zu einer mit Äpfeln und Rosinen gestopften *Martinsgans* gehören sie auch.

Wer ›Zwiwwelkuche‹ (Zwiebelkuchen) zum Federweißen ißt, braucht einen robusten Magen, denn beide sind dort Revolutionäre. *Federweißer* ist sowieso etwas Besonderes, ein Neuling sollte achtgeben.

Schließlich ein Wort über Weintrauben. Das ganze Jahr kann man ausländische Trauben im Supermarkt kaufen, solche mit großen Beeren, dicken Schalen und harten Kernen. Von Pfälzer Trauben, im Herbst eben vom Weinstock geschnitten, zupft man nicht einzeln die Beeren. Man beißt hinein wie in einen Apfel.

Was die Pfälzer mit der Knolle, die Kartoffel heißt und die sie ›Grumbeer‹ nennen, kulinarisch gemacht haben, ist Haute Cuisine auf armer Leute Herd. Sie haben anzubieten:
Gebredelte (Bratkartoffeln), *Gequellte* (gekochte Kartoffeln), *Gereschde* (geröstete Kartoffeln), *Grumbeer-Brei* (Püree), *Grumbeer-Kiechelcher* (Pfannkuchen), *Grumbeer-Salat* (Kartoffelsalat), *Saure Grumbeer-Brieh* (Suppe aus gekochten, zerstampften Kartoffeln mit Essig und Blutwurst), *Buwespitzelcher* (gekochte, durchgepreßte Kartoffeln, geformt wie das Zipfelchen eines Jungen), *Schneebällcher* (Klöße aus gekochten, geriebenen Kartoffeln), *Hoorige* (Klöße aus rohen, geriebenen Kartoffeln).

Alla, vergeß emol dei Red nit
Die Sprache der Pfälzer

»Alla, vergeß emol dei Red nit«, so sagt man in der Pfalz, wenn man jemanden unterbricht. Nichts von Entschuldigung, im Gegenteil, der also Unterbrochene wird auch noch ermahnt, seinen Faden nicht reißen zu lassen. Mit ›alla‹ fängt die Rede an, wird erst einmal in Gang gebracht.

Ein Franzosenrelikt (›aller‹ = gehen) liefert dieses ›Vorwort‹. »Alla, ich geh' jetzert«, sagt jemand, der sich zu verabschieden anschickt; »oh, geh' fort!« sagt einer, der den Reden des anderen nicht traut. Nicht daß der gehen soll, er soll nur aufhören mit seinen Lügengeschichten.

»Die Gosch uffreiße«, sagt der Pfälzer, wenn jemand beim Sprechen Einblick bis zum Rachenzäpfchen gewährt. Die laute und schnelle Rede hat dem Pfälzer den Namen ›Krischer‹ eingetragen. Übertrieben wird mit Leidenschaft. Die Pfalz ist größer ›wie‹ alles in der Welt. Das an dieser Stelle dudenrichtige Wort ›als‹ wird anderweitig eingesetzt: »Wann ich als in die Palz kumm, geh' ich als in de Wingert.«

Das Pfälzische, schreibt Rudolf Post in seiner ›Einführung in eine Sprachlandschaft‹, ist »ein Dialekt, der in seinen Grundzügen auf die Sprache eines ›Franken‹ genannten germanischen Stammes oder Stammesverbandes zurückzuführen ist, von dem sich Teile anfangs des 6. Jh. in dem Gebiet niederließen, das wir heute ›Pfalz‹ nennen.«

Vier Sprachlinien grenzen das Pfälzische ein. Wer sich aus dem Südwesten (aus Lothringen) nähert, überschreitet die

›Hus‹-›Haus‹-Linie. Im Norden ist die ›dat‹-›das‹-Barriere errichtet. Vom Nordosten her ist die ›fest‹-›feschd‹-Hürde zu nehmen und von Südosten (von Baden) der ›Apfel‹-›Abbel‹-Schlagbaum. Das anlautende p wurde vielerorts zu pf verschoben, in der Pfalz blieb es unverändert. Deshalb geht »in de Palz de Parre mit de Peif in die Kerch«. So heißt ein Spruch, in dem das f gleich dreimal nicht gebraucht wird. Pfälzer sind ›Pälzer‹ mit einer ganz eigenen ›Schbrooch‹. Sie sagen ›Häwwel‹ für Topf, ›Deiwel‹ zum Teufel, ›Duwak‹ statt Tabak, ›Worschd‹ und nicht Wurst, ›Riewe‹ und nicht Rüben.

Aber so sagen es wiederum nicht alle. Was die Vorderpfalz von der Westpfalz überdeutlich unterscheidet, ist ein e am Ende des Partizips der Vergangenheit von starken Verben. Zwischen ›gebroch‹, ›gedrosch‹ und ›gebrung‹ sowie ›gebroche‹, ›gedrosche‹ und ›gebrocht‹ liegen nach pfälzischer Anschauung Welten.

Nordpfälzer sind Menschen, die ›hunn‹ sagen, wenn sie ›haben‹ meinen; ›ist‹ meinen Südpfälzer, wenn sie ›isch‹ oder ›esch‹ sagen. Will ein Vorderpfälzer, daß man ihm endlich zuhört, sagt er mit Nachdruck: »her doch emol!« Der Pfälzer auf der Naht zum Saarland sagt ›Horsch!‹ Das simple Verb ›liegen‹ verwandelt sich von Ost nach West auf wenigen Kilometern von ›ligge‹ zu ›liche‹ und zu ›leie‹. Überall in der Pfalz sagt man ›die‹ Bach und gönnt dem Gewässer kein Maskulinum, sagt ›der Budder‹ und ›der Schoggelaad‹.

Von jedem, der hier irgendwann seinen Mund in den vergangenen Jahrhunderten aufgemacht hat, ist Vokabular hängengeblieben. Am Stammtisch wird immerzu ›dischbedierd‹ – die Franzosen haben ihr ›disputer‹ dagelassen. Die Runde kann es aber ›bardou‹ (partout) nicht leiden, wenn jemand seine ›dour‹ hat.

›'s Blimmoo‹ heißt das Federbett (französisch ›plumeau‹), ›Deez‹ der Kopf (›tête‹), ›Schilleh‹ die Weste (›gilet‹), und ein ›Parlewu‹ ist ein Schwätzer (›parlezvous‹).

Zum ›Hoschbes‹, zum komischen Typ, hat es der lateinische Gast (›hospes‹) gebracht. Aus dem Jiddischen entlehnt sind Vokabeln wie ›achile‹ (gierig essen), ›bofle‹ (schlafen) oder ›schicker‹ (betrunken) sein.

In Fritz Grünys ›Dickzijonähr‹ ist Pfälzer Sprachwitz alphabetisch geordnet: ›Aachewasser‹ sind Tränen; ›Brootworschtfillsel‹ ist der Inhalt einer Wurst; ›driwweliere‹ heißt drängeln; ›Kerne‹ nennt sich ein Schluck Wein; ›kä Ferz mache‹ lautet die Aufforderung, ganz locker zu bleiben; ›Gääsegichder‹ künden vom Zustand extremen Unbehagens; mit ›Hinkle‹ sind Hühner gemeint; ›Lollebäbbel‹ muß sich einer schimpfen lassen, der keinen Schwung im Skelett hat; ›Naube‹ sind Launen; ›Räwehäsle‹ geschnittene und gebündelte Rebenzweige; ›Schdiewer‹ heißt der Rausch von hohen Graden; ›vun hinne raus‹ stammt ein Hinterpfälzer aus der Sicht der Vorderpfälzer – aber deshalb kriegen die beiden noch lange keinen ›Zoore‹ (Streit).

»Kummen rei! Dringen ens!« lautet allerorten die Aufforderung an Besucher. »Schenieren eich nit«, heißt es, wenn man nur ein kleines Stück ›Griewewoschd‹ genommen hat. Antwortet man mit ›awa‹ statt mit nein, sagt ›Broschd!‹ statt Prosit, dann gehört man schon fast dazu. »Alla, der kann so bleibe«, heißt es dann.

PRAKTISCHE REISEINFORMATIONEN

Roter Balken, grünes Kreuz
Wanderwege in der Pfalz

Zugegeben, an einem Schönwetter-Wochenende ist es nicht so leicht, im Pfälzer Wald allein zu sein, und zwar gleich zu welcher Jahreszeit. Aber zwischen den Sonntagen geht das mühelos. Da kann man stundenlang wandern, ohne einer Menschenseele zu begegnen. Im 1958 geschaffenen Naturpark, zu dem der Wald, die Deutsche Weinstraße, Eis- und Eckbachtal sowie das Donnersbergmassiv gehören (mehr als 1800 km²), gibt es Wege für jedermann, Routen steil bergan, in sonnenüberfluteter Flur, im stillen Wiesental oder am schattigen Hang.

Menschengemachter Krach ist seltener geworden, seit die Tiefflieger nicht mehr so häufig zum vermeintlichen Schutz des Vaterlandes über den Himmel donnern, daß es die Hölle ist. Oder der Lärm ist weit weg, weil nicht zu jeder Burgruine eine Anfahrt fürs Auto asphaltiert ist. Die Natur selber führt Regie bei den Geräuschen. Sanft streift der Wind durch die Baumkronen, über Sandsteinbrocken gurgelt ein Bach. Vertrocknete Äste knacken und am Splintholz klopft ein Specht. Oder es plumpst im Herbst eine stachelkugelige Eßkastanienfrucht ins nasse Laub, das der Baum schon abgeschüttelt hat.

Da kann man vom Wurstmarkt-Festplatz in **Bad Dürkheim** durch die Reben nach **Grünstadt** marschieren; von **Gleisweiler** wiederum durch Riesling- und Silvanerzeilen nach **Neustadt** oder vom **Weintor** nach **Bad Bergzabern**.

Da geht es, am rauschenden Wasser entlang von **Trippstadt** durchs **Karlstal**; von **Dannenfels** über den **Donnersberg** nach **Falkenstein**; von **Bad Dürkheim** über die **Limburg** und die **Hardenburg** zum **Forsthaus Kehrdichannichts**; von **Frankenstein** zum **Forsthaus Schorlenberg** und hinein ins **Diemersteiner Tal**.

Da geht es aber auch von **Burrweiler** ins **Modenbachtal** und zum **Forsthaus Heldenstein**; geht der ›*Cramer-Pfad*‹, von Kennern als schönster Wanderweg der Südpfalz gepriesen, von **Leinsweiler** auf die **Madenburg**, weiter zum **Trifels** und wieder zurück; geht es von **Dörrenbach** zum **Hirzeckhaus** und zum **Berwartstein**; durch das Felsenmeer von **Hausenstein** und **Dahn**; oder von **Nothweiler** zum Felsennest **Fleckenstein**. Tausendundein Weg führen durch Wald und Weinberge.

Wer sich nicht verirren will in grüner Einsamkeit, braucht eine gute Karte. Etwa – im Maßstab 1:50 000 – die Wanderkarte, die im Reise- und Verkehrsverlag erschienen ist. Oder, detaillierter: die in Zusammenarbeit mit dem Pfälzerwald-Verein vom Landesvermessungsamt Rheinland-Pfalz erarbeiteten Blätter im Maßstab 1:25 000. Auf diesen Übersichten von Stadt, Land, Fluß und Berg und Tal sind auch die Wegweiser eingezeichnet, die sich im Wald an Baumstämmen oder auf dicken Felsbrocken zur Orientierung wiederfinden. Und so sehen die wichtigsten aus:

Ein *roter Strich* ist auf 125 Wanderkilometern Schrittmacher von der pfälzisch-elsässischen Grenze bei **Fischbach** bis zur **Ebernburg** an der Nahe. Auf 100 km ist es der *blaue Strich* von der **Wegelnburg** bis **Bad Dürkheim**.

Mit *grünem Balken* markiert hat der Pfälzerwald-Verein den Weg von **Zweibrücken** an den **Rhein**. Von **Schweigen** weist ein *weißes Rechteck mit schwarzem Kreis* den rechten Pfad nach **Kirchheimbolanden**. Das *blaue Kreuz* begleitet Wanderer vom **Germanshof** bis **Niederhausen** an der Nahe, das *rote* von **Burg Lichtenberg** bei Kusel bis **Speyer**.

Gelber Balken, blauer darunter, das ist die Kennung für die Strecke vom **Germanshof** nach **Otterbach**; *blauer Balken, roter Balken* macht einen auf der Route von **Pirmasens** bis **Neustadt** unfehlbar. Und die *grüne Traube* zeigt an, wie die Weinwanderstraße von **Schweigen** nach **Bockenheim** verläuft.

Doch es gibt – viele Wege, viele Zeichen – noch andere ein- und zweifarbige Balken und Kreuze, dazu Kreise und Dreiecke. Wer einem solchen Streckenfinder folgt, ohne zu wissen, wohin der Marsch wohl führt, weiß, daß er nicht verlorengeht. Denn irgendwann taucht immer durst- und hungerstillend im Wald ein Rasthaus auf oder ein Gasthaus im Dorf.

Selbstverständlich auch in Johanniskreuz. Dort kreuzen sich sechs Kreuze: das blaue, das grüne, das gelbe, das rote, das weiße und das grüngelbe. Nur eines führt nicht direkt daran vorbei: rotweiß von Elmstein nach Weidenthal.

Strampeln, daß es nur so Freude macht Radfahren im Wald und in den Weinbergen

So richtig von den Radwanderern entdeckt wurde die Pfalz erst in jüngster Zeit. Das Land trotzt einem nicht die extreme Kletterpartie für Bergziegen auf zwei Rädern ab und nicht das endlose Geradeaus im Gegenwind. Wer links des Rheins durch die Fluren radelt, hat immerwährend Abwechslung, und das auf vielen Wegen.

Es ist leicht, eine schöne Strecke zu finden. Dennoch sei hier den Streckenplanern mit ein paar Empfehlungen in den Sattel geholfen.

Zum Einrollen bestens geeignet ist eine Rundfahrt durch den **Kreis Germersheim**, durch die **Rheinaue** und den **Bienwald**. Ein Muß ist ein Streifzug durch den **Wasgau** westlich von Bad Bergzabern sowie die Rallye durch **Lauter- und Odenbachtal** nördlich von Kaiserslautern.

Wer im August die Pfalz ansteuert: Am letzten Sonntag dieses Sommermonats gehört die **Weinstraße** ausschließlich den Radlern und den Wanderern. An diesem ›Erlebnistag‹ ist die 80 km lange Schlangenlinie durch Weindörfer und Rebenhänge für Autos gesperrt.

Auch wer radelt, benötigt gute Karten in der Lenkertasche. Dazu zählen im Maßstab 1:100 000 die Faltblätter Nr. 22 und 23, die der Haupka-Verlag in Bad Sooden zusammen mit dem Allgemeinen Deutschen Fahrrad-Club herausgegeben hat. Darauf sind alle Steigungen eingezeichnet, wichtiger aber noch: Jedes Straßenstück hat seine Farbe, und die wiederum zeigt an, mit wievielen Autos man den Asphalt teilen muß – bei mehr als 10 000 Kraftfahrzeugen täglich hört der Spaß auf. Freilich sind auf den Karten auch autofreie Strecken markiert.

Das rheinland-pfälzische Landesvermessungsamt hat für Touristen mit Selbstantrieb und Mehrgangschaltung sowohl eine 1:100 000-Radlerkarte herausgegeben als auch drei im Maßstab 1:50 000.

Kletterer zwischen ›Braut und Bräutigam‹

Festgekrallt in roten Wänden
Klettern im Dahner Felsenland

Pfälzer übertreiben gern. Aber recht haben sie mit der Behauptung, daß ihr Land, der Wasgau speziell, zu den attraktivsten Kletterrevieren Deutschlands gehört. Für dieses sehr langsame Wandern auf höchster Schwierigkeitsstufe ragen zahlreich die roten Sandsteinkolosse auf, um von mutigen Haken schlagend sowie mit viel Vorsicht und Ausdauer bezwungen zu werden.

Kuh- und Eselsfels, Kesselwände oder Laubendöllwand und vor allem Asselstein lauten die Namen der steilen Herausforderungen im Umkreis der Trifelsstadt Annweiler (Auskunft über *Michael Schindler,* Essingen, ✆ 0 63 47/71 83).

Was in den Hauensteiner Wänden zu beachten ist, erfährt man vom *Fremdenverkehrsbüro des Ortes* (✆ 0 63 92/4 02 10).

Über Jungfernsprung, Braut und Bräutigam oder Kuckucksfels sowie die drei Dutzend anderen Kletterverlockungen im Revier von Dahn, Erfweiler, Busenberg, Vorderweidenthal und Wieslautern informiert das *Fremdenverkehrsbüro in Dahn* (✆ 0 63 91/58 11).

Dabei geht es auch darum, daß man beim Aufstieg am Seil brütende Wanderfalken nicht in Panik versetzt und verjagt. Die Tiere waren in den 70er und 80er Jahren im Dahner Felsenland ausgestorben. Jetzt sind wieder ein paar Brutpaare da, werden von März–Mitte Juni von freiwilligen Hundertschaften Tag und Nacht bewacht. Aber nicht immer passen Vogelschützereifer und Kletterleidenschaft konfliktlos zueinander.

Und wie man sich bettet ...
Tips fürs Übernachten

In welches Kissen – edel und teuer oder bescheiden und ebenfalls proper – man abends die Nase steckt, dies zu entscheiden ist in der Pfalz nicht allzu schwierig. Vorausgesetzt, man trifft die Entscheidung rechtzeitig – und das heißt immer lange im Voraus. Denn vor allem in der schönsten Jahreszeit, im Herbst, ist es so gut wie aussichtslos, auf gut Glück eine Schlafstatt zu finden.

Der *Fremdenverkehrsverband Rheinland-Pfalz* in Koblenz am Rhein (✆ 02 61/3 10 79) hilft, wenn es ums Quartiermachen geht. Alljährlich gibt er einen Hotelführer heraus mit Adressen, Leistungen, Preisen aller Kategorien des Beherbergungsgewerbes. Zusätzlich sind darin Hütten des Pfälzerwald-Vereins aufgeführt, in denen man übernachten kann, sowie Naturfreundehäuser.

Zeitig vor Urlaubsantritt ausgesucht haben sollte man den Bauern- oder Winzerhof seiner Wahl. Auch bei solchen Unterkünften mit Stall, Scheune und Keller als Dreingabe verhilft einem der Fremdenverkehrsverband zur Übersicht – und natürlich helfen örtliche Touristenbüros.

Für Menschen, die per Zelt oder rollender Wohnstatt unterwegs sind, zählt eine spezielle Broschüre der Koblenzer Tourismusexperten 18 *Campingplätze* auf. Die Angaben sind weitgehend identisch mit jener Pfalz-Liste, die der ADAC-Campingführer enthält. Die Schlafplätze im Grünen liegen – alphabetische Reihenfolge – in:

Bad Dürkheim (✆ 0 63 22/6 13 56)
Carlsberg (✆ 0 63 56/2 81)
Dahn (✆ 0 63 91/56 22)
Dörrenbach (✆ 0 63 43/13 87)
Gerbach (✆ 0 63 61/82 87)
Imsweiler (✆ 0 63 61/17 46)
Kaiserslautern (✆ 06 31/5 88 70)
Kirchheimbolanden (✆ 0 63 52/34 63)
Ludwigswinkel (✆ 0 63 93/17 93)
Otterberg (✆ 06 30/55 37)
Rülzheim (✆ 0 72 72/83 37)
Schönenberg-Kübelberg (✆ 0 63 75/40 01)
Sippersfeld-Pfrimmerhof (✆ 0 63 57/3 64)
Trippstadt (✆ 0 63 06/12 15)
Wachenheim (✆ 0 63 22/26 89)
Waldfischbach (✆ 0 63 33/57 44)
Wolfstein (✆ 0 63 04/75 43)
Zweibrücken (✆ 0 63 32/4 68 44).

Die größte *Jugendherberge* besitzt die Domstadt **Speyer.** Weitere neun Übernachtungsmöglichkeiten, in denen man unter Decken mit beschriftetem Fußende schläft, gibt es in **Altleiningen, Bad Bergzabern, Burg Lichtenberg, Dahn, Hochspeyer, Merzalben, Neustadt, Steinbach am Donnersberg** und **Wolfstein.**

Erläuterung der Fachbegriffe

Akanthus Distelähnliche Pflanze. Die Form ihrer gezackten Blätter findet sich zuerst an korinthischen → Kapitellen. Seit der Antike vielfach verwendetes und abgewandeltes Motiv

Akanthus

al fresco Fresko, Wandgemälde, das auf den feuchten Verputz aufgetragen wird; durch gleichzeitiges Trocknen von Putz und Farbe besonders haltbar

al secco Wandmalerei, die auf trockenen Putz aufgetragen wird

Andreaskreuz Nach dem Apostel Andreas benanntes Kreuz, dessen Balken schräg gestellt sind

Apsis Halbrunder oder polygonaler, mit einer Kuppel überwölbter Raum, der sich zu einem Hauptraum öffnet; in der christlichen Baukunst der östliche Abschluß einer Kirche

Archivolte Plastisch gestaltete Stirn und → Laibung eines Rundbogens, häufig mit Bänderfriesen (Romanik) oder Figuren (Gotik) besetzt, auch Bogenlauf im Gewändeportal als Fortsetzung der Gewändegliederung

Arkade Von Säulen oder Pfeilern getragene Bogenstellung bzw. eine fortlaufende Reihe von Bogen

Attika Aufbau über dem Hauptgesims eines Bauwerks, niedrig und meist mit einem oben abschließenden → Gesims

Basilika Die römische Basilika, ursprünglich Markt- oder Gerichtshalle, ist eine flach gedeckte Säulenhalle mit drei Schiffen und einer apsidialen Rundung im Osten. Wesensmerkmale der Basilika, die in ihren Abwandlungen zum wichtigsten Typ des christlichen Kultbaus wurde, sind Längsrichtung und Höhenstufung der Schiffe, wobei das Mittelschiff sein Licht von der über den Seitenschiffen aufsteigenden Fensterzone, dem Licht- oder → Obergaden, empfängt

Basilika

Bergfried Hauptturm einer Burg, Beobachtungsstand und letzte Zuflucht

Blende Das einem Baukörper vorgelegte, der Dekoration dienende ›blinde‹ Motiv, das nicht räumlich in Erscheinung tritt, z. B. *Blendfenster, Blendarkade*

Brüstung Brusthohe, waagerechte Absicherung von Terrassen oder Fenstern

Bündelpfeiler Pfeiler, der rundherum mit Dreiviertelsäulen (→ Diensten) verschiedenen Durchmessers besetzt ist, die in die Rippen des → Gewölbes oder Bogens überleiten

Chor Bezeichnung für den Altarraum und seine direkten Anbauten, ursprünglich der für den Chorgesang der Geistlichen bestimmte Raum

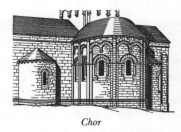

Chor

Chorschluß Halbrunder, gerader oder vieleckiger Abschluß eines Chors

Contregarde Spitzwinkliger Vorwall einer Festung

Contrescarpe Äußere Grabenböschung einer Befestigungsanlage

Dachreiter Schlankes, häufig über der Vierung angeordnetes Türmchen auf dem Dachfirst. Besonders von den Reformorden des hohen Mittelalters (Zisterzienser, Kartäuser) anstelle eines aufwendigen Turmes verwendet

Deesis Darstellung des thronenden Christus als Richter des Jüngsten Gerichts zwischen Maria und Johannes als Fürbittern

Dienst Der Wand oder Pfeilern vorgelegter Rundstab zur Aufnahme der Rippen, Gurte oder → Scheidbogen des in der Gotik üblichen Kreuzrippengewölbes

Empore Offene Galerie im Obergeschoß eines Westbaus, häufiger als Aufsatz über den Seitenschiffen einer → Basilika, zum Mittelschiff geöffnet

Eskarpe Innere Grabenböschung bei Befestigungen

Fachwerk Skelettbauweise mit einem tragenden Holzgerüst aus Pfosten, Riegel und Streben. *Fache* oder *Gefache* nennt man die Zwischenräume, die mit Lehm oder Backstein ausgefüllt werden und so eine geschlossene Wand bilden

Fialen Architektonisches Zierelement der Gotik: spitz zulaufendes Ziertürmchen auf → Strebepfeilern oder seitlich von → Wimpergen

First Waagerechte Schnittlinie zwischen geneigten Dachflächen

Flügelaltar → Retabel aus einem feststehenden Mittelteil, dem beidseitig je ein oder mehrere bewegliche Flügel angefügt sind

Fries Waagerechter Bild- oder Ornamentstreifen, der Flächen begrenzt oder teilt. Es gibt eine Fülle von Friesformen; zu den wichtigsten zählen: *Platten-* oder *Felderfries, Kreuzbogenfries, Laub-* oder *Blatt-*

ERLÄUTERUNG DER FACHBEGRIFFE

fries, Rautenfries, Rollenfries, Rundbogenfries, Schachbrett- oder *Würfelfries, Zahnschnitt-* oder *Zahnfries, Zickzackfries*

Rundbogenfries mit Lisenen

Gebundenes System Jedem quadratischen Mittelschiffjoch einer romanischen → Basilika entsprechen je zwei quadratische Joche von halber Seitenlänge in den Seitenschiffen

gekuppelt gekoppelt, nebeneinanderliegende und einander durch ein gemeinsames Glied, z. B. durch Mittelpfosten, zugeordnete Bauelemente wie Fenster, Portale oder Säulen

Gesims Sims, meist horizontal verlaufender, vorspringender und profilierter Streifen, der einen Bau gliedert und die waagerechten Bauabschnitte betont; wird es an der Unterseite durch → Konsolen gestützt, spricht man vom *Konsolgesims*. Je nach Lage und Bauteil wird unterschieden zwischen *Sockel-, Gurt-, Kaff-, Kranzgesims* oder *Tür-, Fenstergesims*

Gewände Seitliche Teile eines Portals oder Fensters innerhalb einer → Laibung; oftmals profiliert und mit Säulen und Skulpturen geschmückt

Gewölbe Gemauerter, krummflächiger oberer Abschluß eines Raumes. Einfachste Form ist das *Tonnengewölbe* mit halbkreisförmigem Querschnitt. Durchdringt eine Längstonne eine gleich hohe Quertonne, entsteht ein *Kreuz-* bzw. *Kreuzgratgewölbe* (Grate sind scharfe Kanten, die beim Zusammentreffen zweier Flächen entstehen). Werden die Grate durch Rippen verstärkt, entsteht ein *Kreuzrippengewölbe*. Weitere Gewölbeformen sind das *Netz-, Stern-, Klostergewölbe*

Tonnengewölbe

Kreuzgratgewölbe *Kreuzrippengewölbe*

Glacis Erdanschüttungen vor dem äußeren Grabenrand einer Festung

Gurtbogen Quer zur Längsachse eines → Gewölbes verlaufender Verstärkungsbogen, markiert die Jocheinteilung

Hallenkirche Kirche mit mehreren (meistens drei) Schiffen, die dieselbe oder zumindest annähernd gleiche Gewölbehöhe besitzen

Halsgraben Vor der Ringmauer einer Burg liegender Graben

Immaculata (lat. unbefleckte Empfängnis) Vor allem im Barock beliebte Darstellung Mariens, die von Engeln umgeben ist und lichtverklärt vom Himmel herabkommt

Joch Gewölbeabschnitt, der durch Gurte und Stützen von den benachbarten Gewölbeabschnitten bzw. Raumteilen abgegrenzt ist

Kämpfer Architekturelement zwischen → Kapitell und aufliegendem Bauteil

Kapitell Oberer Säulen- oder Pfeilerabschluß. Die wichtigsten antiken Grundformen sind das *dorische* (ohne Verzierungen), das *ionische* (mit Voluten) und das *korinthische* (mit Akanthusblättern umkränzte) Kapitell. Das Figurenkapitell mit Mensch- und Tierdarstellungen hat es nur in der romanischen Kunstepoche gegeben

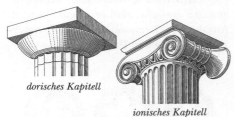

dorisches Kapitell

ionisches Kapitell

korinthisches Kapitell

Kaponniere In einer Festung der bombensichere Gang

Kegeldach Turmdach mit kreisförmigem Grundriß und rundum aufsteigender Dachfläche

Konsole Vorkragender Tragstein als Basis für Bogen, → Gesimse, Skulpturen

Korbbogen Bogen, der eine elliptische Form aufweist

Kreuzblume Blumenähnlich gestalteter Aufsatz auf → Fialen, → Wimpergen oder Türmen gotischer Kirchen

Krypta Unterirdischer Raum unter dem Ostchor romanischer Kirchen zur Aufbewahrung von Reliquien oder als Grabstätte für Heilige und weltliche Würdenträger

Krypta

Kurtinentraverse Teil des Hauptwalls einer Festung, der zwei Bastionen verbindet

Laibung Schräge oder rechtwinklige Vertiefung, in der eine Öffnung oder das → Gewände einer Öffnung sitzt. Im Unterschied zum Gewände sind hier die Schrägwände ungegliedert

Lapidarium Sammlung von Steindenkmälern und -inschriften

Laterne Runder oder vieleckiger durchfensterter Aufbau über einer Decken-, Gewölbe- oder Kuppelöffnung

Lettner Trennwand zwischen → Chor und Mittelschiff, zwischen Raum der Kleriker und der Laien, konnte auch als Sängerbühne dienen

Lisene Senkrechter, pilasterartiger Mauerstreifen, jedoch ohne Basis und → Kapi-

ERLÄUTERUNG DER FACHBEGRIFFE

tell, häufig durch Rundbogenfriese mit den benachbarten Lisenen verbunden

Loggia Gewölbte offene Bogenhalle in oder vor einem Gebäude

Maiestas Domini Frontal dargestellter thronender Christus, der die rechte Hand erhebt und in der linken das Buch des Lebens hält

Mandorla Heiligenschein in Mandelform, nur bei Christus- und Mariendarstellungen üblich, der – anders als der nur das Haupt umgebende Nimbus – die ganze Figur umstrahlt

Mansarddach Giebeldach, dessen unterer Teil steiler ist als der obere; das – zumeist bewohnbare – Dachgeschoß wird *Mansarde* genannt (nach dem französischen Baumeister François Mansart)

Maschikulis Öffnungen am Wehrgang einer Burg oder eines Schlosses zum Hinabgießen von heißem Öl oder Pech

Maßwerk Geometrisches Bauornament der Gotik, zunächst nur zur Unterteilung von großen Fenstern, später auch zur dekorativen Gliederung von Wandflächen oder Giebeln

Maßwerk

Miniaturmalerei 1. Buchmalerei, 2. Malerei in kleinem Format

Mitra Nach oben spitz zulaufende Kopfbedeckung der Bischöfe bei liturgischen Feierlichkeiten

Obergaden Wandabschnitt über den Mittelschiffarkaden einer Basilika, in dem sich die Fenster befinden; auch Lichtoder Fenstergaden genannt

Palas Wohn- oder Saalbau der mittelalterlichen Burg oder Pfalz

Palisade Aus Pfählen errichtete Schutzwand

Paradies Vorhalle einer Klosterkirche

Paß Aus Dreiviertelkreisen zusammengesetzte gotische Maßwerkfigur. Je nach Anzahl der Kreissegmente wird unterschieden zwischen *Drei-, Vier-, Vielpaß*

Vierpässe und Vielpaß

Peristyl Säulenhalle, die den Vorhof eines Wohnhauses oder Tempels umgibt bzw. den Vorhof einer frühchristlichen → Basilika

Pfeilerbasilika Basilika, deren Schiffe durch Pfeiler und nicht durch Säulen voneinander getrennt sind

Pilaster Wandpfeiler zur Mauerverstärkung, der nur wenig aus der Wand hervortritt

Poterne Bombensicherer unterirdischer Gang in einer Festung

Ravelin Außenwerk (Vorwerk) im Festungsbau, sichert das → Glacis

Reduit Das innerste Werk einer Befestigungsanlage

Reliquiar Behälter, in dem die sterblichen Überreste eines Heiligen oder die seinem Andenken geweihten Gegenstände aufbewahrt werden. Hauptform ist der *Reliquienschrein*. Jeweils der Form des Körperteils nachgebildet, den sie bergen, sind das *Büsten-, Kopf-, Arm-, Handreliquiar*

Retabel Mit Gemälden oder Skulpturen geschmückter Altaraufsatz

Risalit Ein in ganzer Höhe eines Bauwerks vor die Fassade ragender Bauteil in der Mitte oder an den Seiten zur Auflockerung einer Fassade beitragend

Rosette Stilisiertes, blütenförmiges Rundornament; im gotischen Kirchenbau mit Maßwerk gefülltes Fenster

Rosette

Sakramentshäuschen Turmartiges Gehäuse zur Aufbewahrung von Hostien, Kelchen und anderen liturgischen Gefäßen, seltener nur eine Nische in der Wand *(Sakramentsnische)*

Satteldach Giebeldach aus zwei schräg gegeneinander gestellten Dachflächen

Schallarkaden Maueröffnung in Form einer → Arkade an Glockentürmen in Höhe der Glocken

Scheidbogen Schildbogen, das Joch seitlich begrenzender Gewölbebogen

Schlußstein Stein am Knotenpunkt der Gewölberippen und im Scheitelpunkt eines Bogens

Schlußstein

Strebewerk Besteht aus *Strebepfeilern* und *Strebebogen*. Sie bilden ein Stützsystem, das den Schub von Mauern und/oder Gewölben abfängt und ableitet

Sturz Oberer horizontaler Abschluß einer Tür- oder Fensteröffnung

Stützenwechsel In der romanischen Basilika rhythmischer Wechsel von Pfeiler (a) und Säule (b): abba oder aba

Tartsche Mittelalterlicher Schild

Triptychon Dreiteiliges Gemälde, meist dreiflügeliger Altar mit feststehendem Mittelteil und beweglichen Flügeln

Triumphbogen 1. In der römischen Antike ein Ehrenbogen zur Erinnerung an den Sieg eines Feldherrn oder zu Ehren eines Kaisers

2. Ein Bogen zwischen dem Mittelschiff eines Langhauses bzw. der → Vierung und dem → Chor

Tympanon Steinplatte, die das Bogenfeld eines Portals füllt, häufig mit ornamentalem oder figürlichem Relief geschmückt. Vorherrschendes Thema romanischer Tympana ist das Weltgericht (→ Deesis)

Vierung Raum einer Kirche, der durch die Kreuzung von Lang- und Querhaus entsteht

Vierungsturm Turm über einer Vierung

Volute Schneckenförmig gewundene Steinverzierung

Walmdach Die vertikalen Giebelflächen eines Satteldachs sind durch schräge Dachflächen ersetzt

Welsche Haube Glocken- oder zwiebelförmig geschweiftes Turmdach. Besonders häufig in der Baukunst der Renaissance

Westwerk Vorgeschobener turmartiger Raumkörper im Westteil großer romanischer Kloster- oder Bischofskirchen. Meist bestehend aus quadratischem Raumschacht, der an drei Seiten von → Emporen umgeben ist

Wimperg Giebelförmige Bekrönung über Fenstern oder Portalen, vor allem in der Gotik

Wimperg

Zwerchhaus (Lukarne) Dachausbau mit eigener Dachfläche quer zum Hauptdach (zwerch = quer)

Zwerggalerie Laufgang unter dem Dachgesims von Kirchen, mit kleinen Bogenstellungen und zierlichen Säulen

Zwickel Teilgewölbe das zur Kuppel oder zum Klostergewölbe überleitet. Hat ein Zwickel die Form eines sphärischen Dreiecks, spricht man von *Pendentif*

Zwinger Bereich zwischen Vor- und Hauptmauer einer Burg oder Stadtbefestigung

Register

Personen

Adam, Franz 171
Adenauer, Konrad 19
Agnes, Kaiserin 59, 67
Agnes, Schwester Heinrichs V. 26
Aktäon 77
Alanen 34
Albers, Josef 137
Albrecht von Brandenburg 298
Albrecht von Österreich 27, 28, 256, 257
Alemannen 34, 98, 224
d'Alembert 260
Alexander, Zar 222
Alexander, Papst 47, 141
Alexander, Pfalzgraf 209
Alexander, Herzog 211
Althaia 263
Althoff, Artistenfamilie 123
Amerikaner 132, 221
Ammianus, Marcellinus 275
Anhalt, Fürst von 70
Anna, Gemahlin des Herzogs Wolfgang 237, 238
Annweiler, Markwart von 26, 189
Anselmann, Anselm 278
Anselmus de Tannika 193
Apoll 76
Aragon, Margarete von 91
Äsop 264
Atalante 263
August, Polenkönig 209, 210
Augustus, röm. Kaiser 23

Baden, Markgraf von (›Türkenlous‹) 176
Balbina, Tochter des Quirinus 47, 141
Ball, Hugo 35
Balla, Giacomo 273, 274
Balles, Emil 16
Barlach, Ernst 274
Bauer, Adam 263
Bauer, Emil 316
Bauer, Michael 132
Bayern 135
Becker, August 12, 21, 78, 80, 107, 124, 137, 216, 244, 283, 295, 300, 308
Becker, Theo 317
Beckmann, Max 137
Beekman, Christ Hendrik 274
Benediktiner 99, 101, 224
Benno von Osnabrück 58, 297
Benrath, Gustav Adolf 91
Berg, Beatrix von 91
Bergmann, Max 283
Berlichingen, Götz von 218
Bernhard von Clairvaux 61, 215
Bessemer, Johann 72
Bianca, Gemahlin Ludwigs III. 91
Bitsch-Zweibrücken, Grafen von 296
Blaul, Friedrich 12, 73, 79, 95, 131, 132, 192, 223, 226, 233, 244, 279
Bloch, Ernst 34, 272
Böhm, Ludwig W. 259
Bolanden 27, 247, 252
Bolanden, Guda von 253
Bolanden, Johann von 244
Bolanden, Philipp von 244
Bolanden, Werner I. von 243, 247, 252
Bolanden, Werner II. 253
Bolo 293
Börne, Ludwig 84
Böttger, Johann Friedrich 260
Boucher, François 212
Brandenburg, Markgraf von 70

Brandi, K. 218
Braque, Georges 273
Braunschweig-Lüneburg, Herzog von 70
Buchheister, Carl 274
Bürckel, Josef 286
Burgunder 34
Bürkel, Heinrich 137, **201, 202, 203, 204,** 310
Bush, George 34, 306
Byzantiner 43

Camasse, Marianne (Fontevieux) 212, 213
Carl August, Fürst 249, 251
Carl Christian, Fürst 249
Carl Magnus, Graf 240
Carl Philipp, Kurfürst 269
Carl Theodor, Kurfürst 78, 137, 259, 265, 266, 276
Carola Friedrike, Pfalzgräfin 234, 238
Caroline, Herzogin 291
Chagall, Marc 137
Chinesen 260
Chlodwig, König 98, 224, 250
Christian III. 291
Christian IV. 212, 213
Clemm, August von 91
Colugo 117
Columban, Missionar 294
Coninxloo, Gillis van 78, 264, 265
Cooper, James Fenimore 105
Cranach, Lukas 81
Cronberg, Katharina von 144

Dagobert, König 286, 287, 293, 295
Dahn, Herren von 172
Dahn, Heinrich Mursel 195
Dahn, Walter von 193
Dalberg, Herren von 142

335

PERSONENREGISTER

Dalberg, Hanns von 144
Damian Hugo, Bischof 71
Danner, Johann Philipp 71
Dathan, Christian 71, 72
Dathan, Johann Georg 72
Dehio, Georg 89
Delaunay, Robert 273
Denis, Paul von 124, 271
Diana, Göttin der Jagd 77
Diderot 171, 260
Dietmar, Fürst 298
Dill, Otto 283
Doesburg, Theo van 274
Domela-Nieuwenhuis, César 274
Dominikanerinnen 140
Donar, Germanengott 22, 224
Drescher, Karl-Heinz 235, 236
Drott, Hans von 194, 196
Dürer, Albrecht 81, 82

Eberhard II., Graf 113
Eberhard von Dienheim 298
Eberstein, Grafen von 113, 296
Egell, Paul 121, 268
Einselthum, Herren von 122
Elisabeth, Gemahlin Ruprechts III. 91
Elisabeth, Gemahlin Emichs XI. 104
Elisabeth von Braunschweig 170
Elisabeth Auguste 266
Emich II., Graf 106, 112
Emich IV., Graf 106, 173, 178, 296
Emich VIII., Graf 117
Emich XI., Graf 104
Endres, Artistenfamilie 123
Engisch, Johann Georg 245
Engländer 226, 257
Erkenbert 264
Erlenwein, Henri 37
Ernst von Brandenburg-Ansbach, Markgraf 30

Erthal, Friedrich Karl Joseph Freiherr von 120
Esterer, Rudolf 55, 190
Eva, Gräfin 111
Exter, Alexandra Alexandrowna 274

Fabian, Papst 207
Falkenstein, Herren von 243
Falkenstein, Sigbold von 243
Fath, Manfred 229, 273
Feuerbach, Anselm 74, 75, 310
Fleckenstein, Kunigunde von 141
Fleckensteiner 198
Flörsheim, Friedrich von 245
Flörsheim, Philipp von 298
Forbach, Gräfin von s. unter Camasse, Marianne
Francis, Sam 274
Frank, Anne 181
Frank, Johann Peter 35
Frank, Zacharias 181
Franken 34, 98, 142, 272
Franz Stephan von Lothringen 243
Franzosen 12, 31, 32, 33, 34, 48, 72, 88, 112, 118, 130, 131, 132, 138, 175, 177, 194, 198, 209, 211, 220, 226, 234, 237, 239, 240, 244, 247, 257, 265, 287, 290, 323
Freising, Otto von 39
Freundlich, Otto 274
Fried, Jakob Heinrich 137
Friedrich I. Barbarossa 23, 25, 26, 39, 61, 106, 130, 133, 189, 196, 247
Friedrich I., der Siegreiche 29, 101, 121, 184, 240
Friedrich II. von Schwaben, Herzog 39
Friedrich II., Kaiser 27, 28, 39, 61, 131, 132, 187, 190, 191, 197, 247
Friedrich II., Kurfürst von Saarbrücken 92, 101, 103, 106
Friedrich III. von Saarbrücken 106, 111

Friedrich III., der Fromme 124, 129, 133, 264
Friedrich IV., Kaiser 112
Friedrich IV., Graf 107
Friedrich IV., Kurfürst 29, 269
Friedrich V. 29, 31, 110
Friedrich von Leiningen, Minnesänger 106
Friedrich Steben von Einselthum 254
Friesen 34
Fritz, Kurfürst in Heidelberg (der ›Böse Fritz‹) 29, 234
Froehlicher, Anton 226

Gagern, Freiherr von 258
Gagern, Hans Christoph Ernst von 258
Gardy-Artigas, Joan 272
Gärtner, Peter 39, 106, 110, 144, 193, 220, 244
Georg, hl. 215
Georg I. 225
Georg II., Graf 110
Georg VII., Papst 25, 26, 58, 189
Gerlach III. von Veldenz 225
Gerlach V. von Veldenz 225, 229
Geyer, Florian 176
Gienath, Freiherren von 244
Gienath, Familie 138
Gisela, Kaiserin 58, 59, 62, 67, 277
Giulini 270
Gluck, Christoph Willibald 212, 213
Godefridus 255
Goertz, Jürgen 279
Goes, Hugo von der 272
Goethe, Johann Wolfgang von 209, 212, 218
Gorbatschow, Michail 34, 306
Graber, Johann Peter 71
Grammont, Marschall 31
Grüny, Fritz 323
Grymbel, Freiherr von 97
Guillaume d'Hauberat 249, 251

Gustav Adolf, schwedischer König 30
Gustav Samuel, schwedischer König 210
Gustav Samuel, Herzog 290
Guthbier, Johann Christian 72
Guttenberg, Herren von 289

Habsburger 244
Hack, Wilhelm 272, 273
Hacke, Freiherr von 139
Hacke, Ludwig Anton von 138
Hagenbeck 223
Hallberg, Jakob Tilmann von 265
Hannong, Joseph Adam 260
Hannong, Paul Anton 259
Harnisch, Matthäus 88
Hartmann, Jakob 83
Hartung, Hans 274
Haueisen, Albert 137
Hauser, Arnold 76
Häusser, Ludwig 172, 173
Hautt, Christian Ludwig 211, 212, 213
Hayeck, Hans von 283
Heckmann, Herbert 96
Hegenbarth, Emanuel 283
Heine, Heinrich 84
Heinrich I. 23, 24, 55
Heinrich II. 55
Heinrich III. 24, 25, 58, 59, 67, 101
Heinrich IV. 24, 25, 26, 39, 58, 59, 64, 67, 69, 73, 91, 297, 298
Heinrich V. 25, 26, 39, 67, 69, 187
Heinrich VI. 26, 187, 189
Henckhell, Michael 238, 254, 291
Herbin, Auguste 274
Herkules 76, 173, 292
Heß, Heinrich von 62
Heß, Johann Georg Christian 114
Hessen, Landgraf von 70

Hesso, Graf von Leiningen 111
Hien, Daniel 78, 212
Hochstraten, Jakob von 220
Hoelzel, Adolf 274
Hofer 274
Hoffmann, Johann 71
Hohl, Hans 173
Holbach, Paul Thiry von 35, 171
Hölderlin, Friedrich 54
Holländer 31, 34
Horaz 214
Hotter, Johann Georg 278
Hübsch, Heinrich 61, 269
Hugenotten 31, 292
Hunfried von Alsenzburne 124
Hunnen 34
Hutten, Ulrich von 42, 176, 220

Iffland, August Wilhelm 105
Inglikofer, Jörg 95
Inselthein, Dieter von 189

Jahns, Rudolf 274
Johann I., Herzog 290
Johann III. von Altdahn 194
Johann Casimir, Pfalzgraf 85, 130, 131, 132
Johann Reinhard III., Graf von Hanau-Lichtenberg 199
Johann Wilhelm, Kurfürst 31, 32
Johannes von Nepomuk 243
Johanniter 92, 234
Joseph, österr. Kaisersohn 177
Joseph II., Kaiser 222, 243
Joseph Karl, Erbprinz 266
Jost, Eduard 16
Judas Thaddäus 292
Juden 34, 73, 181, 286, 309
Jung-Stilling, Johann Heinrich 131
Juno 173
Jupiter 173

Kahnweiler, Daniel-Henry 242

Kalbhenn, Arthur 110, 118, 256
Kandinsky, Wassily 273
Karl, Herzog 238
Karl II., Kurfürst 174
Karl IV., Kaiser 208
Karl V., Kaiser 70, 176, 219
Karl XI., Schwedenkönig 209
Karl XII., Schwedenkönig 209, 210
Karl August, Herzog 212, 213
Karl der Große 55, 189, 287
Karl der Kühne 234
Karl Ludwig, Sohn Friedrichs V. 31
Karl Philipp, Kurfürst 32
Karl Theodor, Kurfürst 32
Karoline, Fürstin 252
Katharina, Zarin 222, 252
Katharina von Alexandrien 241
Keddigheit, Jürgen 43, 103
Kelten 20, 22, 34, 272
Keßler, Adolf 189
Kirchner, Ernst Ludwig 274
Kirchner, Kunigunde 88
Klenze, Leo von 136, 172, 192
Kljun, Iwan Wasilewitsch 174
Kohl, Helmut 34, 170, 266, 306, 307
Kolb, Georg Friedrich 199
Konrad, Herzog 67
Konrad II., Kaiser 16, 24, 25, 55, 58, 59, 61, 62, 67, 99, 206, 277
Konrad III. 26, 61
Konrad von Staufen 23
Konstanze, Gemahlin Heinrichs VI. 187
Korneille 285
Kramer, Philipp Erasmus 246, 247
Kranz 223
Kraus, Heinrich 223
Kuno II. 112
Kupka 273

Landsberger 194
Lanz, Johann Wilhelm 78, 261

PERSONENREGISTER

Larionow, Michail 274
Lassalle, Ferdinand 218
Lechner, Lorenz 96
Lehmann, Johann Georg 91, 197
Leininger 101, 104, 105, 106, 107, 109, 112, 122, 140, 174, 266, 296, 298
Leiningen-Dagsburger 202
Leiningen-Hardenburg, Grafen von 204
Lenz, Jakob Michael Reinhold 179
Leszcynski, Stanislas 209
Leyen, Grafen von der 172
Liebig, Justus 270
Linck, Franz Conrad 263
Liselotte von der Pfalz 31, 37, 38
Llubov, Sergejewna Popowa 274
Löber, Hans 269
Longinus 81
Lothar III. 26
Louvois, Kriegsminister 31, 175
Löwenstein, Carl Thomas von 184
Löwenstein, Fürsten von 184
Lück, Johann Friedrich 261, 263
Lück, Karl Gottlieb 263
Ludowici, Wilhelm 281
Ludwig I. von Bayern 28, 33, 62, 131, 144, 169, 172, 192, 246, 279, 308
Ludwig II., Herzog 290
Ludwig II., der Deutsche 287, 298
Ludwig II., der Strenge 85
Ludwig III. 91
Ludwig IV., der Bayer 97, 174, 189, 197
Ludwig V., Kurfürst 37, 219
Ludwig IX. von Hessen-Darmstadt 199
Ludwig XIV. 31, 37, 54, 130, 174, 175, 179, 259, 285, 292, 298

Ludwig, Sohn Friedrichs I., des Siegreichen 184
Ludwig der Schwarze 29, 234
Ludwig von Arnstein 124
Luitpold, bayerischer Prinzregent 180, 278
Luther, Martin 70, 72, 209, 220
Lutheraner 71, 229
Luthringhauser, Heinz 310

Macbeth 301
Macke, August 137, 273, 274
Magnelli, Alberto 274
Malewitsch, Kasimir 273, 274
Mann, Golo 135
Mannlich, Johann Christian 79, **212, 213**
Mannlich, Konrad 78, 212
Mansfeld, Graf von 30
Margarete von Hohenburg 218
Maria Theresia von Österreich 222, 243
Maria von Burgund 234
Martin, hl. 142, 215
Masson, Georgina 27
Mattlener 74
Maurer, Philipp 223
Maxentius, Kaiser 241
Maximilian, Kaiser 69, 234
Maximilian, bayerischer Kronprinz 83, 84
Maximilian von Bayern 263
Maximilian Joseph, bayerischer König 213
Mayer, Georg Friedrich 213
Mayer, Bauinspektor 265
Mehlis, Christian 21
Mélac, Generalleutnant 176, 177
Melchior, Johann Peter 263
Meleager 263
Merian, Matthäus 173, 239
Merz, Herren von 115
Metternich 84
Metzger, Kurt 181
Meyer, Georg Friedrich 78
Michael, hl. 224
Minerva 173

Miró, Joan 272, 310
Mirou, Anton 77, 252, 265
Mithras, persischer Gott 76
Moersch, Karl 24, 25, 26
Möhring, Vinzenz 72, 75, 80, 82
Mondrian, Piet 273, 274
Montclar 198
Montesquieu 171
Mouliet 285
Mozart, Wolfgang Amadeus 252, 301
Müller, Friedrich 78, 213, 301
Müller-Landau, Rolf 137
Münch, Paul 38
Münster, Sebastian 173, 274

Napoleon 28, 32, 33, 213, 220, 227
Nassau, Adolf von 27, 28, 114, 256, 257
Nassauer 112
Nast, Thomas **222**
Nazarener 64
Nemeter 34
Netzer, Hubert 90
Neumann, Balthasar 54, 120, 242
Neumann, Ignaz 54, 64
Neumayer, Georg von 35, 309
Nilson, Johann Esaias 261
Nolde, Emil 274
Norbert von Xanten 124
Normannen 41
Nosbüsch, Johannes 286

Oberstein, Wolf von 254, 255
Obertraut, Hans Elias Michael von 30
Ostertag, Roland 132
Otfrid von Weißenburg 287, 298
Otto I., der Große 55
Otto II. 285
Otto von Bamberg 58
Ovid 263
Oxenstierna, Gabriel 209, 210

Parmentier 179
Paschalis 26
Pechstein, Max 274
Perezoff 123
Pesne, Antoine 212
Peter, hl. 224
Petri, Johann Ludwig 23, 212
Pfaff 132
Philidor 212
Philip, Prinz 288
Philip I. von Nassau-Saarbrücken 247
Philipp von Gmünd 211, 234
Philipp Ludwig von Leiningen 110
Philipp von Orleans 37
Philipp von Schwaben 60
Picasso, Pablo 137, 242, 273
Pigage, Nikolaus von 265
Piper, Otto 198
Pirkheimer, Willibald 42
Pirmin 205, 206
Pitz, Karl Kasper 213
Polo, Marco 259
Pompadour, Madame 212
Poppo, Abt 99
Post, Rudolf 322
Prämonstratenser 122, 127, 133, 252
Preußen 130, 135
Puller 197
Puller, Gottfried 197
Puller, Wirich II. 197
Puller, Richard 197
Purrmann, Hans 74, 75, 137, 310

Quirinius 47, 141

Rabaliatti, Franz Wilhelm 268, 276, 291
Rabanus Maurus 205
Rainaldi, Carlo 266
Range, Helmut 182
Reinfridus 229
Reinhard IV. 110
Reitz, Leopold 286
Remarque, Erich Maria 132
Remigius, Bischof von Reims 250

Remling, Franz-Xaver 113, 114
Remlinger, Heinrich 178
Reuchlin, Johannes 220
Richard Löwenherz 187
Riehl, Wilhelm Heinrich 34, 237
Riemenschneider, Tilmann 137
Rimpar, Reinhard von 120
Riopelle, Jean-Raul 274
Rocko 242
Rodschenko, Alexander Michailowitsch 274
Roland, Berthold 301
Roller, Otto 280, 281
Römer 20, 34, 214, 244, 274, 280
Rothweil, Julius Ludwig 251
Rudolf I., der Habsburger 25, 27, 61, 62, 85, 92, 131, 173, 174, 189, 256, 296
Rudolf II. 91, 197
Rumpf, Gernot 133, 211
Runck, Gerd 35
Ruprecht I. 28, 89, 91, 197
Ruprecht III. 28, 69, 91
Russeau 120, 171
Rüttger, Josef 118

Saalfeld, Martha 308
Sachsen 26
Sachsen, Kurfürst von 70
Salier 12, 23, 27, 34, 140, 187
Sarazenen 111
Sarrasani 223
Sauter, Herrmann 137
Schandein, Ludwig 22
Scharfenberg, Konrad von 185
Scharfeneck, Guda von 185
Scharfeneck, Herren von 184
Scharpff, Johann Heinrich 269
Schaufert, Hippolyt August 244
Schaumlöffel, Johann Georg 223
Scheffel, Josef Victor von 187, 189

Schiller, Friedrich 268
Schindler, Michael 326
Schlag, Haquinius 210
Schloer, Balthasar 219, 221
Schmauß, Friedrich Ritter von 279
Schmid, Carlo 84
Schmidt, Johann Christoph 238
Schmidt-Rottluff, Karl 274
Schmitt, Wolfgang M. 118
Schneider, Erna 278
Schneider-Manzell, Toni 62
Schönborn, Franz Georg Graf von 120
Schoubroeck, Pieter 77, 265
Schramm, Carl Lorenz 123
Schraudolph, Johannes 62, 64
Schwaben 26
Schwarzenski, Hans 118
Schweicker der Jüngere 218
Schweizer 31
Schweppenhäuser, Salomea 288
Sebritzius 246
Seidl, Gabriel von 74
Seiwert, Franz Wilhelm 274
Semper, Gottfried 136
Sickingen, Franz von 176, 195, 198, 214, 216, **218, 219, 220,** 221, 314
Sickingen, Reinhard von 220
Siebenpfeiffer, Philipp Jakob 83
Siegfried III. von Venningen 68
Simon I. von Saarbrücken 208
Simon der Eiferer 292
Sinsheimer, Hermann 121
Slawen 34
Slevogt, Max 137, 169, **300, 301,** 308, 310
Spanier 30
Spatz, Joachim 47
Spatz, Karl 136, 137
Specklin, Daniel 198
Spinola 225

339

PERSONENREGISTER/ORTSREGISTER

Sponheim, Grafen von 112, 194, 233
Sponheim, Heinrich I. von 247
Sponheim, Heinrich II. von 247
Spuhler, Ludwig 16
Stahl, Johann Georg 80, 82, 92
Stahl, Leonhard 80
Stalenheim, Henning 210
Staufer 12, 23, 26, 27, 187
Steffné, Geheimer Rat von 258
Stephan, Pfalzgraf 209
Stifter, Adalbert 202
Stumm, Johann Michael **252**, 276
Summerer 194
Sundahl, Jonas Erikson 209, 210, 291

Terade 176
Tieck, Ludwig 138
Tilly 263
Tiroler 31
Traber 123
Trapp, Hans 196
Trarbach, Johann von 237
Trautmann, Johann Georg 78
Trautz, Fritz 31, 33
Treitschke, Heinrich von 20
Tulla, Johann Gottfried 16, 274
Turenne, Marschall 279

Ungarn 41
Urschbach, Fritz 283

Valentinian, Kaiser 275
Valerius, Kaspar 294
Valmier, Georges 274
Vauban 175, 177, 285
Veldenz, Grafen von 225, 239, 240
Verschaffelt, Peter Anton von 78, 266
Villiancourt 265
Voidel, Hans 104
Voit, August von 135, 180, 192, 285
Volcmar 127
Voltaire 120

Wagner, Richard 301
Wahl, Friedrich 206, 234, 239
Waldenberg, Freiherr von 44, 196
Waldschmidt, Ludwig 137
Wallbrunn, Herren von 252
Wallenstein 218
Wallonen 130, 140
Walter, Fritz 34, 125
Weber, Carl Julius 12
Weber, Carl Maria von 301
Weber, Daniel 135, 309
Weber, Wilhelm 45, 214
Weinbrenner, Friedrich 283
Weindel, Philipp 59
Weingarten, Anna von 245
Weinheim, Maria Horneck von 254

Weinmann, Fred 48, 50
Weisgerber, Albert 137
Weiss, Franz 11, 182
Westrich, Klaus-Peter 84
Wickart, Franz-Josef 72
Wilenstein, Ritter Johann von 139
Wilhelm, Kaiser 72, 170
Wilms, Buchhändler 308
Winsteiner 194
Wirth, Johann August 84, 132
Wittelsbach, Haus 28, 92, 169
Wodan, Germanengott 224
Wolf, Michael 178
Wolfgang, Herzog 237, 238
Wunderlich, Fritz 309
Württemberg, Ulrich von 219

Zeller, Sigismund 121
Ziellenbach, Karl-Roland 283
Zigeuner 34
Zilies von Sayn 27
Zimmermann 118
Zink, Theodor 135
Zisterzienser 114, 122, 127, 128, 130, 140, 185, 215
Zügel, Heinrich von 283
Zweibrücken, Heinrich von 208
Zweibrücken, Grafen von 290
Zweibrücken-Bitsch, Loretta von 294

Register

Orte

Ägypten 279
Albersweiler 184, 326
Albsheim 45, 110, 115, 118
Allweiler 233
Alpen 27, 275
Alsenborn 46, 122, **123**
Alsenz (Fluß) 50, 239
Alsenz (Ort) 240
Altdahn 193, 194, 198, 308
Altenglan 222, 224
Altleiningen 106, 107, 110, **112,** 327
Altrip 16, 274, 313
Amerika 210, 221, 223, 260
Amorbach 252
Amsterdam 78
Ancona 266
Anebos (Burgruine) 187
Annweiler 20, 45, 47, 50, 183, 187, 189, 190, 191, 308, Farbabb. 8
Apennin 25
Appenhofen 293
Apulien 106, 197
Asselstein 20, 190
Avanton 277

Bad Bergzabern 288, **289–291,** 292, 308, 313, 324, 327, Farbabb. 24
Bad Dürkheim 16, 24, 41, 55, **98–105,** 107, 121, 122, 306, 307, 308, 311, 314, 324, 327
Baden 32, 307, 317, 323
Bad Sooden 325
Bamberg 60
Basel 225
Battenberg 111, 112
Bayern 12, 23, 28, 31, 32, 83
Beindersheim 258
Berwartstein (Burg) 44, 194, **196,** 324, Farbabb. 5

Bickberg 23
Biedesheim 45, 256
Bienwald **283,** 285, 325
Billigheim 44, 45, 47, 285, **292,** 313, Farbabb. 20, 21
Birkweiler 183, 313, 318
Blies 218
Bockenheim 45, 88, 114, 115, 116, 286, 313, 325
Böckingen 172
Bodensee 206
Böhmen 30
Bolanden 247, 252
Bosenbach 45, 222
Braunschweiger Land 221
Braut und Bräutigam 193, 326
Brechenberg 198
Bremen 283
Britannien 281
Brügge 234
Bubenheim 255
Bulgarien 281
Burgund 27, 234
Burrweiler 171, 308, 324
Busenberg 42, 195, 326

Canossa 25, 26, 189
Carlsberg 327
Cheminot 229
China 259
Colgenstein 115, 117, 118

Dachau 283
Dackenhofen 109
Dahn 193, 195, 306, 313, 324, 326, 327
Dahner Felsenland 191, **193,** 326, 327
Dalmatien 266
Dannenfels 246
Dannstadt 276, 277
Darmstadt 77, 78, 298
Deidesheim **94–96,** 306, 308, 313, 319

Dernbach 45, 46, 184, 185
Deutschland 30, 31, 33, 83, 105, 170, 172, 216, 275, 283
Diedesfeld 82, 85
Diemerstein (Burg) 124
Dirmstein **118–120,** 121
Donnersberg **22,** 23, 27, 239, 244, **246,** 247, 307, 327
Dorntreiberkopf 23
Dörrenbach 29, 45, 47, 48, **288,** 290, 324, 327, Farbabb. 31
Dortmund 10
Drachenfels 42, 193, 195
Dreikönigsfelsen 20
Dresden 136
Dudenhofen 313
Düsseldorf 136
Duttweiler 80, 85

Ebernburg 218, 220, 324
Ebertsheim 114
Ecuador 222
Edenkoben 144, 308
Edesheim 35, 170, 171
Eifel 275
Eis 113
Eisenach 295
Eisenbahn (Felsen) 20
Eisenberg 113, 308
Elmstein 140
Elsaß 20, 173, 197, 218, 266, 281, 307
England 121, 239
Enkenbach 122, 124, 125, 126, 127,
  Klosterkirche **124–127**
Eppenbrunn 198
Eppstein 265
Erfenstein 42, 140
Erfweiler 313, 326
Erlenbach 44, 197
Eschkopf 139
Essingen 45, 47, 79, 80

341

ORTSREGISTER

Eßweiler 233
Etzelsdorf 277
Europa 171, 212, 239, 246, 260, 283
Eußerthal **185, 186,** 187, 314

Falkenstein (Burg) 243, 244, 246, 247, 278
Feldberg 22
Fichtelgebirge 28
Finnland 221
Fischbach 45, 198, 324
Fladenstein 193
Fleckenstein (Burgruine) 197, 198, 324
Forst 96, 97, 313, Farbabb. 23
Franken 317
Frankenstein (Burg) **122,** 123, **124,** 324
Frankenthal 30, 78, 111, 140, 258, **259-265,** 307, 308
Erkenbert-Museum **260, 261, 263,** 265
Frankfurt 114, 136
Frankreich 10, 27, 31, 32, 33, 181, 197, 199, 200, 219, 272, 277, 278
Frankweiler 172
Freckenfeld 285
Freinsheim 121, 313, Farbabb. 11
Friedelsheim 45
Friesenheim 16
Fußgönheim 265, 266

Gauersheim 254
Gaugrehweiler 240
Geiersteine 193
Geinsheim 85
Gerbach 327
Gerhardsbrunn 216
Germersheim 16, 27, 48, 144, **279,** 280, 306, 309, 325
Gimmeldingen 76, 85, 92, 93, 312
Gimsbach 222
Glan 22, 222, 223, 224, 227, 229, 233, 234
Glan-Münchweiler 222
Gleisweiler 29, 172, 324

Gleiszellen 50
Godramstein 183
Göllheim **27, 28,** 114, 247, 256, 257, 258
Gondorf 272
Göttingen 36
Grafendahn (Burg) 193, 194
Gräfenstein (Burg) 42, 43, **202, 204, 205,** Farbabb. 6
Großbockenheim 115, 117
Großbundenbach 45, 46, 47, 214, 215, 217
Großkarlbach 50, 120, 212
Großniedesheim 258
Grünstadt 109, 110, 307, 313, 324

Haardt 16, 58, 85, 91, 92, 96, 107, 307, 322
Hagenau 173, 196
Haide 253
Hainfels 45, 170, 171
Hallgarten 240
Hambach 46, 83, 84, 85, 92, 313
Hambacher Schloß 43, 79, **82-84,** 297, 314, Umschlagvorderseite
Hamburg 10
Hanau 259
Hardenburg 40, 103, 104, 314, 324
Harthausen 278
Haßloch 277, **278,** 309
Hatzenbühl 50, 278
Hauenstein 193
Hausenstein 324
Hayna 50, Farbabb. 9
Heidelberg 28, 37, 92, 96, 212, 263
Heidesheim 118
Heiliges Land 209
Herxheim 45, 108, 109
Hessen 134
Heuchelheim 45, 293
Hinterweidenthal 193
Hinzweiler 233
Hirsau 45
Hochspeyer 20, 327
Hohenberg 184

Hohenburg 197, 198
Hohenecken (Burg) 43, 137, 138
Hohenfels (Ruine) 245, 246
Holland 239
Homburg 213
Höningen 112, 113
Hördt 280
Hornbach **205-208**
Hundfelsen 20
Hundheim 45, 46, 227
Hirsauer Kapelle 116, **227, 228, 229**
Hunsrück 20, 276

Iggelbach 140
Iggelheim 50, 244, 277
Ilbesheim 183, 253, 254
Imsbach 244, 245, 309, 313
Imsweiler 47, 242, 327
Ingelheim 30
Isenach 103
Italien 11, 45, 106, 203, 266

Jerusalem 43, 106, 222
Jockgrim 50, 281, 282, 283
Johanniskreuz 20, 139, 325
Jungfernsprung 193, 326

Kaiserslautern 26, 27, 33, 34, 38, 39, 43, 45, 46, **130-137,** 138, 139, 186, 202, 218, 233, 306, 307, 309, 327
Pfalzgalerie **136, 137,** 214
Stiftskirche **133-134**
Theodor-Zink-Museum 135, 136
Kaiserslautern-Erlenbach 130
Kaiserslautern-Hohenecken 137
Kaiserslautern-Moorlautern 130
Kalabrien 27
Kalkofen 240
Kallstadt 45, 108
Kalmit 82
Kandel 284, 285, Farbabb. 25
Kapstadt 223
Karlsberg 213

Karlsruhe 18, 307
Käshafen (Felsen) 20
Kiel 36
Kindenheim 115
Kirchheim 109, 247, Farbabb. 27
Kirchheimbolanden 22, **247-252,** 253, 306, 309, 313, 325, 327
Kirn 245
Kirrweiler 80, 92
Kleinbockenheim 29, 46
Kleine Kalmit 183
Kleinfischlingen 45, 79
Kleinkarlbach 110, 111
Kleinniedesheim 258
Klingenmünster 42, 195, 287, 292, 293, 294
Koblenz 306, 327
Köln 136, 269
Königsbach 85, 92, 93
Königsberg 233
Königsstuhl 23
Kottweiler-Schwanden 223
Kreuznach 225
Krimhildenstein 193
Kropsburg 144
Krötenstuhl 20
Kübelberg 23
Kuckucksfels 326
Kurfürst (Felsen) 20
Kusel 36, 226, 227, 306, 307, 309

Labach 216, 217
Lachen-Speyerdorf 85
Lambrecht 44, 45, 47, 50, **140-142,** 309
Landau 12, 27, 31, 106, 135, 137, 172, **173-182,** 183, 190, 219, 265, 285, 306, 307, 309, 312
  Augustinerkirche 47, 178, **179**
  Frank-Loebsche-Haus **181, 182**
  Stiftskirche 44, 177, **178,** 179
Landeck (Burgruine) 42, **295, 296,** 297

Landsburg (Moschellandsburg) 239, 240
Landstuhl 21, 45, 47, 216, 218, 220, 222, 223, Farbabb. 26
Landstuhler Bruch 20, 22, 216, 223
Langwieden 216, 217
Laumersheim 45
Lauter 16, 22, 223, 233
Leinsweiler 37, 286, 298, **300, 301,** 307, 309, 310, 324
Neukastel 310
Leiselbach 254
Leyden 171
Lichtenberg (Burgruine) 40, **225, 226,** 311, 325, 327
Limburg (Klosterruine) 16, 24, 55, 98, **99-102,** 103, 314, 324
Lindelbrunn (Ruine) 197
Lothringen 27, 185, 229, 322
Louisendorf 221
Löwenstein (Burg) 240
Ludwigshafen 10, 16, 17, 34, 92, 98, 111, 259, 266, **269-274,** 307, 310
  Wilhelm-Hack-Museum **272-274**
Ludwigshöhe (Schloß) 144, **169,** 170, 308
Ludwigswinkel 198, 327
Lustadt 313, 321
Lützen 30

Mackenbach 223
Madenburg 296, **297, 298,** 299
Maikammer 80, 81, 82, 83
  Alsterweiler Kapelle **81, 82,** 273, Farbabb. 32
Mainau 172
Mainz 17, 134, 257
Mannheim 20, 28, 77, 111, 120, 212, 213, 268, 269, 301
Maria Rosenberg 202
Maudach 268, 269
Maxdorf 265
Meisenheim a. Glan 233, **234-239,** 307

Schloßkirche **234-238,** Umschlagrückseite
Meißen 260, 261
Meistersel 185
Merzalb 202, 205
Merzalben 42, 202, 205, 327
Metz 202
Michelsburg 225
Minfeld 45, 46, 285
Mittelbrunn 217
Modenbach 171
Moldau 243
Montfort (Burg) 240
Montreal 137
Moosalb 138, 139, 202
Morschheim 253
Mosbach 28
Mosel 20, 272
Mühlbach 224
Mühlhausen 174
Mühlheim a. d. Eis 45, 46, 110, 118
München 75, 136, 213, 270, 283
Münchweiler 245
Münster 31
Münsterappel 45, 47, 240, 242
Mußbach 45, 85, 92, 93
Mutterstadt 10, 276

Nahe 218, 220, 240
Nanstein (Ruine) 217, **218-220,** 314
Napoleon (Felsen) 20, 193
Nerzweiler 233
Nestelberg 196
Neudahn (Burg) 195
Neubolanden (Burg) 252
Neulauterburg 283
Neuleiningen 41, 106, **110, 111,** 112
Neu-Scharfeneck (Burgruine) 44, 185, 186, Farbabb. 3
Neustadt a. d. Weinstraße 19, 27, 48, 50, 79, 84, **85-92,** 97, 135, 140, 142, 306, 307, 310, 311, 312, 314, 315, 319, 324, 325, 327, Farbabb. 22
  Haardter Schloß 91, 92

343

ORTSREGISTER

Stiftskirche **88-91**, 93, 95
Wolfsburg 91
New Orleans 135
New York 135
Niederhausen 325
Niederkirchen 94, 96
Niederlande 77, 264
Niedermoschel 240
Niederschlettenbach 197
Nordspanien 113
Nordsyrien 76
Nothweiler 197, 198, 324
Nürnberg 239, 277
Nußdorf 45, 47, 50, 172,
Farbabb. 10

Oberbayern 203, 221
Oberdeidesheim 96
Oberhambach 45, 82
Obermoschel 50, 239, 240
Oberndorf 45, 47, 241
Oberotterbach 29, 287, 288
Obrigheim 118
Ofenberg 205
Offenbach am Glan 227,
229-233
ev. Pfarrkirche **229-233**
Oggersheim 34, 75, 265,
266-268, 269
Wallfahrtskirche Mariae
Himmelfahrt **266-268**,
Farbabb. 33
Orbis 253
Orensberg 184
Osnabrück 31
Österreich 27, 32, 33, 243,
281
Otterbach 310, 325
Otterberg 50, 122, 127-130,
140, 186, 310, 327
Abteikirche **128-130**,
Farbabb. 34

Palästina 121
Palermo 26
Paris 84, 171, 179, 212
Pfälzer Wald **18, 20,** 85, 112,
122, 144, 184, 202, 245, 271,
307
Pfeddersheim 29

Pfrimm 29, 98, 255
Piemont 185
Pirmasens 35, 137, 198, **199-
202,** 306, 307, 310, 313, 325
Pleisweiler 291, 292
Potzberg 218, 222, 224
Prag 30, 243
Preußen 32, 225

Queich 20, 179, 184, 191, 193
Queichheim 137
Quirnheim 115

Ramburg 185
Ramstein 130, 218, 223
Rastatt 17
Regensburg 28
Reichenau 206
Reichenbach 45, 46, 222
Reims 224, 229
Reipoldskircher Berg 23
Reipoltskirchen 233
Remigiusberg (Michaelsberg)
221, 224, 225, 226
Rhaunen 252, 276
Rhein 9, 10, 12, **16,** 17, 20, 23,
25, 32, 34, 39, 48, 54, 61, 69,
72, 79, 106, 111, 174, 217, 219,
222, 259, 261, 271, **274, 275,**
278, 279, 307, 325
Rheingönheim 10
Rheinhessen 307
Rheinzabern 29, 50, **280, 281,
282**
Rhodt 170, 313, 314,
Farbabb. 29
Rietburg 169, 170
Riga 221
Rijswijk 31, 71
Rinnthal 191, 192
Rockenhausen 46, 242, 310,
313
Rodalb 202
Rodalben 34, 45, 205
Rodenbach 113, 114, 115,
223
Rohrbach 292
Rohrbach-Wartenberg 46
Rom 24, 26, 212, 220, 258,
266

Rosenheim 221
Rosenthalerhof 113, 114
Rothenberg 298
Rülzheim 327
Rumänien 281
Rumbach 45, 198
Ruppertsberg 96, 97
Ruprecht-Ecken 246
Rüssingen 256
Rußland 222
Rutsweiler 45, 233

Saarbach 198
Saarbrücken 20
Saarland 33, 131, 215, 307,
323
Sachsen 23
Salzburg 33
Santiago de Compostela 113
Sausenheim 110, 115
Schaidt 285
Schänzel 144
Scharfenberg 187
Schifferstadt 48, 49, 75, 277,
313
Schloßeck (Burgruine) 104
›Schlössel‹ 42, 297
Schönenberg-Kübelberg 327
Schöntal 198
Schwaben 26
Schwarzbach 202
Schwarzwald 22
Schwedelbach 223
Schweigen 18, 50, 88, 285,
286, 325
Schweisweiler 242, 243
Schweiz 197
Seebach 102
Sèvres 260
Sibirien 21
Sickinger Höhe 21, 45, 214,
216, 217
Siebeldingen 183, 319
Sippersfeld-Pfrimmerhof
327
Sizilien 26, 27
Spangenberg 140
Speyer 9, 18, 24, 25, 26, 27,
32, 34, 39, **54-78,** 79, 99, 107,
114, 120, 122, 131, 140, 170,

192, 193, 223, 252, 257, 263, 278, 282, 297, 306, 313, 325, 327, Farbabb. 12
Altpörtel 54, 69, 70, 71, Farbabb. 14
Dom 28, 39, **54-69,** 71, 72, 73, 92, 306, Farbabb. 13, Umschlagklappe vorn
Dreifaltigkeitskirche 71
Historisches Museum d. Pfalz 61, **74-78,** 277, 308, 310
Retscherkirche 72, Farbabb. 15
Speyerbach 85, 88, 94, 140
St. Denis 229
St. Julian 227
St. Martin 50, 117, **142-144,** 313, 319, Farbabb. 28
St. Petersburg 252
Steinbach 246, 327
Steinfeld 285, 314
Steinheim 254
Stetten 254
Straßburg 134, 196, 197, 257, 261
Südafrika 223

Tannenfels (Burg) 247
Tanstein (Burg) 193, 194
Tanzfelsen 196
Tauberberg 112
Teufelshorn (Felsen) 20
Teufelstisch 193, Farbabb. 35

Thaleischweiler 21
Thüringen 194
Tirol 95, 203
Toskana 169
Trier 202, 222, 234
Trifels 12, 26, 138, 183, **187,** 188, **189,** 190, 244, 308, 314, 324, Farbabb. 7
Trippstadt 139, 327

Ulmet 227
Ungarn 281
Ungstein 107, 108

Venedig 74
Versailles 37, 213
Virginia 213
Vogelbach 216, 217
Vorderweidenthal 197, 326

Wachenheim 97, 98, 314, 327
Waldfischbach 327
Waldfischbach-Burgalben 202
Walhalben 314
Wasgau 18, 44, 183, 184, 193, 198, 199, 290, 307, 325
Wattenheim 258
Wegelnburg 197, 324
Weilburg a. d. Lahn 251
Weinstraße **18,** 19, 82, 109, 115, 144, 170, 254, **286,** 307, 315, 317, 318, 324, 325

Weintor 18, 286, 307, 324
Weisenheim 45, 109
Weißenburg (Wissembourg) 174, 283, 287
Westrich 21
Weyher 171
Wien 177, 182, 244
Wiesbach 216, 217
Wieslautern 326
Wildbad 219
Wildenstein (Burg) 247
Wilenstein (Burg) 42, 139
Wilhelmshaven 259
Willenstein 246
Winnweiler 243, 244
Winzingen 45
Wittenberg 220
Wolfsburg 259
Wolfstein 27, 233, 327
Wollmesheim 183
Worms 16, 24, 26, 29, 30, 98, 102, 118, 119, 120, 122, 264
Worpswede 283
Wörth 16, 283, 285
Württemberg 170

Yorktown 213

Zweibrücken 44, 76, 78, 205, **209-214,** 306, 307, 311, 314, 324, 327, Farbabb. 30
Zypern 241

DUMONT
KUNST-REISEFÜHRER

»Die Kunst-Reiseführer des Kölner Verlages werden von Jahr zu Jahr, von Band zu Band perfekter: immer detailliertere Pläne begleiten die Erklärungen, immer noch typischere Illustrationen erläutern den Text.« *Basler Nachrichten*

»Die Kunst-Reiseführer aus dem Kölner DUMONT Verlag verbinden in vorbildlicher Weise allgemeine kunstgeschichtliche Orientierung und konkrete Verwertbarkeit des Geschriebenen am Urlaubsort. Sie zeigen, daß wissenschaftlich exakt nicht langweilig heißen muß.«
Süddeutscher Rundfunk

»Für Menschen, denen Land, Leute und Denkmäler mehr Anreiz sind als die geebneten Pfade des institutionalisierten Tourismus, die sich in das Abenteuer einlassen, sich die Begegnungen selbst zu gestalten, erfüllen die DUMONT Kunst-Reiseführer ein Maximum an Voraussetzungen.«
Salzburger Nachrichten

Weitere Informationen über die Titel der Reihe DUMONT Kunst-Reiseführer erhalten Sie bei Ihrem Buchhändler oder beim DUMONT Buchverlag • Postfach 10 10 45 • 50450 Köln.

DUMONT
RICHTIG WANDERN

»'Richtig Wandern‹ mit DUMONT, den ungemein brauchbaren, vielseitig informierenden, praktisch orientierenden besonderen Wanderführern. Die Bände machen einfach Lust, das Ränzel zu schnüren und den vorgeschlagenen Routen zu folgen. Wobei die Wanderungen nicht mit Scheuklappen unternommen werden, sondern sehr viel an Kultur und Geschichte mitgenommen wird.«
Oberösterreichische Nachrichten

»Jede Wanderung wird anhand einer Übersichtskarte und eines Kurztextes beschrieben. Länge, Dauer, Höhenunterschiede, Markierungen, Einkehrmöglichkeiten und Anfahrt sind in Stichpunkten übersichtlich dargestellt. Außerdem bieten die Bände noch zusätzliche interessante Hintergrundinformationen über Geschichte und Kultur.«
Aschaffenburger Zeitung

Weitere Informationen über die Titel der Reihe DUMONT Richtig Wandern erhalten Sie bei Ihrem Buchhändler oder beim DUMONT Buchverlag • Postfach 10 10 45 • 50450 Köln.

DUMONT
VISUELL-REISEFÜHRER

»Wer einen der atemberaubenden Reiseführer aus der neuen Reihe ›DUMONT visuell‹ wie unsere Rezensentin in der Badewanne aufschlägt, der sollte sich vorsichtshalber am Rand festhalten, denn was einem in diesen Bänden geboten wird, verführt den Leser geradezu, in das Land seiner Träume einzutauchen.«
Kölner Illustrierte

»Sehfreude wird provoziert, Neugierde geweckt, Leselust angeheizt...« *Rheinischer Merkur*

»Faszinierend sind die detailgetreu gezeichneten Ansichten aus der Vogelperspektive, die Form, Konstruktion und Struktur von Stadtlandschaften und architektonischen Ensembles auf einzigartige Weise vor Augen führen.«
Hamburger Abendblatt

»DUMONT *visuell* bei Besichtigungen stets bei sich zu haben, bedeutet stets gut informiert zu sein.« *Der Tagesspiegel*

Weitere Informationen über die Titel der Reihe DUMONT *visuell*-Reiseführer erhalten Sie bei Ihrem Buchhändler oder beim DUMONT Buchverlag • Postfach 10 10 45 • 50450 Köln.

DUMONT
REISE-TASCHENBÜCHER

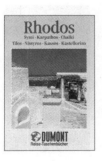

»Was den DUMONT-Leuten gelungen ist: Trotz der Kürze steckt in diesen Büchern genügend Würze. Immer wieder sind unerwartete Informationen zu finden, nicht trocken eingestreut, sondern lebhaft geschrieben... Diese Mischung aus journalistisch aufgearbeiteten Hintergrundinformationen, Erzählung und die ungewöhnlichen Blickwinkel, die nicht nur bei den Farb- und Schwarzweißfotos gewählt wurden – diese Mischung macht's. Eine sympathische Reiseführer-Reihe.«

Südwestfunk

»Zur Konzeption der DUMONT Reise-Taschenbücher gehören zahlreiche, lebendig beschriebene Exkurse im allgemeinen landeskundlichen Teil wie im praktischen Reiseteil. Diese Exkurse vertiefen zentrale Themen der Geschichte, Kunst und des sozialen Lebens und sollen so zu einem abgerundeten Verständnis des Reiselandes führen.« *Main Echo*

Weitere Informationen über die Titel der Reihe DUMONT Reise-Taschenbücher erhalten Sie bei Ihrem Buchhändler oder beim DUMONT Buchverlag • Postfach 10 10 45 • 50450 Köln.

DUMONT
VIDEO-REISEFÜHRER

»Eine Edition für gehobene Ansprüche. Diese Videos aus dem Hause DUMONT sind Kunst- und Reiseführer in einem und bieten Information und Unterhaltung gleichermaßen.« *VideoMarkt*

»Reisen wollen auch in kultureller Hinsicht bestens vor- wie nachbereitet werden. Ein ganz besonders ergiebiges und schönes Hilfsmittel bietet dabei der DUMONT Buchverlag mit seinen Reise-Videos an.« *Münchner Merkur*

»Dank des Angebots des DUMONT Buchverlages wird die Reisevorbereitung zum reizvollen Abenteuer. Neben den eigentlichen Reiseführern, die sich an Kulturinteressierte wenden, die sich für Hintergründe begeistern lassen, bietet der bekannte Verlag auch eine qualitativ hochstehende Video-Reihe an.« *Sport + Verkehr*

»Sorgfältig erarbeitete Reiseführer in Wort und Bild.« *Westfalenpost*

Weitere Informationen über die Titel der Reihe DUMONT Video-Reiseführer erhalten Sie bei Ihrem Buchhändler oder beim DUMONT Buchverlag • Postfach 10 10 45 • 50450 Köln.

DUMONT
KOMPAKT-VIDEO

»Facettenartig werden Tips zu den wichtigsten Bau- und Kulturdenkmälern, Museen, Theater-, Varieté- und Kinounterhaltung, Gastronomie, Einkaufsmöglichkeiten etc. gegeben. Wichtig ist zu erwähnen, daß die Kompakt-Videos keine Kurzkopien der 45-Minuten-Videos darstellen. Es handelt sich um eigens für diesen Zweck erstellte Eigenproduktionen.«   *Buchmarkt*

»Ob in 30minütiger Kompaktform oder etwas länger, die ›Video-Reiseführer‹ vermitteln in bewegten Bildern einen ersten Eindruck über das ausgesuchte Reiseziel, um ›Lust am Sehen‹ anzusprechen, und durch Neugier zum Erkunden unserer Mitwelt zu animieren. Die DUMONT Reise-Videos sind durch ihren hohen technischen und inhaltlichen Standard zweifellos eine moderne Ergänzung der heutigen Reiseliteratur.«
Hohenzollerische Zeitung

Weitere Informationen über die Titel der Reihe DUMONT Kompakt-Video erhalten Sie bei Ihrem Buchhändler oder beim DUMONT Buchverlag • Postfach 10 10 45 • 50450 Köln.

Raum für Reisenotizen